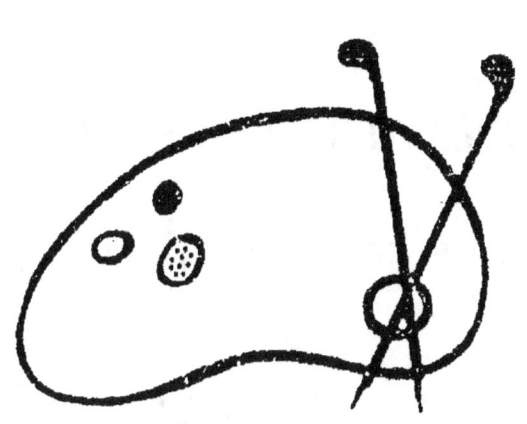

Couvertures supérieure et inférieure
en couleur

DU

MERVEILLEUX

DANS LA

LITTÉRATURE FRANÇAISE

SOUS LE RÈGNE DE LOUIS XIV

PAR

P. V. DELAPORTE

DE LA COMPAGNIE DE JÉSUS

PARIS
RETAUX-BRAY, LIBRAIRE-ÉDITEUR
82, RUE BONAPARTE, 82
1891
Droits de reproduction et de traduction réservés.

DU

MERVEILLEUX

DANS LA

LITTÉRATURE FRANÇAISE

DU MÊME AUTEUR

Récits et Légendes; in-18 jésus; 1re série, 4e édition. Retaux-Bray.

Récits et Légendes; in-18 jésus; 2e série, 3e édition. Retaux-Bray.

Loc'hMaria, drame en 3 actes, en vers; in-18 jésus; 2e édition. Retaux-Bray.

Un Proverbe de France : Fais ce que dois; en un acte, en vers. Représenté pour la première fois à Canterbury, devant Mgr le Comte de Paris; in-4° de 16 pages; Société de Saint-Augustin, Lille. — Paris, Lecoffre.

Trois Journées de la Fronde, tableaux dramatiques; in-12 carré. Oudin. *(Epuisé.)*

L'Art poétique de Boileau, commenté par Boileau et par ses contemporains. Trois volumes in-8 d'environ 400 pages chacun. Société de Saint-Augustin, Lille. — Paris, Lecoffre.

Œuvres choisies du P. J.-B. Fougeray *(Poésie et Prose)*, recueillies par le P. V. Delaporte. Un beau volume in-8, avec portrait. Retaux-Bray.

Les prix et les récompenses de collège, discours prononcé au collège de l'Immaculée-Conception (Vaugirard). In-8 de 25 pages. Retaux-Bray.

Imp. D. Dumoulin et Cie, à Paris.

DU
MERVEILLEUX

DANS LA

LITTÉRATURE FRANÇAISE

SOUS LE RÈGNE DE LOUIS XIV

PAR

P. V. DELAPORTE

DE LA COMPAGNIE DE JÉSUS

PARIS

RETAUX-BRAY, LIBRAIRE-ÉDITEUR

82, RUE BONAPARTE, 82

1891

Droits de reproduction et de traduction réservés.

DU

MERVEILLEUX

DANS LA

LITTÉRATURE FRANÇAISE

CHAPITRE PRÉLIMINAIRE

I. Idée sommaire de la question du Merveilleux, sous le règne de Louis XIV. — Importance de cette question au dix-septième siècle. — Aperçus généraux. — **II.** Des différents genres de Merveilleux, dans leurs rapports avec la société du dix-septième siècle. — Le paganisme dans l'éducation, dans la vie mondaine, à la cour. — Croyance à certaines semi-divinités de la Fable. — De la foi au Merveilleux chrétien. — Croyance aux ombres ou revenants, loups-garous, etc. — Croyance aux fées. — Des récits féeriques dans l'éducation et les divertissements. — Croyance à la magie, aux sorciers. — Croyance à l'alchimie, à l'astrologie judiciaire. — Des esprits, dits élémentaires ou cabalistiques.

I

En 1647, Chapelain était, depuis quelque dix ans, aux prises avec sa *Pucelle*; il guidait péniblement sur les rives de la Loire et de la Seine ses escadrons épiques d'anges et de démons, quand, — au beau milieu de sa tâche, — examinant à nouveau la nature, le choix et le jeu des « machines poétiques », il se sentit comme troublé par le difficile problème du Merveilleux : « Cette difficulté », disait-il à ses amis Sarrasin et Ménage, est « l'une des principales de la Poésie moderne[1]. »

Soixante ans plus tard, au sortir d'une guerre acharnée

---

1. *De la Lecture des vieux romans*, édit. Alphonse Feillet, 1870, page 10. — M. Alphonse Feillet croyait publier « pour la première fois » ce dialogue de Chapelain. Il avait été imprimé au tome VI des *Mémoires de Littérature et d'Histoire*, de Sallengre et Desmoiets.

contre Homère et les divinités homériques, Houdart de la Motte souriait de ce « Merveilleux puéril », qui lui avait fait écrire bien des « paroles oiseuses ». Après avoir rompu nombre de lances contre le vieil Olympe, La Motte se demandait avec quelque mélancolie, si ce Merveilleux en litige méritait une telle dépense de temps, d'écrits et d'esprit : « Cette question, disait-il, dont on a fait tant de bruit, est peut-être la plus frivole qui puisse occuper des gens raisonnables [1] ».

Et pourtant cette question occupa le siècle raisonnable par excellence, et tous les hommes de lettres illustres, ou fameux de ce siècle; depuis le grave chantre de *la Pucelle d'Orléans*, jusqu'au sceptique abréviateur de *l'Iliade*. Question « la plus frivole », tant qu'on voudra, ou tant que le voudra La Motte-Houdart; mais question pour laquelle Corneille « vieilli » retrouva la verve de sa jeunesse; question à laquelle Boileau, le législateur, fit une si large place dans son code; question que Bossuet lui-même, malgré ses « cheveux blancs », honora d'un regard et d'un jugement.

Les moindres idées se font grandes quand de tels hommes les proposent, les soutiennent, ou les combattent. Le génie élève tout ce qu'il touche, comme les puissantes armées ennoblissent les plus vulgaires champs de bataille. Aussi bien ne s'agissait-il pas là d'une simple lutte de concetti, ou du triomphe d'un sonnet médiocre. Dans le cas du Merveilleux, qu'il plaît à La Motte d'appeler « puéril », il y avait plus qu'une escarmouche de rimes, de madrigaux et de bel esprit. A cette question se rattachaient toutes les questions vitales de notre littérature : vérité, couleur locale, nouveauté, originalité, indépendance.

L'intérêt du débat venait aussi de ce qu'il confinait à la fameuse guerre des Anciens et des Modernes. Il en est plus qu'un épisode; il en est le pendant, le parallèle, la conséquence; peut-être même, en allant jusqu'au fond, trouverait-on que, sous deux noms, c'est tout simplement une même chose.

---

1. *Réflexions sur la Critique*, Ire partie. — Du Parallèle d'Homère et de l'Écriture Sainte.

Quand Chapelain estimait la « difficulté » du Merveilleux épineuse entre toutes, il pressentait sans doute les orages qu'elle allait soulever. C'était une révolution, une Fronde littéraire qui se préparait de loin. Chapelain était un novateur et son poème visait à une réforme. Vers le temps où Descartes s'insurgeait contre la routine en matière de philosophie, l'honnête rimeur épique prétendait secouer le joug de la routine païenne, imposé par la Renaissance à tous les poètes français; et le joug de la magie, imposé aux travailleurs épiques par l'Italie. Chapelain poussait l'ambition jusqu'à vouloir « poétiser à la chrestienne[1] ». C'était de l'audace. Le poète de *la Pucelle* en fut victime; mais il ne tomba qu'environné d'imitateurs zélés.

D'autres vinrent, moins prétentieux et plus heureux, qui voulurent rendre à la littérature de France les créations, joyeuses ou sombres, de la fantaisie populaire et gauloise. D'autres s'essayèrent surtout à chasser de la poésie sérieuse toutes les déités gréco-latines et toutes les vieilles formules de la mythologie classique. Leur succès ne fut pas grand, comme on sait. Boileau, dans sa « vieillesse chenue », rencontrait toujours les « Nymphes du Permesse » autour de Namur, et le long des allées ratissées de son jardin d'Auteuil. Et la mode en fut continuée, pendant un siècle et plus.

En 1825, les « sages » demandaient encore aux créateurs de notre poésie moderne : Êtes-vous né « au sacré vallon »? Où donc est votre « Olympe » et votre « Parnasse »? Venez-vous à nous sur « le char de Mars » ou avec « l'arc d'Apollon[2] »? Du moins, ceux qui, de 1643 à 1715, rêvèrent pour la poésie française des couleurs plus neuves et plus vraies, plus nationales, méritent un souvenir, et leur tentative vaut la peine d'une étude.

---

1. *De la Lecture des vieux romans.*
2. Victor Hugo, *Odes et Ballades*, liv. III, ode 1, à M. Alphonse de Lamartine :

> Nos sages répondront : Que nous veulent ces hommes?
> Ils ne sont pas du monde et du temps dont nous sommes.
> Ces poètes sont-ils nés au sacré vallon?
> Où donc est leur Olympe? où donc est leur Parnasse?
> Quel est leur dieu qui nous menace?
> A-t-il le char de Mars? A-t-il l'arc d'Apollon? Etc.

La question du Merveilleux a eu plusieurs phases dans les annales de notre littérature. Celle dont nous donnions tout à l'heure la date presque récente offrirait peut-être plus d'intérêt que les infructueuses entreprises d'un Chapelain, ou que les hardiesses maladroites d'un Saint-Sorlin, d'un Perrault, et de tant d'autres oubliés, dédaignés, inconnus ou méconnus. La lutte commencée en 1802, avec l'apparition du *Génie du christianisme*, eut plus d'éclat et plus d'effets. Mais la cause fut la même ; les arguments, — nous le prouverons, — furent à peu près tous les mêmes. Chateaubriand prêta les séductions de son style à la vieille thèse de *la Défense du Poème héroïque*; il y ajouta fort peu de raisonnements ou d'aperçus nouveaux. Presque tout ce qu'il dit, Desmarets l'avait dit, de 1669 à 1674. Certes Chateaubriand n'eut en face de lui, ni un Despréaux, ni un Corneille, pas même un Santeul ; l'auteur des *Martyrs* eut pour lui le génie, et le succès. Mais le succès ne saurait anéantir les efforts des devanciers. Aux yeux de bons juges, avoir inventé vaut presque avoir réussi. La première source d'intérêt pour nos recherches est là ; en voici une seconde.

Jamais, de mémoire d'homme lettré, la question du Merveilleux, — surtout de ce que l'on a, bien ou mal, nommé le Merveilleux chrétien[1], — n'occasionna plus de théories que sous le règne de Louis XIV. Presque tous les auteurs d'épopées françaises (et il y en eut alors près d'une vingtaine)[2] s'empressèrent d'initier le public aux mystères, ou aux rêves, de leurs poèmes. Depuis Scudéry (1654), jusqu'à Limojon de Saint-Didier (1725), presque tous allongèrent leurs Iliades chrétiennes d'une préface dogmatique et explicative. Au même temps, les compilateurs, les faiseurs de Recueils choisis, citaient les idées déjà émises, ou en imaginaient de nouvelles. Des documents jetés çà et là sur la route du grand siècle, on ferait une bibliothèque. Nous avons glané dans ces documents les doctrines qui nous ont paru les plus fondées en

---

1. « Merveilleux chrétien..., deux mots, dont l'association irrévérente paraît assimiler le christianisme à la mythologie... » (H. Rigault, *Histoire de la querelle des Anciens et des Modernes*, chap. VII, page 93.)

2. Voir plus bas, III⁰ partie, section 2ᵉ, art. 1ᵉʳ, chap. II.

raison, ou les plus curieuses, ou encore les plus aventureuses et singulières.

D'autre part, il est dans la nature de tout système d'engendrer son contraire. Les inventeurs de théories, poètes, critiques, érudits, rhéteurs, défendirent leurs opinions et attaquèrent celles d'autrui. Tandis que nos Homères infortunés remuaient le Ciel et l'Enfer, que les Anacréons de ruelles et les Théocrites de salons appelaient toutes les ressources de l'Hélicon au secours de leurs madrigaux, les Aristotes se combattaient, et guerroyaient pour leurs principes. Il n'en fut pas de la cause du Merveilleux, au siècle de Boileau comme au siècle de Ronsard. Ronsard et la Pléiade avaient adopté la mythologie, avec la ferveur aveugle d'initiés enthousiastes. Les Anciens leur avaient révélé la poésie; les dieux de Virgile et d'Homère devinrent leurs dieux. En vain, l'auteur des *Foresteries* essaya-t-il, dans son âge mûr, de ramener le poète français « tout bon, tout chrestien » au Merveilleux de sa foi; Vauquelin eut beau dire:

Les vers sont le parler des Anges et de Dieu [1].

Le seizième siècle finissant laissa dire Vauquelin; on ne prit pas même la peine de le réfuter; on poétisait à l'ancienne, sans dogmatiser, sans se quereller, sans raisonner cette sorte de foi poétique. Le dix-septième siècle la raisonna. Il avait admis ces ornements, ces décors, ces « machines »; mais à la fin il voulut s'expliquer cet usage, s'en rendre compte, savoir pourquoi il appelait un orage « Neptune en courroux », et l'écho « une nymphe en pleurs [2] ». Parmi les beaux esprits, les uns prétendirent justifier ce style, et prouver qu'ils l'employaient à bon escient et pour de solides raisons; d'autres accusèrent de sacrilège et de profanation les sujets de Sa Majesté très chrétienne, coupables d'invoquer Phébus, Minerve et les neuf Sœurs. De là, des colères et des conflits. Tout le règne de Louis XIV retentit de clameurs littéraires, comme du bruit des batailles. Les défenseurs et les adversaires du Merveilleux païen firent leur partie dans

---

1. *Art poétique*, liv. III.
2. Boileau, *Art poétique*, ch. III.

ce concert. On vit, comme écrit le joyeux Saint-Amant, s'avancer les uns contre les autres ces

> ...Gladiateurs du bien dire,
> Qui, sur un pré de papier blanc,
> Versoient de l'encre au lieu de sang [1].

Il y eut beaucoup d'encre versée. Parfois même, on se « soulagea le cœur », comme parle Mme Dacier, une des héroïnes, « par le grand nombre d'injures que l'on se dit ». C'était l'usage. Nous referons, à grands traits, l'histoire de ces luttes, qui émurent la république des beaux esprits de France.

Nous ne voulons point étudier ces faits, ces théories, ces débats, hors de France. Assurément le sujet gagnerait en intérêt comme en étendue, si l'on y faisait entrer les littératures d'au-delà des Pyrénées ou des Alpes, et d'outre-Manche. Tandis que l'on excluait du théâtre français à peu près tout Merveilleux chrétien, Calderon composait pour les théâtres — ou pour les églises — d'Espagne ses « Autos sacramentales ». L'année même où Despréaux bannissait de l'épopée française les anges, les saints et

> Le diable toujours hurlant contre les cieux [2],

Milton mourant publiait l'édition complète de son *Paradise lost*. Les hardiesses espagnoles et les créations puissantes de Milton, mises en regard des pâles anges de Chapelain, des démons grotesques de Scudéry, et des décrets de Boileau, feraient un beau contraste et plein d'enseignements. Mais il faut se borner, sans quoi notre travail tournerait à l'encyclopédie. Nous nous permettrons à peine quelques allusions au Merveilleux littéraire chez les étrangers, contemporains de Louis XIV.

Nous nous garderons aussi de toucher aux poèmes latins, versifiés de 1643 à 1715. C'est là cependant que la mythologie se donna librement carrière. Dans ces pastiches d'Ovide et de Virgile, dans cette « Poësie à la mosaïque », comme

---

1. *Adieu.*
2. *Art poétique*, ch. III.

l'appelle le docte Baillet [1], des auteurs très chrétiens, Jésuites comme Rapin, Commire et La Rue, Victorins comme Santeul, Universitaires comme Grénan et Rollin dans ses jeunes années, Évêques même comme Huet, faisaient défiler tout le *Pantheum mythicum* et toutes leurs réminiscences. Il était si aisé aux latinistes, nourris de l'Énéide, de finir un hexamètre par *Olympus, Avernus, Apollo, Camœnæ*, de se fournir de dactyles et d'idées chez les Piérides, *Heliconia turba!* Ils ne s'en firent pas faute. Leurs vers, même sur des sujets sacrés, sont de continuels emprunts à l'antiquité « fabuleuse »; il y a plus de déités aquatiques et champêtres dans les *Quatuor Hortorum libri* que dans les *Bucoliques;* et Santeul faisait « trépigner » dryades et naïades dans les bosquets épiscopaux de Germigny, malgré les remontrances de M. de Meaux.

A coup sûr, ce même Merveilleux, qui s'étalait en marbre ou en bronze dans les demeures royales, au milieu d'une nature façonnée par Le Nôtre et La Quintinie, — cette mythologie gracieuse, écrite sur la toile et dans les fresques des palais, mériterait un regard, un chapitre, un livre. L'Olympe des Girardon, des Coustou, des Lebrun, est autrement vivant, autrement jeune, que celui des écrivains même classiques. Mais il faut nous borner, et choisir. S'il nous arrive d'en faire mention, ce sera comme en courant, et d'après les écrivains, classiques ou non, du dix-septième siècle. Notre rôle sera uniquement celui de littérateur. Après tout, n'était-ce pas la littérature qui inspirait les arts? Si les sculpteurs et les peintres créaient des divinités à Versailles, à Saint-Cloud, au Louvre, n'était-ce pas à l'imitation des lettrés? Les lettrés de France, écrivant en français, nous offriront un champ assez riche, pour que nous n'ayons à poser le pied sur aucune frontière voisine.

Par une coïncidence heureuse, dans l'espace où nous nous resserrons, nous trouvons réunies à souhait presque toutes les formes du Merveilleux que les diverses littératures aient mises en œuvre. Notre besogne consistera donc à classer, grouper, voir, étudier, comme dans un musée rétrospectif,

---

1. *Jugemens des Savans*, édit. La Monnoye, t. V, page 375.

ces fantaisies diverses de toute provenance et de tout caractère.

Mais avant d'énumérer, il serait bon de définir. Qu'entendons-nous, et qu'entendait le dix-septième siècle par ce terme de *Merveilleux?* Écoutons un ami de Boileau. En 1674, l'année même de *l'Art poétique*, le P. Rapin, traitant du Merveilleux d'après Aristote, écrivait : « Le Merveilleux est tout ce qui est contre le cours ordinaire de la nature[1]. » Donc tout être surnaturel, quelles que soient son origine, son existence ou réelle ou imaginaire, tout effet produit, ou supposé, en dehors des lois communes et connues de la nature, rentre dans le domaine du Merveilleux. Sans doute, l'auteur des *Jardins* n'admet guère, pour son propre compte, que la fleur des fictions antiques. Pour lui, comme pour nombre de gens de lettres, toute autre forme du Merveilleux, du « prodigieux[2] » en littérature était, ou non avenue, ou incompatible avec le bon goût, ou digne tout au plus d'amuser Pacolet, d'être servi en « ragoust à la curiosité du peuple[3] ». Mais la définition, exacte et juste, donnée par Rapin, doit être plus large que son interprétation. Prise au pied de la lettre, elle comprend « tout ce qui » est surnaturel, soit que l'écrivain le trouve dans sa croyance, soit qu'il l'emprunte aux mythes classiques, aux fables des peuples étrangers, ou aux légendes de son pays. Le Merveilleux, dont le dix-septième siècle offre les types variés, vient de toutes ces sources.

Le dix-septième siècle n'a réellement rien créé de nouveau en ce genre. Mais il a employé les espèces multiples de Merveilleux, héritées de littératures ou de générations antérieures; léguées par l'antiquité classique, par l'antiquité chrétienne, chevaleresque, gauloise, ou, comme s'exprime Chapelain, par l'« antiquité moderne[4] ». A toutes ces idées

---

1. *Réflexions sur la Poétique*, § 23; édit. in-4°, page 104. — Mme Dacier appelle *merveilleuses* « des choses qui passent les forces de la nature, et qui sont au-dessus de l'humanité. » (*L'Iliade d'Homère traduite*, etc., 1711, t. Ier, page 29).
2. *Ibid.*, § 22, page 103.
3. *Ibid.*
4. *De la Lecture des vieux romans*, page 13.

« reçues » le dix-septième siècle imprima un caractère et prêta sa langue. Ses anges, ses démons, ses dieux, ses fées, ses sylphes, ses enchanteurs..., parlent Vaugelas, de leur mieux ; et de leur mieux aussi prennent des allures dignes, grandes, polies, des airs de cour. C'est à quoi visent tous les auteurs quelque peu graves. Il est évident, de ce seul chef, que tout ce Merveilleux factice, civilisé, s'éloigne passablement du Merveilleux primitif, qui est celui des peuples naïfs et naissants. Le dix-septième siècle lui-même reconnaissait à ces peuples le privilège de semblables inventions[1] ; il ne se réservait que le droit de rendre ces inventions présentables et correctes à la française. Il lui fallait, comme il faudra toujours à l'humanité, un Merveilleux ; mais il le voulait habillé à sa mode ; sinon, tout cela eût été « gothique », ce qui voulait dire alors étrange et ridicule.

Pour employer le Merveilleux d'une façon sérieuse et digne, il faut y croire ; pour se servir d'une mythologie toute faite, pour la rajeunir, pour l'égayer, — comme on disait en ce temps-là, — la mémoire y suffit, avec l'esprit, qui n'a jamais manqué en France. C'est de la sorte que les sujets de Louis XIV « égayèrent » surtout la mythologie grecque ou romaine, sans y ajouter foi. Fontenelle nous l'assure : « La Religion, dit-il, et le bon sens nous ont désabusés des Fables des Grecs ; mais elles se maintiennent encore parmi nous, par le moyen de la Poësie et de la Peinture....

« Quoique nous soyons incomparablement plus éclairés que ceux dont l'esprit grossier inventa de bonne foi les Fables, nous reprenons très aisément ce même tour d'esprit, qui rendit les Fables si agréables pour eux : ils s'en repaissoient parce qu'ils y croyoient ; et nous nous en repaissons avec autant de plaisir sans y croire[2]. »

---

[1]. « Mettez un peuple nouveau sous le pôle ; ses premières histoires seront des Fables. Et en effet les anciennes histoires du Septentrion n'en sont-elles pas toutes pleines ? Ce ne sont que Géans et Magiciens, etc. » (Fontenelle, *De l'Origine des Fables*.)
[2]. *Ibid.*

II

Que le dix-septième siècle ne crût pas à « Jupiter armé pour effrayer la terre », à Neptune « gourmandant les flots », aux ciseaux des Parques, il est superflu de le démontrer. On était déjà loin de ces extravagances où la passion du latin et du grec conduisit tel ou tel cerveau malade, au temps de la Renaissance. Les contemporains de Corneille, de Descartes, de Bossuet, n'auraient jamais songé à se prosterner devant

...Ce foudre ridicule,
Dont arme un bois pourri ce peuple trop crédule [1].

Et cependant un grand nombre de nos chefs-d'œuvre littéraires, plusieurs même de Corneille, n'admettent que les dieux païens renversés par Polyeucte. Que devient alors cette sorte d'axiome qu'une littérature, que la poésie surtout, reflète la foi, les aspirations, la vie morale d'un peuple, d'une époque? Cet axiome avait cours vers 1640, et vers 1715; Chapelain et La Motte s'en font une règle [2]. Chapelain, qui est raisonnable dès qu'il écrit en prose, déclarait à Sarrasin et à Ménage, qu'on peut juger des sentiments d'un siècle par les « rêveries » des poètes, « comme les médecins jugent de l'humeur peccante des malades par leurs songes [3] ».

Suivant le même Chapelain, tout littérateur, sous peine d'être incompris, « ne doit représenter ses personnages, ni les faire agir, que conformément aux mœurs et à la créance de son siècle ». S'il veut plaire, ou simplement être lu, que ses peintures soient calquées sur « ce qui arrive ou se pratique » autour de lui. Pourquoi cela? C'est que « nos idées ne vont guère au-delà de ce que nous voyons, ou de ce que nous entendons [4] ». Quoi qu'il en soit d'une doctrine qui

---

1. *Polyeucte*, acte II, sc. 6.
2. La Motte applique cette règle à l'usage du Merveilleux en poésie. Pour le Merveilleux, dit-il, « le point est de sentir jusqu'où l'on peut compter sur la crédulité de ses lecteurs, et de mesurer exactement ses hardiesses sur leurs lumières. » (Disc. sur Homère.)
3. *De la Lecture des vieux romans*, page 13.
4. *Ibid.*

circonscrit ainsi la poésie, la dernière ligne de Chapelain répond à l'objection proposée ; elle explique, d'une manière générale, les rapports de la société française du dix-septième siècle avec les différentes sortes de Merveilleux, dont les littérateurs d'alors usèrent, en vers et en prose. Pour les unes on avait une foi religieuse, raisonnée, ou une créance superstitieuse et indécise ; pour les autres, — et c'est le cas de la mythologie classique, — il régnait dans le monde des lettrés, des artistes, des courtisans, un culte littéraire, artistique, consacré et défini par l'usage [1]. Le christianisme était la religion des âmes ; mais le paganisme, avec ses « déités d'adoption [2] », hantait les souvenirs et les imaginations. On ne croyait pas à la Fable ; mais, Corneille l'affirme, elle était devenue « croyable », grâce à « cette vieille traditive qui nous a accoûtumez à en ouïr parler [3] » ; en d'autres termes, par la routine, fruit de l'éducation et des habitudes mondaines.

Tous les esprits cultivés avaient passé leurs *belles années* dans la compagnie presque exclusive des dieux et des demi-dieux ; ils en savaient par cœur les théogonies, les attributs et les mythes plus ou moins mémorables. Je n'oserais même décider, si, en quittant les bancs du collège, bon nombre d'écoliers n'auraient pas détaillé plus couramment les faits et gestes d'Hercule, que les expéditions de Charlemagne ou des Croisés. Ignorer les Fables, c'eût été s'exposer au ridicule, dans une société qui en était tout imprégnée.

On rit de bon cœur à la cour de la mésaventure de Bensserade qui hésita sur un point de mythologie. Madame lui demanda un jour quelle différence il y avait entre les dryades et les hamadryades. Bensserade, embarrassé de cette question à brûle-pourpoint, répondit bravement : « La différence qui existe entre les évêques et les archevêques. » Le mot ne tomba point par terre.

---

1. Dans toute cette étude, nous n'empruntons nos documents qu'à des littérateurs. De cette sorte, le chapitre tout entier rentre dans le cadre que nous nous sommes tracé par notre titre : *Du Merveilleux dans la littérature.*
2. J.-B. Rousseau, Odes, liv. IV, ode 6, *sur les Divinités poétiques.*
3. *Second Discours de la Tragédie.*

Bayle écrivait, en 1675, à son frère cadet, élève d'humanités ou de rhétorique : « Pour la Fable, il la faut posséder *ad unguem;* et si vous trouvez un petit livre qui s'appelle l'*Histoire poétique* par le P. Gaultruche, faites-en votre *vade mecum* [1]. » Ce dernier conseil pourrait sembler une exagération de style, comme il en échappe à une plume qui court. Mais Bayle ne faisait que résumer en deux lignes une lettre beaucoup plus circonstanciée, où le futur érudit conjurait son frère de se familiariser avec tout l'Olympe : « De grâce, apprenez bien comme on représentoit chaque divinité. Ne vous contentez pas de savoir que Neptune portoit un trident. Sachez de plus comment étoit fait son chariot, et par quelle sorte d'animaux il étoit tiré. Et ainsi des autres dieux.... Le *Pantheum mythicum* décrit assez joliment l'équipage de chaque dieu. Prenez-y bien garde en le lisant [2]. » Au même endroit, Bayle dénonce et blâme l'ignorance de gens assez mal avisés pour n'avoir pas étudié à fond le caducée de Mercure [3].

Ainsi, parmi les livres indispensables à tout écolier, se trouvaient les manuels de mythologie, dont l'un, le *Pantheum mythicum* du P. Pomey, « le grand ramasseur », comme le nomme Baillet, était enrichi de gravures. Publié en 1658, il fut bientôt reproduit et traduit en diverses contrées d'Europe. L'*Histoire poétique*, du P. Gaultruche, publiée en 1645, comptait, en 1715, près de vingt éditions, et avait été traduite en latin, en italien, en hollandais, en anglais.... Le P. Jouvancy fit paraître, en 1704, avec son édition d'Ovide, l'*Appendix de diis et heroibus poeticis*, tant de fois réimprimé [4].

Et néanmoins, en 1725, le besoin d'ouvrages nouveaux sur cette matière se faisait encore sentir; le bon Rollin en récla-

---

1. Lettres de Bayle, t. Ier, 30 janvier 1675.
2. *Ibid.*, Rouen, 7 mars 1675.
3. « J'ai connu des gens qui avoient bien lu et qui ne savoient pas reconnoître la statue de Mercure parmi plusieurs autres. C'est qu'ils n'avoient pas pris garde que ce dieu avoit des ailes aux talons et à la tête, et qu'il portoit un bâton, où étoient deux serpens entortillés, dont les têtes étoient séparées à l'extrémité du bâton. » (*Ibid*).
4. V. PP. de Backer, *Bibliothèque des Écrivains de la Compagnie de Jésus*, 1872.

mait un plus parfait, définitif, à l'usage des « jeunes gens » et de « tout le monde [1] ». Les vers latins des écoliers du grand siècle prouvent qu'ils avaient diligemment feuilleté leurs histoires poétiques. Un curieux monument de la science « fabuleuse » inculquée au jeune âge est le recueil de poésies françaises d'un « enfant de dix à onze ans », édité en 1657, sous ce titre : *La Lyre du jeune Apollon*. L'auteur, « le petit de Beauchasteau », avait commencé ses madrigaux à huit ou neuf ans ; et son volume, grossi des compliments de ses frères aînés en Apollon, ne forme pas moins d'un lourd in-quarto. Ce qu'il y a de plus remarquable dans ces *infantilia* d'un rimeur précoce, c'est la connaissance de la Fable. Le petit « nourrisson des Muses » sait les noms des dieux, leurs attributions, et les périphrases mythologiques usées et en usage ; il s'en sert avec l'à-propos d'un érudit ou d'un académicien.

Les jeunes princes devaient apprendre la mythologie, tout comme leurs sujets. Vers la fin du dix-septième siècle, l'abbé de Villiers racontait, dans une satire, l'examen d'un prince enfant, qui

... Sçait déjà la Carte et la Fable et l'Histoire.

Les interrogations portent sur ce triple programme :

...Ça, dites-nous, mon fils,
Où furent situez Itaque, Argos, Memphis ?
Et sur la Fable, un mot de celle de *Jacinthe* ;
Un petit mot aussi de l'Écriture Sainte [2].

Ce mot de *Jacinthe* ne vient pas là uniquement pour rimer à *Écriture sainte*. La métamorphose de l'adolescent de Laconie, changé en fleur par Apollon, fait partie du programme.

Louis XIV, dès l'âge de trois à quatre ans, fut instruit dans la Fable, comme dans la Géographie et l'Histoire. Par ordre

---

1. « J'ai toujours souhaité que l'on travaillât à une Histoire de la Fable, qui pût être mise entre les mains de tout le monde, et qui fût faite exprès pour les jeunes gens. » (*Traité des Études*. Voir plus bas, III⁰ partie, sect. III, art. 3, chap. IV.

2. Abbé de V***, *Poésies*, nouv. édit., page 207. *De l'Éducation des Rois*, ch. 1ᵉʳ.

de Richelieu, on lui avait mis entre les mains quatre jeux de cartes, dont trois figuraient l'histoire et la géographie de France, et le quatrième les Fables. Ce dernier comprenait 52 gravures. Par une coïncidence curieuse, l'inventeur de ces jeux fut Desmarets de Saint-Sorlin, qui devint chef de la ligue contre les dieux et déesses [1]. Bossuet, comme lui-même l'expose au pape Innocent XI, enseigna au Dauphin, son élève, les « Fables de la théologie payenne [2] »; et l'on sait quel gracieux et aimable cours de philosophie et de politique Fénelon écrivit pour le duc de Bourgogne, qui « aimoit les Fables et la Mythologie [3] ».

Donc, à la cour et au collège, l'une des premières études était l'étude des « dieux éclos du cerveau des Poètes ». Poète ! pouvait-on prétendre à ce titre d'honneur sans cette connaissance ? Segrais range parmi les qualités essentielles au poète la science de la Fable; on n'est, selon lui, poète « d'un grand mérite » qu'à cette condition [4]. Pour former un poète, Bouhours réclame trois choses : lecture des modèles, conseils des maîtres, étude des Fables [5]. Si le poète ne possède à fond le *Pantheum mythicum*, il s'exposera, comme Racine, à loger les Tritons en eau douce, au grand scandale et amusement de Chapelain [6].

---

1. Cf. René Kerviler, *Jean Desmaretz*, etc. 1879, page 66. « Elles (ces cartes), sont aujourd'hui fort rares et très recherchées par les bibliophiles. »
2. Cf. Œuv. comp. de Fléchier, t. IX : *Desseins de M. le Président de Périgny pour l'instruction de M. le Dauphin.* « Il croyoit qu'il falloit joindre à la connoissance des langues, celle de l'Histoire et de la *Fable.* » Pour faciliter le travail du Prince, M. de Périgny avait composé des cartes ou tableaux. Le premier de ces tableaux contenait « un abrégé de l'Histoire sainte et de l'Histoire *fabuleuse* ».
3. « Cet auguste enfant aimoit les Fables et la Mythologie. Il falloit profiter de son goût... » M. de Ramsai, préface de *Télémaque*, éd. de 1716, t. Ier. *Discours de la Poésie épique et de l'excellence du Poème de Télémaque,* page XLV.
4. Segrais, *Mémoires anecdotes*, nouv. édit., page 145.
5. *Entretiens d'Ariste et d'Eugène*, 1671, IVe cntr., *Le bel esprit.*
6. En 1660, à l'occasion du mariage du roi, Racine avait composé *la Nymphe de la Seine*; il fit présenter son poème à Chapelain par M. Vitart. « Chapelain découvrit un poète naissant dans cette ode, qu'il loua beaucoup; et parmi quelques fautes qu'il y remarqua, il releva la bévue du jeune homme, qui avoit mis des *Tritons* dans la Seine. L'auteur, honoré des critiques de

La science de la mythologie aplanissait les routes du Parnasse; elle ouvrait même les portes de l'Académie, au temps de Richelieu; ce fut un des titres du sieur de Meziriac, lequel, dit Pellisson, était « très profond en la connoissance de la Fable [1] ». Les femmes, elles aussi, étaient initiées à ces mystères. « Il faut, disait Desmarets, avoir bien peu fréquenté les Dames de la plus haute qualité, pour ignorer que la pluspart sçavent l'Histoire, *la Fable* et la Géographie. » (*Clovis,* Avis.)

« Vous qui sçavez si bien la Fable..., » écrit Le Pays à une demoiselle, en lui racontant comment le « dieu du Rhosne » a été attaqué par le « bonhomme Æole [2] ». Parmi les lectures si graves de la marquise de Sévigné, après les « rogatons » de Bossuet et de Corneille, à côté des *Essais* de Nicole, il y place pour la Fable, ou comme elle parle, pour ces « folies [3] ». De là, chez les dames, cette fantaisie de vanité féminine, qui leur faisait prendre dans leurs portraits des poses de déesses, de Diane, de Pallas, qui, dit La Bruyère, « ne rappellent ni les mœurs, ni la personne [4] ». Cette mode fut surtout en grande faveur aux beaux jours de l'Hôtel de Rambouillet; et « le plus court chemin » pour retrouver les portraits des « illustres dames » de cette époque, c'était « de les chercher parmi les Diane, les Phylis, les Cérès et les Nymphes bocagères, qui restent en si grand nombre chez les marchands de tableaux [5] ».

Chapelain, corrigea son ode; et la nécessité de changer une stance le mit en très mauvaise humeur contre les *Tritons,* comme il paroît par une de ses lettres. » (Louis Racine, *Mémoires,* etc., Ire partie.) — « Ce qu'il y a eu de plus considérable à changer, ç'a été une stance entière, qui est celle des *Tritons.* Il s'est trouvé que les *Tritons* n'avoient jamais logé dans les fleuves, mais dans la mer. Je les ai souhaités bien des fois noyés tous tant qu'ils sont pour la peine qu'ils m'ont donnée. » (*Lettre à M. Le Vasseur, Paris,* 13 septembre 1660.)

1. *Histoire de l'Académie Françoise,* M. de Meziriac.
2. « Vous connoissez Æole mieux que moy. » (*Nouvelles OEuvres de Le Pays,* 1674, Amsterdam; lettre du 9 septembre 1664.)
3. « Nous lisons beaucoup et du sérieux et des folies, et de la *Fable* et de l'histoire. » (Aux Rochers, 29 décembre 1675.)
4. *Caractères,* chap. de la Mode.
5. Tallemant des Réaux, *Historiettes,* 3e édit. Monmerqué et P. Paris, t. II, page 508. — Vers la fin du règne de Louis XIV, quand le roi presque sexa-

Poser eu déesse était un plaisir délicat; mais se vêtir en déesse, jouer un rôle de déesse, en était un plus goûté encore. Les récits de ces fêtes à la païenne sont nombreux et plusieurs sont connus. Les lettres de Voiture, de Sarrasin, de l'abbé Arnauld, en sont égayées. C'est la fête champêtre de la *Marmite de Rabelais,* où la marquise de Rambouillet, et M. de Lisieux, Cospéan, rencontraient « toutes les demoiselles de la maison vestues en Nymphes », et « assises sur les roches[1] », autour de Mlle de Rambouillet, qui avait « l'arc et le visage de Diane[2] ». Quatre à cinq ans plus tard, c'est la fête donnée à la Barre, campagne de Mme du Vigean, où l'on découvrit dans une niche « mademoiselle de Bourbon et la Pucelle Priande », déguisées, la première en « une Diane à l'âge de onze ou douze ans », l'autre en nymphe[3]. C'est aussi en costume de nymphe que, durant les entr'actes de *Sophonisbe,* Mlle Paulet « chantoit avec son théorbe » devant les beaux esprits de la chambre bleue[4].

A la cour de Louis XIV, cette mode fut continuée. Le roi, les princes, les princesses, les seigneurs, les dames, se déguisent en personnages olympiens. On y voit figurer

>   ...Tous les dieux,
> Tant les jouvenceaux que les vieux[5].

Sous ces parures d'*immortels*, la cour, à peine échappée aux soucis de la Fronde, célébrait le carnaval de 1653[6]; l'année suivante, au ballet du Temps, dansaient :

> Cerés la blonde et Neptunus,
> Zéphir, Uranus, Vulcanus[7],

c'est-à-dire les plus hauts personnages de France. Au ballet

---

génaire prenait plus au sérieux sa qualité de monarque très chrétien, Mme de Maintenon se faisait peindre par Mignard « habillée en sainte Françoise Romaine ». (Lettre de Mme de Sévigné, 29 octobre 1694.)

1. Tallemant des Réaux, *loc. cit.,* t. II, page 490.
2. Voiture, Lettre du 8 mars 1627.
3. Voiture, *Lettre au cardinal de la Vallette.*
4. L'abbé Arnauld, *Mémoires,* collection Michaud et Poujoulat, t. XXIII.
5. Loret, *Muze historique,* 18 avril 1654.
6. V. *Ibid.,* 1er mars 1653.
7. *Ibid.,* 5 décembre 1654.

de janvier 1665, Madame paraissait en « Vénus céleste » enlevée au ciel dans « une superbe machine » ; mais

> Auparavant que d'y monter,
> Neptune la fait scorter
> Par douze aimables Néréides;

et pendant son voyage aérien,

> ...Les Dieux maritimes,
> De leurs voix douces et sublimes,
> Font un concert mélodieux
> Digne de Dieux ou demy-Dieux [1].

Il en fut ainsi pendant les vingt années que Bensserade fut chargé d'écrire les rôles de ballet pour dieux et déesses. Il y employa toute la Fable grecque et latine; il y fit « trépigner », comme parle Corneille, toutes les déités, avec leurs atours d'un Olympe de convention. Grâce à Bensserade, Sa Majesté devenait tour à tour Apollon ou Soleil, Éole, Nymphe, un Titan, une Heure, Pluton, Mars, Jupiter, Cérès, une « Dryade dans un chêne ».

Naturellement ces personnages si souvent parés de titres et d'attributs divins ne pouvaient pas, aux yeux des lettrés et des rimeurs, n'être que de simples mortels, même une fois redescendus dans les réalités de la vie terrestre. Robinet appelait le roi, la reine et la cour « ces divinités visibles »[2]; mais tous les poètes (nous le dirons plus loin) s'exprimaient comme Robinet. Nous savons par Balzac que la reine Anne d'Autriche ne voulait point « estre traitée de *déesse*, non pas mesme par les poëtes, qui font largesse de Divinité[3] ». Malgré cette répugnance de la fille des Rois Catholiques, les Précieuses l'avaient surnommée « la Bonne Déesse », et Loret la « sage et grande Minerve, la Minerve de notre Cour[4] ».

Quant à Louis XIV et à Marie-Thérèse (cette « belle

---

1. *Muze historique*, 31 janvier 1665.
2. Lettre du 21 juin 1665.
3. *Discours à la Reyne Régente*, 1643.
4. Voir la *Clef historique et anecdotique* du Grand Dictionnaire des Précieuses; Livet, t. II, page 343 : « Reyne mère (la), la *Bonne Déesse*. » — *Muze historique*, 1663, 28 avril, et 1665, 10 janvier.

Nymphe du Tage » que « les dieux avoient fait naistre, pour Jupiter ou pour Louis », comme chantait le vieux Racan), depuis le jour où ces deux immortels « buvoient le nectar » sur les rives de Seine, comme chantait le jeune Racine, la Fable fournissait à peine assez d'appellations divines, pour les saluer. Louis XIV, qui se fâchait d'être sérieusement comparé à Dieu [1], acceptait sans difficulté toutes les dénominations des dieux. Pendant les soixante-douze ans de son règne, tout ce qui se mêla d'aligner une ode, un sonnet, un madrigal, l'adora poétiquement sous le nom de Mars, d'Apollon, de Neptune, et surtout de Jupiter. On entendra plus loin les échos prolongés de nos lyres païennes du dix-septième siècle. Qu'il nous suffise dès à présent de transcrire une strophe de Mme Deshoulières. Elle résume et complète notre pensée. Cette strophe fut écrite en 1682 :

> Quel dieu pour la valeur, quel dieu pour la prudence,
> Pourroit avec Louis disputer aujourd'hui ?
> Depuis qu'il fut donné pour le bien de la France,
>   On n'a plus adoré que lui.
>   De l'univers il règle la fortune ;
>   Par un prodige, il est tout à la fois
>   Mars, Apollon, Jupiter et Neptune [2].

Tout ce qui approche de ce dieu est dieu, ou, à tout le moins, semi-dieu. Le grave La Bruyère, pour désigner les fils et petits-fils de Louis XIV, écrit : « Les enfants des dieux [3]. » Même dans un accès d'humeur ou de verve satirique, Scarron, le « malade de la Reine », se souvient que la cour est un ciel mythologique ; et, comme Momus, il donne de la divinité, en tempérant les excès de la louange par des rimes hardies : A la cour, dit-il,

>   ... On voit autant de Guenons
>   Que de Pallas et de Junons [4].

La prose légère, surtout la prose épistolaire des beaux

---

1. Voir *Lettres de la marquise de Sévigné*, 13 juin 1685.
2. *Ode sur la naissance de Louis, duc de Bourgogne*. — « Jupiter et Louis, c'est le mesme », selon La Fontaine. (*Épître* v.)
3. *Caractères*, chap. Du Mérite personnel.
4. *OEuvres*, nouv. édition, t. Ier, page 173; épître à Mme d'Hautefort.

esprits, ne sait guère d'autre langue. Chaque fois qu'ils ont à parler de quelque prince ou princesse, les titres mythologiques se pressent dans leur mémoire et s'étalent sous leur plume. Voiture, racontant une collation donnée à « Mme la Princesse », écrit qu'il n'y avait « que des déesses à table, et deux demy-dieux; à sçavoir, dit-il, M. de Chaudebonne et moi », — modestie d'homme de lettres, — et il s'étonne de ce que « tout le monde y mangea ne plus ne moins que si c'eussent été véritablement des personnes mortelles [1] ». Depuis Voiture, cette façon de parler fut une des galanteries du meilleur ton. Un autre prosateur, décrivant une collation servie au roi, à la reine et aux dames de leur suite, à Saint-Cloud, s'extasiait, dans les mêmes termes, sur ce que « le demi-dieu et la déesse et les nymphes mangèrent comme des personnes mortelles [2] ».

Sarrasin veut-il annoncer à la « divine Julie » que, dans une allée de Chantilly, il a rencontré la princesse de Condé avec Mmes de Longueville et de Saint-Loup, en compagnie des princes de Condé et de Conti, il invente toute une narration digne des *Métamorphoses*. En voici seulement une phrase ou deux : « Trois Nymphes apparurent au solitaire Tirsis »; non pas « de ces pauvres Nymphes des bois », qui « pour logis et pour habit n'ont que l'écorce des arbres »; mais éclatantes de pierreries, elles étaient portées sur un

---

1. *Lettres*, édition de Pinchesne, t. Ier, lettre X, *au cardinal de la Vallette*.
2. Recueil de Mme de la Suze, t. IV, *Relation d'un Voyage de Saint-Cloud*.
— Loret, habitué à ces narrations, et ne sachant guère d'autre style, se corrige pourtant, une fois ou deux, comme il suit :

> La Troupe (la cour) durant le repas
> Brilloit avéque tant d'appas,
> Qu'on eût dit dans ces allégresses :
> Voilà des Dieux et des Déesses.
> Mais mangeant comme nous faisons,
> Poulets, phaizans, perdrix, oizons,
> On modéra cette pensée;
> Et pluzieurs, d'ame bien sensée,
> Voyans tant d'objets précieux,
> Dirent, ce ne sont pas des Dieux;
> Le croyans, nous serions impies :
> Mais ce sont de belles copies.
>
> (*Muze historique*, 30 octobre 1655.)

char de velours cramoisi, traîné par des chevaux qui « surpassoient en tout les chevaux du Soleil ». A leurs côtés « alloient deux demy-dieux [1] ». Il faut ajouter que Chantilly, en beau style, s'appelait « l'Apothéose » de M. le Prince [2].

Cette prose épistolaire fut à la mode jusque dans les dernières années de Louis XIV, et cette mythologie était dans les mœurs de la petite cour de Sceaux, comme au Louvre, comme à Versailles et comme à Chantilly, où, le 22 août 1688, le dauphin fut reçu par « le dieu Pan, suivi de quatre-vingt-dix Faunes et Satyres [3] ». Au mois de mai 1702, à Saint-Maur, sur les bords de la Marne, Chaulieu — il l'écrit à la duchesse du Maine — vit danser des nymphes et des dryades, parées « comme quand elles vont aux fêtes des dieux »; puis il découvrit, « dans un lointain..., une troupe de Faunes, de Sylvains, de Chèvre-pieds et de Satyres », à la tête desquels marchait le comte de Fiesque [4].

Vers la même date, Hamilton rencontrait à Châtenay, « distant de Sceaux environ de quinze stades », une foule de « divinités » réunies pour une fête; et les « Dames (lui parurent) autant de Déesses qui s'étoient mises à la table, pour prendre une tasse de nectar, et quatre doigts d'ambroisie. » (Lettres, Œuv. Éd. de Londres, t. Ier, pages 132 et 133.)

Si les plaisirs royaux et princiers étaient des réjouissances de l'Olympe, les brouilles de ces personnages étaient à l'image des querelles intestines dudit séjour divin : « Vous saurez assurément les querelles qui sont arrivées aux noces de La Mothe, comme à celles de Thétis. La Discorde aux crins de couleuvre se mêla parmi les Duchesses et les Princesses, qui sont les Déesses de la terre [5]. » — Donc, les duchesses étaient *déesses* aussi. C'est que des hauteurs du trône les rayons de divinité s'éparpillaient sur toute la no-

---

1. Œuvres de M. Sarrasin, 1663, pages 295 et suiv. Lettre escrite de Chantilly, à Madame de Montausier.
2. V. Lettres de la marquise de Sévigné.
3. Ce dieu Pan était Lulli, le jeune, « qui battait la mesure avec son thyrse ». (V. Et. Allaire, La Bruyère, etc., t. II, page 50. Récit de la fête Dauphin ».)
4. Lettre à la duchesse du Maine, 27 mai 1702.
5. Lettre de Charles de Sévigné à Mme de Grignan, 19 janvier 1676.

blesse, même sur les marquises et les comtesses. Saint-Simon, parlant de trois grandes dames, Mmes de Soubise, de Coëtquen et d'Espinoy, nomme la première « une déesse », la seconde « une nymphe », la troisième, par hasard, « n'étoit qu'une mortelle ». (*Mémoires*, 1698.) Selon Boileau, il fallait aux gens de qualité une rare dose de bon sens pour ne pas se laisser prendre à la « sotte louange » des rimeurs, qui les placent « au rang des dieux ». (*Épître* ix, au marquis de Seignelay.)

Nous venons de citer Charles de Sévigné. Nous pourrions le choisir lui-même, avec sa sœur et leur illustre mère, pour étudier, au sein d'une famille privilégiée, l'usage habituel des réminiscences mythologiques. La marquise de Sévigné arrive en carrosse, avec ses deux enfants tout jeunes encore (vers 1655), chez son beau-frère Renaud de Sévigné. L'abbé Arnauld la rencontre dans cet équipage ; il s'imagine voir « Latone... au milieu du jeune Apollon et de la petite Diane[1] ». Un abbé de Francheville, sexagénaire, passe quelques heures aux Rochers, en 1689 ; tous les compliments *fabuleux* tombent de ses lèvres : Mme de Grignan est « une divinité » ; le marquis son frère est salué de *nate dea* ; la dame des Rochers est « aussi une espèce de divinité, non de *la plebe degli dei* » ; et la marquise plus que sexagénaire, qui récite toute cette litanie, ajoute humblement qu'elle s'estime au plus « une divinité de campagne[2] ». Ses amies ne sont-elles pas, pour cette « jolie payenne », comme Arnauld d'Andilly la nommait, d'autres *immortelles ?* « C'est une Nymphe ! c'est une Divinité ! » écrit-elle d'une dame qui vient de souper à sa table[3]. Dans ses bois du Buron, mutilés par son fils, elle voit, moitié triste et moitié souriante, « toutes ces Dryades affligées » et tous ces vieux Sylvains, « qui ne savent plus où se retirer[4] ». Ailleurs, les forges de Cosne lui semblent (comme celles d'Antoigné à Tristan[5]) « des forges de Vul-

---

1. V. *Notice biographique sur Mme de Sévigné*, par M. P. Mesnard ; éd. des Gr. Écriv., t. Ier, page 88.
2. Lettre du 28 septembre 1689.
3. Lettre du 29 janvier 1672 (Mme Dufresnoy.)
4. Lettre du 27 mai 1680.
5. *Les Vers héroïques*, du sieur Tristan l'Hermite, 1648.

cain », peuplées de « Cyclopes[1] ». Il n'est pas surprenant que, formé à si bonne école, le marquis Charles de Sévigné vît aussi des déités en la personne de ses neveux et nièces, et qu'il appelât Pauline de Grignan « ma déesse » et « ma divinité[2] ».

Ce style était devenu peu à peu celui de la galanterie; un « clerc de procureur », raconte Brébeuf, nommait *déesse* « la fille d'un pâtissier[3] ». Du reste, Costar qualifiait bien sa goutte de « déesse Podagre », même en prose[4].

Ainsi, le dix-septième siècle vivait dans une atmosphère de mythologie et de paganisme. Il serait banal d'énumérer, même en courant, le nom, le nombre, la forme, le luxe des divinités jetées comme décors sous les ombrages des parcs[5], parmi les fleurs des jardins, près des fontaines vraies ou artificielles, dans les pièces d'eau, sur les murs des antichambres, au plafond des salles et des boudoirs, sur les toiles des salons, sur les tapisseries, sur les panneaux des boiseries; partout des dieux. Le monde si brillant des « divinités visibles » et vivantes s'agitait, se récréait, cabalait, mourait au milieu des panthéons sans cesse reproduits, et rajeunis, avec les formes les plus gracieuses, par la peinture, par la sculpture, par tous les arts décoratifs[6], et même, aux jours de réjouissances publiques, par les feux d'artifice tirés en

---

1. Lettre du 1ᵉʳ octobre 1677. — Mᵐᵉ de Sévigné osait, même en prose, appeler Bourdaloue « le Grand Pan ».

2. Pour détourner Mᵐᵉ de Grignan d'envoyer au couvent cette même Pauline, il lui écrivait : « Il faut des autels pour ma divinité et il ne faut pas envoyer ma divinité au service des autels. » (12 juillet 1690.) — Notons que dans la langue des Précieuses, *Religieuse* se disait : *Vestale*; et *Supérieure de couvent* : « Grand'Prêtresse d'un temple de Vestales. » V. édit. Livet, *Dictionn. des Préc.*, t. Iᵉʳ, page 292.

3. Lettres de Brébeuf, 1664; lettre L, page 142.

4. Lettres de Costar, 1658; tome Iᵉʳ, lettre cv, page 285.

5. A Richelieu, La Fontaine admirait, dans le parc, l'Apollon, le Bacchus, surtout le Mercure, contre lequel les hirondelles collaient leurs nids, lui confiant « leurs petits, tout larron qu'il est ». (Lettres, 1663, *Lettre à Madame de La Fontaine*).

6. Les jardins de Versailles étaient le plus bel Olympe classique, en plein air. Au lieu de les décrire, laissons la parole à Régnier-Desmarets. Ce poète, secrétaire de l'Académie française, s'adressant aux eaux du château de Ver-

CHAPITRE PRÉLIMINAIRE

place de Grève[1]. Les gens de lettres recevaient comme prix de poésie des Apollon d'argent, fût-ce même pour une ode à la sainte Vierge[2], ou encore un groupe artistique où s'alliaient, tant bien que mal, la Renommée, la Religion et la Pitié « appuyée sur un Génie[3] ».

Donc, la vie extérieure, frivole, mondaine, se mouvait

---

sailles, où il voyait se jouer « les Filles de Nérée », et le « brillant Dieu du jour » s'y « laver dans le crystal liquide », leur disait :

> Icy cheri de Flore, et versant autour d'elle
> Le crystal pur et clair d'une eau tousjours nouvelle,
> Vous semblerez presser les Zephyrs amoureux,
> D'avancer du Printemps le retour bienheureux.
> Là Cérés sentira vos Eaux fraisches et vives
> Temperer des moissons les ardeurs excessives.
> Icy le vieux Saturne entouré de glaçons.
> Sentira par vos flots redoubler ses frissons.
> Et là vous semblerez vouloir faire la guerre
> A Bacchus couronné de pampre et de lierre...
>
> (*Poés. franç.*, nouv. édit., t. Ier, pages 260 et suiv.). Il y a deux cents vers de ce goût.

— Cf. *Psyché*, de La Fontaine, Liv. Ier; deux descriptions des jardins de Versailles.

1. Ainsi, à la naissance de Louis XIV, le feu d'artifice, en place de Grève, représentait « Minerve de belle taille », qui « mettoit tout son monde en bataille ». (Saint-Amant, éd. Livet, t. II, page 499). — Voir sur cette matière : *La Conduite des feux d'artifice*, par le P. Cl. Ménestrier, édition de 1660. En mars 1660, dans un « feu de joie » en l'honneur de la Paix des Pyrénées, on admira

> ...La pompe funèbre
> De Mars chargé de maint carcan
> Et qui fut brûlé par Vulcan.
>
> (Loret, *Muze historique*, 13 mars.)

Au mois d'août de la même année, on vit apparaître « en suite de l'embrazement », les dieux désarmés :

> Un dieu Jupiter sans tonnerre,
> Mars sans épée ou cimeterre,
> Bacchus sans Thirse, et Neptunus...
> Sans trident, sans nef, sans galère.
>
> (*Ibid.*, 21 août.)

2. Guillaume Colletet, lauréat des Palinods, loue la « célèbre ville de Rouen, à qui, dit-il, je dois ce précieux Apollon d'argent, dont elle prit soin de reconnoître mon hymne sur la pure Conception de la Vierge ». (*Art poétique* du sieur Colletet, 1658; page 122).

3. Prix décerné en 1714, par l'Académie française, à M. du Jarry. « L'assemblage merveilleux du fabuleux et du sacré » dans ce groupe faisait rire

dans un cadre païen, au milieu d'images païennes. Alors se vérifiait un mot écrit, cent cinquante ans plus tard, par Mme de Staël : « On sent très bien que le christianisme est la réalité de la vie, et le paganisme la parure des fêtes. » Selon Fontenelle, il se répandit sur la société française, vers le commencement du dix-septième siècle, « un esprit qui sembloit devoir renouveler le paganisme¹ ». Oui, cet esprit souffla ; mais, à parler d'une façon générale, il n'atteignit que la surface de cette société, chrétienne par ses convictions, païenne par son éducation littéraire et par ses plaisirs.

Un littérateur ingénieux et brillant disait, — il y a quarante ans, — que si le Paris et le Versailles de Louis XIV eussent été ensevelis sous les laves et les cendres d'un volcan, les antiquaires, mille ans après, auraient pris ces ruines pour les vestiges de cités païennes, tellement on y aurait retrouvé de dieux mythologiques, et point de saints, de croix, de madones². Cette spirituelle boutade n'est point toute fausse ; mais elle est évidemment exagérée. Le christianisme existait avec ses dogmes au fond des âmes ; l'art chrétien représentait les symboles de la foi dans les nombreuses églises, mais aussi en dehors des églises et jusqu'au centre des palais. Louis XIV avait raison d'avouer qu'en lui il y avait *deux hommes* ; même au point de vue que nous traitons, sa parole est juste. Dans ses antichambres, ses jardins, ses parcs règne l'Olympe ; mais dans ses appartements intimes il y avait, et en nombre, des images chrétiennes et pieuses, des crucifix³. Ce roi, qui prenait pour les ballets de la cour tous les déguisements des *Métamorphoses*,

Baisoit avec respect le pavé de nos temples ⁴.

Encensé de titres divins par les courtisans lettrés, il courbait la tête sous la parole d'un Bossuet, qui s'écriait en face du

---

Voltaire (Cf. ses *Œuvres*, éd. Garnier, 1879, tome XXII ; page 2 ; lettre à M. D***.)

1. *Histoire du Théâtre-François*, Œuvres de Font., nouv. édit., tome III, page 61.
2. Th. Gautier, *Les Grotesques*, 1859 ; page 223.
3. V. Saint-Simon, *Mémoires*, édit. Chéruel et A. Régnier, t. II, page 223.
4. Racine, Prologue d'*Esther* (*La Piété*.)

roi et de son entourage : « O dieux de chair et de sang! ô dieux de terre et de poussière! vous mourrez comme des hommes[1]. » Le roi et la société du bel air ressemblaient un peu à cet abbé Pellegrin, dont, au siècle suivant, s'amusait Voltaire :

> Le matin, catholique, et le soir, idolâtre.

On accusait, — très faussement, du reste, — un religieux lettré de ce temps-là, de servir Dieu et le monde par semestre; ses contemporains servaient tour à tour Dieu et les dieux; tour à tour, car on se gardait soigneusement de mêler ensemble la religion du cœur et ce culte « égayé » de l'imagination et des arts. La Bruyère en a fait l'observation : « L'on ne voit point d'images profanes dans les temples : un Christ, par exemple, et le Jugement de Pâris dans un même sanctuaire[2]. »

Pour cette raison et par respect des convenances, l'on n'étalait point de croix ou de madones dans les jardins, à côté des naïades et des dianes chasseresses. Desmarets de Saint-Sorlin, qui proscrit les dieux de la poésie sérieuse, leur accorde libéralement une place « dans les superbes jardins, pour servir de décoration aux fontaines », comme aussi dans tous les édifices profanes; il y « souffre, en tableaux et en statuës, les divinités payennes comme objet de divertissement », mais à la condition qu'il ne s'y montre aucun symbole de la piété chrétienne : « car dans ces lieux de plaisir, on n'oserait y mesler des figures de choses saintes[3] ».

De là deux arts coexistants, et multipliant les chefs-d'œuvre parallèlement; très distincts, quoique travaillés parfois de la même main. Le Sueur peint la Vie de saint Bruno et la Galerie d'Apollon; Poussin fait le Triomphe de Flore et les Sept Sacrements. De là deux littératures, venant souvent de la même plume; Fénelon écrivait presque à la même

---

1. Troisième sermon pour le Dim. des Rameaux, *Sur les devoirs des Rois*, 1er point.
2. *Caractères*, chap. *De quelques usages*.
3. *Discours pour prouver que les sujets chrétiens sont seuls propres à la Poésie Héroïque.* — 1673, page 23.

époque les *Maximes des Saints* et le *Télémaque*. De là, deux langues : la païenne, ou la poétique, usitée dans les relations de bel esprit et de galanterie, et la française, que Marotte, chez Molière, appelait le « chrétien » : — « Il faut parler *chrétien*, si vous voulez que je vous entende[1]. » Le paganisme était, dans l'art et dans la langue, un décor, un symbolisme, une sorte d'idiome étranger que l'on parlait aux heures d'apparat et d'amusement. Je ne prétends point en faire l'apologie ; mais ce paganisme artistique et littéraire, avec ses « ornements reçus », n'était pas, comme le prétendaient même alors des esprits chagrins et outrés, un effet du paganisme des âmes. L'érudit Baillet accusait les poètes de son temps d'être réellement païens, comme Horace et Ovide, d'adorer ces divinités qu'ils se sont données par un « enthousiasme qui leur a fait tourner la cervelle... Quoique les poètes d'aujourd'hui soient dans la chrétienté, ils ne laissent pas d'y faire bande à part... Ils ont leurs dieux à part et leur enfer à part. Comme ils prennent la liberté de faire l'apothéose de ceux qu'ils ont étouffés de leur encens, on leur feroit grand tort de leur contester le privilège qu'ils croient avoir de loger dans leur Tartare ceux qu'ils ont sacrifiés à leur vengeance ou à leur caprice. Mais l'un et l'autre n'ont de réalité que dans l'imagination, etc.[2]... ». Baillet n'avait pas été « étouffé de l'encens » des poètes. On le devine à la façon dont il décoche ses lourdes flèches sur les « papillons du Parnasse ». Mais pour tous les gens de lettres, comme pour Baillet, cette mythologie n'avait « de réalité que dans l'ima-

---

1. *Les Préc. ridic.*, sc. 7. — Au seizième siècle, Vauquelin de la Fresnaye notait quelque chose d'analogue :

>...En sa prime jouvance,
Chanteclere arrivant paya la redevance
A *Phœbus*, comme nous, et d'autres, que le temps
Enivra du plaisir de ces vains passe-temps ;
Quand, en même saison, plein d'une ardeur divine,
Le Feure bouillonnant dans sa vierge poitrine,
Des Hébreux et des Grecs, *poëte tout chrestien*,
De bien chanter de Dieu rechercha le moyen.
>
>(*Art poétique*, liv. II.)

2. *Jugemens des Savans*, édit. de La Monnoye, t. III, page 269, *Sur les Poètes*.

gination » et la mémoire. Boileau, le plus autorisé des défenseurs des dieux, n'en allait pas moins à la messe tous les dimanches[1].

Un Merveilleux, dont on pouvait, à ses heures, rire et plaisanter tout à son aise sans encourir les anathèmes de la Sorbonne[2], plaisait et divertissait, précisément parce qu'on n'y ajoutait aucune créance.

Plusieurs même, parmi les gens d'esprit et les délicats, découvraient dans l'étude et l'usage des Fables un but utile et louable ; ils concevaient les images littéraires ou artistiques empruntées à la mythologie comme un voile de fleurs jeté sur l'enseignement des devoirs les plus graves. Le *Télémaque*, avec tous ses dieux et demi-dieux, était un cours fleuri de politique, de philosophie, presque de religion[3]. Comme Ramsai le fait ressortir, Fénelon se servait du goût de son disciple pour les Fables, afin de « lui faire voir dans ce qu'il estimoit le solide et le beau, le simple et le grand[4] ». N'est-ce pas un peu le but où vise La Fontaine, quand il introduit en ses apologues, pêle-mêle, « hommes, dieux, animaux » et « Jupiter comme un autre » ? C'était, pour La Fontaine et pour tout le monde, un axiome, qu' « une morale nue apporte de l'ennui ». On lui prêtait le vêtement de la Fable.

Pourquoi, dans les palais royaux, cette profusion de peintures ou de statues mythologiques ? Au dire des experts, tout cela prêchait aux gens de cour leurs devoirs envers le prince. Écoutons Germain Brice. Voici son commentaire sur deux des peintures qui décorent « l'Antichambre de la Grande Chambre du Roi », aux Tuileries : « La Fable de Clitie changée en Girasol, est représentée dans le troisième tableau, qui marque que les Courtisans doivent toujours être prêts à suivre le Prince, en quelque endroit qu'il aille.

---

1. V. *Mémoires sur la vie de J. Racine*, par L. Racine.
2. « La Sorbonne n'a point juridiction sur le Parnasse, et les erreurs de ce païs-là ne sont sujettes, ni aux censures, ni à l'Inquisition. » P. Le Moyne, *Peintures morales*, liv. Ier ; Cf. *Provinciales*, xie lettre.
3. Par exemple, au livre XIV, *Descente aux Enfers*.
4. Préface du *Télémaque*, éd. de 1716, t. Ier, page XLV.

« Le quatrième... fait voir le Soleil qui se délasse chez Tétis, accompagné de plusieurs Tritons qui luy font la cour, pour indiquer aux Courtisans qu'ils doivent travailler à divertir le Prince, lorsqu'il est retiré le soir dans son Palais[1] ».

Veut-on un commentateur mieux renseigné encore que Germain Brice? Charles Perrault raconte comment il fut l'inventeur de l'une de ces allégories fabuleuses, traduite par le ciseau de Girardon et de trois autres artistes. Il avait, dit-il, songé qu' « il seroit bon » de placer dans une grotte, à Versailles, « Apollon qui va se coucher chez Téthys, après avoir fait le tour de la terre, pour représenter que le Roi vient se reposer à Versailles, après avoir travaillé à faire du bien à tout le monde[2] ».

Saint-Sorlin admettait, sans trop de difficulté, que les déités sculptées ou peintes pouvaient « signifier les plus hautes puissances de la terre, que la sainte Écriture mesme appelle des dieux[3] ». Donc, ces symboles que l'art empruntait aux mythes anciens cachaient une leçon, tout comme les formules mythologiques de la poésie prétendaient figurer une idée. Les rimeurs du dix-septième siècle n'y attachaient pas d'autre signification; ils ne croyaient pas plus aux « chastes Nymphes du Permesse » que le Victorin Santeul ne croyait à celles dont il dota les fontaines de Paris.

Néanmoins, ne restait-il pas dans les esprits quelques doutes vagues, dans les imaginations quelques images flottantes, au sujet de certains êtres merveilleux, dont la mythologie avait peuplé la nature? Un travail que l'abbé Hesdelin d'Aubignac entreprit, à l'âge de vingt-deux ans, le donnerait à soupçonner. Le jeune avocat se proposait d'éclairer son siècle sur la nature et l'existence des « Satyres, Hippocentaures, Tritons, Néréides, Géants, Pygmées... » et autres demi-dieux ou monstres. Il ne publia que le traité des

---

1. Germain Brice, *Description de la ville de Paris*, 5ᵉ édit., 1706, t. II, page 83.
2. *Mémoires*, liv. III. Claude Perrault dessina ce beau rêve de son frère; le plan fut « exécuté entièrement », le groupe du milieu, par les « sieurs Girardon et Regnaudin », et les deux groupes des côtés par les « sieurs Gaspard Marsi et Guérin. » (*Ibid.*)
3. *Discours pour prouver que les sujets chrétiens*, etc., page 23.

Satyres, concluant tout simplement à l'existence de ces êtres, qui du reste, selon d'Aubignac, ne sont autres que des singes. Ce traité est daté de 1627.

Deux ans plus tard, aux derniers jours d'octobre, le jour de la reddition de la Rochelle, Balzac, relisant dans l'*Énéide* l'apparition du dieu du Tibre, et voyant tout d'un coup parmi les roseaux de la Charente « je ne sçay quoy de jaune et de bleu », s'alla d'abord imaginer que ce « pouvoit estre le dieu du Fleuve »; tellement la lecture de Virgile lui avait « mis dans l'esprit les folies de la Poësie [1] ». Balzac semble parler avec le plus grand sérieux de son hallucination; sur quoi Sarrasin, à quelque temps de là, plaisantait de la belle manière [2].

Mais à la même époque, ne racontait-on pas encore non loin de chez nous, et dans un pays passablement civilisé, des apparitions étranges de semi-divinités marines? Selon Jean-Philippe Abelin de Strasbourg, les conseillers du roi de Danemark, « navigant de Norwege à Coppenhague », en 1619, avaient vu « un Homme marin se promener dans la mer en portant une botte d'herbes ». On le prit, on l'amena à bord; il se mit à parler et à menacer l'équipage, si l'on ne lui rendait pas la liberté. On la lui rendit [3]. En 1614, le capitaine anglais Jean Schmidt (ou Smith) avait vu, aux Indes occidentales, une Femme marine, ou Sirène, aux « longs cheveux verts de mer flottant sur les épaules [4] ». Gassendi racontait, en 1641, la prise d'un Triton comme un fait authentique [5], et le Danois Bartholin, professeur de médecine à Copenhague, mort en 1680, affirmait que, « un beau jour d'été

---

1. *Le Prince*, avant-propos.
2. Sarrasin, parlant d'une promenade sur la Seine, appelait le batelier Magloire Jolivet « rouge et bleu déguisé », un « Triton baptisé »;
   J'entens de ces Tritons de nouvelle manière,
   Que Balzac a trouvez au bord de sa rivière.
   (*Œuv.*, IIe P., page 107, *L'Embarquement de Poissy*.)
3. Jean-Phil. Abelin, mort en 1646, *Théâtre Européen*, t. Ier. — V. Bruhier, *Caprices d'imagination*, 1740, pages 38 et 39, lettre IIIe « Sur les Sirènes, Tritons, Néréides, et autres Poissons rares, qui se trouvent dans la mer. »
4. *Ibid.*, page 39.
5. Dans la vie de Nicolas Fabri de Peiresc, *Vita Fabricii de Peiresc*, in-4º.

de l'année 1669, une infinité de personnes qui étoient sur la rade de Coppenhague virent distinctement une Sirène » à face humaine; les témoins ne différaient que sur un point, la couleur des cheveux, « que les uns disoient rouges et les autres noirs [1] ».

C'étaient surtout du fond des eaux brumeuses de Danemark ou de Norvége, que ces génies de mer étaient censés apparaître, et le savant Huet nous apprend, dans ses *Mémoires*, que l'on contait fort sérieusement nombre d'autres prodiges de ce genre; que, en 1652, on l'avertit, par charité, de prendre garde au dragon « Necker », qui « erre autour des lacs » de Stockholm, et « dévore les enfants qui vont s'y baigner [2] ».

Probablement le soleil qui éclaire nos côtes de France en écartait ces déités septentrionales. Toutefois, dans une lettre du 27 mai 1702, Chaulieu écrivait à la duchesse du Maine que « l'Académie des Sciences a fait l'anatomie d'un Évêque-Marin et d'un Triton, que l'on avoit pêchés à Dieppe »; mais, ajoute-t-il joyeusement, « on a découvert que ni l'un ni l'autre n'avoient d'organes pour parler. Cela corrigera nos poëtes anciens, et sur-tout Ovide, et nos faiseurs d'Opéra, qui font jaser Alphée et les autres Fleuves, comme des perroquets [3] ».

Non, cela ne corrigea personne. Tous les versificateurs continuèrent de prêter la parole aux Tritons, comme Horace au vieux Nérée; mais, bien entendu, sans croire à ces divinités parlantes. Ils avaient pour cela trop de bon sens.

Il serait superflu de vouloir établir par de longues preuves la croyance du dix-septième siècle au Merveilleux du dogme chrétien. C'est justement sur cette foi que les avocats du Merveilleux poétique, dit chrétien, étayaient leurs arguments [4]; et c'est, en bonne partie, à cause de cette foi que leur tentative échoua. La poésie étant alors considérée surtout comme un jeu d'esprit, où l'écrivain doit, en un style

---

1. Bruhier, *Caprices d'imagination*, etc., page 48.
2. Daniel Huet, *Mémoires*, traduits par Ch. Nisard; v. liv. II, page 61 : « Le bas peuple de Stockholm parle d'un immense dragon, nommé Necker, etc. »
3. *OEuvres*, La Haye, t. Ier, page 262.
4. Voir plus bas, IIIe partie, section III, art. I et II.

assez impersonnel, débiter des choses embellies, ornées, fleuries, faites pour plaire, il semblait à plusieurs peu séant de parler de la foi chrétienne en cette langue. On voyait un abîme entre le Parnasse et le Calvaire [1]. D'autre part, le ridicule — bien involontaire, assurément — que nos épiques soi-disant chrétiens attribuaient aux personnages célestes, avait tout l'air d'un travestissement de la foi. Il n'y avait aucun inconvénient pour la religion à mettre l'*Énéide* en vers burlesques, ou les *Métamorphoses* en « belle humeur »; mais il y en aurait eu à faire parler d'un ton semblable — même sans le vouloir — les anges ou les prophètes, et les héros du *Typhon*. C'était exposer les choses saintes à la risée des libertins, que de « jouer les Saints, les Anges et Dieu », par piété sur un théâtre; c'était les profaner par une « dévote imprudence [2] ».

A coup sûr, quand on relit les épopées intitulées *chrétiennes*, de 1650 à 1700, on comprend vite que les ennemis acharnés du *Merveilleux chrétien* raisonnaient assez juste, non comme gens de lettres, mais comme croyants. Les anges épiques ressemblent bien peu aux anges véritables, dont Bossuet a exposé la belle théologie [3]; ils rappellent bien plutôt ceux que, suivant Fléchier, voyaient, en 1689, les prophètes et prophétesses de Gluyras en Vivarais. Attaqués par le colonel de Folleville, ils répondaient fièrement que « se trouvant sous la protection des Saints Anges, ils n'avoient rien à craindre... Les uns disoient que les Anges tomboient sur eux comme des troupes de moucherons et les environnoient. Les autres que les Anges voltigeoient autour d'eux, blancs comme neige et petits comme le doigt... » Un vieux laboureur de soixante ans « faisoit entendre en son langage confus qu'il voyoit des Anges blancs qui descendoient par la

---

1. En 1691, Mlle de Scudéry, plus qu'octogénaire, écrivait à M. Boisot, abbé de Saint-Vincent, à Besançon : « Je reçois dans ce moment une lettre du Père Basile de Coutances... (Il lui envoyait des vers). Je ne savois pas qu'il se mêlast de monter au *Parnasse*. Je croyois qu'il ne songeoit qu'au *Calvaire*. » Lettre du 7 mars 1691. *Lettres de Mlle. de Scudéry*, publiées avec les *Historiettes* de Tall. des Réaux, par M. de Monmerqué, t. VIII.
2. Boileau, *Art poétique*, ch. III.
3. V. Sermons sur les Anges, sur les Démons.

cheminée[1] ». Les apparitions épiques ne sont pas plus extravagantes, mais parfois elles le sont autant[2].

Là, au contraire, où nos Homères, plus sages, conforment leur imagination et leur Merveilleux aux faits de la Bible et de l'Évangile, la thèse de Chapelain reste vraie; ils poétisent « conformément à la créance de leur siècle ». Ils parlent moins bien que Bossuet; mais ils puisent au même fonds de vérité; ils essayent de traduire en vers leur propre foi et celle des chrétiens au milieu desquels ils vivent; — en quoi ils furent dignes d'éloges, comme nous espérons le démontrer[3].

Dans la mise en œuvre d'autres genres de Merveilleux, d'un ordre très inférieur, ou de pure fantaisie, les littérateurs du dix-septième siècle sont-ils encore l'écho d'opinions contemporaines? Au dix-septième siècle, comme en tous les siècles, l'esprit humain fut porté à la recherche des prodiges et enclin à les admettre; s'il ne fut point toujours « de glace aux vérités », il fut quelquefois « de feu pour les mensonges[4] ». Cette époque, qui eut ses « esprits forts », ne manqua point d'esprits crédules. La Bruyère insinue cette observation lorsqu'il dit, précisément au chapitre *Des Esprits forts*, que tout homme aime « la fiction et la fable ». L'abbé de Massieu exposait, en pleine Académie des Inscriptions, le penchant universel à « un tissu d'aventures extravagantes et ridicules, qui sont destituées de toute vraysemblance, mais où le *Merveilleux* se trouve... Nous avons beau faire les graves, disait l'abbé académicien à ses confrères, nous sommes tous enfants sur ce point[5]. » La Fontaine avoue naïvement qu'il y prendrait « un plaisir extrême », et qu'il n'est pas le seul « en ce point »;

---

1. Fléchier, *OEuvres* compl., t. V: *Récit fidelle de ce qui s'est passé dans les Assemblées des Fanatiques du Vivarais, avec l'Histoire de leurs Prophètes et Prophétesses*, au commencement de l'année 1689.
2. V. plus bas, III⁰ partie, section II.
3. V. plus bas, *Ibid.*, section III.
4. La Fontaine, *Fables*, liv. IX, fable 6.
5. *Mémoires de l'Académie des Inscriptions et Belles-Lettres*, t. II, pages 161 et 162.

> Le monde est vieux, dit-on : je le crois ; cependant
> Il le faut amuser encor comme un enfant [1].

Au début du siècle de la *philosophie*, Fénelon disait à La Motte [2] que les hommes « les plus sérieux » goûtent « les Fables mesmes qui ressemblent aux Contes des Fées... On redevient volontiers enfant ».

L'enfant sert de terme de comparaison à Fénelon, à La Fontaine, à Massieu. On amusait alors les enfants — peut-être un peu plus que de nos jours — avec des histoires pleines de merveilles. Parfois c'étaient des légendes populaires, semi-chrétiennes, comme celle des raisins de sureau, contée par les nourrices normandes, dans la famille même du grand Corneille : « Je n'ai jamais oublié, rapporte Fontenelle, que l'on m'a dit dans mon enfance (vers 1665), que le sureau avoit eu autrefois des raisins d'aussi bon goût que la vigne ; mais que le traître Judas s'étant pendu à cet arbre, ses fruits étoient devenus aussi mauvais qu'ils le sont présentement [3]. » On avait conté à la marquise de Sévigné la légende du crapaud qui saute à la figure des ingrats [4], et la châtelaine des Rochers relate à son tour, mais en la contrefaisant, la légende de la *Cane de Montfort*, « laquelle, tous les ans, au jour de Saint-Nicolas, sort d'un étang avec ses canetons, passe au travers de la foule du peuple, en canetant, vient à l'église et y laisse ses petits en offrande [5] ».

Les récits de nourrices n'avaient pas toujours le caractère inoffensif des fabliaux du temps passé, ou du pèlerinage de la cane, qui « n'est pas un conte de ma mère l'Oie [6] ». Aux traditions naïves se joignaient d'autres narrations, populaires aussi, mais effrayantes pour les imaginations enfantines, comme les visions nocturnes, les apparitions de monstres, de revenants. Vers la fin du dix-septième siècle, l'abbé

---

1. *Fables*, liv. VIII, fable 4.
2. Lettre du 22 novembre 1714.
3. *De l'Origine des Fables.*
4. « ... Je craindrois qu'un crapaud ne me vînt sauter sur le visage, pour me punir de mon ingratitude. » (Lettre du 29 novembre 1684.)
5. Lettre du 30 octobre 1656, à S. A. R. Mademoiselle.
6. *Ibid.*

de Villiers recommandait au précepteur d'un jeune prince d'éviter l'abus trop commun des histoires à faire frémir :

> S'il doit craindre, inspirez des craintes profitables...
> Mais ne l'amusez point par ces contes affreux,
> Qui font parler, la nuit, les Esprits ténébreux ;
> Le pâle Revenant qui crie et qui menace,
> Dans l'esprit des Enfants facilement se trace ;
> Et dès qu'ils restent seuls, l'horrible objet trompeur
> Cent fois se renouvelle, et sans fruit leur fait peur [1].

L'avis, pour être donné en vers, n'en était pas moins à propos. Le traducteur, Michel de Marolles, abbé de Villeloin, aux approches de la soixantaine, consignait dans ses curieux *Mémoires* les frayeurs que lui avaient causées ces récits d'un merveilleux sombre, récits dont, pendant son enfance, « on prenoit la peine de l'entretenir ». Alors il les tenait « tous véritables » ; d'où il s'ensuivait que « toutes choses lui faisoient peur. Je n'eusse, dit-il, jamais marché de nuict, ni couché seul dans une chambre, de peur des Esprits [2]. »

De plus fiers personnages que l'abbé de Villeloin tremblaient à la pensée des esprits et des revenants. Demandons-en des preuves aux seuls gens de lettres. Tallemant des Réaux raconte — en riant, il est vrai — comment Arnauld d'Andilly crut, une nuit, que le diable venait visiblement et ostensiblement le tenter, « comme si le diable n'avoit que cela à faire ». — « Si tu es de Dieu, parle ; si tu es du diable, va-t'en ! » s'écria-t-il réveillé en sursaut. Par bonheur, le fantôme qui troublait Arnauld n'était point terrible [3].

Plus effrayante avait été la vision de Louis XIII, au château d'Écouen. L'ombre du comte de Montmorency lui était, disait-on, apparue ; et Brienne, qui cite le fait et dépeint la « terreur » du roi, n'ose décider si ce fut « une apparition véritable », ou seulement « l'imagination d'une conscience agitée [4] ».

---

1. *Poésies de l'abbé de V****, page 238 : *De l'éducation des Rois*, ch. III.
2. *Mémoires* de Michel de Marolles, 1656, ch. III, page 285.
3. Tallemant des Réaux, *Historiettes*, édit. Monmerqué et P. Paris, t. III, page 111 — On a lu, dans les *Ana* et *Recueils*, l'histoire de la chambre *hantée*, où Mme Deshoulières eut le courage de passer la nuit.
4. *Mémoires* de Brienne, 1828, t. 1er, page 261.

L'aventure des revenants, qu'une élite de gens d'esprit crut voir dans le bois de Boulogne (ou, comme dit le cardinal de Retz, « au bas de la descente des Bons-Hommes »), est assez célèbre pour n'avoir ici besoin que d'une simple mention. Voiture, saisi de frayeur, « commença un oremus » ; les laquais criaient : *Jésus, Maria !* la compagnie récitait les litanies en demandant à se confesser, et Turenne s'imagina « effectivement que ce pourroit bien estre des diables ». Enfin, Retz lui-même, qui toute sa vie avait souhaité « de veoir des esprits », en eut, paraît-il, « plus d'émot'on » encore que Turenne[1].

De Turenne à Condé, la transition est facile. Une tradition merveilleuse et singulière courait au moment de la mort du prince : un fantôme, disait-on, avait apparu dans le cabinet des armes à Chantilly, quelque huit ou dix jours auparavant. La marquise de Sévigné, écho fidèle de tous les bruits de la cour, rapporte au long ce « conte », qui est « vrai », et elle-même y croit. Un gentilhomme, nommé Vernillon, avait vu « à une fenêtre du cabinet des armes un fantôme, c'est-à-dire un homme enseveli », et le valet du gentilhomme l'avait vu comme son maître. Et depuis cette « apparition », tout le monde « trembloit pour M. le Prince », sauf peut-être M. le Prince[2].

On croyait, fort généralement, à des esprits plus authentiques que les huit revenants de la « descente des Bons-Hommes », et plus fantastiques encore que le spectre de Chantilly. Segrais parle, à plusieurs reprises, de l'esprit qui « revenoit » au château d'Egmont, lequel « faisoit quantité de gentillesses, mais sans faire mal à personne ». Or là, un

---

1. V. *Historiettes*, de Tallemant des Réaux, et la *Vie du cardinal de Rais*, collect. Michaud et Poujoulat, III° série, t. I°', page 23. — Naturellement Retz se donne un beau rôle dans cette affaire ; il la raconte avec la même gaillardise que celle de Mme de Guéméné : « Le diable avoit apparu justement quinse jours devant ceste advanture à Madame la princesse de Guéméné, et il lui apparoissoit souvent... » (*Ibid.*, page 21.)

2. Lettre du 13 décembre 1686. Condé était mort le 11 novembre ; cette apparition aurait eu lieu « un peu avant que M. le Prince partit pour Fontainebleau ». (*Ibid.*) — V. Étienne Allaire, *La Bruyère dans la maison de Condé*, t. I°', pages 482-483.

jour, M. Patris étant présent, « une grande chaise de bois fort pesante se branla, quitta sa place en venant vers M. Patris, comme soûtenue en l'air ». Et M. Patris de s'écrier : « Monsieur le diable (les intérêts de Dieu à part), je suis bien votre serviteur, mais je vous prie de ne pas me faire peur davantage. » Segrais, peu crédule, déclare qu'il se fie entièrement à la sincérité du poète son ami et son compatriote[1]. Loret, au 18 janvier 1653, dit, en quatre-vingts vers qu'il serait long de transcrire, un incident de même nature, qui mit Paris en émoi; savoir l'apparition ou l'

> ...Histoire étrange
> D'un démon folet ou d'un ange,
> Qui ne paroît pas trop pourry,
> En un logis vers Saint-Merry.

Cet esprit se manifestait au fond d'une cave; on lui présenta « encre et papier », avec prière de coucher par écrit ses volontés et désirs. « Ces choses,

> L'esprit ne les refusa mie;
> Il écrivit ligne et demie;

mais ce fut « en langage hébreu[2] ».

A quelques jours de là, autre récit merveilleux d'une apparition d'armées dans le ciel, à Turin,

> Où quantité de personnages,
> Composez d'air et de nüages,
> Ont aparu sur l'horizon
> Et cauzé mainte pâmoizon.

Il s'ensuivit « fièvres quartaines..., sueurs froides » et morts « pour avoir vû ces Gobelins »; et Loret conclut, en style plaisant :

> Aussi, depuis l'Apocalypse,
> Jusques au temps de Juste-Lipse,
> Et depuis Lipse jusqu'à nous,
> Compris mesmes les loups-garoux,
> Et les plus bigearres prestiges,
> On n'a point vû de tels prodiges[3].

---

1. Segrais, *Mémoires anecdotes*, nouv. édit., pages 114, 143 et 164.
2. *La Muze historique*, 18 janvier 1653.
3. *Ibid.*, 1ᵉʳ février 1653. — Daunou raconte que Puymorin, frère de Boi-

Les « loups-garoux », dont Loret se fait une rime, étaient encore tenus pour chose fort sérieuse parmi le *menu peuple*. Sarrasin prétend, en vers, qu'il a vu des loups-garoûs, autrement dits « moines bourrus », mais c'est, selon lui, par grand privilège, attendu que le vulgaire n'en « void plus[1] ». Présomption de poète ! C'était, tout au rebours, le vulgaire qui rencontrait ces effrayants coureurs de nuit, dans les chemins creux de Poitou et de Bretagne, ou dans son imagination. En 1695, Chaulieu[2] écrivait que les nourrices *endormaient l'enfance* avec des histoires de loups-garous, dont elles étaient elles-mêmes convaincues. Vers la même date, Régnier-Desmarais, traçant le portrait d'une « vieille commère », disait :

> Osez, pour voir, nier les *Loups-garoux*;
> Vous la verrez faire la croix sur vous,
> Et s'estonner qu'on puisse mettre en doute
> Des véritez dont elle frémit toute[3].

Peut-on se fier au sieur d'Assoucy en pareille matière ? Je ne sais. Toujours est-il que d'Assoucy rapporte en détail le fait tragique de « M. Gaulthier, le vieux seigneur de Nève..., illustre Amphion » du dix-septième siècle, qui fut bel et bien pris, par des paysans, « pour un loup-garou, dévorateur d'enfants[4] ». Le même, très joyeux et très infortuné *Empe-*

---

leau, mourut de mélancolie, suite d'une apparition nocturne qu'il vit ou crut voir.

1. *OEuvres*, édit. de 1683, page 231.
2. *OEuvres*, édit. de La Haye, t. Ier, page 13.
3. *Poésies françoises*, nouv. édit., t. II, page 421.
4. Gaultier « estoit un homme bazanné » et de figure peu avenante, « qui parmi les autres hommes le faisoit paroistre comme un lutin. Il avint que, traversant une forest, pour aller visiter quelqu'un de ses amis, il rencontra une troupe de paysans qui cherchoient un enfant que, selon leur opinion, le *loup-garou* avoit mangé ; mais comme ils avoient presque cherché tout le jour sans en avoir appris aucunes nouvelles, ayant apperceu le visage noir de cet illustre mauricault, qui, par malheur, avoit l'habit et le cheval de mesme, ne pouvans s'imaginer que Monsieur Gaultier fust un homme, ils le prirent pour le *loup-garou* dévorateur de cet enfant. Dans cette pensée, l'ayant appellé plusieurs fois *loup-garou* et redemandé cet enfant à Monsieur Gaultier, et ce Monsieur Gaultier ne voulant aucunement avoüer qu'il ust un *loup-garou* et moins encore leur revoir cet enfant qu'il n'avoit pas

reur du burlesque, assure, d'un ton plus gai, que la plèbe de Paris l'accusait lui, d'Assoucy, de s'en être allé « par la cheminée, en forme de chauve-souris [1] » ; mais là, évidemment, d'Assoucy plaisante.

Les *lutins* ou *follets*, sorte d'esprits légers, railleurs, familiers, rusés, comme les « Poulpiquets » de basse Bretagne, avaient-ils aussi leurs croyants au dix-septième siècle ? Y avait-il des gens vraiment persuadés que les *lutins* hantent les écuries et pansent les chevaux ? Régnier-Desmarais semblerait l'insinuer, dans son *Voïage de Munik*, où il fait la description de son cheval et dit :

> Comment ! c'est un cravate, et le *follet* le panse,
> Si l'on s'en rapporte à ses crins,
> Qui pendent presque à terre et sont meslez et fins.
> Je laisse toutefois à chacun sa croïance
> Sur le pansement des *Lutins* [2].

Et les *fées ?*... Nous avons, plus haut, entendu Fénelon parler des *Contes de fées*; assurément l'archevêque de Cambrai ne croyait aucunement à l'existence de ces dames merveilleuses. Pour les érudits et les critiques, ces contes étaient « les productions de l'ignorance, pendant la longue éclipse que souffrit la lumière des lettres [3] ». Pour les esprits éclairés, les récits féeriques étaient des inventions absurdes et *bigearres*, et, comme on disait, des « contes de Peau-d'Ane » ou de « ma mère l'Oye [4] », « une tradition fabuleuse dont on

---

mangé, ils le jetterent du haut de son cheval et luy donnerent tant de coups, que, si Monsieur Gaultier n'eust été un puissant homme et d'un très-robuste temperament, il n'en eust jamais échappé. » (*Avantures*, ch. xi.)

1. *La Prison de M. d'Assoucy*, « A la France ».
2. Recueil de Bouhours, 1693, page 113, et *Œuvres* de Régnier-Desmarais, nouv. édit., t. 1er, page 216.
3. Louis Racine : « Ces châteaux enchantés, ces magiciens, ces *fées*, etc..., furent les productions de l'ignorance, etc... » *Réflexions sur la poésie*, ch. 1er, § 2.
4. Cette dernière appellation est le titre ordinaire que les gens de lettres du dix-septième siècle donnaient à ces histoires vieilles et naïves. — Sarrasin : « C'est un vieil conte et à dormir debout », comme « ceux de ma Mère l'Oye. » (*Œuv.*, page 226) — Loret : « Un conte de la Mère Oye. » (*Muze historique*, 11 juin 1650.) — Mme de Sévigné (30 octobre 1656) : Ce « n'est pas un conte de ma Mère l'Oie. » — Boileau (*Dissert. sur la Joc.*) se moque de

entretient les enfants », comme l'écrivait, en 1678, le jésuite Crasset[1]. Si les savants y prêtaient l'oreille, c'était uniquement aux heures où la raison « prend plaisir à sommeiller[2] ».

Mais le peuple ? Le peuple, dit Walckenaer[3], s'il y ajoutait encore quelque foi, n'y avait plus qu'une croyance « très affaiblie ». Walckenaer n'appuie son opinion d'aucun document. Interrogeons les écrivains du dix-septième siècle. Vigneul-Marville, contemporain de Perrault, affirme dans ses *Mélanges*, contemporains des *Contes*, qu'il existait toujours une sorte de créance superstitieuse aux dames blanches ou vertes des fontaines, des bois, des ruines : « Heureusement, poursuit le moine chroniqueur, le public se désabuse de jour en jour de ces prétendus prodiges, desquels on peut dire avec Juvénal :

Nec pueri credunt, nisi qui nondum ære lavantur[4]. »

En attendant, on croyait bien encore un peu, en basse Normandie, aux *oies-fées*, de Pirou[5]; en Poitou, les gens de Lusignan et des environs voyaient et entendaient Mellusine, tout comme à l'époque de Brantôme : « Elle apparoît encore de tems en tems, si l'on en croit les chroniqueurs du Poitou, » écrivait, en 1698, M. de Lesconvel, un des émules de Perrault[6]. — « On *croit*, disait dom Bonaventure d'Ar-

---

« l'histoire de Peau-d'Ane et des contes de ma Mère l'Oye ». — Cyrano définissait les œuvres de Scarron : « Un pot pourri de Peaux d'Asnes et de contes de ma Mère l'Oye. » (V. Guéret, *La Guerre des auteurs*, 1671), etc... Les littérateurs ne se mettent pas en peine de nous expliquer d'où vient cette dénomination commune. Peut-être, cependant, savaient-ils le sens de ce terme énigmatique. Perrault, dans la première édition (1697) de ses petits chefs-d'œuvre, avait fait graver un frontispice représentant une vieille qui file et qui narre des merveilles à un groupe d'enfants ; au-dessus on lit : *Contes de ma Mère l'Oye*. Selon toute apparence, cette fileuse n'est autre que la fameuse reine Pédauque (Pied-d'Oie), armée de sa quenouille, par laquelle on jure dans les contes d'*Eutrapel*. (Noël du Fail.) V. Bullet, *Dissertation sur la Reine Pédauque*, pages 41, 60 et 61.

1. *Dissertation sur les Oracles des Sibylles*; page 6.
2. *Peau-d'Ane*, début.
3. *Dissertation sur les Contes de Fées*, édit. du Bibliophile Jacob, 1842, § 3.
4. *Mélanges d'histoire*, 4º édit., t. Iᵉʳ, pages 151 et 152.
5. *Id., ibid.*
6. V. les *Contes* de Lesconvel, *Le Prince Roger*.

gonne, que le château de Lusignan a « été bâti par Mélusine, fameuse Fée, moitié femme, moitié serpent, et qui, suivant la tradition vulgaire du païs, ne manque pas, quand il doit mourir quelque Seigneur de cette maison, de paroître plusieurs fois sur une tour pour y déplorer ce malheur[1]. » Le narrateur chartreux traite tout cela de fables « frivoles ».

On était loin, en effet, des jours où, selon Froissart, les marchands de Venise voyaient des fées dans l'île de Céphalonie[2]. Mais sous Louis XIII, ne disait-on pas du duc d'Épernon (mort en 1642), « qu'il étoit fée[3] »? Sous Henri IV, sous Louis XIII, sous Louis XIV peut-être, peut-être même sous Louis XV, ne faisait-on pas des prières publiques, à Poissy, pour préserver l'abbaye et la contrée du maléfice des « mauvaises fées »? Ces *mauvaises fées* n'ont, je le veux bien, rien de commun avec les *bonnes fées* des contes; mais cette crainte d'esprits malfaisants, portant, dans le peuple, le nom de *fées*, même au dix-septième siècle, même à quelques lieues de Paris, est un fait curieux et qui vaut la peine d'être

---

1. Vigneul-Marville, *Mélanges*, etc., l. c.
2. Dans son intéressante étude sur les Amadis (*Les Mœurs polies et la Littérature de cour sous Henri II*, Hachette, 1886, page 83), M. Ed. Bourciez est peut-être un peu trop affirmatif, lorsqu'il dit : « Au seizième siècle... on ne croyait plus aux fées. » Il est vrai que M. Bourciez se hâte d'ajouter : « Elles ne hantaient plus Paris, ni la cour; mais ailleurs, plus loin, dans les souterrains des châteaux, surtout à l'heure douteuse, près des clairières où glisse la lune, qui sait?... » Brantôme, que M. Bourciez cite à quelques pages de là, est un témoin irrécusable de la croyance à la fée poitevine de Lusignan ; sans doute le gentilhomme qualifie ces bruits de « fables », mais il détaille à plaisir ces récits « fort communs » à Lusignan, et comme quoi les « bonnes femmes vieilles qui lavoient la lessive à la fontaine narrèrent ces choses que l'on tient de père en fils... » (V. Brantôme, *Éloge de Louis de Bourbon II, duc de Montpensier*.) — Au seizième siècle, un Lusignan (Étienne), devenu dominicain, admettait comme des réalités « tous les contes que l'on faisoit de cette espèce de divinité ». (Bullet, l. c., page 9.) — C'est dans les premières années du seizième siècle qu'Érasme, bien qu'un peu sceptique, consignait en son *Livre des Prodiges* (pages 63-71) les apparitions de la *Dame Blanche*, nommée Berthe de Rosenberg. (V. Bullet, pages 11-15.)
3. « Le bruit couroit que le duc d'Espernon étoit fée, et qu'il avoit un démon en poche. » (Vigneul-Marville, *Mélanges*, etc., 4ᵉ édit., t. Iᵉʳ, page 230 et suiv.)

signalé[1]. Sans doute le nom de *fée* pouvait être synonyme de *sorcière*; mais, au fond, le bon peuple de Poissy n'était-il pas un peu persuadé que ces *mauvaises fées* étaient les dames mystérieuses et puissantes du vieux temps? Une pièce intéressante, sinon péremptoire, permet d'affirmer que, en 1702, parmi les princesses, duchesses et marquises du Louvre et de Versailles, on se demandait encore si, oui ou non, les fées étaient ou avaient été des êtres réels. L'abbé de Bellegarde se faisait écrire les lignes suivantes par « une Dame de la Cour » : « Croïez-vous, Monsieur, qu'il y ait jamais eu des *Fées ?* On me l'a dit tant de fois, et j'en ai esté si souvent bercée, que je ne saurois me l'oster de l'esprit. Quelle différence y a-t-il entre les Fées et les Sibylles ? Ces dernières ne sont-elles pas de véritables Fées, ou quelque espèce de magiciennes[2] ? » L'abbé répond qu'il n'y a et qu'il n'y eut jamais de fées, et qu'il est ridicule d'y croire « en nôtre siècle ».

La confusion que la dame de la Cour fait entre les sibylles et les fées n'a pas de quoi surprendre. Vingt ans avant la publication des *Lettres curieuses* de Bellegarde, la duchesse de Bouillon, Marie-Anne de Mancini, la même qui appelait La

---

1. Sur ce fait, voici nos sources. A. Maury, *Les Fées du moyen âge*, dit : « On a célébré jusque dans le dix-septième siècle, à l'église de Poissy, une messe pour préserver le pays de la colère des mauvaises fées. » En note, Maury renvoie à Walckenaer, *Préface des Contes de Perrault*. Le texte de Walckenaer porte ceci : « Dans l'abbaye de Poissy, fondée par saint Louis, on disait tous les ans une messe pour préserver les religieuses du pouvoir des fées; et cet usage subsistait encore au commencement du dix-septième siècle » (page 120). Walckenaer ne cite aucun document. — Collin de Plancy, *Légendes des Esprits* (Plon, s. d., page 77), dit : « Dans l'abbaye de Poissy, fondée par saint Louis, on disait tous les ans, même encore au dernier siècle (dix-huitième), une messe spéciale pour préserver les religieuses de tomber au pouvoir des fées. » Aucune indication de preuves. — Je trouve dans les *Mœurs et Pratiques des Démons*, par le chevalier Gougenot des Mousseaux (1854?), page 81 : « Dans l'abbaye de Poissy, fondée par le saint roi Louis, on disait tous les ans une messe pour préserver les religieuses de tomber au pouvoir des fées, et cet usage ne cessa que vers le milieu du dix-huitième siècle. » En note : « Jacobi, page 132. » — Une seule chose me semble évidente; c'est que tous ces auteurs ont copié un même texte, auquel ils ont ajouté des variantes.

2. *Lettres curieuses de littérature et de morale*, par M. l'abbé de Bellegarde, 1702; page 174.

Fontaine son « fablier », allait chez la Voisin dans l'espérance de voir les « Sibylles », et payait deux pistoles à l'empoisonneuse qui lui avait promis une apparition de ces anciennes diseuses d'oracles[1].

Au surplus, rien d'étonnant qu'en France, au dix-septième siècle, on gardât encore quelques soupçons vagues sur la réalité des fées. On y croyait encore en Angleterre, dans les premières années du dix-huitième siècle; et Addison écrivait que « plusieurs de ses compatriotes avaient vu nombre de Fées[2] ». Au moment où nous rédigeons ces lignes, les montagnards des Highlands n'aperçoivent-ils pas encore de temps à autre les formes vaporeuses et fugitives des « Femmes vertes » ? Les Celtes du pays de Galles n'assistent-ils pas encore, à l'heure de la marée du soir, quand la brume commence à trembler sur les dunes et sur les pâturages de Llyn-Barjog, aux danses de fantômes sveltes, vêtus de robes plus vertes qu'émeraude? En Irlande, au comté de Tyrone, les montagnes en sont peuplées; on les voit défiler, dans la nuit qui précède la Toussaint, sous la forme de « belles petites femmes habillées de vert, montant des chevaux de toute taille, tournure et couleur[3] ». Plus près de nous, dans notre vieille Armorique, autour des sources ou des dolmens, la lune n'éclaire-t-elle plus la fête de mai des Korrigans? Nous pouvons en croire le témoignage d'un Breton qui a étudié toutes les traditions et toutes les légendes de son pays, « le peuple de nos campagnes bretonnes ajoute encore un peu foi » à toutes ces merveilles féeriques[4].

Quoi qu'il en soit de l'opinion populaire à l'égard des fées sous le règne de Louis XIV, une certaine créance indécise s'expliquerait par les récits dont on entretenait les

---

1. V. *Lettres de Mme de Sévigné*, 31 janvier 1680; édit. de Vauxcelles, t. VII; minute du procès, signée: Marianne de Mancini, duchesse de Bouillon, Bazin et de la Reynie.

2. *The Guardian*, vol. I, n° 27.

3. « ...Lovely little women, dressed in green, on horses of all sizes and shapes and colours. » (*The Irish Monthly*, nov. 1888. — *Legends and Ballads of Tyrone*, by R. Kavanagh; page 650.

4. Lettre inédite de M. le vicomte Th. Hersart de la Villemarqué, 7 décembre 1886.

enfants; peut-être même par la lecture des *Amadis* et de *l'Astrée*.

Scarron, qui transporte sans cesse le monde de Troie à Paris, dit que la vieille reine Hécube amusait le petit Astyanax avec les contes féeriques de Mellusine et de Peau-d'Ane[1]. Scarron, — qui l'eût cru? — est ici vraiment historien, non certes de ce qui se passait à la cour de Priam, mais bien à la cour de Louis XIV, au temps où Condé gagnait des batailles pour ce « roi de quatre ans ». Les gouvernantes du petit prince berçaient leur royal élève avec ces « vieux fatras »; et lorsque, à l'âge de sept ans, il n'entendit plus, le soir, les récits pleins de prodiges et de fées, il avait grand'peine à s'endormir; et il fallait, pour aider le sommeil, que La Porte lût à Sa Majesté l'histoire de Mézerai « sur un ton de conte[2] »; singulière façon de traiter celui dont Boileau faisait un parangon d'exactitude historique!

Ces aventures féeriques, qui endormaient Louis XIV enfant, endormirent pendant son règne les enfants de toute classe et condition, sous les lambris et sous le chaume, jusque « dans les moindres familles ». Perrault l'affirme; et qui donc en peut être mieux informé? Perrault dédiant son petit recueil à la nièce de Louis XIV, Élisabeth-Charlotte d'Orléans, ne veut, dit-il, que reproduire un écho des traditions orales en vigueur « jusque dans des huttes et des cabanes[3] ». Ces traditions, cent fois rappelées par les nourrices, devinrent un jour une des modes du meilleur monde, et même à l'époque la plus brillante du règne et de la cour de Louis le Grand, vingt ans avant l'explosion de la littérature *féerique*, ces contes étaient un des passe-temps de Versailles. Voici comment, en 1677, la marquise de Sévigné s'en expliquait à

---

1.   Et cette bonne Mère grand,
   Quand il devint un peu plus grand,
   Faisoit avec lui la badine,
   L'entretenoit de Mellusine,
   De Peau-d'Asne et de Fier-à-Bras,
   Et de cent autres vieux fatras.
       (*Virgile travesti*, liv. II.)

2. *Mémoires* de La Porte, 1645. — Collect. Michaud et Poujoulat, IIIe série, t. VIII, page 44.

3. *Dédicace* de la 1re édit., 1697.

Mme de Grignan : « Mme de Coulanges... voulut bien nous faire part des Contes avec quoi l'on amuse les Dames de Versailles; cela s'appelle les *mitonner;* elle nous mitonna donc, et nous parla d'une *Ile verte* où l'on élevoit une Princesse plus belle que le jour. C'étoient les Fées qui souffloient sur elle à tout moment... Ce conte dure une bonne heure[1]. » Un auteur de *Contes* pouvait donc écrire à Mme de Murat : « Je ne doute pas, comtesse charmante, que vous n'ayez cent fois entendu parler du merveilleux pouvoir des Fées[2]. » *Cent fois* n'était point une simple formule de langage. On contait *Peau-d'Ane* aux enfants : « Mon papa, dit la petite Louison, dans le *Malade imaginaire*, je vous dirai, si vous voulez, le conte de *Peau-d'Ane*, qu'on m'a appris depuis peu. » Et La Fontaine se rappelait avec regret et joie les jours lointains où on l'endormait avec ces rêveries du vieux temps : « Si *Peau-d'Ane* m'était conté !... »

Les naïves narrations des gouvernantes et des grand'-mères ne firent pas, à elles toutes seules, la vogue des fées. Les *Amadis* et l'*Astrée* avaient rajeuni les contes de ma mère l'Oie et le nom de Mellusine, et le dix-septième siècle lisait l'*Astrée* et les *Amadis*. Vers 1650, la jeunesse dévorait ces volumes comme les enfants d'aujourd'hui feraient des voyages de Robinson Crusoé, c'est-à-dire avec cet intérêt qui mènerait aisément à la persuasion : « Plusieurs jeunes hommes, écrivait Charles Sorel en 1671, sont prêts de perdre l'esprit par cette lecture[3]. » Les habitués de l'hôtel de Rambouillet en avaient la mémoire farcie; la marquise de Rambouillet avait fait construire, près du jardin des Quinze-Vingts, sa fameuse loge de Zirphée, en souvenir d'Amadis, et Chapelain s'était mis en frais de poésie galante pour chanter, du même coup, l'enchanteresse Zirphée, la fée Urgande et Arthénice. Zirphée disait dans les strophes de Chapelain :

---

1. Lettre du 6 août 1677. — « Une bonne heure... » C'était, paraît-il, la mesure. « Quand j'étois enfant..., le récit en duroit au moins une bonne heure. » *L'adroite Princesse*, ou *les Aventures de Finette* (fin).
2. *Aventures de Finette.*
3. *De la Connoissance des bons Livres*, pages 95-100.

> J'ai deû faire à vos yeux ce qu'on a fait jadis :
> Conserver Arthénice avec l'art dont Urgande
> A sçeû conserver Amadis[1].

Voiture appelait Mme de Rambouillet la « grande Fée[2] », et comparait, après Rocroi et Nordlingue, le prince de Condé à Amadis[3]. Une galanterie du beau temps de la Chambre bleue, c'était d'abandonner aux fées les lettres qu'on envoyait à ses amis[4]; une autre consistait à feindre que les fêtes brillantes étaient organisées, les tables servies, les palais décorés en un clin d'œil par les fées, comme dans les vieux et nouveaux romans de chevalerie[5]. On copiait en des lettres badines le style des *Amadis*; Voiture était passé maître en ces contrefaçons[6]. On jouait dans les châteaux, par exemple à Fresnes (1655), chez Mme du Plessis-Guénégaud, des pièces tirées de sujets chevaleresques et féeriques, comme les « Magies d'Amalthée[7] ». Les Ballets composés par le duc de Saint-Aignan pour la cour étaient presque toujours tirés « de nos vieux romans, dont il (le duc) sçavoit imiter jusqu'au style[8] ». En 1647, Chapelain écrivait son traité de *la Lecture des vieux Romans*, où il faisait dire par Sarrasin que, « depuis

---

1. Recueil de Sercy, 5ᵉ partie, page 405. — V. Tall. des Réaux, édit. Monm. et Par., t. II, pages 499 et 510-511.

2.   La grande Fée en qui rayonne
        L'honneur de Savelle et Vivonne.
                                (A Mme la Princesse.)

3.   Si vous aviez dans les combats,
        D'Amadis l'armure enchantée,
        Comme vous en avez le bras
        Et la vaillance tant vantée...
                                (Epistre à Mgr le Prince, 1645.)

4. « Madame, quelqu'une des Fées, à qui vous dites que vous abandonnez vos lettres après les avoir écrites, a touché celle que vous m'avez envoyée. » (*Lettres* de Voiture, nouv. édit., t. Iᵉʳ, l. CVII.

5. Sarrasin, décrivant les fêtes de Chantilly à Mme de Montausier, parle d'Armide, des bons Amadis et de l'Hippogriffe. (V. Œuv.; pages 295-300.)

6. V. par exemple, la lettre : « Aux très-excellens, belliqueux, invictissimes et insuperables chevaliers, le comte Guicheus, le chevalier de l'Isle invisible et Dom Arnaldus. » (T. II, pages 68-73.)

7. V. Lettres de Mme de Sévigné; Biographie, par M. P. Mesnard, page 101.

8. Goujet, *Bibliothèque françoise*, t. XVIII, page 222.

quatre ou cinq siècles », les romans pleins de chevalerie et de féerie avaient « fait le plus noble divertissement des Cours de l'Europe », et « empêché que la barbarie n'occupât le monde entièrement ». Le même Sarrasin, vers la même époque, confessait ingénument son goût pour ces « vieux bouquins[1] ». Jean Loret, fidèle écho des conversations à la mode, parle sans cesse de ces vieilleries merveilleuses, d'enchanteurs et d'enchantements romanesques; entre autres, quand il décrit le château de « Chantemêle », dont les splendeurs

> Font croire ce brillant logis
> Avoir été fait par Maugis,
> Ou par Urgande, ou par Alcine;
> Qui jadis, d'un coup de houssine,
> Faizoient des Palais enchantez.
>
> (*Muze historique*, 9 septembre 1656.)

Costar, dans une lettre à un « conseiller du Roy en ses conseils », amenait là, comme personnages bien connus, « Ferragut, Roland, Renaud » et « tous les autres Palladins des Amadis », et célébrait les « cœurs fées » et les « armures enchantées[2] ». Boisrobert, parlant d'une dame de sa connaissance, se plaignait de son goût exclusif pour les histoires de « Peau-d'Asne ou de Maugis[3] ». En 1688, Fontenelle confiait aux lecteurs de ses *Églogues*, que lui-même lisait : « D'*Amadis* les faits immortels[4]. »

En 1694, M. de Coulanges rimait pour Mme de Louvois et pour Pauline de Grignan des couplets modelés sur l'*Amadis*, et disait à sa cousine de Sévigné : « Si vous ne connoissez point l'*Amadis*, c'est du grec que je vous envoie. » Mais évidemment, la chanson de Coulanges sur les *Vingt-quatre tomes*

---

1. V. *OEuvres* de M. Sarrasin, 1663: t. Ier, page 141.
2. Lettre à M. de Heurles; *Lettres*, 1658, page 725, l. CCLXXIII.
3.
> Si je l'entretiens au logis,
> C'est de Peau-d'Asne ou de Maugis,
> Tandis qu'elle prend sa quenouille.
>
> (Ode à M. le comte de Pongibaud.)

Quelques années après, La Fontaine se plaignait de même à sa femme de ce qu'elle n'avait « jamais voulu lire d'autres voyages que ceux des Chevaliers de la Table-Ronde ». (*Relation d'un Voyage de Paris en Limousin.*)

4. *Poésies pastorales*, 1re églogue.

de *l'Amadis*¹ n'était point du grec pour ces dames. Evidemment aussi, Antoine qui dirigeait « l'if et le chèvrefeuil » chez Boileau, en 1695, savait les faits et gestes des « Quatre Fils Aymon » et autres romans, puisque son maître lui cite l'enchanteur Maugis,

> Dont tu lis quelquefois la merveilleuse histoire,

et qu'il lui parle des « Douze pairs » de Charlemagne. On sait de La Fontaine lui-même quel penchant il eut toute sa vie pour l'*Astrée* et pour les vieilles épopées chevaleresques :

> Non que Monsieur d'Urfé n'ait fait une œuvre exquise :
> Étant petit garçon je lisois son roman,
> Et je le lis encore ayant la barbe grise...
> Même dans les plus vieux je tiens qu'on peut apprendre :
> *Perceval le Gallois* vient encore à son tour. ²

A la lecture de romans merveilleux joignons la lecture assidue de l'*Orlando furioso*³ et de la *Gerusalemme liberata*. L'abbé de Bellegarde affirmait, en 1702, que le souvenir des fées avait été rajeuni en France par la lecture des deux poèmes italiens : « Les fictions du Tasse et de l'Arioste, le pouvoir que ces deux poètes attribuent à certaines magiciennes, tout cela a renouvelé dans les derniers temps les idées que l'on avoit des Fées dans des siècles plus reculez⁴.... » Je n'oserais prononcer, comme Bellegarde, que les fictions italiennes ont ressucité les fées de France ; mais c'est bien de là, d'Armide et d'Alcine, que vinrent nos magiciens, enchanteurs, enchanteresses poétiques, dont le pouvoir consiste en des espèces de changements de décor. Magie *blanche* et purement de fantaisie, de réminiscence, de di-

---

1. *Les Vingt-quatre tomes de l'Amadis*, trouvés à Anci-le-Franc, chez le duc de Clermont-Tonnerre. — V. *Lettres de Mme de Sévigné*, édit. Vauxcelles, t. XI, page 338.
2. Ballade VII, *Sur la Lecture des romans*.
3. « Je suis au 20ᵉ livre de l'Arioste ; j'en suis ravie, » écrit Mᵐᵉ de Coulanges (30 octobre 1672) ; et tout de suite, elle fait une application de sa lecture et appelle Mᵐᵉ de Soissons *Alcine*. Pour la marquise de Sévigné, *Alcine* (l'enchanteresse de l'*Orlando*), c'est Mᵐᵉ d'Oppède. (Noël 1689.)
4. *Lettres curieuses de littérature et de morale*. Paris, 1702, page 206.

vertissement; sans conséquence, comme les divinités de la Fable.

Mais au dix-septième siècle, on s'occupait d'une autre magie, moins plaisante, et qui trouvait « croyance dans l'esprit de la plûpart du monde [1] ». Les sorciers, magiciens, devins, devineresses, toute l'histoire anecdotique du dix-septième siècle en est remplie; les cas de sortilèges ou de « sorcelleries » défrayaient les conversations, même chez les gens de qualité [2]. On croyait à la baguette divinatoire, qui fait trouver les sources, les trésors, et les voleurs; malgré les réclamations de Despréaux, qui eût voulu renvoyer ces « chimères » au siècle de « Dagobert et de Charles Martel [3] ». En 1702, un grave critique écrivait près de deux tomes sur les prodiges de la baguette divinatoire et sur le fameux devin à la baguette, Jacques Aymar, « né le 8 septembre 1662, entre minuit et une heure [4]... ».

A combien d'autres « choses esmerveillables [5] » prêtait-on attention et confiance ! Par exemple aux objets « tournants » d'eux-mêmes; témoin ce « pinson embroché dans une petite broche de coudrier », que « M. Arnaud dit à M. d'Anguien qu'il avoit veû vingt fois [6] ». On prenait pour du Merveilleux infernal les ingénieuses plaisanteries de l'abbé Brigalier, qui « dépensa quarante mille écus pour devenir magicien et ne pût en venir à bout ». On s'imagina, à Lyon, que « l'abbé Brigalier avoit fait voir le diable en bonne compagnie; et il y eut bien des bras et des jambes cassées

---

1. Scudéry, *Alaric*, 1654; préface.
2. « On est réduit à me conter des sorcelleries pour m'amuser. » (Marquise de Sévigné, les Rochers, 5 juillet 1671.)
3. A Lyon, l'homme *à la baguette* avait fait nombre d'adeptes et de dupes, parmi lesquels Brossette, l'ami et le commentateur de Boileau. De quoi Boileau tance ce « galant homme », qui a donné « dans un panneau si grossier ». En 1706, « et sous le règne de Louis le Grand, peut-on prêter l'oreille à de pareilles chimères » ? (*Correspondance entre Boileau et Brossette*, éd. Laverdet, septembre 1706.)
4. *Histoire critique des pratiques superstitieuses*, par Pierre Lebrun, de l'Oratoire.
5. Tallemant des Réaux, *Historiettes*, etc., t. III, page 92.
6. Par malheur, dans l'expérience qui suivit cette belle déclaration « le pinson ne tourna non plus qu'une pierre ». (*Ibid.*)

en cette rencontre¹ ». Les prodiges de ce prétendu sorcier remuèrent l'opinion en province, à Paris, à la cour. Le comte des Chapelles affirmait « au souper du Roi, que l'abbé Brigalier avoit ressuscité un moineau, et qu'il l'avoit vû de ses propres yeux ». Un autre jour, « le bruit courut à la cour que l'abbé Brigalier avoit changé un poulet en coq-d'Inde »; ce dont la reine eut des frayeurs et des scrupules².

Un ami de l'abbé de Choisy se vantait aussi de faire voir aux gens des apparitions surprenantes « dans un verre d'eau »; et ceux qui assistèrent à la séance qui s'ensuivit « protestèrent, le lendemain, qu'ils avoient vu le diable, ou quelque chose d'approchant³ ».

Si les sorciers de salon, avec leurs évocations assez bénignes, en imposaient à la société la plus illustre, on les craignait peu; on admirait leur magie plus qu'on ne la redoutait; mais il en était d'autres dont le pouvoir était réputé fatal, et les artifices punissables de malemort : « C'est, disait en 1673 Desmarets de Saint-Sorlin, « une chose qui n'est que trop commune,... que des magiciens et des sorciers, qui sçavent faire la grêle et les tempestes⁴ ». Littérateurs sacrés ou profanes, magistrats, philosophes, admettaient, tout comme le peuple, la réalité des maléfices, sortilèges, enchantements et autres *diableries*. Le bûcher allumé à Loudun par Laubardemont, le procès, par-devant la Chambre ardente, du duc de Luxembourg (« le tapissier de Notre-Dame »), et une infinité d'autres cas moins fameux, valent tous les témoignages que nous pourrions réunir : « Combien de fois, s'écriait, en 1710, l'auteur des *Nouvelles Remarques sur Virgile et Homère*, avons-nous vû pendre, brûler, rompre tous vifs par des arrêts de la Tournelle et du Châtelet de Paris, quantité de ces sortes de canailles et de scélérats, pour avoir attiré le

---

1. Segrais, *Mém. anecd.*, nouv. édit., pages 35, 39, 40, 41.
2. *Id.*, loc. cit.
3. L'abbé de Choisy, *Mémoires*, liv. VI.
Quand le petit « Raisin le cadet », enfant de « cinq ans », donna avec son père ses fameuses séances d'épinette, « les esprits foibles croyoient Raisin (le père) sorcier ». (V. *Vie de Molière* par Grimarest; *Œuvres*, édit. de 1730, t. Ier, page 25.)
4. *Clovis*, 3e édit., préface.

feu du ciel sur des granges pleines de blé, et brûlé des moissons entières de tout un païs, tué des hommes et des troupeaux de moutons par maléfices; et pour avoir rüiné des vignes pleines de raisins, des vergers pleins de fruits, et des campagnes pleines de richesses [1].... »

Fléchier, dans ses *Grands Jours d'Auvergne*, enregistre d'une façon piquante plusieurs cas de cette magie noire; comme celui du « Président de l'Élection de Brioude » et de son valet qui, grâce à des « caractères » magiques, s'élevait « de terre, lorsqu'il étoit à l'église, à la vue de tout le monde [2] »; ou comme celui des canes d'un méchant fermier, poursuivies par le chien d'une bergère, et vengées par les « invocations magiques » de leur maître [3]. Fléchier ajoute, en guise de conclusion et de moralité : « Cette petite histoire nous fait voir qu'il ne faut point tenir ces enchantements pour des Fables. » Et l'abbé chroniqueur cite Hincmar de Reims, Virgile, et toutes les lois et peines édictées contre les magiciens, ou « noüeurs d'aiguillettes ». — Le sieur Coypeau d'Assoucy avait eu bien des mésaventures, avant d'être logé au Saint-Office de Rome, au Châtelet de Paris, puis finalement dans un hémistiche de l'*Art poétique*. Dès l'âge de neuf ans il avait été pris pour un sorcier; et l'on avait failli « le jeter dans la mer » à Calais, par la raison que le « sot peuple » de cette ville ayant ouï cet enfant précoce parler « grec et latin », l'avait pris pour un suppôt « de l'esprit malin [4] ».

Ces faits et une foule d'autres témoignent d'une croyance populaire et à peu près générale aux sombres entreprises des magiciens et des sorciers. Les littérateurs du dix-septième siècle ne se bornent pas à une simple énumération de ces faits « esmerveillables »; plusieurs affirment sans ambages leur propre conviction à l'égard de la magie. Cyrano fait

---

1. *Nouvelles Remarques*, etc., t. II, page 533.
2. *Les Grands Jours d'Auvergne*, en 1665, édit. Chéruel, page 63.
3. *Id., ibid.*, pages 65-67.
4. « A neuf ans, estant hors de la maison de mon père, je passai pour magicien parmi le sot peuple de Calais, parce qu'estant doüé d'un esprit vif, et parlant grec et latin, ces gens matériels ne pouvoient pas s'imaginer que, sans l'aide de l'esprit malin, je pusse en un âge si tendre estre devenu si sçavant. » (*Avantures*, ch. IX, épistre.)

bande à part. Pour lui, « tous ces grands effets de magie » sont « la Gazette des sots, ou le Credo de ceux qui ont trop de foy ». Cyrano ne se laissera persuader et ne prêtera l'oreille à ces « piperies », que s'il voit les « diables » prendre « les tours de Nostre-Dame de Paris », les porter « sans fraction dans la campagne Saint-Denys » et là, « danser une sarabande espagnolle [1] ». Mais Cyrano n'est point un avocat bien sérieux des causes qu'il plaide ; il était habitué à donner plus de coups d'épée que de bonnes raisons ; et suivant Ménage, cet historien des États de la Lune logeait un quartier de cet astre en sa cervelle.

Des auteurs infiniment plus dignes d'attention tiennent un autre langage. Qu'il suffise de nommer Fénelon et La Bruyère. Ni l'un ni l'autre n'ajoutent foi aux vulgaires devins, diseurs de bonne aventure, tireurs d'horoscope,

.....À qui toute la ville,
Femmes, filles, valets, gros messieurs, tout enfin
Alloit !... demander son destin [2].

Mais pour les sorciers et magiciens, ils les mettent dans une autre catégorie.

« Que ferez-vous des Devins ? demande l'interlocuteur A des *Dialogues sur l'éloquence* [3].

— B. Ce sont des imposteurs ; il faut les chasser.

— A. Mais ils ne font point de mal. Vous croyez bien qu'ils ne sont pas *sorciers* ; ainsi, ce n'est pas l'art diabolique que vous craignez en eux.

— B. Non ; je n'ai garde de le craindre, car je n'ajoute aucune foi à tous leurs contes ; mais ils font un assez grand mal d'amuser le public. »

Donc, pour Fénelon, les devins sont de purs charlatans ; mais les sorciers ont un « art diabolique » ; il y a, d'une part, des devins qu'il faut mépriser ; d'autre part, des sor-

---

1. Cyrano de Bergerac, *Lettre XIII*.
2. La Fontaine, liv. VII, f. xiv. — Dans une de ses fables, La Fontaine tient pour synonymes les termes « employer la magie » et « parler au diable ». (Liv. IX, f. vii, fin.)
3. Dial. I.

ciers qu'il faut craindre. La Bruyère est plus explicite. Il s'indigne, en philosophe, de voir tolérer dans un État civilisé cette misérable industrie des prophètes de galetas et des oracles de foire : « L'on souffre dans la république les chiromanciens et les devins, ceux qui font l'horoscope et qui tirent la figure, ceux qui connoissent le passé par le mouvement du sas, ceux qui font voir dans un miroir ou dans un vase d'eau la claire vérité... Ils trompent à très-vil prix ceux qui cherchent à être trompés[1]. » Mais les sorciers ?... « Que faut-il penser de la Magie et du Sortilège ? La théorie en est obscure, les principes vagues, incertains et qui approchent du visionnaire. Mais il y a des faits embarrassants, affirmés par des hommes graves qui les ont vus, ou qui les ont appris de personnes qui leur ressemblent. Les admettre tous ou les nier tous paroît un égal inconvénient; et j'ose dire qu'en cela, comme dans toutes les choses extraordinaires et qui sortent des communes règles, il y a un parti à trouver entre les âmes crédules et les esprits forts[2]. » Telle était la conclusion de Bayle, auteur que l'on ne saurait accuser d'une crédulité exagérée. Bayle souhaitait « un bon Traité sur les sortilèges », traité jusqu'alors introuvable, bien qu'il en existât plus d'un, mais tous, suivant Bayle, étant l'œuvre de gens « ou trop incrédules, ou trop crédules ». Bayle voudrait qu'un homme impartial se livrât à cette étude, selon la méthode de Descartes, pour démêler les faits avérés, de ceux que l'on débite sans preuves[3]. Ainsi raisonnait et concluait la majorité des esprits sages. Mais de tout cela l'on voit déjà que nos infortunés poètes épiques du dix-septième siècle n'allaient point contre la créance de leurs contemporains, en essayant le Merveilleux de la magie, et en voulant offrir aux

---

1. *Caractères*, chap. xiv, *De quelques usages*. — L'abbé de Villars, dans le *Comte de Gabalis*, énumère ces jongleries. Gabalis ayant parlé des « oracles qui se rendent encore tous les jours, — Et en quel endroit du monde? luy dis-je. — A Paris, répliqua-t-il. — A Paris! m'écriay-je. — Oui, à Paris, continua-t-il... Ne consulte-t-on pas tous les jours les oracles aquatiques dans des verres d'eau ou dans des bassins; et les oracles aériens dans des miroirs? etc. » (3e Entretien, éd. de 1670, page 115).
2. *Caractères, Ibid.*
3. V. *Nouvelles de la République des Lettres*, I, page 891.

lecteurs « Astaroth, Belzébuth, Lucifer[1] » et tous leurs suppôts. Alors, pour le grand nombre, la magie était l'art de produire des effets terribles et malfaisants, grâce à la coopération de l'enfer : enchantements, évocations de démons ou de morts, perturbation des éléments, déchaînements d'orages, apparitions effrayantes, voyages fantastiques... Or tous ces prodiges se rencontrent dans la plupart des épopées françaises du dix-septième siècle, où, selon le précepte de Vauquelin, l'on découvre :

> Les enfers ténébreux, les secrettes magies.

Comme nous l'avons insinué plus haut, l'une des causes d'insuccès pour ces poèmes *magiques*, ce fut la créance presque universelle à la magie. Cette poésie devenait trop sérieuse, ou pas assez « égayée » pour des lecteurs que l'on mettait « à chaque pas en enfer[2] », et dans une société où l'on voyait assez souvent des sorciers sur un bûcher.

A la magie noire, à la sorcellerie ou autres mystères sombres, se rattachent, d'un peu plus près, d'un peu plus loin, l'Astrologie judiciaire, l'Alchimie, la Cabale. Croyait-on à tout cela sous le règne de Louis XIV ?

L'Astrologie avait certainement encore des adeptes. Il est rapporté par le chroniqueur Vittorio Siri qu'un astrologue avait assisté à la naissance du roi, tout prêt à tirer l'horoscope d'un « règne qui devait être si beau[3] ». L'astrologue-maçon Barbé lut, dans le ciel, les destinées quasi-royales de Françoise d'Aubigné, lorsqu'elle était encore Mme Scarron[4]. « Un Tireur d'horoscope avoit prédit à M. le duc de Beaufort qu'il seroit tué à l'armée ; et que, le jour que ce dernier malheur lui arriveroit, il en seroit averti par quelque chose de sinis-

---

1. Boil., *Art poétique*, ch. III.
2. *Id., ibid.*
3. V. *Memorie recondite*. — Cf. Voltaire, *Vie de Molière*, avec des jugements sur ses ouvrages ; cit. des FF. Parfait, t. XI, page 44.
4. « Barbé étoit un masson qui alloit souvent chez Scarron ; et comme il se mêloit d'*astrologie*, il regardoit Madame Scarron avec admiration, en disant qu'elle étoit née pour être reine, et qu'elle seroit un jour dans un haut degré d'élévation. » (Segrais, *Mémoires anecdotes*, nouv. édit., page 9.)

tre ; mais que surtout il se donnât de garde d'une mousquetade au visage. Cela ne manqua point¹. » En 1657, au mois de juillet, le jeune comte d'Ostel tombe de cheval et se casse la jambe, et le bon Loret, répétant ce que l'on contait à ce propos parmi les gens de cour, disait :

> Jadis le défunt sieur Quêtier,
> Qui sçavoit assez le métier,
> Non pas de la noire magie,
> Mais de la fine Astrologie,
> Luy prédit cet événement,
> Sans luy spécifier comment.
>
> (*Muze historique*, 14 juillet.)

« Le monde n'étoit point alors (en 1670) désabusé de l'Astrologie judiciaire », dit Voltaire, en parlant de l'astrologue des *Amans magnifiques*. Il ajoute : « C'est dans les cours que cette superstition règne davantage, parce que c'est là qu'on a le plus d'inquiétude sur l'avenir². » Molière joua les astrologues, parce que les courtisans leur accordaient quelque crédit. A son tour, La Fontaine plaisanta de cet art « aveugle et menteur » et des « faits ambigus » que prônent ses partisans, et des gens naïfs qui consultent les « faiseurs d'horoscope », sur « leur propre avenir », ou sur le sort de leur géniture ». Il « maintient » quant à lui, que cet art est faux, et il ne peut se persuader que l'influence des planètes « perce des airs la campagne profonde³ ». Pourquoi La Fontaine multiplie-t-il les invectives et les preuves, sinon parce qu'autour de lui l'on se préoccupe encore de « l'influence secrète du ciel⁴ », et que tous les astrologues ne s'étaient pas laissé « choir au fond d'un puits » ? Tout le monde n'avait pas le bon sens de La Fontaine ; et le savant évêque d'Avranches nomme même un moine de l'abbaye de Fontenay qui « croyait

---

1. Vigneul-Marville, *Mélanges*, 2ᵉ édit., t. Iᵉʳ, page 293. « ...Son valet de chambre lui présentant un miroir pour s'ajuster, une bale de mousquet qui venoit du côté des ennemis, en cassa la glace, dont les morceaux lui sautèrent au visage... »
2. *Vie de Molière*, avec des Jug. sur ses Ouvr., l. c.
3. *Fables*, liv. II, f. 13 ; et liv. VIII, f. 16.
4. Expression de Boileau, *Art poétique*, ch. I.

aux pauvres et ridicules fictions de l'Astrologie, vulgairement appelée *Judiciaire* [1] ».

Si la marche des astres et planètes ordinaires laissait en repos la plupart des imaginations du dix-septième siècle, les comètes avaient le don de les tenir en éveil. Celle de janvier 1665 exerça

...Dans Paris
Les foibles et les forts esprits.

Tout le monde, dit Loret, s'en occupa, et les « modernes Astrologues », et les « sieurs Horoscopeurs », et « le Roy, les Princes, les Princesses », et « le bas Peuple » qui raisonnait « en pécore » sur « ce grand Jeu prestigieux ». Et il se tint, sur le fait de la comète, « au collège de Saint-Ignace », une conférence qui se prolongea « pour le moins cinq heures durant », en présence des princes de Condé et de Conti, du duc d'Enghien et d'autres « Seigneurs de la Cour ». Les Pères d'Harrouis et Grandamy, les savants « Roberval et Phélipau »,

Savamment discoururent,
Mais rien pourtant ils ne conclurent [2].

Celle de janvier 1681 alarma « tous les plus grands personnages » de Paris; ils crurent « fermement que le Ciel, bien occupé de leur perte », en donnait « des avertissemens par cette comète [3] ». Mazarin, mourant, avait eu le bon esprit de sourire à l'annonce d'une comète, qui arrivait juste à point [4]; et la marquise de Sévigné estimait que « l'orgueil humain se fait trop d'honneur de croire qu'il y ait de grandes affaires dans les astres quand on doit mourir [5] ». Mais tout l'entourage de la marquise ne partageait point sa sécurité à cet égard ; et son cousin de Bussy lui répondait que la comète faisait « par

---

1. *Mémoires*. Trad. de Ch. Nisard (1853), liv. IV. — Il s'agit de Jacques Graindorge.
2. Loret, *La Muze historique*, 10 janvier et 17 janvier 1665.
3. Mᵐᵉ de Sévigné, lettre du 2 janvier 1681, à Bussy-Rabutin.
4. « On dit que le cardinal Mazarin étant désespéré des médecins, ses courtisans crurent qu'il falloit honorer son agonie d'un prodige, et lui dirent qu'il paroissoit une grande comète qui leur faisoit peur. Il eut la force de se moquer d'eux... » (*Ibid.*)
5. *Ibid.*

ler les sots » de Bourgogne comme ceux de la capitale [1]. Bayle se sentit alors inspiré d'écrire ses *Lettres sur la Comète*, pour désabuser les sots de tous pays sur l'influence des astres errants, et un peu des autres; développant en sa prose l'idée traduite en si beaux vers par le fabuliste : Dieu

> Auroit-il imprimé sur le front des étoiles
> Ce que la nuit des temps enferme dans ses voiles [2]?...

Les mystères de l'Alchimie eurent eux-mêmes quelque crédit au dix-septième siècle [3]. En Allemagne, en Belgique, en Hollande, on cherchait la fameuse « poudre de projection »; et d'aucuns se persuadaient l'avoir découverte. Mercure Van Helmond, mort en 1690, possédait bel et bien, disait-il, la vraie, l'infaillible pierre philosophale. « L'empereur Ferdinand III étant à Prague, en 1648, fut témoin de la transmutation de trois livres de *mercure* en or par un seul grain de la *pierre*. Celui qui fit cette transmutation s'appelloit Richthausen. Il eut pour récompense la qualité de baron du titre de Caos [5]. » En 1666, le 27 décembre, à la Haye, Jean-Frédéric Helvétius vit — lui-même l'affirme — un alchimiste inconnu produire un lingot d'or, mais « d'or sonnant et pesant, lequel fut vérifié par l'essayeur général des Monnoies de Hollande [5] ». Huet consigne en ses *Mémoires* un cas semblable, qui avait eu pour témoin le médecin de Rouen, Porée [6]. Au dire de Thomas Corneille, on s'occupait toujours des « extra-

---

1. Lettre du 11 janvier 1681.
2. *Fables*, liv. II, f. XIII.
3. Entre les astrologues et les « cabalistes » et rose-croix, dont nous parlerons tout à l'heure, il y avait un point de ressemblance et de contact; tous, selon Villars, croyaient à l'influence des astres sur les vie et mœurs des humains. Un sujet « propre aux sciences secrètes » de la cabale doit être mélancolique, et pour cela avoir « *Saturne* dans un angle, dans sa maison, et rétrograde »; s'il était destiné à la plus haute sagesse, il lui fallait avoir « *Jupiter* dans l'ascendant ». (*Comte de Gab.*, 1670, pages 4 et 5.) — Thomas Corneille met à peu près dans la même catégorie les chercheurs de « pierre philosophale », les « Chevaliers de la roze-croix », et « ce qu'on appelle cabale ». (*La Pierre philosophale*, comédie, 1681; *Au Lecteur*; V. FF. Parfait, t. XII, page 226).
4. Bruhier, *Caprices d'imagination*, page 70.
5. *Id., ibid.*, pages 75 et 86, V⁰ lettre, *Sur la Pierre philosophale*.
6. *Mém.*, liv. IV, pages 145 et 146.

vagantes imaginations des cabalistes », même en France, et pendant les plus glorieuses années de Louis XIV; si bien que le cadet du grand Corneille se sentit comme forcé d'écrire une « satyre publique » en cinq actes, contre les « cabalistes, roze-croix » et « souffleurs [1] ». Il y avait probablement encore à Paris, au fond de certaines caves, ou sous les tuiles d'un galetas, quelque souffleur obstiné et attardé. Avant Thomas Corneille, Molière en avait fait mention; il avait ri de « ces gens qui n'ont rien », sauf « cette bénite pierre

> Qui peut, seule, enrichir tous les Rois de la terre [2] » !

Furetière s'en était moqué, déclarant que « ce Bazile Valentin, ces Lulles et ces Trismégistes » et autres gens de même venue, « ne sont que fourbes et que traistres [3] ».

Quelques années après Molière, le bon La Fontaine était pris d'un beau zèle contre tous ces soi-disant thaumaturges; il s'écriait, avec l'accent de l'indignation :

> Charlatans, faiseurs d'horoscope,
> Quittez les cours des princes de l'Europe;
> Emmenez avec vous les *souffleurs*, tout d'un temps [4].

D'où je conclus qu'il devait y avoir, ici ou là, quelques pauvres hères, cherchant, tout d'un temps, la pierre et la fortune. Mais ne trouvant ni l'une ni l'autre, ils avaient peu de loisirs pour écrire l'histoire poétique des génies élémentaires protecteurs de leurs sciences mystérieuses [5]. Ce fut

---

1. FF. Parfait, l. c... « Il y a seulement cette différence entre eux, qu'on veut nous persuader que les cabalistes et les roze-croix ont le secret d'avoir de l'or, au lieu que les souffleurs ne sont que des novices, et le sont souvent toute leur vie. » (*Ibid.*, page 226).
2. *Fâcheux*, acte III, sc. 3. Éraste entend Ormin lui dire : « Je viens, Monsieur, faire votre fortune, » il répond :
> Voici quelque souffleur, de ces gens qui n'ont rien,
> Et nous viennent toujours promettre tant de bien, etc...

On publiait encore, en 1672, à Paris, un *Icon philosophiæ occultæ sive vera methodus componendi magnum antiquorum philosophorum lapidem*; auctore Cl. Germain.
3. *Le Voyage de Mercure*, 4ᵉ édit., 1662, page 60.
4. *Fables*, l. II, f. XIII.
5. Berthold, dans son *Paris burlesque*, semble indiquer qu'on lisait encore

seulement en 1670, que l'on vit entrer dans le domaine littéraire ces « substances aériennes, qui viennent quelquefois consulter les sages sur les livres d'Averroës[1] ». Les chercheurs de la pierre philosophale avaient-ils une foi réelle aux esprits des éléments? Il est malaisé de le savoir. Toujours est-il que le peuple de France ne se doutait guère de l'existence de sylphes, d'ondins et de gnomes; en fait de salamandres prodigieuses ou curieuses, on connaissait celles dont François Ier se fit un emblème; les autres, non. En 1670, les Génies de la cabale furent révélés aux gens de lettres par un gascon — ou un Provençal; ce qui, dans le fait, revient au même.

Dans cette étude préliminaire, nous avons nommé les genres de Merveilleux connus de notre dix-septième siècle; par conséquent, nous avons déjà marqué les grandes lignes de notre ouvrage. La littérature, poésie ou prose, s'inspira ou se servit de ces différentes merveilles, ou sérieuses, ou plaisantes; notre but est de montrer comment elle le fit, comment elle y réussit. Précisons notre plan.

Au point de vue littéraire, presque tous les genres de Merveilleux ont des traits de ressemblance. Ils ont, à tout le moins, cette sorte de contact, par où les extrêmes se heurtent, et par où le ridicule avoisine le sublime. Toutefois, il nous a fallu les classer, pour avancer avec ordre et méthode; d'autant que telle ou telle sorte de Merveilleux (soit originalité, soit bizarrerie) rentrerait malaisément dans un cadre général.

Ainsi en est-il de celui des fées, tel que l'entendit le dix-septième siècle à son déclin. Nous donnerons la première

---

au dix-septième siècle, mais « en cachette », les œuvres du philosophe cabalistique Agrippa. Il fait dire par un libraire à ses clients :

J'ay tout Rablais et l'*Agrippa*,
Sans qu'il y manque un iota ;
C'est pour porter à la pochette,
Mais je vous le vends en cachette.

(Edit. de P.-L. Jacob, p. 135.)

1. Les Sylphes (*Comte de Gabalis*, page 24).

place à cette « mythologie gauloise ». Bien qu'elle soit la dernière venue dans notre littérature de cette époque, elle nous fait généralement plus d'honneur que la mythologie importée chez nous par la Renaissance. A ce titre, ne mérite-t-elle pas d'être nommée en premier lieu? Après les fées, les esprits élémentaires, autre système de Merveilleux ignoré de l'antiquité classique ; puis les génies familiers, plus divertissants que redoutables ; enfin les enchantements, faits uniquement « pour le plaisir des yeux ». En cette première partie figureront ainsi les fantômes, plus capricieux, plus légers et d'origine plus gauloise, avec toute la magie *blanche*, aussi inoffensive que celle de Perrault et de la *Belle au bois dormant*.

A la seconde nous rattacherons, sous le titre de Merveilleux mixte, les prodiges qui sont de toutes les mythologies et croyances, sans être exclusivement l'invention ou le privilège d'aucune ; les uns, que l'on voit poétiquement s'accomplir sans intervention manifeste d'un être surnaturel, comme les songes, les présages ; puis les apparitions d'êtres semi-fabuleux et d'ombres, et les métamorphoses ; toutes merveilles produites par l'intervention de n'importe quelle puissance surhumaine. Là aussi viendront les allégories, qui sont des abstractions métamorphosées en personnages, et qui fournirent un appoint considérable à la littérature du dix-septième siècle.

Le point capital et culminant de notre travail devra naturellement être la troisième partie, où nous traiterons uniquement et longuement de ce que l'on désigne, par une habitude « irrévérente », sous la dénomination commune de Merveilleux chrétien et païen. Leur emploi, les théories dont le Merveilleux du Christianisme et de la Fable furent l'occasion, enfin les querelles qui naquirent de ces mêmes théories : autant de chapitres, et, en quelque sorte, de traités.

Disons tout de suite que nous envisagerons et traiterons ces matières en historien, en critique, en littérateur, nullement en théologien. L'Académie française, même au dix-septième siècle, ne devait, d'après ses statuts, examiner « les pièces de théologie » que « pour les termes et pour la forme des ouvrages ¹ ». Là où les discussions, querelles, théories, par nous exposées et racontées, confineraient à des points dogmatiques et de foi, nous voulons imiter, dans notre humble sphère, la réserve de la docte compagnie.

Aussi bien n'irons-nous point demander les sujets *merveilleux* qui nous occuperont, ni aux livres de dogme, ni aux livres de dévotion, pas même aux admirables sermons de Bossuet sur les anges, bons ou mauvais. Bossuet y parle en docteur, en évêque, et non en homme de lettres. S'il nous arrive de citer tel ou tel passage de ses ouvrages d'exégèse chrétienne, si nous cherchons des exemples, des preuves, des raisons, dans les œuvres de Fléchier et de Fénelon, nous n'invoquerons alors que leur autorité d'académiciens.

Le champ de la littérature *merveilleuse*, compris entre les dates de l'avènement et de la mort de Louis XIV, est assez vaste pour nous suffire. Un simple coup d'œil sur les titres de nos chapitres fait voir qu'il est immense, et que nous avons dû nous borner, choisir, et souvent ne prendre que la fleur, lorsque fleur il y a.

L'index des auteurs et les références des notes remplaceront les catalogues bibliographiques, qu'il nous a paru superflu de dresser. Ces catalogues comprendraient la plupart des ouvrages et des recueils connus, avec quelques autres de célébrité fort douteuse. Bien des fois même nous avons dû mettre à contribution des écrits de troisième ou de quatrième ordre, et qui viendraient, comme le H*** G***, « immédiatement au-dessous de rien ».

Il y a — on l'a dit avant nous — plus de Merveilleux dans *Peau-d'Ane* que dans le *Cid*; il y en a autant ou plus dans une demi-page de la *Pucelle*, du *Saint-Louis*, du *Clovis*, de l'*Alaric*,... que dans tous les chefs-d'œuvre de Racine, y compris même *Athalie*. Il nous a donc fallu aller prendre le Merveilleux, soit léger, soit grave, là où il se trouve. Or, il se trouve surtout en dehors des chefs-d'œuvre, chez des écrivains nullement classiques, souvent dans des livres que Boileau eût condamnés à moisir sur les « rebords du Pont-Neuf ».

---

1. Pellisson, *Histoire de l'Académie françoise*, chap. II.

Nous n'avons point la prétention, ni l'espoir, de leur rendre une vie posthume. Nous voulons seulement citer ces morts comme témoins de leur siècle, faire quelque droit à leurs justes plaintes, accorder quelque louange à leurs efforts, sinon à leur génie ; enfin leur emprunter quelques échantillons de la littérature *indépendante* au dix-septième siècle.

PREMIÈRE PARTIE

CHAPITRE PREMIER

DES FÉES ET DU MERVEILLEUX FÉERIQUE

I. Fées des Chansons de geste. — Les fées dans la littérature du dix-septième siècle; Contes de Perrault, Fénelon, Mme d'Aulnoy, Mme de Murat, M. de Lesconvel, M. de Preschac, etc. — Fées françaises et étrangères. — Sources des Contes de fées. — **II.** Ogres, nains, lutins ou follets, géants, centaures. — **III.** Enchantements féeriques, Pays de Cocagne et Iles fortunées.

I

Nos *vieux Romanciers* avaient donné aux fées le droit de cité dans leurs récits de chevalerie. Qui ne connaît, au moins de nom, Viviane ou Morgane ?

Nous n'avons point à nous occuper de ces fées primitives ; nous n'avons aucun dessein de conter comment les mystérieuses dames blanches, soit du Lac, soit de la Forêt de Brocéliande, soit autres, aidaient les preux Chevaliers, ni de dire quelles aventures surprenantes elles fournirent à nos *trouveurs* [1] du moyen âge.

Il nous suffit de noter que les fées apparurent dans notre poésie presque dès ses origines; qu'elles eurent leur rôle dans plusieurs de nos *Chansons de Geste*, bien des siècles

---

1. Walckenaer dit qu'on « les cherche en vain (les fées) chez les Troubadours ». (*Dissertation sur les Contes*, page 117.) Il veut, par là, confirmer sa thèse que les fées sont uniquement originaires de Bretagne. — Mais on peut répondre que « l'exemple le plus ancien peut-être de l'emploi des fées dans la poésie moderne se trouve dans une chanson du comte de Poitou » et duc d'Aquitaine, Guillaume IX. (V. *Histoire littéraire de la France*, t. XIII, page 46.) — A la fin du *Conte de Finette* et de la *Fée aux trois quenouilles*, l'auteur fait remonter ces sortes d' « histoires surprenantes », à l' « antique Gaule » et aux « Troubadours ». Il dit à la comtesse de Murat : « La tradition... nous assure que les Troubadours ou Conteurs de Provence ont inventé *Finette*, bien longtemps devant qu'Abailard, ni le célèbre Thibaud de Champagne eussent produit des romans... » Walckenaer avait-il lu ce passage d'un contemporain de Perrault?

avant de figurer si honorablement dans les *Contes de ma Mère l'Oye*.

Au seizième siècle, la Pléiade oublia cet « art confus » des aïeux; elle comprit, implicitement du moins, cette mythologie féerique parmi les « vieilles épiceries » dont il fallait débarrasser la littérature de France. Ronsard rencontre bien une fois ou deux, pour la rime, ces fantômes du temps jadis, lorsqu'il s'en va,

> Par un sentier mousselet
> Plein de Nymphes et de Fées [1].

Mais les fées ont déjà, en France, fait place à ces rivales rajeunies, nymphes, naïades et déesses. Ces étranges, gracieuses et capricieuses exilées trouvèrent par bonheur, en 1600, l'hospitalité sur la terre anglaise ; Shakespeare leur donnait alors un charmant asile dans le *Songe d'une nuit d'été*, où elles entraient en dansant à la suite d'Oberon et de Titania.

A la fin du siècle de Ronsard, le poète des *Foresteries*, qui avait passé « l'avril de ses ans » non loin de Lusignan, qui admirait

> ...Les armes étofées
> Par la courtoise main des gracieuses fées [2],

décrétait le bannissement poétique des sœurs de Mellusine. De par Vauquelin, les fées de nos ancêtres ne devaient plus se montrer dans une œuvre française :

> Pourtant tu ne feindras rien qu'on ne puisse croire;
> Comme celuy qui conte, ainsi comme une histoire,
> Que les Fées jadis les enfançons voloient,
> Et de nuict aux maisons, secrettes, devaloient
> Par une cheminée [3]...

Le dix-septième siècle n'obéit pas tout d'abord aux injonctions de ce code qu'il ne connut guère. D'Urfé avait introduit une *Mellusine* dans l'*Astrée*, en la faisant venir en droite ligne de l'île de Sein, terre classique des fées bretonnes. Gomberville, dans son *Alcidiane*, essaya de rafraîchir les

---

1. *Le Hous*, poème.
2. *Art poétique* de Vauquelin de la Fresnaye, liv. II.
3. *Art poétique*, liv. III.

aventures féeriques des vieux Romans : géants, dragons, îles enchantées. Les *Amadis*, toujours lus, conservaient, nous l'avons vu plus haut, à l'hôtel de Rambouillet et chez les gens du bel air, des réminiscences chevaleresques et féeriques. De Voiture jusqu'à Mme Sévigné, les fées viennent, à point nommé, enchanter les plumes délicates « qui trottent » et souffler des allusions féeriques aux imaginations gracieuses. Voiture se trouve-t-il en face d'une table exquise, elle lui semble « avoir esté servie par les Fées[1] ». Assiste-t-il à une fête splendide du Louvre, Voiture attribue aux fées les charmes et les richesses qu'il admire en tous ces personnages qui paraissent « ne faire que de descendre du ciel[2] ». Les fées inspiraient Sarrasin dans sa *Pompe funèbre de Voiture*, où l'ingénieux narrateur rappelait « comment Vetturius arriva au palais des Fées, où il devint carpe ».

Corneille est bien de son temps, lorsque, dans le *Menteur*, il fait allusion à Urgande et à Mellusine. Cliton prouve qu'il hante les gens qualifiés et lettrés, quand il félicite ainsi Dorante du festin par lui imaginé :

> ...Urgande et Mélusine
> N'ont jamais sur-le-champ mieux fourni leur cuisine ;
> Vous allez au-delà de leurs enchantemens[3]...

Trente ans après Voiture, la marquise de Sévigné parlait des fées avec le même style. Elle se laissait dire « que les Fées » avaient « soufflé » sur le berceau de son petit-fils, Louis-Provence[4] ; et quelque seize ans plus tard, que les fées

---

1. Lettre au cardinal de la Vallette. — Boileau lui-même eût voulu avoir une fée pour servir au comte de Broussin un dîner, digne de ce fin gourmet : « Il faut donc que vous m'envoyiez une Fée, pour vous régaler selon la supériorité de votre goût. » (*Bolæana*, page 30.)

2. Lettre du 24 février 1627.

3. *Le Menteur*, acte Ier, sc. vi.

4. « J'embrasse... le fortuné Louis-Provence, sur qui tous les astrologues disent que les Fées ont soufflé. » (23 décembre 1671.) — Il revenait, avec une légère blessure, du siège de Philipsbourg ; Mme de Sévigné écrit à Mme de Grignan : « ...Les Fées ont soufflé sur toute la campagne du marquis... Cette contusion étoit le dernier don de la dernière Fée, car elle a tout fini ; c'est ce qui s'appelle la plume de l'oiseau, ou le pied du cerf. » (22 décembre 1688.)

avaient soufflé sur la première campagne de ce beau fils. En 1689, elle raconte comment le roi Jacques II, reçu à minuit par le duc de Chaulnes au château de la Roche-Bernard, « entra dans une salle où les Fées avoient fait trouver un souper tout servi, tout chaud[1]... ».

Les habitués du Salon bleu ayant appris, des vieux romans, que toute fée est grande, belle et bonne, saluaient de ce titre la marquise de Rambouillet[2]; et ce même titre fut donné aux belles Précieuses[3].

Le nom de *fée* rimant richement à *Orphée, trophée*, etc., comme *laurier* à *guerrier*[4], les poètes l'avaient adopté pour synonyme de *muse*, et disaient indifféremment les *neuf Sœurs*, ou les *neuf savantes Fées*. En Suède, dit Ménage, les neuf muses sont au service de Christine, et

> De mille endroits divers mille doctes Orphées
> Y suivent à l'envi ces neuf savantes Fées[5].

Pavillon chante-t-il, en 1679, *la Paix et le Roi*, il s'écrie :

> ...C'est aux sçavantes Fées
> D'en être seules les Orphées[6].

Brébeuf, un jour d'humeur, traite les muses « d'anciennes

---

1. Vendredi, 11 mars 1689.
2. V. Chapitre préliminaire.
3. Scarron fait le portrait d'une « Fée ajustée en malade », assise sur son lit et qui « se sçait bon gré de tout ce qu'elle dit ». (*Les Dernières OEuvres*, t. Ier, page 238; Ép. à M. Pellisson.)

Au commencement du dix-huitième siècle, un poète appelait Eurydice « la Fée » d'Orphée :
> ...L'harmonieux et tendre Orphée,
> De tourner le dos à sa Fée.
> (*Œuvres* d'Hamilton, édit. de Londres, t. Ier, page 202.)

4. Ces deux rimes se rencontrent partout au dix-septième siècle. (V. Mme de Sévigné, Lettre du 20 mai 1667.)
5. *Églogues* de Ménage. — Dans une satire, que M. Louis Passy (Bibl. de l'École des Chartes, 3e série, t. III, page 172) attribue faussement à Boileau (V. Sainte-Beuve, *Causeries du Lundi*, t. VI), l'auteur dit qu'Ovide
> Écrivoit de César les gestes, les trophées,
> Faisoit sur ce sujet mille contes de Fées.

6. *Nouveau Choix de pièces* (Duval de Tours), t. II, page 19. *Ode pour la Paix*, en 1679.

Fées [1] »; et Boileau, vieux et sourd, entend courir les muses comme de « fugitives Fées » le long des ifs de son jardin [2]. Sans doute, c'est beaucoup d'honneur à nos dames blanches que de prêter leur nom et une rime aux filles de Jupiter et de Mnémosyne; mais en quittant nos bois de chênes pour les bois de laurier du Parnasse, elles ne sont plus les fées de nos contes et de nos poèmes gaulois. La Fontaine les travestit encore davantage, en les réduisant aux proportions de déités allégoriques qui débitent des morceaux d'éloquence fleurie. Il comprend, sous l'appellation de « savantes Fées », toutes les demi-déesses protectrices des beaux-arts; quatre de ces fées arrivent, convoquées par La Fontaine, à la fête de Vaux, et chacune d'elles récite une jolie harangue « en la présence d'Orontée (Fouquet) et de force demi-dieux [3] »; mais ces fées *Apellanire*, *Palatiane*, *Hortésie* et *Calliopée*, avec leurs noms gréco-latins, sont trop bonnes diseuses et trop civilisées pour être vraies : elles ont fréquenté les nymphes de Vaux.

En 1664, le sieur Louis Le Laboureur, bailly du Duché de Montmorency, tenta une espèce de réhabilitation épique des fées, en leur donnant un rôle dans son *Charlemagne*. Selon lui, la prêtresse d'Irmensul, sorte de Velléda effrayante, était une fée. Après la défaite des Saxons et la prise de Witikind, voilà que

> Dans le Champ, au milieu de ces sanglans Trophées,
> Une Fée arriva, la plus noire des Fées [4];

et cette fée, aussi puissante que « noire », emprisonna Charlemagne en personne. Mais cette héritière très dégénérée des vierges de Bréchéliant n'est qu'une horrible sorcière, contre laquelle Le Laboureur fait combattre l'archange saint Michel.

1.
> Ne parlons donc plus d'Apollon,
> Jadis si fameux violon,
> Ni de ses anciennes Fées,
> Toutes chauves et décoiffées.
>   (*Lettres* de Brébeuf. — *Poésies*, page 136.)

2. Ep. XI.

3. V. *Fragmens du Songe de Vaux*; ces quatre fées allégoriques représentent la Peinture, l'Architecture, le Jardinage et la Poésie.

4. *Charlemagne*, liv. III, page 95. — V. aussi pages 70 et 72.

Cette mégère endiablée n'a rien de commun avec ses homonymes des *Contes*[1].

Dans les pages écrites pour l'immortalité depuis 1640, les fées n'avaient qu'une très petite place et très peu de chose de leur physionomie populaire et traditionnelle. En 1688, elles furent, par décret authentique, bannies à perpétuité de la littérature sérieuse. M. de Callières se posait alors en pacificateur des Anciens et des Modernes. Il offrait une trêve aux deux partis, moyennant des sacrifices réciproques; or, parmi les victimes de cette paix, l'aimable diplomate comprenait les fées. Par l'arrêt XIIe de son Apollon, il les proscrit « pour jamais » des « Poëmes épiques[2] ».

L'abbé de Fénelon allait, quelques mois plus tard, devenir précepteur du duc de Bourgogne, et avec lui, les fées allaient prendre définitivement place dans notre littérature moderne. Quand M. de Callières prononçait leur exil perpétuel des épopées, Fénelon les trouvait à la cour, où l'on « mitonnait » les dames avec ces contes[3]; Fénelon en « mitonna » son élève, et prêta les charmes simples et nobles de sa langue à ces histoires de nourrices. Les *Contes* de Perrault furent imprimés (1697) vingt et un ans avant ceux de Fénelon, et ils furent plus célèbres; mais avant Perrault, Fénelon avait cou-

---

1. Carel de Sainte-Garde fait aussi allusion à une fée dans son *Childebrand*. Il dit du roi Henri IV, entrevu par Childebrand neuf siècles à l'avance :

>Il fut longtemps charmé
>De Lemanne la Fée, il en estoit aimé;
>Elle mit pour l'avoir tous ses arts en usage,
>Elle chargea de fard son horrible visage.
>Un mage aimé du ciel sçeut faire appercevoir
>A ce Prince surpris, dans un divin miroir,
>La couleur effroyable et la hideuse tresse
>Qu'apporta des Enfers la noire Enchanteresse.
>
>(1679, liv. XI, ch. vii.)

Amas d'allégories; cette fée du lac Léman, ou de Genève la calviniste est une personnification du protestantisme.

2. XII. « Il (Apollon) bannit pour jamais des Poëmes épiques tous Magiciens, Sorciers, Enchanteurs, *Fées*, et autres idées extravagantes des Romans de Chevalerie et de plusieurs Poëmes modernes. » (*Histoire poétique de la guerre nouvellement déclarée*, etc., liv. IV, page 104.)

3. V. Chapitre préliminaire.

ché par écrit, en français du grand siècle, des récits de ma Mère l'Oye, pour l'éducation « d'un jeune Prince de huit ans ». L'abbé de Villiers se trompait fort lorsqu'il croyait, en 1699, que « aucun Philosophe, aucun habile homme » n'avait « inventé ou composé des Contes de Fées ». Villiers regardait « cela comme le partage des femmes[1] »; il ne se doutait pas que M. de Cambrai, philosophe et très habile homme, en avait écrit au même temps qu'il écrivait *Télémaque*. Mais dans ce même passage, l'auteur de l'*Art de prêcher* (le « matamore de Clugny », comme l'appelait Boileau), pousse jusqu'à l'injustice son dédain pour ces « sottises imprimées[2] ». Après avoir dit, d'un ton de mépris : « Ce ne sont que des femmes qui ont composé ceux (les Contes) qui ont paru depuis quelque temps en si grand nombre[3] », il se souvient tardivement de « ceux que l'on attribuë au fils d'un célèbre Académicien[4] »; et, de l'air le plus froid du monde, il se déclare « assez content ». C'est peu. Le public ne montra pas un goût si dédaigneux, et « courut avidement à ce nouvel appât ». Le petit in-12 de Perrault parut en janvier 1697, sous le nom de *P. Darmancour*, fils du « célèbre Académicien », comme parle de Villiers[5]. Il fut de suite jugé

---

1. *Entretiens sur les Contes des Fées*, 1699; pages 76 et 77.
2. *Ibid.*, page 69.
3. *Ibid.*, page 77.
4. *Ibid.*, page 109.
5. Dans la dédicace à *Mademoiselle* (Élisabeth-Charlotte d'Orléans, nièce de Louis XIV, sœur du duc de Chartres), c'est le jeune fils de Perrault, qui est censé offrir à la princesse ce recueil dont il se dit l'auteur : « Mademoiselle, on ne trouvera pas étrange qu'un *enfant* ait pris plaisir à composer les Contes de ce Recueil; mais on s'étonnera qu'il ait eu la hardiesse de vous le présenter... » — Mlle Lhéritier de Villandon semble aussi attribuer au petit Perrault d'Armancour cet « agréable recueil ». Elle écrivait à une fille de Charles Perrault : « Je vais vous dire un conte... J'espère que vous en ferez part à votre aimable frère; et vous jugerez ensemble si cette fable est digne d'être placée dans son agréable recueil de Contes. » (*OEuvres meslées*, 1696.) Par où l'on voit que le « Recueil de Contes » existait au moins depuis un an, en manuscrit, quand il fut publié. — « Mais l'éditeur des Mémoires posthumes de » Perrault l' « académicien, nous dit, dans une note, que Perrault est le véritable auteur des Contes de Fées..., ce que personne n'ignorait ». (Walckenaer, *Dissertation*, § 2.) Probablement le petit d'Armancour (âgé d'environ dix ans) avait « mis... sur le papier », comme dit Mlle Lhéritier

un chef-d'œuvre du genre, « imitant le stile et la simplicité des nourrices [1] », l'imitant et le perfectionnant si bien, que les habiles y découvrirent promptement la main de l'un des Quarante. « Quelque estime que j'aie, écrit de Villiers, pour le fils de l'Académicien..., j'ai peine à croire que le père n'ait pas mis la main à son ouvrage [2]. » Perrault était déjà connu comme auteur ou traducteur de Contes. Il avait publié, trois ans auparavant, son *Peau-d'Ane mis en vers* et *Les Souhaits ridicules*, qui lui avaient valu une grosse plaisanterie de Boileau [3]. En 1691, il avait lu à l'Académie et fait imprimer sa *Griselde* (ou Griselidis), traduite de Boccace, en vers. Ce n'était qu'un prélude aux Contes des fées, et les vers de Perrault étaient passablement inférieurs à sa prose.

Le succès des fées de Perrault excita l'émulation ; il semblait si aisé d'écrire des « contes de vieilles » !... On n'avait qu'à recueillir les souvenirs de ses jeunes ans et à laisser courir les plumes. Les plumes coururent en effet. Déjà Mlle Lhéritier avait rivalisé avec « l'aimable frère » de son amie Mlle Perrault [4], et mis sur le papier les récits de sa nourrice. La comtesse d'Aulnoy fut la première à marcher sur les

---

(*Préf.* de *Marmosan*), ces « contes naïfs » ; et son père les avait revus et corrigés, « pour les rendre dignes de l'impression ». (P.-L. Jacob, bibliophile, *Mém., Contes*, etc., de Ch. Perrault, page 14.) Perrault venait d'achever le quatrième tome de son *Parallèle*; il lui convenait peu, après cette grave et longue querelle, de publier sous son nom les *Contes de ma Mère l'Oye*. Boileau s'était déjà suffisamment égayé de « *Peau-d'Ane* mis en vers ».

1. De Villiers, *loc. cit.*, page 109.
2. *Id.*, page 110. — Gacon fut insensible aux charmes de ce style des Contes, et fit cette méchante épigramme :

> Le jeune Perrault d'Armancour
> Vient de mettre un sot livre au jour :
> Et s'il continuë, on espère,
> Qu'avant qu'il soit fort peu de tems,
> Il ira plus loin que son père
> Dans le chemin du mauvais sens.
> (*Le Poète sans fard*, Épigr., page 204.)

Perrault avait, aux yeux de Gacon, le grand tort d'avoir appelé Gacon l'*excrément de Despréaux*.

3. Boileau leur appliqua ce titre de sa façon : *Le Conte de Peau d'Ane et l'Histoire de la Femme au nez de boudin, mis en vers par M. Perrault, de l'Académie française.* (Lettre à M. Arnauld, juin 1694.)

4. *OEuvres meslées*, 1696 ; achevées d'imprimer le 8 octobre 1695.

brisées de Perrault et publia aussi, en 1697, ses premiers Contes. La seule année 1698 vit éclore toute une bibliothèque féerique. Qu'il suffise d'en indiquer les titres :

Contes nouveaux, ou les Fées à la mode, de la comtesse d'Aulnoy ;

Les Contes de Fées, de la comtesse de Murat ;

Contes des Contes, de Mlle de la Force [1] ;

Les illustres Fées, de M. de Lesconvel ;

Contes moins contes que les autres, Sans Parangon, et la Reine des Fées, du sieur de Preschac.

Vinrent ensuite *la Tyrannie des Fées détruite*, par la comtesse d'Auneuil ; puis une foule de recueils, soit des auteurs sus-nommés, soit de nouveaux conteurs. Quatre-vingts ans plus tard, le *Cabinet des Fées* comprenait près de quarante volumes, renfermant chacun jusqu'à dix, quinze et même vingt contes [2]. Tous ces imitateurs ou copistes de Perrault étaient des gens de qualité ; et si l'on s'en rapporte à Chaulieu, la duchesse du Maine travaillait à un « Conte de Fée » au mois de mai 1702 [3].

On vient de voir qu'à la première floraison de cette littérature de « ma Mère l'Oye », Mme d'Aulnoy intitulait hardiment ses nouveaux contes : *Les Fées à la mode*. Elle avait raison et savait son public. La cour lut ces ouvrages ; « la Cour même en devint avide », comme dit Hamilton [4] ; la ville

---

1. Plusieurs dictionnaires biographiques ou bibliographiques font remonter les *Contes des Contes* à 1692, et portent ce titre : *Les Fées, Contes des Contes*. Il y a là une double inadvertance. Ce titre complet ne fut donné à cet ouvrage de Mlle de la Force, qu'en tête d'une réimpression de 1707. Voici en quels termes le numéro de février 1698 du *Mercure galant* signalait l'apparition de ce recueil : « Une Demoiselle de qualité vient aussi de mettre au jour deux volumes intitulez *Les Contes des Contes*... Son bon goust est connu parmy les personnes qui se meslent d'écrire... Les deux tomes des *Contes des Contes* se vendent chez Simon Benard, rue Saint-Jacques, au-dessus des Mathurins, au Compas d'or. » (Pages 239-241.)

2. Les *fées* ne figurent pas toujours dans ces centaines d'histoires fantastiques. Le *Cabinet* est une *Collection choisie des Contes des Fées et autres Contes merveilleux*. 1785, Amsterdam ; et Paris rue et hôtel Serpente.

3. Lettre à la marquise de Lassay, 2 mai 1702.

4. *Les Quatre Facardins*, préface en vers, A M. L. C. D. F... (*OEuvres*, Londres, t. III, page 3.)

se les disputa, les libraires y firent fortune et réclamèrent de ces fictions « à la mode ». On en écrivit en foule et à la hâte. Le *Mercure galant*, digne porte-voix des auteurs de bluettes, annonçait comme un événement et à grand renfort de louanges l'apparition de chaque série nouvelle.

En février 1698, il rappelle les « si grands » succès obtenus « l'année dernière » par Mme d'Aulnoy, dont les Contes « furent si favorablement reçus du Public ». Il signale une suite du même ouvrage, en promet aux lecteurs « un extrême plaisir », et répète que les productions de ce genre « sont devenues fort à la mode ». A la même date, autre réclame en faveur des Contes de Mlle de la Force, « dont le nom seul feroit juger de la beauté de ces Contes, même avant que de les lire [1] ». En avril, le *Mercure* embouche la trompette pour recommander les *Illustres Fées* de Lesconvel : « Les Contes de Fées sont devenus à la mode; et plusieurs personnes d'un esprit fort relevé et d'une très grande réputation n'ont pas dédaigné d'employer du temps à nous en donner grand nombre (*sic*) dans le style simple et naturel que cette sorte de narration demande. Ils ont réjoüy les meilleures Compagnies; et le plaisir que l'on a pris à les lire vient d'engager Mr. de *** à nous faire part d'un nouveau Recüeil... La puissance des Fées y paroist avec éclat. Le stile en est agréable, etc. [2]... » Au mois de juillet, le *Mercure* constate que « les Contes continuent d'estre en vogue », que les *Fées à la mode*, par Mme D***, sont du nombre de ceux qui ont le plus réussi. On n'en peut douter, puisque le public en a demandé une suite.

Mme d'Aulnoy se distingua en effet par la rapidité et la fécondité de ses improvisations féeriques. L'abbé de Villiers, scandalisé de voir s'accumuler ces historiettes merveilleuses et ces lauriers si aisément conquis, essayait de désabuser ses contemporains : « J'ai ouï parler d'une dame qui a fait de ces Contes de Fées et qui est la première à se moquer et des libraires et des lecteurs qui les ont achetez. Elle dit partout que c'est la plus mauvaise marchandise du monde;

---

1. *Mercure galant*, février. V. pages 238 et 239.
2. *Id.*, avril; pages 208-210.

mais enfin, on en veut, dit-elle; on me les paie bien; j'en donnerai tant qu'on voudra[1]. » L'humeur du « matamore de Clugny » perce dans ces lignes et dans d'autres, où il se plaint de ces « ramas de contes de Fées qui nous assassinent depuis un an ou deux[2]. »

D'autres censeurs, ou difficiles, ou chagrins, déplorèrent cet engouement pour des rêveries soi-disant enfantines; Vigneul-Marville, en sa malencontreuse critique des *Caractères*, blâmait cette frivolité du grand siècle à son déclin : « Depuis cinq ou six ans, écrivait le chartreux, en 1700, les Fables, les Ana et les Contes de Fées ont eu la vogue; » cela, d'après lui, était l'indice d'esprits bien affadis[3]. En 1702, l'abbé de Bellegarde s'affligeait de cette passion pour des balivernes : « ... Nous avons à nous reprocher la fureur avec laquelle on a lu, en France, pendant quelque temps, les Contes de Fées.... Ce qui n'avoit esté inventé que pour divertir les enfans est devenu tout à coup l'amusement des personnes les plus sérieuses. La Cour s'est laissée infatuer de ces sottises; la Ville a suivi le mauvais exemple de la Cour et a lu avec avidité ces avantures monstrueuses.... Mais enfin on est revenu de cette frénésie, et je crois que les Contes de Fées ont esté bannis pour jamais[4]. » L'auteur des *Lettres curieuses* exprimait son désir plutôt que la réalité.

Si le goût des Contes se ralentit un instant et fit place à une autre « frénésie » pour le *Télémaque*, le goût, la frénésie pour les histoires merveilleuses et féeriques reprirent de plus belle; à partir de 1704, grâce à la traduction des *Mille et une nuits*. Hamilton a raconté et critiqué, au début de ses *Quatre Facardins*, ces variations et cette recrudes-

---

1. *Entretiens sur les Contes des Fées*; 1699, page 71.
2. *Ibid.*, 2e entretien, page 69.
3. *Sentimens critiques sur les Caractères de M. de La Bruyère*, Lettre II, page 31. — Ainsi parlait encore, vers 1715, le P. du Cerceau, regrettant de voir éclore à foison

    Maigres livrets de toute sorte...
    Jusques à des Contes de Fées,
    Dont on a fait longtemps trophées.
        (*Le Grand Prévôt du Parnasse*.)

4. *Lettres curieuses*, etc., pages 210 et 212.

cence d'enthousiasme pour le Merveilleux des génies de France ou d'Orient. D'abord, dit-il, « les Contes ont eu... des lecteurs et des partisans »; ils firent oublier les romans, jadis si goûtés, de Mlle de Scudéry et de Mme de Lafayette :

> ...Les plus célèbres Romans,
> Pour les mœurs et les sentimens,
> Depuis *Cyrus* jusqu'à *Zayde*,
> Ont vu languir leurs ornemens,
> Et cette lecture insipide
> L'emporter sur leurs agrémens.

Cette « lecture insipide » effaça l'impression vive et utile causée par le poème-roman du « sage et renommé Mentor », venu « des bords fameux d'Itaque » ou de Cambrai. Malgré sa gracieuse imitation

> Du style et des Fables de Grèce,
> La vogue qu'il eut dura peu;
> Et las de ne pouvoir comprendre
> Les mystères qu'il met en jeu,
> On courut au Palais les rendre,
> Et l'on s'empressa d'y reprendre
> Le *Rameau d'or* et l'*Oiseau bleu*.

Le *Rameau d'or* et l'*Oiseau bleu* sont des contes de Mme d'Aulnoy. Puis vinrent, dit Hamilton,

> ...De Syrie
> Volumes de Contes sans fin,
> Où l'on avoit mis à dessein
> L'orientale allégorie,
> Les énigmes et le génie
> Du Talmudiste et du Rabbin [1]...

La traduction des récits fantastiques d'Orient, par Antoine Galland, suivie des *Mille et un jours* de Petis de la Croix, partagèrent le succès des fées « à la mode ». Les contes « persans, arabes et turcs étoient, dit un éditeur d'Hamilton, entre les mains de toutes les dames de la Cour et de la Ville [2] ». Hamilton ne ménageait point ses plaisanteries aux lectrices de ces merveilles « plus arabes qu'en

---

1. Édit. de Londres, t. III, pages 3 et 4.
2. *Id.*, t. IV, *Avis du Libraire*.

Arabie[1] ». On le défia de faire quelque chose d'aussi ingénieux[2]. Alors, dit-il lui-même,

> Je m'avisai d'être l'auteur
> D'un fatras qu'on lut par le monde.
> Je l'entrepris en badinant ;
> Et je fourrai dans cet ouvrage
> Ce qu'a de plus impertinent
> Des Contes le vain étalage...

Son but, en *cousant* « un nouveau supplément au dernier tome de Gallant », était, il l'affirme, de *condamner* « des fatras », en imitant
> ...Les absurdités
> De ces récits mal inventés[3].

Il les imita si bien qu'il fut jugé maître en cet art de « coudre », de conter, avec force énigmes et allusions, « qu'il faut laisser démasquer à qui le pourra[4] » ; le tout agrémenté de fées et de génies.

Les fées devenues françaises eurent leur place dans les divertissements publics, presque au même titre que les nymphes et autres déités antiques. En 1704, un poète du nom de Hubi composa une sorte de dialogue dramatique intitulé *la Réjouissance des Fées*, pour célébrer la naissance du duc de Bretagne[5]. Elles montèrent sur le théâtre dans la petite pièce des *Fées* de Dancourt, le 29 octobre 1699, puis dans le *Ballet des Fées* de La Motte, et cet ingénieux successeur de La Fontaine les introduisit dans les fables, où elles font assez bonne figure. Du reste, La Motte estime, avec Fénelon, « que les dieux de l'*Iliade* ne valent pas nos Contes

---

1. Édit. de Londres, t. III, page 5. Hamilton prétend, en cet endroit que
> ...Enfin, grâces au bon sens,
> Cette inondation subite
> De Califes et de Sultans...
> Désormais en tous lieux proscrite
> N'endort que les petits enfans.

Mais le succès de ses propres créations fantastiques dément cette assertion poétique.
2. *Id.*, t. IV, *Avis du Libraire*.
3. *Id.*, t. III, *Les Quatre Facardins* ; dédicace à M. L. C. D. F., pages 5-7.
4. C'est l'opinion de l'éditeur du *Bélier*, t. IV, *Avis*.
5. V. *Pièces fugitives d'Histoire et de Littérature*, etc., 1704, t. III, page 557.

de Fées[1] ». La Motte était bien aise d'humilier un peu les idoles de Mme Dacier, et aussi le bon Homère, qu'il avait abrégé de moitié, sous prétexte de le rendre lisible.

Mais les fées françaises méritaient-elles cet excès d'honneur de marcher de pair avec les divinités olympiennes et classiques ? Cette mythologie populaire n'est pas moins invraisemblable ni moins étrange que l'autre ; mais elle avait le mérite de sa popularité, peut-être celui de la variété. Les fées des Contes réunissent, ou peu s'en faut, tous les caractères des déesses, nymphes et dryades ; elles sont, en plus, magiciennes comme Médée, enchanteresses comme Circé, un peu prophétesses comme la sibylle de Cumes. Enfin elles ont des allures spéciales, mystérieuses, singulières, qui n'appartiennent qu'aux fées françaises.

Nous leur donnons ce titre de « françaises » à l'exclusion de leurs sœurs, les Walkyries scandinaves, les Fairs d'Écosse, les Femmes blanches d'Allemagne, et surtout les Korrigans d'Armorique. Les fées germaines, scandinaves, bretonnes sont généralement plus sauvages, malfaisantes, voire même féroces[2]. Celles de nos Contes sont plus humaines, et, pour employer un mot du dix-septième siècle, plus galantes, c'est-à-dire plus civilisées. Les fées d'Armor sont, avant tout, des ennemies de la foi chrétienne. Selon les traditions de Bretagne, ce sont ou des princesses qui ne se convertirent point à la voix des apôtres, ou des druidesses (peut-être des prêtresses de l'île de Sein) qui expient leurs péchés ; les fées celtiques hantent les dolmens et les endroits où il n'y a point d'autel dédié à la Vierge ; le son des cloches les fait fuir ; le dimanche et le samedi, consacré à Marie, leur sont des jours néfastes[3]. Les fées françaises n'ont pas cette physionomie

---

1. « Je pense donc avec M. l'archevêque de Cambrai, que les dieux de l'*Iliade* ne valent pas nos Contes de *Fées*. » (*Réflexions sur la Critique*.) — Marivaux introduisit aussi la féerie dans une de ses premières œuvres, *Arlequin*, 1720.

2. « Les fées sont... l'effroi de la paysanne des vallées de l'Oder, comme celui de la paysanne d'Armorique. » (H. de la Villemarqué, *Barzaz-Breiz*, avant-propos de la 3e édit, page xlviii.)

3. Pour tous ces détails, cf. le § 6 de l'Avant-propos de la 3e édit. des *Barzaz-Breiz*.

infernale; elles sont presque chrétiennes; elles acceptent d'être marraines et vont au baptême des enfants; chez Perrault, quand « on fit un beau baptême » pour la *Belle au bois dormant*, « on donna pour marraines à la petite princesse toutes les Fées qu'on put trouver dans le pays. » Néanmoins Perrault, Fénelon et presque tous nos écrivains de Contes se gardent bien de mêler les dogmes de la foi aux fables des féeries; c'était là une réserve que leur bon goût de croyants leur inspirait. Seul de tous, peut-être, le sieur de Preschac s'est donné cette fantaisie ridicule; il prête à ses fées du « zèle pour la religion », à telles enseignes qu'il fait protéger par des fées les Chartreux du Dauphiné, et même le pape Clément VIII[1]. Les contes du sieur de Preschac sont extravagants d'un bout à l'autre; mais, ici, la narration frise l'absurde.

Les Korrigans volent les enfants comme de vulgaires bohémiennes, et leur substituent des nains hideux et méchants; c'est aussi l'une des qualités perverses qu'on attribue aux fées dans les vallées de l'Oder. Les fées de nos Contes protègent les nouveau-nés près du berceau desquels on les invite; elles leur confèrent les dons les plus aimables, par exemple d'être « beau comme le jour[2] », d'avoir « de l'esprit comme un ange », ou de « chanter comme un rossignol[3] »; elles soufflent sur eux toutes sortes de bonheurs. Elles arrivent, comme de bons génies, au secours de la faiblesse, de la vertu, de la jeunesse sans expérience ou de la vieillesse sans joies. A une reine de cent ans, bien ridée, bien laide, bien triste, elles disent tout bas : « Voulez-vous rajeunir[4]? » Elles assistent une pauvre Cendrillon bien modeste et charitable; elles consolent la mère si désolée d'avoir pour fils un Riquet à la Houppe; elles récompensent magnifiquement

---

1. V. *Reine des Fées*. Une fée italienne, rendant compte de son administration politico-féerique, dit à la Reine des fées « que son zèle pour la Religion l'avoit engagée à faire tomber le beau duché de Ferrare entre les mains du Pape ».
2. Fénelon, fab. iv.
3. Perrault, *La Belle au bois dormant*.
4. Fénelon, fab. i.

quiconque leur a rendu service[1]. Elles sont bonnes ; c'est l'impression que laissent surtout les récits de Perrault, de Fénelon et de la comtesse de Murat[2]. Les bonnes fées, les « douces et gracieuses Fées », comme Hamilton les appelle[3], défendent leurs filleuls et protégés contre les méchantes fées ; car il y en a. Dans nos Contes français, les vieilles, méchantes, hideuses fées, servent surtout de repoussoir aux autres. Leurs maléfices n'aboutissent pas ; leurs menaces restent sans effet, grâce aux charmes plus puissants de leurs bienfaisantes rivales ; et c'est juste le point par où nos Contes enfantins ont une vraie moralité.

Le génie du dix-septième siècle savait donner à toutes les histoires fabuleuses un air, un reflet de christianisme. Andromaque et Iphigénie sont, chez Racine, une mère et une vierge chrétiennes. Minerve, ou Mentor, de Fénelon, n'est autre que l'abbé de Fénelon instruisant, avertissant, corrigeant le duc de Bourgogne. Les fées littéraires françaises ressemblent d'assez près, sous leur voile allégorique et moral, au dogme des anges bons et mauvais, protecteurs et ennemis. Les Contes, pour le fond, se réduisent souvent à ceci : « Une vieille Fée fort chassieuse et mal bâtie », et par-dessus le marché capricieusement féroce, laide et cruelle comme le vice, est combattue, puis vaincue par une « grande Fée de bonne mine[4] », belle comme la vertu ; ou même toutes les méchantes « se tordent le col les unes aux autres[5] ». Les fées étrangères, les armoricaines surtout, ne sont point ainsi rangées en ligne de combat, bonnes contre méchantes, laides

---

1. La Motte, *Fables*, liv. V, fab. xx.
2. Elles sont bonnes ; c'est l'impression qu'un spirituel académicien, M. Maxime du Camp, a gardée des fées de Perrault, qu'il lisait, à cinq ans, avec son ami M. de Cormenin. Selon lui, elles sont non seulement bonnes, mais des « créatures exquises, ces vieilles femmes oscillant sur leur bâton et branlant la tête, qui se transforment en fées éblouissantes, ces génies qui consolent les princesses persécutées, ramènent les enfants égarés, punissent les méchants et récompensent les bons... Créatures exquises et mystérieuses... » (Max. du Camp, *Souvenirs littér.*, 1882, t. Ier, pages 4 et 5).
3. *Le Bélier*, épître à Mlle ***.
4. Preschac, *Sans Parangon*.
5. Comtesse d'Aulnoy.

contre belles. Elles sont toutes belles la nuit, toutes laides le jour, toutes tristes, et ne valsent même pas sur la bruyère, ou près des dolmens sombres, sauf peut-être une nuit par an[1]. Elles participent à la mélancolie celtique.

Les fées françaises sont agissantes, soit pour le bien, soit pour le mal, et ne passent point, comme les sauvages fées d'outre-Rhin, tout leur temps à danser aux pâles rayons de la lune. Elles se divertissent bien un peu, parfois, sur le soir; sans gaieté, seraient-elles françaises? mais on ne les trouve désœuvrées que chez la comtesse d'Auneuil. Au contraire des Korrigans jalouses de leurs trésors, nos bonnes fées sont désintéressées, simples, sobres ; pour se les rendre favorables, il faut leur offrir « une collation de noisettes » et autres fruits des champs[2]. Cependant elles aiment des toilettes de la bonne faiseuse, chez Mme d'Aulnoy, qui les habillait « à la mode[3] ».

Mais, après tout, ces dames sont fées, donc capricieuses, fantasques, bizarres. Elles se déguisent et s'affublent de guenilles pour éprouver la générosité de leurs clients. Leurs promesses sont étranges comme elles. Elles donnent à choisir, mais gare à qui se trompe? Elles mettent des conditions à leurs bienfaits : si Cendrillon dépasse « le coup de minuit », adieu belles robes et pantoufles de verre. Si telle princesse se marie « avant l'âge de vingt-deux ans, elle deviendra crapaud[4] ». Elles sont elles-mêmes soumises à des lois fort singulières. D'abord, sont-elles mortelles ou non? Leur histoire littéraire ne le dit point clairement. Preschac leur octroie des pouvoirs féeriques de trois cents ans quand elles sont sages[5]; mais, selon l'opinion commune, elles vieillissent, bien malgré elles, au bout de cent années; témoin la fée Gisèle de Fénelon, « elle avoit cent ans et elle ne pouvoit se rajeu-

---

1. *Barzas-Breiz*, l. c., page xlviii.
2. *Sans Parangon*, de Preschac.
3. « Pour récompense de leurs peines, on leur promettoit (aux fées) une hongreline de velours bleu, un cotillon de velours amaranthe, des pantoufles de satin cramoisi taillardé, de petits ciseaux dorés, et un étui plein de fines aiguilles. » (*La Princesse Printanière*.)
4. Fénélon, fab. iii.
5. *Reine des Fées*.

nir¹ ». A cet âge, ou même à d'autres phases de leur surprenante existence, le Destin, la Fatalité, une Ἀνάγκη mal définie les métamorphose en animaux généralement vilains : couleuvres, crapauds, écrevisses, taupes et souris²; et si, pendant cette transformation, quelqu'un les tue, elles ne doivent plus revivre³. La Motte, sans être un conteur de fées attitré, n'ignore point cette loi du code féerique :

> Certaine Fée un jour étoit souris;
> C'étoit la fatale journée
> Où l'ordre de la Destinée
> Lui faisoit prendre l'habit gris.

Et sous cet habit gris, l'immortalité de la dame se trouve fort compromise :

> Un chat, qui la guétoit, alloit croquer la Fée⁴.

En revanche, quel pouvoir merveilleux attaché à un anneau comme celui de Gigès, à une baguette, à « une verge d'or⁵ »! Quels prodiges éclosent au contact de cette baguette! quelle magie! en rien semblable à celle qui fit établir la *Chambre ardente* de 1680, ou allumer les bûchers en place de Grève. Quel « beau carrosse tout doré » sort de la citrouille de Cendrillon! Et d'où lui vient ce cocher « avec les plus belles moustaches qu'on ait jamais veues »? D'un gros rat que la fée a choisi « à cause de sa maîtresse barbe ». Et ces six laquais aux « habits chamarrés », qu'étaient-ils il y a trois minutes? Six lézards cachés « derrière l'arrosoir ». — Les fées ont même quelquefois une boîte digne de celle de Pandore, d'où l'on voit sortir, par exemple, « une foule d'officiers et de courtisans » qui se confondent en courbettes, comme leurs émules de l'Œil-de-Bœuf.

---

1. Fab. II.
2. Cf. surtout la comtesse d'Aulnoy.
3. La fée *Gentille* expose ainsi sa destinée, chez Mᵐᵉ d'Aulnoy : « Nous vivons cent ans sans vieillir, sans maladies et sans peines. Ce terme expiré, nous devenons couleuvres pendant huit jours; c'est ce temps seul qui nous est fatal... Et si l'on nous tue, nous ne ressuscitons plus. »
4. Liv. V, fab. 20.
5. Fénelon, fab. VI.

Les enchantements féeriques étonnent, éblouissent, font sourire ; ils n'ont rien d'effrayant comme ceux dont il sera question au chapitre des Épopées. Ce sont des changements de scène, changements à vue, contraires à toutes les lois physiques et au précepte d'Horace :

Ne... in avem Procne vertatur, Cadmus in anguem [1].

Y eut-il jamais enchantement de Merlin aussi complet, aussi gracieux que celui du conte de *la Belle au bois dormant*, où « les broches même... s'endormirent, et le feu aussi », ni plus ni moins que « les Suisses aux nez bourgeonnés et aux faces vermeilles » ? Or, « tout cela se fit en un moment : les Fées n'étaient pas longues à leur besogne [2] ». Les fées de Perrault sont singulièrement pratiques. M. Krantz, en y regardant d'un peu près, les trouve même *cartésiennes*, c'est-à-dire logiques, jusque-là qu'elles font leurs prodiges « par les voies les plus simples ». Pourquoi la marraine de Cendrillon prend-elle des rats pour en faire des chevaux et tire-t-elle un carrosse d'une citrouille ? « C'est que les rats sont déjà des quadrupèdes, et une citrouille un fruit roulant, dont le jaune éclatant prépare, on dirait même contient en puissance, pour l'imagination, les dorures du futur carrosse [3]. » Logique cartésienne, peut-être ; mais bon sens de l'imagination française.

Les fées malveillantes des légendes de Cornouailles, ou d'ailleurs, voyagent par les airs comme de banales sorcières, remplaçant le manche à balai par un vilain griffon ou par un chat sauvage. Nos fées littéraires et françaises ont des moyens de transport qui sentent beaucoup moins le sabbat, des véhicules dorés, fleuris, légers comme des machines d'opéra : et, souvent, ils sont d'une grâce charmante ces vols de chars féeriques. La fée de *la Belle au bois dormant* arrive « dans un chariot tout de feu » avec un attelage de dragons ; chez Mmes de Murat et d'Aulnoy, elles courent et volent sur des chars traînés par des singes ou par des cygnes, et au

---

1. *Ad Pisones*, v. 187.
2. Perrault, *La Belle au bois dormant*
3. M. E. Krantz, *Essai sur l'esthétique de Descartes*.

dénouement de *Peau-d'Ane*, « le plafond s'ouvrit et la Fée des Lilas descendit dans un char fait de branches et de fleurs de son nom ». Évidemment cette fée ne vient point de l'île armoricaine voisine de Douarnenez; ce n'est pas une héritière de l'effrayante Nehelemia, une sœur des Korrigans ou des Lavandières; c'est bien plutôt un personnage de Quinault ou de Bensserade. Les Celtes donnent au plus deux pieds de haut à leur Korrigan; mettons en regard ce portrait de la fée *Anguillette* : « C'était une grande femme, belle, d'un air majestueux, et dont la coëffure et l'habit étoient couverts de pierreries[1]. » Voilà bien la fée française; — à moins que ce ne soit Mme de Maintenon, ou peut-être Mme de Montchevreuil, amie et protégée de Mme de Maintenon, et que Saint-Simon traitait, un peu ironiquement, de « Fée[2] ».

Au surplus, chacun de nos conteurs décore ses fées d'un caractère à sa guise, comme les fées elles-mêmes *douaient*, selon leur gré, les enfants sur qui elles soufflaient. Pour Fénelon et pour Perrault, nos fées sont vraiment des *marraines*, riches, libérales, attentives à leur filleul; puis, comme il sied aux marraines vieillies, un peu fantasques ou maniaques. Par ailleurs, elles sont sobres de prodiges; leur histoire se déroule sans fatigue, amenant tout bonnement quelque moralité peu recherchée. Ce sont excellemment les fées de l'enfance. Ce sont aussi les plus humaines, c'est-à-dire les plus raisonnables. Le Slave Mickiewicz accuse Perrault « d'avoir, comme dit Sainte-Beuve, trop *rationalisé* le conte ». Non, il l'a *francisé*. A ce titre, je mettrais après elles, mais au-dessous, les fées de Mme de Murat. L'auteur de *l'Adroite Princesse* estimait le talent de cette rivale, et il lui avait dédié un de ses contes, en l'invitant à écrire aussi des « contes

---

1. Comtesse de Murat *Nouveaux Contes des Fées*.
2. Saint-Simon se représente une fée comme une dame de haute taille, svelte ou maigre, à la démarche solennelle, mais passablement laide; quant à Mme de Montchevreuil, qui avait toutes ces *qualités*, il ne lui « manquoit que la baguette, pour être une parfaite Fée ». (Édit. Chéruel, t. Ier, chap. III.) Saint-Simon prend le mot de fée en mauvaise part. Mme de Bouillon qui « étoit vieille » est aussi, pour lui, une fée. (T. II, 1698).

ingénus, quoique remplis d'adresse [1] ». Mais les fées de Mme de Murat ont hanté Versailles, ou la cour de Sceaux. Ces demi-déesses sont un peu fières, un peu jalouses, mais elles sont vraiment du bel air. Elles ont des palais superbes, pleins de tableaux et de beaux meubles [2]; elles y donnent des fêtes, que l'on prendrait pour celles du Louvre ou de Chantilly. On dirait même que la comtesse a pris à tâche de transporter le superbe domaine des Condé dans les demeures de ses fées, où l'on voit un « labyrinthe [3] »; où l'on sert « un soupé magnifique dans le Sallon des Jonquilles [4] »; où l'on entend des « jets d'eau merveilleux », comme ceux qui ne se taisaient ni jour ni nuit. Ces fées savent leur monde, font jouer des opéras « très-galans et très-bien entendus [5] », qui représentent des scènes de mythologie tirées des *Métamorphoses*.

Mais ce qui achève de franciser ces fées très peu champêtres, c'est qu'on les voit se marier à des chevaliers fils de rois, et qu'elles ont des suivantes, à l'image des dames d'honneur qui environnent les princesses. Le style de Mme de Murat est soigné, poli, comme ses créations; parfois d'une fantaisie et d'une fraîcheur singulières; comme ce tableau de la princesse qui « en s'éveillant voit voler dans sa chambre douze petites nymphes, assises sur des mouches à miel, qui portent dans leurs mains de petites corbeilles d'or [6] ». Tel est encore celui des poissons ailés, traînant un berceau « formé de myrtes et de lauriers », d'où l'on voit

---

1. ...Ces Fables plairont jusqu'aux plus grands esprits,
    Si vous voulez, belle comtesse,
    Par vos heureux talents orner de tels récits;
    L'antique Gaule vous en presse, etc...
    (*L'Adroite Princesse*, fin.)

Le Bibliophile Jacob et le baron Walckenaer donnent ce conte comme une œuvre de Perrault; mais *l'Adroite Princesse* ne se trouve point dans les *Contes de ma Mère l'Oye*.

2. V. *Le Prince des Feuilles*.
3. V. *Le Palais de la Vengeance*. Pour le « Labyrinthe », cf. La Bruyère, *Caract.*, ch. 1er, et Ét. Allaire, t. II, chap. XXIII, page 54.
4. V. *Jeune et Belle*.
5. *Anguillette*.
6. *Id., Ibid.*

sortir un enfant « avec une écharpe de roses [1] ». Si la comtesse de Murat excelle en quelque chose, c'est dans ces croquis mignards, légers comme une broderie de dentelle. Quelles aimables miniatures que celles de son *Isle du Jour* et de son *Isle des Papillons!* Tout y brille et miroite à ravir. Par malheur ces jolies choses servent de cadre à de vulgaires aventures de galanterie. Les fées de Mme de Murat sont trop civilisées, trop façonnées à l'image de la cour et de la ville.

Celles de la comtesse d'Aulnoy sont trop parisiennes. Un prince, changé en « lutin » par une fée, s'en va chez Dantel, « qui est un curieux » (nous dirions un amateur), pour y acheter un carrosse de la dernière mode; de là, il passe « chez Brioché, fameux joueur de marionnettes [2] ». Imagine-t-on les fées assistant aux grosses farces du Pont-Neuf? En décrivant un banquet féerique, l'auteur pense aux perdreaux si bien « piqués », si bien « cuits » que les gourmets trouvaient « chez la Guerbois [3] ». Une fée de Mme d'Aulnoy conduit un roi dans ses caves, et, montrant les tonneaux : « Voilà, dit-elle, du Canarie, du Saint-Laurent, du Champagne, de l'Hermitage, du Rivesalte, du Rossolis, Persicot, Fenouillet [4]. » Cette fée était au courant des vins et des crus, comme Boucingo, Crenet ou Villandri. — Mais ce qui frappe surtout dans les contes de Mme d'Aulnoy, c'est une puissance d'imagination audacieuse, et même quelque peu extravagante, à la manière de l'Arioste et de Cyrano. Ce ne sont plus seulement des fées qui apparaissent, la baguette en main; mais tout un imbroglio d'enchantements, tout un monde d'êtres surprenants, où l'on court de prodige en prodige, et où l'on est tenté de s'écrier à chaque pas : *Ægri somnia* [5]! Néanmoins Mme d'Aulnoy trace d'une main vigoureuse les grotesques; ses fées horribles, qu'elle place en regard des fées éblouissantes, rappellent les *Hideux*, ou les *Gueux contrefaits* de Callot. Soit, par exemple, la fée Cara-

---

1. *Le Prince des Feuilles.*
2. *Le Prince Lutin.*
3. *Le Mouton.*
4. *La Princesse Printanière.*
5. V. *le Prince Marcassin, l'Oiseau bleu*, etc.

bosse : « On voit venir dans une brouette, poussée par deux vilains petits nains, une laideron, qui avoit les piés de travers, les genous sous le menton, une grosse bosse, les yeux louches et la peau plus noire que l'encre; elle tenoit entre ses bras un petit magot de singe, à qui elle donnoit à tetter, et elle parloit un jargon que l'on n'entendoit pas [1]. » Aux jours où cette aimable créature faisait toilette, elle prenait un habit « de peau de serpent, et sur la tête un gros crapaud qui servoit de fontange [2] ». Le portrait n'est ni flatté, ni flatteur; celui de la fée Grognon est — l'auteur en convient — plus affreux encore, *affreux de tout point;* le réalisme moderne n'a guère fait de plus horrible rêve [3]. La comtesse d'Aulnoy excelle dans la caricature et le monstrueux.

La comtesse d'Auneuil et le sieur de Preschac essayent aussi de peindre des fées « fort méchantes » et « impitoyables »; mais leurs couleurs sont bien pâles, auprès des hardiesses de Mᵐᵉ d'Aulnoy. Je ne trouve dans les récits de Preschac qu'une merveille, curieuse au point de vue historique. Le conteur gentilhomme confie à des fées chacun des vieux et illustres châteaux de France et d'Europe; et cela lui fournit l'occasion de remarques intéressantes sur Pierre-Encise, Fontainebleau, Chambord, Chantilly, Amboise, Blois, etc.

M. de Lesconvel, né en Bretagne, dans le pays des fées, mais des fées cruelles et vilaines, négligea complètement en ce point les traditions d'Armor. Toutes ses fées sont extrêmement bonnes, admirablement belles et savantes, splendidement vêtues. Il n'épargne ni le « brocard d'or », ni les « plumes », ni les « boucles de diamants [4] ». Mais ses

---

1. *La Princesse Printanière.*
2. *Ibid.*
3. « Ses cheveux étoient d'un roux couleur de feu; elle avoit le visage épouvantablement gros et couvert de boutons. De deux yeux qu'elle avoit eus autrefois, il ne lui en restoit qu'un chassieux; sa bouche estoit si grande qu'on eût dit qu'elle vouloit manger tout le monde: mais comme elle n'avoit point de dents, on ne la craignoit pas; elle étoit bossue devant et derrière, et boiteuse des deux côtés. » (*Gracieuse et Percinet.*)

4. Cf. *La Princesse couronnée.* — Hamilton ne parle des fées qu'en courant.

contes sont absolument ennuyeux. Les fées qui assistent à la naissance des chefs-d'œuvre oublièrent son livre ; il ne fut visité que par celles du *Mercure galant.* Quant aux fées de Mlle de la Force, elles n'ont à peu près aucune physionomie. L'éditeur fait observer que *l'Enchanteur* de Mlle de la Force « est pris d'un ancien livre gothique, nommé Perseval » ; et que les autres contes sont « purement de son invention ». Nous le croyons sans peine ; les narrations populaires ont plus de relief et de vie[1].

Où les autres auteurs de Contes se sont-ils inspirés? Mlle de la Force avoue qu'elle doit son *Enchanteur* à *Perceval-le-Gallois,* c'est-à-dire à quelque extrait du roman de Chrestien de Troyes ; il est plus que vraisemblable qu'elle n'avait jamais rien lu des 50 000 vers manuscrits de ce poème « gothique » ; peut-être même ne savait-elle pas le nom du poète [2]. Souvent les conteurs tirent leurs fées, comme Mlle de la Force, de leur « invention » ; et en fait de renseignements, ils donnent le traditionnel *Il y avoit une fois,* ce qui n'est pas d'une précision exagérée.

L'auteur de *Finette* a pris le soin d'indiquer ses sources, mais le plus vaguement possible. Il a puisé, dit-il, dans la « Tradition » de « l'antique Gaule » ; il a seulement « brodé » sur le vieux canevas d'un fabliau imaginé par « les Troubadours [3] ». Au même endroit, il nous avertit que sa source immédiate est un récit par lui entendu « cent et cent fois » de la bouche de sa « gouvernante ». C'est par la même voie qu'est venu à Perrault *Peau-d'Ane,* le plus populaire de nos vieux Contes ; si populaires, que l'on appelait tous les contes de nourrices *Contes à Peau-d'Ane* [4]. Perrault et ses émules,

---

1. Nous ne saurions mentionner tous les contes de fées de cette époque ; mais parmi les auteurs de contes il est bon de signaler encore Thomas-Simon Gueulette, dont le recueil : *Soirées bretonnes, nouveaux Contes de Fées* (1712) jouit de quelque succès.

2. A l'époque où Mlle de la Force écrivait, l'érudit Galland, lui-même, ignorait l'auteur du *Perceval.* Il l'attribuait « à un Raoul de Beauvais, romancier qui n'a jamais existé que dans son imagination ». (*Histoire littéraire de la France,* t. XV, page 196.)

3. *Finette,* fin.

4. Il est superflu de démontrer que les contes de *Peau-d'Ane,* dont par-

gentilshommes et comtesses, avaient lu des romans de chevalerie, peut-être aussi les *Nuits facétieuses* de Straparola, où se trouve l'histoire du *Chat botté*, puis le *Pentamerone* de Giambattista Basile, auquel Mme d'Aulnoy emprunta *Belle-Étoile*[1]. Avec ce fonds de lecture, on avait l'inépuisable répertoire que la « tradition nous a conservé », dit Mlle Lhéritier, depuis le moyen âge, et dans lequel « les grand'mères et les gouvernantes » trouvaient des « faits surprenants[2] », pour divertir, instruire les enfants, les « endormir » et les « empêcher de crier[3] ». Ainsi a-t-elle appris le conte de *Marmosan* :

> Cent fois ma nourrice ou ma mie
> M'ont fait ce beau récit, le soir, près des tisons ;
> Je n'ai fait qu'ajouter un peu de broderie.

On se souvenait, on « brodait », puis on inventait, sans se mettre en peine d'autre chose ; et l'on pouvait, comme V. Hugo, répondre à des questionneurs trop minutieux :

> Ne me demandez pas d'où me vient cette histoire ;
> Nos pères l'ont contée et moi je la redis [4].

Sainte-Beuve a esquissé, dans ses *Nouveaux Lundis*, le tableau de ces joyeuses veillées où Perrault, entouré de ses enfants et de ses voisins, « au coin du feu de sa maison du faubourg », laissait « les Contes venir à lui ». Il disait et il écoutait dire « les vieux récits qui couraient le monde », puis il prenait la plume et écrivait « couramment, sous la dictée de tous ». Ses « Contes de Fées », il « les a pris dans

---

lent La Porte (*Mémoires*, 1645), Scarron (*Virgile travesti*, liv. II), Molière (*Malade imaginaire*, acte 2), La Fontaine (*Fables*, liv. VIII), ne sont point le *Peau-d'Ane* mis en vers, en 1694, par Charles Perrault. Le *Peau-d'Ane* de Perrault n'est pas non plus calqué sur celui de Bonaventure Despériers (*Contes ou joyeux Devis*, 130e nouvelle), et qui est emprunté de l'*Ane d'Or* d'Apulée (l. VI). Celui de Perrault est un *Peau-d'Ane* populaire, mis à la portée des enfants par les « mères et les mères grands ». (V. Walckenaer, *Dissertation sur les Contes de Fées*, § 1.)

1. Le *Pentamérone*, « en dialecte napolitain », fut publié en 1637. « C'est le Recueil de contes de Fées le plus complet qui existe. » (A. Maury, l. c., page 101.)
2. Lettre à Mme de D. G***.
3. *Bellegarde. Lettres curieuses*, etc., page 208.
4. V. Hugo, *Odes et Ballades*, t. II, ball. v. *La Fée et la Péri*.

le grand réservoir commun... de la tradition orale[1] ». Ainsi firent les autres, en brodant beaucoup plus, et ajoutant force choses qui sont *purement de leur invention.*

Mais, en ce temps-là même, on se mêla de critiquer ces « histoires badines[2] » et l'on se demanda quelle en pouvait bien être l'origine première. L'abbé de Villiers, entre autres, se posa la question : Qu'est-ce que les fées, d'où viennent-elles, et d'où viennent ces « ramas » d'aventures, arrangées et répétées par des « nourrices ignorantes[3] » ? Le *Parisien* et le *Provincial*, mis en scène par l'abbé de Villiers, repassent, l'une après l'autre, toutes les hypothèses qui avaient cours, ou que l'abbé lui-même hasarde de son chef. Leurs réponses ne sont point profondes. Elles n'ont rien du ton doctrinal des chercheurs plus modernes, A. Maury, Wolf, Walckenaer, de la Villemarqué, Guillaume et Jacques Grimm, Max Müller, Guillaume de Halm, Théodore Benfey, André Lefèvre, de Gubernatis, etc.... Mais à titre de conjectures, elles ont leur prix. Nous y adjoindrons çà et là d'autres indications fournies par d'autres *curieux* contemporains de Perrault. Encore une fois, tout cela ne prend point les allures d'une dissertation, d'une discussion de textes avec preuves et citations à l'appui. C'est un mot, un doute, un point d'interrogation. Mais sans ajouter à ce mot, à ce doute, à ce point d'interrogation, le poids d'un nom scientifique, Villiers et ses confrères insinuent tout ce qui a été écrit, discuté, affirmé, ou nié après eux. Ils ont entrevu, quant au fond, et sans luxe d'érudition et de recherches, ce qui a préoccupé, au dix-neuvième siècle, la science mystique, française, allemande, italienne[4]....

---

1. T. Ier, *Perrault*, pages 304-307. — Cette tradition, comme le fait remarquer l'illustre critique, d'après Édélestand du Méril, se retrouve la même en Italie, en Allemagne, en Écosse et en Scandinavie. Tous les contes de Perrault, sauf peut-être *Riquet à la Houppe*, ont leurs analogues chez les autres nations européennes, avec des différences qui viennent du génie de chaque peuple ; car chaque peuple, « même en matière de fées, a sa note et sa gamme ». (*Ibid.*, pages 306 et 308.)
2. *L'Adroite Princesse.*
3. *Entretiens*, etc., v. pages 76 et 77.
4. Sainte-Beuve résume ainsi les thèses opposées sur la question des

De Villiers prend d'abord les contes de fées tels qu'ils sont ; selon lui, ils ne se rattachent à aucune tradition particulière, celtique, germanique, scandinave. Ce sont des fables populaires, inventées, comme celles d'Esope, « pour développer et rendre sensible quelque moralité importante »

Contes de fées : « Quand les aînés de la race humaine partirent en essaims du mont Mérou, cette primitive patrie, en emportaient-ils déjà quelque chose ? — Sont-ce, au contraire, les résidus combinés des religions, des superstitions diverses, celtiques, païennes, germaniques, qui, rejetées et refoulées au sein des campagnes, y ont fermenté et ont produit... cette flore populaire universelle ?... » (*Nouveaux Lundis*, t. Ier, pages 308 et 309).

Guillaume et Jacques Grimm, et avec eux, Max Müller et le savant autrichien de Hahn, prétendent que l'origine des contes de Fées ce sont « les derniers échos des mythes antiques » (J. Grimm, Préf. de la traduction allemande du *Pentamerone* de J.-B. Basile, Breslau, 1846) ; que « les éléments, les germes des Contes de Fées appartiennent à la période qui précéda la dispersion de la race âryenne ». (M. Müller, *Chips from a German Workshop*, t. II, page 226.)

Théodore Benfey, orientaliste de Gœttingue, ne les fait remonter qu'aux récits merveilleux de l'Inde historique. (Cf. Introduction au *Pantchatantra*, Leipsig, 1859. — Cf. M. Emm. Cosquin, *Contes populaires de Lorraine*, 1886. Introduction.)

A. Maury dit que les fées sont les Parques latino-grecques, aux souvenirs desquelles se mêlent les traditions celtiques, germaniques et scandinaves, sur les génies, les druidesses, etc... (V. *les Fées du moyen âge*, pages 23 et 24.)

Selon Walckenaer, les fées sont le produit d' « un mélange de la mythologie des Scandinaves et des Armoricains avec celle des Arabes », lequel « a eu lieu dans l'Armorique vers la fin du onzième siècle ou le commencement du douzième ». (*Dissertation*, § 3.)

Certains critiques, comme André Lefèvre et l'Italien de Gubernatis, s'attachent spécialement à la découverte du sens mythique que les conteurs primitifs auraient donné à ces histoires merveilleuses. D'après A. Lefèvre, le petit *Chaperon rouge*, c'est une jeune aurore qui, avec son carmin, est mangée par une vieille aurore. Dans tout conte, les acteurs sont « le soleil et l'aurore, le nuage, la nuit, l'hiver, l'ouragan ». (Edit. des Contes de Perrault.) A. de Gubernatis se livre à toutes les variantes sur ce thème. — Cf. *Les Contes de Perrault*, etc... *Étude sur leurs origines et leur sens mythique*, par Fréd. Dillaye, 1880.) M. Fréd. Dillaye applique à chacun des contes de Perrault ce système mythique. Naturellement chaque auteur y voit un mythe différent. Ainsi, selon M. Fréd. Dillaye, la Mère-grand du petit Chaperon rouge « peut tout aussi bien être une vieille année qu'une vieille aurore » (page 217). *Barbe bleue*, « c'est la lutte du jour et de la nuit » (page 218). « Le Chat botté représente le soleil vivifiant » (page 222), etc.

(page 77). Dans cette vue, « on a joint à l'idée qu'on avoit déjà des animaux qui parlent et qui raisonnent, les prodiges que racontoient ceux qui avoient fait les voïages d'outre-mer au temps des Croisades » (page 81). Comme date extrême des premiers récits féeriques, tout le monde, au commencement du dix-huitième siècle, assignait les Croisades ; ou bien si, auparavant, l'on avait quelque opinion des fées, cette opinion s'était « fortifiée » et manifestée, « vers le temps des premières Croisades » ; parce qu'alors « ceux qui avoient fait le voïage d'outre-mer racontoient une infinité de choses extraordinaires et de prodiges qu'ils croïoient avoir vû ». C'est l'idée émise par l'abbé de Bellegarde [1].

L'auteur de *Finette* met son conte, qu'il tient, dit-il, des troubadours, au « temps des premières Croisades » ; et Mlle Lhéritier assure que ce même conte est du « temps des Croisades [2] ». C'est bien en effet au temps des Croisades que les premières fées nous apparaissent dans les romans de chevalerie, contemporains des *emprises* d'outre-mer. Chrestien de Troyes, l'un des créateurs de fées littéraires, était au service de Philippe d'Alsace qui mourut au siège de Saint-Jean-d'Acre, 1191 [3]. La plus ancienne fée paraît être la fée Mourgue de la Chronique de Geoffroi de Montmouth, lequel vécut pendant les deux premières Croisades. Il est bien évident, d'autre part, que nos « bonnes Fées » sont, par le caractère et par le pouvoir, proches parentes des Péris bienfaisantes, qui vivent sous l'azur d'Orient, au pays merveilleux du Ginnistan. Quoi d'étonnant que l'imagination arabe ait prêté quelques-unes de ses couleurs, et quelques-uns de ses rêves, à nos romanciers du douzième siècle ? Walckenaer n'en doute aucunement, et l'affirme comme une chose indubitable [4].

---

1. *Lettres curieuses*, etc. (page 206).
2. *L'Adroite Princesse, ou Finette; les Aventures de Finette* (Mlle Lhéritier).
3. *Hist. litt. de la France*, t. XV, page 193.
4. Walckenaer constate cette influence du génie arabe sur le génie français, surtout dans les « grands romans des douzième et treizième siècles » ; mais il la fait dater d'un peu plus haut que les Croisades. « Les Croisades, qui succédèrent ensuite... familiarisèrent toutes les imaginations avec les faits les plus prodigieux... » (*Dissertation*, § 3.)

Voici la seconde hypothèse exposée par le *Parisien* de l'abbé de Villiers : les fées viendraient de « l'idée que quelques philosophes ont euë, que chaque élément étoit habité par des peuples qui apparoissoient quelquefois aux hommes » (page 81). C'est l'idée de Paracelse, mais bien plus vieille que Paracelse, mise en œuvre par le trouvère d'*Eustache Le Moine*, au treizième siècle. L'abbé de Bellegarde copie l'abbé de Villiers : « Si l'on veut dire quelque chose de plus spécieux en faveur des Fées, on peut attribuer leur origine à l'idée que de certains Philosophes ont euë, que tous les élémens étoient habitez par différens peuples ou différens Génies [1]... » On retrouve en effet chez les fées des Contes plusieurs caractères des génies élémentaires ; mais ce sont deux systèmes distincts, et les fées littéraires sont antérieures aux peuples de la cabale.

La troisième proposition avancée par l'abbé de Villiers est plus vraisemblable ; et, prise dans son ensemble, elle rallie encore nombre d'érudits. Les fées, dit le *Parisien* au *Provincial*, pourraient bien tenir leur origine « des divers Génies que les Égyptiens, les Romains, les Grecs et d'autres peuples ont crû ». Cette théogonie féerique est celle qu'adoptait A. Maury en 1840 [2] ; selon lui, nos ancêtres et nos vieux poètes comprenaient sous le nom de *fée* « les Parques, Nymphes, Junones, Déesses-mères, Druidesses, Prophétesses gauloises [3] ». De là, pour l'abbé de Villiers, l'étymologie latine du nom de *fée* : « Les femmes à qui l'on a donné ce nom n'étoient d'abord que des espèces de Prophétesses [4] ; car c'est ce que signifie le nom de *Fée* ; il vient du mot latin *Fatum*, ou bien plutôt de l'Italien *Fata* ; car les Italiens appellent *Fata* toute femme qui se mêle de devi-

---

1. *Lettres curieuses*, page 206. Bellegarde cite le *Gabalis* de Villars.
2. « Viviane, Melchior, Mélusine, Morgane, Urgande, la Déconnue, forment une race de souche gauloise, à laquelle sont venues se mêler les fictions de la Grèce et de Rome. » (*Les Fées du moyen âge*, page 100.)
3. *Ibid.*, page 23.
4. Ici encore l'abbé de Bellegarde transcrit, presque mot pour mot, l'abbé de Villiers : « Le nom de *Fées* fut donné d'abord à de certaines femmes que l'on regardoit comme des Prophétesses : on appelloit *Fées* celle qui se mêloient de deviner... » (Page 206.)

ner[1]. Ces femmes, dis-je, qui ne passoient d'abord que pour des devineresses, ont été érigées en espèces de divinitez subalternes. » (Page 81). Walckenaer et Maury souscrivent à cette dernière opinion, croyant que ces divinités subalternes furent primitivement les druidesses[2].

Le *Provincial* et le *Parisien* des *Entretiens* proposent encore plusieurs hypothèses. Voici les principales. « *Le Parisien* : Je croîrois plûtôt que les premiers contes qu'on a inventez n'ont été que des allégories de ce qui se passe dans la Nature; qu'on a voulu, sous le nom de Fées, représenter les élémens et exprimer les diverses productions sublunaires. » Le *Parisien* appuie son dire des conjectures mythiques de Noël Le Comte au sujet des « principales divinitez de la Fable » (page 102). Le sens mythique des Contes de fées exerce aujourd'hui la sagacité de plusieurs érudits, qui voient dans ces vieilles histoires l'allégorie des phénomènes naturels, de la lumière et de l'ombre, des saisons, etc. L'abbé de Villiers les avait devancés, sans entrer dans les questions de détails, où chacun entend ce qu'il veut[3].

« *Le Parisien*. Que ne dites-vous aussi que ç'a été, pour flater la vanité de ceux qui se piquent d'une illustre origine; car vous sçavez qu'elles (les fées) ont quelquefois servi à cet usage.

---

1. En Berry on les appelle *fade*, en provençal et en portugais *fada*, en espagnol *hada*, en italien *fata*, « du latin *fata*, qui se trouve pour Parques, et qui est dérivé de *fatum*, destin. » (Dictionnaire de Littré, *Fée*.)

2. « Ces femmes (les prophétesses gauloises), le peuple leur donna le nom de magiciennes, de fées, de sorcières; mais il les désigna spécialement par le nom de *Fata*, sous lequel ses ancêtres avaient honoré les Parques identifiées aux déesses-mères, qui ne renfermait rien de plus, au reste, à ses yeux, que l'idée d'enchantement. De *fata* on avait fait *faé*, *fée*, *féerie*, comme de *pratum*, *prata* on avait fait *praé*, *pré*, *prairie*; et ce mot de *faé* voulut dire simplement *enchanté*; en ce sens il était adjectif. » (A. Maury, page 24.)
— Walckenaer dit : « Nous inclinons à croire que le mot *fée* est purement celtique, et qu'on a tort de vouloir retrouver son étymologie dans la langue latine. » (§ 3.) Mais alors quel est le mot celtique qui a produit *fée*? En reste-t-il des traces? La langue celtique actuelle n'a que deux mots qui ne ressemblent point à *fée* : *Bondik* et *Korrik*, d'où *Korrigan*. (Korr, d'où Korrig, signifie nain, naine. Cf. la Villemarqué, page XLVI.)

3. V. plus haut, page 89, note.

— *Le Provincial.* Je crois en effet qu'on ne connoîtroit point ces Fées, si les hommes n'avoient eu la folie d'illustrer leur maison par quelque événement miraculeux ; et vous me faites penser que c'est peut-être à cette folie qu'il faut attribuer l'origine de ces Contes. » (Pages 82 et 83.) *Le Provincial* pousse un peu loin la conjecture, ou la condescendance ; mais c'est un fait, aussi certain qu'étrange, que d'illustres familles, soit de France, soit d'ailleurs, prétendirent descendre d'une fée [1].

On voit dans Tallemant des Réaux comment les trois familles de Croy, de Salm et de Bassompierre furent redevables de leur bonne fortune à la fée du comte d'Angeweiler [2]. Mellusine passait pour être la mère de huit seigneurs de Lusignan [3] ; et par suite de plusieurs autres nobles lignées. « Les maisons de Luxembourg et de Rohan, qui sûrement n'ont pas besoin d'une gloire empruntée, coururent après cette chimère » [4], et firent remonter leur origine à la fée poitevine. « Mais parmi ceux qui furent les plus empressés de cet honneur fabuleux, il faut compter la maison de Sassenage » en Dauphiné. A Rânes, en Normandie, les seigneurs d'Argouges auraient eu aussi une fée pour parente. Le héros très chrétien des Croisades, Godefroi de Bouillon, était lui-même, d'après certaine légende, le descendant d'une fée. Quand les Contes de fées font épouser ces demi-déesses capricieuses à leurs héros, ne serait-ce pas en mémoire de ces généalogies fabuleuses ? Qui sait ? L'engouement de la haute société française pour ces historiettes puériles ne viendrait-il pas un peu de ces vagues allusions ? Le sieur de Preschac n'a-t-il pas pris là l'idée de ses fées protectrices des vieux castels d'Europe ? C'était chose si enviable d'être, ou d'être appelé, comme les héros de l'antiquité, *fils des*

---

1. Outre les familles indiquées dans notre texte, nommons les suivantes chez lesquelles on retrouve cette prétention bizarre : les *Avenel*, d'Écosse ; les *Fitz-Gérald*, d'Irlande ; les *Ortoli*, de Corse ; les *Stauffen*, d'Allemagne ; les *Haro*, d'Espagne.
2. *Historiettes*, édit. Monmerqué et Paris.
3. Certains étymologistes croient voir dans le nom *Mellusine* une abréviation de : *Mère* (des) *Lusignan* ; d'où : *Mère-Lusigne, Merlusine, Mellusine.*
4. Bullet, *Dissertations sur la mythologie françoise*, page 9.

aïeux : « Les familles qui content des Fées parmi leurs ancestres ont pour modèles Hercule, Alexandre et plusieurs autres », remarque l'abbé de Villiers (page 83) ; et l'abbé de Bellegarde renchérit, disant que par cette fable d'une descendance féerique, certaines familles illustres « tâchoient... d'annoblir leur naissance, et de se tirer de pair d'avec les autres [1] » ; sur quoi, Bellegarde, comme s'il prenait la chose au sérieux, réfute, l'histoire en main, ces orgueilleuses légendes.

Le *Provincial* des *Entretiens* hasarde encore une conjecture, par laquelle nous finissons : « J'ai lû quelque part que les Païens se servoient de vieilles femmes pour aller réciter des oraisons dans les maisons où l'on croïoit qu'il revenoit des esprits. N'est-ce point là ce qui a donné lieu d'imaginer les Fées ? On a peut-être crû, avec le temps, que les vieilles qui avoient du pouvoir contre les esprits, étoient ce que nous appelons Fées. » (Page 84.) Le *Parisien* et l'abbé de Villiers ne font aucune réponse à ce « peut-être » ; nous les imiterons.

L'abbé de Villiers s'imaginait que ses dialogues allaient devenir le code littéraire des Contes, une sorte d'Art poétique à l'usage des Perrault futurs. Aussi bien se fait-il prier par son *Provincial* de se poser en législateur de ces productions merveilleuses : « Cela pourroit servir de règle à ceux qui, à l'avenir, voudront donner au public des Contes de Fées ; toutes vos réflexions sur cette matière m'ont paru solides et judicieuses. » Le *Parisien*, c'est-à-dire l'auteur, réplique avec modestie et bonne grâce : « Ce n'est pas asseurément à quoy je pense, que de donner des règles sur ces bagatelles [2]. » Il

---

1. *Lettres curieuses*, etc. (page 209). — L'abbé de Villiers semble, un peu plus loin, expliquer en quel sens certaines femmes célèbres ont pu être désignées sous le nom de fées : « *Le Provincial.* Ne croiriez-vous point encore qu'on a érigé certaines femmes en Fées, pour marquer, par une espèce d'allégorie et de figure, ce que ces femmes-là ont eu de mérite au-dessus des autres ?... » Il cite Mellusine, dont les métamorphoses en serpent signifieraient simplement la prudence. Le *Parisien* y donne les mains et répond : « Je suis persuadé comme vous que le conte de Mélusine est allégorique. » (Pages 85 et 86.)

2. 3ᵉ *Entret.*, page 111.

y pense si bien, qu'il désirerait grandir ces bagatelles à la hauteur des apologues d'Ésope et de La Fontaine[1] ; et il trace tout au long ces règles au cours du troisième Entretien.

Elles se réduisent à trois : 1° Il veut, lui, le poète de l'*Art de prêcher*, que les Contes de fées soient des « sermons ». « Que prétend une Nourrice en contant la Fable de *Peau d'Ane ?* C'est un sermon qu'elle fait à sa manière aux enfans, à qui elles veulent *(sic)* apprendre que la vertu est tôt ou tard récompensée[2]. » Voilà précisément où visent Fénelon et Perrault. Fénelon le fait sans le dire ; Perrault le fait, le dit, et le répète : « Tous ses contes, écrit-il en sa dédicace, renferment une morale très sensée ; » histoires « dépourvues de raison », soit, mais histoires ainsi faites « pour s'accommoder aux enfans » qui n'ont pas de raison encore. Perrault[3] est même tenté — cela se conçoit — de mettre ces fantaisies au-dessus de celles dont Ésope est le père :

> Tous ces contes frappent beaucoup
> Plus que ne font les faits et du singe et du loup.
> J'y prenois un plaisir extrême ;
> Tous les enfans en font de même...
> Leur sens mystérieux que leur tour enveloppe
> Egale bien celui d'Esope[4].

2° « Tout ce qui a (directement) rapport à la Religion doit être banni » des Contes de fées ; ce serait un mélange ridicule et déplacé ; ce serait copier l'éditeur des *Amadis* qui, « par ses surprenantes avantures de merveilleux paladins », s'imagine « qu'on sera excité à se rendre digne de la grâce de Dieu et de la béatitude éternelle[5] ». En cela, l'abbé de Villiers est d'accord avec les meilleurs esprits du dix-septième siècle, pour lesquels il semblait malséant d'allier les

---

1. « *Le Provincial.* Mais . les Contes de Fées ! Vous croyez donc que ces sortes d'ouvrages puissent être bons ?
— *Le Parisien.* C'est comme si, quand Ésope se proposa de faire des fables, on eût demandé si un livre de fables pouvoit être bon. Avons-nous de meilleurs ouvrages que ceux-là ? » (Pages 72 et 73, etc.)
2. Page 93.
3. Si toutefois Perrault est l'auteur de *l'Adroite Princesse*.
4. *Finette ou l'Adroite Princesse*, fin.
5. *Entretiens*, etc., page 95.

vérités de la foi avec des bluettes badines. 3° Quant au style, « les meilleurs contes que nous aïons sont ceux qui imitent le plus le stile et la simplicité des nourrices[1] ». Par malheur, « ceux (ou celles) qui en ont tant composé depuis peu » ont « oublié... que les Contes ont été inventez pour les enfans ; ils les ont faits si longs, et d'un style si peu naïf, que les enfans mêmes en seroient ennuyés[2] ». De Villiers n'excepte que ceux de Perrault. Au surplus, ses règles semblent calquées sur les *Contes de ma Mère l'Oye* de l'académicien Perrault ; car Perrault est le maître : « Une Fée l'a touché, il a eu un don[3]. » Grâce à lui, on lira *Peau-d'Ane* « aussi longtemps qu'il restera quelques fées, du moins pour le premier âge, et que l'on n'en viendra pas à enseigner la chimie et les mathématiques aux enfants dès le berceau[4] ».

Perrault lui-même a prophétisé l'immortalité à ses bonnes fées, semblables à Mellusine, laquelle « demeurera Fée jusqu'au jour du Jugement[5] », et

...Tant que, dans le monde, on aura des enfans,
Des mères, et des mères grands,
On en gardera la mémoire[6].

II

En traitant du Merveilleux féerique, nous n'avons jusqu'ici parlé que des fées. Mais autour de ces dames que le génie français a faites généralement belles et bonnes, les Contes groupent d'autres êtres merveilleux, horribles pour la plupart, méchants ou espiègles toujours ; ce sont les personnages secondaires et les grotesques du genre féerique. Nous les détachons des Contes, par la raison que plusieurs de ces êtres merveilleux se rencontrent, au dix-septième siècle, dans d'autres ouvrages que les Contes ; ainsi dans les Épo-

---

1. *Entretiens*, etc., page 109.
2. *Ibid.*, page 75.
3. Sainte-Beuve, *Nouveaux Lundis*, t. Ier, page 304.
4. Id. *Causeries du Lundi*, 1852, t. 1er, page 206.
5. Cf. Bullet, *Dissertations sur la mythologie française*, etc., page 4.
6. *Peau-d'Ane mis en vers*, fin.

pées, où les vraies fées n'oseraient apparaître, puis dans certains autres écrits de vers ou de prose.

Nommons d'abord les ogres, dont Lesconvel disait qu'il y a toujours eu entre eux et les fées « quelque traité d'alliance..., à peu près comme nous en avons avec les Mahométans pour la nécessité du commerce[1] ». Selon Perrault, les ogres appartenaient, de temps immémorial, tout comme les fées, aux narrateurs de Contes à *Peau-d'Ane;* et selon le même Perrault, ses prédécesseurs en ce genre octroyaient aux ogres des bottes-fées « de sept lieues » à l'enjambée[2].

Les ogres viennent-ils des Hongres *(Hunni-gours)*, comme le croit Walckenaer[3]? Leur nom est-il simplement le mot latin *Orcus* francisé, comme le dit Littré? Toujours est-il que nos conteurs du dix-septième siècle les font assez semblables au Polyphème d'Homère. Comme Homère au terrible pasteur de l'Etna, la comtesse d'Aulnoy prête à l'ogre Ravagio et à Tourmentine sa digne épouse « un œil louche (?), placé au milieu du front[4] ». Comme Polyphème, ils se laissent grossièrement tromper; un enfant leur vole leurs bottes de sept lieues[5]; ils sont stupides, et se font manger par un

---

1. *La Princesse couronnée.* V. *Cabinet des Fées,* t. V, page 143.
2. Dans le *Parallèle des Anciens et des Modernes* (t. III, pages 117 et 118), trois ou quatre ans avant de publier ses Contes, Perrault parlait des ogres, et accordait à ces monstres chaussés de leurs bottes de sept lieues un avantage sur les dieux homériques : « Ceux qui ont fait des Contes de Peau-d'Ane... leur donnent (aux ogres) ordinairement des bottes de sept lieues, pour courir après ceux qui s'enfuient. Il y a quelque esprit dans cette imagination. Car les enfans conçoivent ces bottes, comme de grandes échasses, avec lesquelles ces ogres sont, en moins de rien, partout où ils veulent; au lieu qu'on ne sait comment s'imaginer que les chevaux des dieux passent d'un seul saut une si grande étendue de pays. » Cette comparaison des contes de Peau-d'Ane avec les divins poèmes d'Homère scandalisa fort Despréaux. (V. *Réflexion* IV).
3. « Ces *Hongrois* (Madgiars), ces *Hunni-Gours,* ces *Oïgours,* sont les *ogres* de nos contes... Dans les douzième et treizième siècles, on confondit tous les Tartares sous les noms de *Oïgours,* de *Hiong-nou,* de *Hongrois.* Le nom d'*Oïgour* ou *ogre* devint synonyme d'homme féroce; la peur en fit des êtres hideux, redoutables et stupides, qui avaient faim de chair humaine. » (§ 4.)
4. *L'Oranger et l'Abeille.*
5. *Le Petit Poucet.*

chat un jour de métamorphose[1]. Ils sont du reste, pour leur compte, comme Polyphème, grands mangeurs ; Fénelon leur prête jusqu'à « onze bouches[2] » ; comme le Cyclope, ils sont affamés de chair fraîche, même de chair humaine ; toutefois, Perrault pousse la gracieuseté jusqu'à la leur faire apprêter « à la sauce Robert », sauce inventée par un contemporain de Mignot. Ces monstres hideux ont, chez Mme d'Aulnoy, une famille qui leur ressemble de tout point : « ogresses », « ogrelets », « ogrichons[3] ». Perrault leur donne des enfants aux « petits yeux gris et tout ronds », au « nez crochu », avec « une fort grande bouche » et « de longues dents fort aiguës et fort éloignées l'une de l'autre ». Mais Perrault a l'âme bonne ; au milieu de ce monde affreux et méchant, il place une femme compatissante, une mère qui pleure et s'évanouit de douleur[4].

Les ogres, dans les Contes, représentent la force brutale, la férocité, la cruauté stupide et orgueilleuse, la laideur, signe de méchanceté, dont les êtres simples, doux, aimables ou intelligents triomphent et se jouent. Perrault ne s'est guère préoccupé de savoir si les aventures du *Petit Poucet* avec l'ogre sont « une allégorie cosmogonique[5] », ou si « les bottes de sept lieues sont le symbole de la vélocité de la lumière[6] ». Il narre comme les mères-grands, qui, selon Walckenaer, ont mis des ogres dans le *Petit Poucet*, le *Chat botté*, la *Belle au bois dormant*, depuis le douzième ou le treizième siècle[7].

Après les ogres, les nains, un peu moins méchants, moins stupides, très vilains aussi. Comme les ogres sont frères de

---

1. *Le Chat botté*.
2. Fab. III.
3. *L'Oranger et l'Abeille*.
4. *Le Petit Poucet*.
5. Fréd. Dillaye, *Les Contes de Perrault*, page 202.
6. *Id., ibid.*, page 226.
7. Selon Walckenaer, les plus vieux contes de fées sont ceux où ne figurent pas les ogres, comme *Peau-d'Ane*, le *Petit Chaperon rouge*, *Cendrillon*, etc. Ceux où les ogres figurent seraient d'origine plus récente, ou bien auraient été modifiés pendant les deux siècles ci-dessus indiqués. (§ 4.)

Polyphème, les nains sont descendants des Pygmées. Les nains étaient devenus personnages littéraires, comme les fées dans les romans de la Table-Ronde[1]. Dans les récits populaires et féeriques, les nains sont au service des fées, ou travaillent pour leur propre compte. Mais, de même que les fées celtiques ou étrangères ne sont point celles de nos contes français, les nains de la littérature féerique ne ressemblent que de loin aux nains que l'on entrevoit, dansant près des dolmens, et riant dans les carrefours au pied des croix de granit[2]. Le nain breton n'est qu'un diablotin, animé de « la même haine que les fées pour la religion », craignant fort, comme les fées, le dimanche et le samedi. Rien de tout cela chez les nains des Contes. Ce sont de petits êtres, merveilleux sans doute, mais surtout espiègles, tout disposés à jouer des tours de leur façon aux gens qu'ils rencontrent ; tel est ce méchant « Nain Jaune », dont la comtesse d'Aulnoy fait ce portrait modèle : « Il avoit des sabots, une jacquette de bure jaune, point de cheveux, de grandes oreilles, et tout l'air d'un petit scélérat[3]. » Ils ont des cousins, de leur taille, mais non de leur caractère, et qui deviennent charmants, sous la plume du même auteur : ce sont les *Pagodes* et *Pagodines*, à l'école desquels Swift semble avoir envoyé ses Lilliputiens[4].

Le nain ressemble un peu par la taille, beaucoup par ses malices, au lutin, ou farfadet, ou follet, ou gobelin. Cet esprit léger, sorte de démon enjoué et domestique, a, sous ses différents noms, droit de cité ou d'asile, non seulement dans les Contes, mais dans toute la poésie « profane et riante » du dix-septième siècle. La physionomie générale de cet esprit, sous ses différents noms, est la vivacité railleuse,

---

1. Dans le roman d'*Érec et Énide*, « une pucelle est battue par un nain ». (*Histoire Littéraire de la France*, t. XV, page 200.)
2. Cf. *Barzaz-Breiz*, t. Ier, pages 49 et suiv.
3. *Le Nain Jaune*, Cabinet des Fées, t. III, page 112.
4. Une des jolies miniatures des contes de Mme d'Aulnoy est la scène du concert des *Pagodes et Pagodines*, où « tels avoient des thuorbes faits d'une coquille de noix ; tels avoient des violes faites d'une coquille d'amande » ; mais « tout cela étoit si juste et s'accordoit si bien », que ces musiciens microscopiques en eussent remontré à feu Baptiste. (*Serpentin vert*.)

folâtre, joyeuse ou querelleuse [1]. A ce titre, Sarrasin compare Voiture à un « Farfadet toujours éveillé [2] »; et La Fontaine dit de la vieille avare et alerte, « qu'elle couroit comme un Lutin par toute sa demeure »[3]; Mme Deshoulières, parlant de l'activité de Vauban, croit que ce grand homme,

> Soit en paix, soit en guerre,
> Goûte moins de repos que ne font les Lutins [4].

Soit lutin, soit follet, cet esprit familier est parfois un hôte assez serviable :

> Il est au Mogol des Follets,
> Qui font l'office de valets,
> Tiennent la maison propre, ont soin de l'équipage,
> Et quelquefois du jardinage [5].

C'est à « l'équipage » surtout que la poésie les emploie; on leur confie le soin des chevaux. Régnier-Desmarais reconnaît aux crins de son cheval « Cravate » qu' « un Follet le pance [6] ». Même dans des poèmes un peu plus solennels, on les occupe à semblable besogne. Ainsi, au neuvième chant du *Moyse sauvé*, un Égyptien de l'entourage de Thermut, fille de Pharaon, fait « caprioler un barbe généreux », protégé par un « Lutin »,

> Qui d'un soin assidu toutes les nuits le pence,
> Qui luy tresse le crin, de riches nœus l'agence,
> Et fantasque et jaloux, ne voudroit pas souffrir
> Qu'à ce travail aymé nul homme vint s'offrir [7].

Parfois le « Follet bienfaisant » épie l'occasion de rendre service même aux humains, et volontiers fait l'office de pos-

---

1. Saint-Pavin écrivait à la marquise de Sévigné :

> Marquise, je suis en colère,
> Les petits hommes d'ordinaire,
> Éveillés comme des Lutins,
> Sont genz querelleurs et mutins.
> (*Poésies*, publ. par M. de Monmerqué.)

2. *Pompe funèbre de Voiture*.
3. *Fables*, liv. V, fable vi.
4. Lettre à Mme d'Ussé, fille de Vauban, janvier 1692.
5. La Fontaine l'a appris des contes orientaux. *Fables*, liv. VII, fab. v.
6. *Le Voïage de Munik*.
7. Saint-Amant, *Moyse sauvé*, IXe partie.

tillon, ainsi que la duchesse du Maine le rappelle dans une lettre à La Motte [1].

Mais, comme le disaient déjà les romanciers du moyen âge, le propre du lutin est de se *délecter* « à decepvoir les gens [2] ». Tristan L'hermite, dans ses *Terreurs nocturnes*, ne retrouve plus ses pistolets; c'est que, dit-il,

> ...Quelque Lutin, possible,
> Me les aura dérobez [3].

Saint-Amant conte que lui-même eut, une nuit, grandement à pâtir de leurs « infernales nigeries ». Toute la pièce est curieuse; on y voit, au long, comment « une troupe de Farfadets » empêcha le joyeux compère de fermer l'œil [4]. Aussi bien, les poètes plus hardis et plus pittoresques, ceux qui osaient parler de la nature, autrement qu'avec des allusions mythologiques, logeaient, comme le poète des *Odes et Ballades*, les « Lutins rusés » en des lieux funèbres, sous des « toits rompus » et des « portails brisés [5] ». Le Pays fait revenir ces esprits espiègles et malins dans les murs déserts d'un « vieux château [6] »; Scudéry les a vus danser sur les ruines du « chasteau de Bissestre » :

> Vieux chasteau de Bissestre, objet épouvantable,
> Où règnent les Lutins, le silence et l'effroy [7]...

Saint-Amant fait de même

> ...Rire et dancer les Lutins,
> Dans ces lieux remplis de ténèbres [8];

mais dans sa description de *La Nuict*, il est plus saisissant

---

1. V. *OEuvres* de Lamotte, t. XI, page 33.
2. V. *Perceforest* : « Un Luiton..., c'est ung esprit qu'on ne peult veoir et se delecte à decepvoir les gens. »
3. *Les Vers héroïques*, 1648, page 283, i. e. 288.
4. *Le Mauvais Logement.* — Don Alphonse du *Jodelet souffleté*, de Scarron, après une mauvaise nuit dans une hôtellerie, se plaint aussi des lutins, et s'éveille en criant : « J'ai veu des esprits. » (Acte II, sc. Ire.)
5. Ballade 14e, *La Ronde du Sabbat*.
6. *Nouvelles OEuvres*, 1674, IIe partie, page 163.
7. *Cabinet de M. de Scudéry*, 1646, Ire partie, page 200. (Tableau d'Intlaër.)
8. *La Solitude*.

encore, lorsqu'au milieu de l'ombre, il écoute les loups-
garous hurlant sur des tombeaux :

> Les Lou-garous fuyans le jour
> Hurlent aux cimetières [1].

Ces héritiers du *Bisclavaret* de Marie de France n'apparaissent guère cependant, parmi les rimes du dix-septième
siècle, que comme métaphore [2] et comme injure. Le menui-
sier de Nevers n'imagine rien de plus fort contre un usurier
maudit, que de l'appeler :

> Fantôme, Loup-garou, Lutin [3] !

Tout à côté de *Trilby*, le lutin d'Argail, V. Hugo, le poète
des antithèses, a placé le portrait du *Géant*, qui,

> Les pieds dans le vallon, s'assied sur la colline.

Le géant, renouvelé des Titans, ou de Tityus, couvrant de
son corps neuf arpents de terre [4], figurait, comme les fées
et les nains, parmi les acteurs merveilleux de nos vieux
romans. Ainsi, dans les romans d'*Érec et d'Énide* et du *Chevalier au Lion* [5], les héros font la rencontre de nains et de
géants, tout comme Gulliver découvre les peuples de Lilli-
put et de Brobdingnag. Amadis ne devait pas moins faire que
de guerroyer contre une armée entière de géants ; aussi
avec quelle gaieté de cœur pourfendit-il les gigantesques
alliés du roi d'Hibernie ! Il seyait à tout bon et preux chevalier, de roman, d'occire un géant ou plusieurs ; Don Quijote
de la Mancha l'avait appris de bonne source ; et il se crut,
pour le moins, l'égal d'*Esplandian*, quand il donna l'assaut
à tout un bataillon de *molinos de viento*. Les épopées du seizième siècle eurent aussi leurs géants, comiques ou sérieux ;
les *Lusiades* eurent leur Adamastor, et le *Roland furieux*

---

1. *La Nuict*.
2. Perrault (*Apologie des Femmes*) traite Boileau de « loup-garou », d'être triste, farouche ou sauvage, selon le sens du même mot chez Mme de Sévigné : « J'ai passé tous ces jours-ci comme un loup-garou... » (11 fév. 1670.)
3. *OEuvres*, d'après l'édit. orig. 1644, page 146.
4. Cf. Tibulle, Virgile, Ovide.
5. *Histoire littéraire de la France*, t. XV, pages 205 et 236.

mit en scène le plus ingénieux des personnages gigantesques. « Il ramassoit dans les combats tous les membres qu'on lui coupoit et les remettoit à leur place. Quand on lui coupoit la tête, il la cherchoit sur le sable et la remettoit sur son cou ; ou bien il couroit après l'ennemi qui l'emportoit, et vouloit crier au voleur, oubliant qu'il n'avoit pas sa bouche. »

Louis Racine, après avoir cité ce passage de l'Arioste, s'écrie avec une pointe d'humeur : « O la solide nourriture de l'esprit que la Poésie [1] ! » L'auteur de *la Religion* a le droit de rire en face de ce trop merveilleux géant ; mais il aurait pu se rappeler que Boileau aimait « ces fables comiques [2] », que le même Boileau avait rimé, au collège, une tragédie pleine de géants [3]. Et de longs siècles avant Boileau, les Anciens, Homère, Virgile, n'avaient point dédaigné ces prodiges. Voiture, que Boileau, pour la mesure, je crois, fait marcher l'égal d'Horace, s'était amusé à calquer des géants sur ceux d'*Amadis* « le gentil Roy » ; comme par exemple ce « felon Geant outrageux, glouton et fier pautonnier, qui le chef avoit plus aigu que fer de lance, les yeux avoit rouges et flambans comme feurre allumé, nez tors, grosses balievres et barbe fleurie, et de tout point hideux et plein de barat et de maltalent [4] ». Nos écrivains féeriques, et nos poètes épiques du dix-septième siècle pouvaient s'autoriser de si beaux exemples. Aussi trouve-t-on chez les uns et chez les autres des colosses qui feraient pâlir ceux de l'*Odyssée* et de l'*Énéide*, peut-être même notre *Gargantua*. Soit par exemple le *Galifron* de Mᵐᵉ d'Aulnoy. Galifron est « plus haut qu'une tour ; il mange un homme comme un singe mange un marron. Quand il va à la campagne, il porte dans ses poches de petits canons, dont il se sert au lieu de pistolets ; et lorsqu'il parle bien haut, ceux qui sont près de lui deviennent sourds. »

---

1. *Réflexions sur la Poésie*, chap. 1ᵉʳ, § 2.
2. *Art poétique*, ch. III.
3. Boileau n'étant « encore qu'en quatrième », mais déjà grand lecteur des « anciens romans », imagina une « comédie », dont quatre acteurs étaient quatre géants. (*Bolæana*.) Il n'en reste qu'un vers et demi, prononcé par le roi géant Grifalar.
4. *Au tres hault, tres preux et tres renommé chevalier Guicheus*, etc. Lettres de V. en vieux langage.

Tous les chemins qui mènent à son logis sont « couverts d'os et de carcasses d'hommes qu'il a mangés ou mis en pièces [1] ». — Voilà le géant comiquement terrible, tel qu'il convient aux contes à dormir debout, assez proche parent des géants burlesques, de Typhon et de ses frères, dont il sera question plus loin. Hamilton annonçant les merveilles de son *Bélier,* disait à Mlle *** : « Vous y verrez même un Géant; » on y voit en effet le très illustre géant *Moulineau,* de qui

> ...La grandeur insoutenable
> Cédoit à la brutalité.
> La voix des taureaux en furie
> Étoit plus tendre que sa voix.

Un jour que la nymphe Alie, « pour l'irriter, l'appela *nain* », le géant poussa un cri, que l'on entendit depuis le Bas-Meudon jusqu'à Rueil, à Saint-Germain et à Marly. Les poèmes épiques essayent de créer le géant sérieux. Il en apparaît un dans l'Idylle héroïque de Saint-Amant,

> Un Géant de la race Énacide,
> Un colosse animé dont la dextre homicide
> Au lieu d'un javelot brandit un cèdre entier [2].

Dans le *Samson* de Coras,

> Un gran Géan paroist au milieu des éclairs [3].

Mais le plus fier géant épique que j'aie rencontré au dix-septième siècle est celui du *Saint-Louis* :

> Il sembloit un sapin marchant sur le terrain;
> L'air d'alentour brilloit de son escu d'airain,
> La souche d'un vieux chesne au mont Liban coupée,
> Pesante de cent cloux, l'armoit au lieu d'espée;
> Et le cuir écaillé d'un grand rhinocéros,
> Estoit casque à sa teste et cuirasse à son dos.

Hercule était presque chétif auprès de ce colosse; et le bon

---

1. *La Belle aux cheveux d'or.*
2. *Moyse sauvé,* édit. de 1660, IVe p., p. 75. — Le géant de Saint-Amant « brandit un cèdre »; celui des *Odes et Ballades* déracine « un chêne, pour soutenir ses pas tremblants ». (*Ballade* 5); celui du P. Le Moyne, que nous citons, était armé de la « souche d'un vieux chesne »; tous frères.
3. Édit. de 1665, liv. IV, page 92.

roi saint Louis pouvait, sans forfaire, livrer assaut à ce mécréant, comme David à Goliath.

Géants et nains figuraient côte à côte dans les ballets de la cour, et là, au dire de Loret,

> Les grans Géans, les petits Nains
> Firent cent fois battre des mains.
> (*Muze historique*, 16 février 1658.)

Mais, comme le remarquait Bensserade, nains et géants n'apparaissaient en ces occasions,

> Que pour faire valoir les gens d'entre deux tailles.
> (Ballet royal d'*Alcidiane*, 1658.)

Avec les nains et les géants, tous les autres monstres avaient droit d'entrée dans les contes de *ma Mère l'Oye*. On y rencontre même des *Centaures*, un peu moins poétiques assurément que celui de Maurice de Guérin, mais un peu plus étranges que les fils d'Ixion chantés par Ovide et Virgile. Il suffit d'indiquer le *Centaure bleu*, de Mme d'Aulnoy[1].

III

Si les Contes prêtent aux bonnes fées une baguette, « une verge d'or », c'est afin qu'elles puissent produire, à leur gré, des enchantements *féeriques*. Nous les distinguons des enchantements *diaboliques* ou de magie noire, dont fourmillent les épopées dites « chrétiennes » du dix-septième siècle[2]. Ces deux genres de prodiges n'ont ni les mêmes causes, ni les mêmes effets, ni les mêmes caractères. Autant les fées littéraires s'écartent des démons, autant leurs prodiges s'éloignent de ceux que méditent dans des antres noirs les magiciens ou sorciers épiques. C'est, d'un côté, le Merveilleux sombre, triste, infernal de Belzébuth, Astaroth, Lucifer ; de l'autre, les changements à vue *féeriques*, riches comme l'imagination des poètes, prompts comme leur pensée, capricieux comme leurs rêves, inoffensifs comme la succession des tableaux dans une lanterne dite *magique*.

---

1. *La Princesse Carpillon*. Le Centaure : « La moitié de son corps avoit une figure d'un cerf couvert de poil bleu, etc. »
2. V. plus bas, IIIe partie, sect. 2°, chap. II (*Du Merveilleux chrétien*).

On ne confondait point ces deux sortes d'enchantements au dix-septième siècle. Voiture établissait une différence entre deux « arts » de magie, l'une qui est « l'art de Faërie » (de féerie), l'autre de « Négromance [1] ». Les ennemis très déclarés du Merveilleux de « négromance » ou infernal ne dédaignaient point d'employer les images et le style de « Faërie ». La prose, ou solennelle ou plaisante, depuis les beaux jours de Voiture jusqu'aux dernières lettres de Fénelon, s'égayait de ces innocentes allusions; maintes fois aussi les vers; témoin l'exclamation du *Menteur*, qui revient de Poitiers, et qui admire les embellissements de Paris :

> Paris semble à mes yeux un pays de romans;
> J'y croyois, ce matin, voir une isle enchantée [2]...

Voiture, qui a écrit des pages entières en ce style, narre avec esprit comment lui-même, pendant qu'on le berna de si belle manière, il fut transporté à Tarare « par enchantement [3] ». Patru plaidant, en 1644, pour des religieuses de Nevers, rappelait aux juges, à propos d'un voyage long de quatre-vingts lieues, la rapidité des chevaux-fées des romans [4]. Bossuet, en 1653, traitant des plus hautes vérités de la religion, citait à son auditoire ces « châteaux enchantés dont parlent les poètes [5] ». En 1675, à l'Académie française, l'abbé Tallemant félicitait Louis XIV de faire « sortir du sein de la terre », par « enchantement », le Louvre et autres constructions royales [6]. Boileau, en son discours de réception à l'Académie, recourait aux fleurs du style romanesque et féerique pour payer le compliment d'usage à Sa Majesté : « ...Par cette conduite toute merveilleuse, ou plustost par une espèce d'en-

---

1. *Lettre de M. le comte de Saint-Aignan étant prisonnier à M. le comte de Guiche.*

Cette distinction, Marmontel la faisait au dix-huitième siècle. Il dit, dans sa *Poétique* publiée en 1763 : « Le champ libre et vaste de la fiction est donc (A) la *Mitologie*, (B) la *Magie*, (C) la *Féerie*, dont on peut se jouer à son gré. » (T. Ier, page 355.)

2. *Le Menteur*, acte II, sc. v.
3. *Lettres*, lettre à Mlle de Bourbon.
4. *Plaidoyers et Œuvres diverses*, édit. de 1681, page 105.
5. Premier serm. pour la Toussaint (1re rédaction), 2e point.
6. *Recueil des Harangues de l'Académie française*, t. Ier, page 447.

chantement, il (Louis XIV) a rendu les Espagnols immobiles spectateurs de la prise de cette place si importante (Luxembourg), où ils avoient mis leur dernière ressource... Par un effet non moins admirable d'un enchantement si prodigieux, un opiniastre ennemi de sa gloire... s'est trouvé lui-mesme dans l'impuissance, pour ainsi dire, de se mouvoir, etc.[1]. » Ainsi, d'après le *législateur du Parnasse françois*, c'étaient des opérations de magie romanesque et féerique qui assuraient la victoire à nos armes en l'an de grâce 1684. Boileau, en prose, ne parlait pas toujours comme l'histoire.

La correspondance de Mme de Sévigné est pleine d'allusions semblables, quoique plus brèves et plus sobres. Ses amis et amies, comme Mme de Guénégaud, M. de Marcillac, habitent des « palais enchantés », des « appartements enchantés[2]. »; son taillis du Buron est « un *luogo d'incanto*[3] »; elle voit des « fêtes extrêmement enchantées,... avec des théâtres bâtis par les Fées[4] »; enfin sa prose enchanteresse emprunte sans cesse quelques atours à l'art de Faërie. Callières avait beau, en 1688[5], bannir les « enchantements » imités des « Romans de chevalerie », la mode n'en passait point; l'austère Boileau mettait son style à l'unisson du beau langage d'alors lorsqu'il disait à Racine : « Marly, c'est un véritable lieu d'enchantement. Je ne doute point que les Fées n'y habitent. En un mot, tout ce qui s'y dit et ce qui s'y fait me paroît enchanté. » (Lettre du 22 août 1687.) On écrivait dans ce goût à la cour de Sceaux comme jadis à l'hôtel de Rambouillet[6]; et l'archevêque de Cambrai, priant La Motte de le venir voir en sa bonne ville, lui disait en 1714 : « Nous vous retiendrons ici

---

1. *Recueil des Harangues de l'Acad. franç.*, édit de 1714, t. II, page 122.
2. Lettre du 18 novembre 1664. — « Chez M. de Marsillac, dans son appartement enchanté. » (11 déc. 1673.)
3. 27 mai 1680.
4. 9 février 1680.
5. *Histoire poétique*, liv. IV, page 104.
6: La duchesse du Maine écrivait à Mme de Lambert : « Mon pauvre esprit est comme ces cadavres qui paroissent des beautés admirables, tant qu'un art magique les anime, et qui ne sont plus que des squelettes sitôt que le charme est fini... Venez me faire reparoître telle qu'on me voyoit, par la vertu de vos enchantemens. » (*Œuvres* de La Motte, t. XI, pages 29 et 30.)

comme les preux chevaliers étoient retenus par enchantement dans les vieux chasteaux[1]. » Prosateurs et poètes avaient tellement usé de ces lieux communs des enchantements que, dès 1666, Furetière se moquait de ce thème banal, digne seulement des « pauvres auteurs ». En son *Roman bourgeois*, Furetière établit « l'estat et role des sommes » dues aux « pauvres auteurs ». Il donne, entre autres, le tarif de « la description d'une maison de campagne qu'on déguise en *palais enchanté*[2] ». La somme est mince, comme le mérite.

Avant 1666, et depuis, les pauvres auteurs épuisèrent leur génie à bâtir de ces « palais enchantés », de ces « Palais de Roman », comme les appelle Hamilton[3]; à décrire des pays enchantés, à faire la géographie des contrées merveilleuses « qui ne sont point de la Carte des Géographes », mais de l'invention des « Poëtes et des Philosophes[4] »; à dessiner ces « îles vertes », qui sont quelque part « dans l'Océan », et sur lesquelles les fées, ou tous autres génies, « soufflent à tout moment[5] ». Il ne s'agit pas ici du *Païs de Tendre*, pays uniquement fait d'allégories et de rêves quintessenciés, mais de ces Iles fortunées ou Élysées vulgaires, dont les merveilles parlent beaucoup plus aux yeux et à l'appétit qu'à une intelligence raffinée. Je ne prétends pas non plus énumérer tous les ouvrages où s'étale la géographie très riante des contrées fantastiques, aux enchantements plantureux, situées, au dire de Saint-Amant, « sous le plaisant climat des

---

1. 22 novembre 1714.
2. *Roman bourgeois*, IIe partie.
3. Loret, qui assista aux fameuses fêtes de Vaux et s'y crut « être à tous momens enchanté », ne sut mieux témoigner son admiration qu'en comparant la demeure princière du Surintendant aux palais enchantés :

> O Romans, qui roprézentez
> Tant de beaux Palais enchantez,
> Ariosto, Amadis, le Tasse,
> Hé, dites-moy, tous trois, de grâce,
> Et vous aussi, Monsieur Maugis,
> Fites-vous jamais des logis
> A celui de Vaux comparables ?
>
> (20 août 1661.)

4. *Peintures morales*, P. Le Moyne, 1643, t. II, page 389.
5. *Lettres* de Mme de Sévigné, 6 août 1677.

Isles de Fortune[1] ». Les Contes de fées, comme il est juste, y promènent leurs lecteurs. Ceux surtout de Mme de Murat abondent en îles enchantées : quel éblouissant archipel que celui où l'on découvre l'*Isle paisible*[2], l'*Isle du Jour*[3], l'*Isle des Papillons*[4], et mainte autre terre, laissant de bien loin après elle ou la Bétique de Fénelon, ou les Jardins pleins de pommes d'or des antiques Hespérides. Mme d'Aulnoy s'amuse pareillement à décrire une « vaste plaine », presque aussi éloignée de Paris que les « Antipodes », où coule « une grosse rivière d'eau de fleurs d'oranges », où il pleut tout ce qui, en 1697, « auroit attiré la bonne compagnie », savoir, « des bisques d'écrevisse, des soupes de santé, des foies gras, des ris de veau mis en ragoûts, des boudins blancs, des saucissons, des tourtes, des pâtés, des confitures sèches et liquides », et « des Louïs d'or[5] ».

Voilà bien le pays de Cocagne, tel qu'on le représente à l'imagination des gourmets et des enfants, et dont l'existence littéraire remonte, comme celle des fées, aux siècles des chansons de gestes, témoin le vieux fabliau de *Coquaigne*[6]. L'idée de cette terre, où les demeures ont des jambons pour « couvertures », et, pour lattes « des saucisses[7] », est la première qui vienne à l'esprit dès qu'il est question de Cocagne. Plus d'un écrivain du dix-septième siècle s'en contenta ; de là, ces Cocagnes où les fées aériennes et quasi immatérielles ne soufflent guère ; ce sont des pays de délices, où l'on peut tout bonnement et manger à son appétit, et boire, à son gré, du meilleur.

Ainsi les définit Berthod en son *Tracas de Paris*, 1652 :

---

1. *OEuvres*, édit. Livet, t. Ier ; *Métam. de Lyr.*
2. Conte d'*Anguillette*.
3. Conte du *Prince des Feuilles*.
4. *Ibid.*
5. Conte du *Mouton*.
6. V. *Fabliaux*, etc., de Barbazan, Recueil de Méon, t. IV.
7.
    De bars, de saumons et d'aloses
    Sont toutes les maisons encloses ;
    Li chevrons y sont d'esturgeons,
    Les couvertures de bacons,
    Et les lates sont des saucisses, etc.
              (*Li Fabliaux de Coquaigne.*)

> Voicy le païs de Cocagne,
> Où l'on boit le bon vin d'Espagne,
> Le doux hypocras, le muscat,
> Et l'Alicant si délicat [1].

Scarron a entrevu les mêmes biens aux Champs Élysées de son *Énéide* :

> C'est un vray pays de Cocaigne ;
> Dans du vin muscat on s'y baigne,
> Et tout le monde y sçait nager,
> Sur le dos, le ventre, et plonger [2].

Sarrasin l'a signalé bien plus près de nous, dans les paisibles États du « Roy d'Yvetot », où, paraît-il, se voit un carnaval, perpétuel comme le printemps :

> Tous les mardys y sont de gras mardys ;
> De ces mardys l'année est composée.
> Cailles y vont dans le plat dix à dix,
> Et perdreaux tendres comme rosée.
> Le fruit y pleut, si que c'est chose aisée
> De le cueillir, se baissant seulement ;
> Poissons en beurre y nagent largement ;
> Fleuves y sont du meilleur vin d'Espagne [3].

Évidemment ces contrées aux enchantements très matériels durent être rêvées pour la première fois par quelque poète famélique, par un ancêtre du sieur d'Assoucy [4]. Les beaux esprits, bien rentés, du dix-septième siècle, songeaient aussi de Cocagne ; mais l'influence de l'*Astrée*, des *Amadis*, des usages du bel air, donnent une tout autre couleur aux délices fabuleuses qu'ils imaginent. Vers la fin du dix-

---

1. Édit. du bibliophile Jacob, *Paris burlesque*.
2. *Virgile travesti*, liv. VI.
3. *Les OEuvres de M. Sarrazin*, IIe partie ; *Balade du Pays de Cocagne*. — Furetière parle aussi d'une contrée où,

> ...En tout temps, la campagne
> Sembloit un païs de Caucagne,
> Où chacun, à ses appétits,
> Trouvoit les morceaux tous rostis.
>
> (*Le Voyage de Mercure*, 4e édition, 1662, page 25.)

4. D'Assoucy, après avoir passé « six bons mois » dans la troupe de Molière et y avoir trouvé le boire et le manger tout à son aise, déclarait qu'il avait été dans une « Cocagne ». (*Les Avantures*, etc., chap. IX.)

septième siècle, l'académicien Pavillon appelait le pays de Cocagne « le défunt païs de Cocagne, de très heureuse mémoire [1] »; défunt, non; mais transformé. Il existe encore, mais avec des biens moins grossiers, modelé sur les tableaux du Lignon, ou des *Elysii Campi*. Si l'on y offre des mets savoureux, l'on y sert tout à côté quelque bonne leçon de tempérance ou d'autre vertu; et l'on y travaille à enchanter les yeux, les oreilles, l'esprit, autant et plus que le palais.[3]

Quand Boileau affirme que

Paris est pour un riche un païs de Cocagne [3],

il ne songe même pas de loin à ces festins surabondants, gratuits, multipliés, d'un Cocagne banal; pour Boileau riche et envié, être en Cocagne, c'est « recéler le printemps au milieu des hivers »; c'est posséder au cœur de la ville, ou bien à Auteuil, en décembre, un peu de cette nature fleurie et artistement dirigée, que le printemps prodiguait à Versailles et à « l'apothéose » de Chantilly. Les contemporains de Boileau créèrent sur ce thème des « régions des beaux souhaits et des Resveries agréables », comme dit l'auteur du *Saint-Louis*, faites pour le plaisir de l'esprit; des « Isles bienheureuses », où

De mille fleurs se peinturent les prez,

comme chantait déjà Ronsard [4]; et dont la description cache une moralité ou une satire. Une moralité; tel est le but où vise l'*Isle de Pureté* imaginée par le P. Le Moyne. Là, parmi

---

1. *OEuvres*, édit. de La Haye, page 86.
2. Saint-Amant, dans la préface de sa *Vistule sollicitée pour un Voyage de Varsovie à Dantzic*, nous apprend qu'il avait composé un « certain ouvrage » dans ce goût. Il y faisait « trouver toutes les fleurs, toutes les plantes et tous les arbustes au mariage de Zéphyre et de Flore, en l'une des Isles Fortunées ». Par malheur, il avait prêté son manuscrit à une personne « qui l'est allé lire en l'autre monde, sans en avoir laissé aucune copie ». (*OEuv.*, éd. Livet, t. II, page 15.)
3. Sat. vi.
4. *OEuvres*, liv. II. — Les Iles Fortunées de Ronsard n'ont point de caractère bien saillant. Le poète énumère les ennuis qu'on ne trouve point

Aux bords heureux des Isles plantureuses,
Aux bords divins des Isles bienheureuses...

cent autres miracles, jaillissent des fontaines, aux bords desquelles « pour devenir poëte », il suffit, « sans mascher de laurier, ny porter d'herbe enchantée », d' « avaller une goutte » d'eau claire. Là, jaillit la fontaine de Jouvence, ou de « Jeunesse perpétuelle, dont il est tant parlé dans les Fables. Il n'y va point de vieillards qui n'en retournent jeunes. Les cheveux blancs et les chagrins tombent à tous ceux qui en boivent[1]. » — Voici maintenant la satire. Il eût été presque étrange que Cyrano de Bergerac n'eût entrevu quelque terre de Cocagne, au cours de ses mirifiques voyages. Il en visita une dans les États et Empire de la Lune, où, à la lettre, « les allouëttes tombent toutes rosties ». Là, les chasseurs « ont l'industrie de mesler parmy leur poudre et leur plomb une certaine composition qui tuë, plume, rostit et assaisonne le gibier ». Avis aux chasseurs. Mais voici qui est plus curieux et qui concerne les pauvres poëtes de Paris, mendiant, comme Pelletier ou Colletet, leur existence chétive et précaire. En ce Cocagne lunaire, on paye « de bon aloy » toute sa dépense dans les hôtelleries avec des vers, épigrammes, odes, églogues... Avec un sonnet reconnu pour tel par « la Cour des Monnoyes », on peut faire « ripaille pendant huit jours » et plus[2]. Aussi « les personnes d'esprit font tousjours grand'-chère ». « Pleust à Dieu, conclut le narrateur, que cela fust de mesme en nôtre monde! J'y connois beaucoup d'honnestes Poëtes qui meurent de faim... »

Le « Caucagne », imaginé par Furetière, au pays de « Romanie », est aussi un prétexte à la satire et à la louange. Toutes les allusions y sont diaphanes : « C'étoit un vrai païs de Caucagne... Il n'étoit peuplé que de Galands et d'Illustres. Jamais on n'y vid de femme laide ni d'homme mal fait. La Mort même n'y entroit que pour chercher les traîtres et les assassins. » Malheureusement, ce « vrai Caucagne » fut envahi par trois capitaines barbares : Nervèze, des Escuteaux et le prince Galimatias, lesquels firent l'œuvre des

---

1. *Les Peintures morales*, t. II, liv. III.
2. « Quand nous ferions icy ripaille pendant huit jours, nous ne sçaurions dépenser un sonnet; et j'en ay quatre sur moy, avec deux épigrammes, deux odes et une églogue. » (*Ibid.*)

sauterelles sur « tout le plat païs », n'épargnant que les « éminences », c'est-à-dire les romans de la Calprenède et de Mlle de Scudéry [1]. En 1659, Mlle de Montpensier fut, à l'aide de Segrais, transportée en une « Ille imaginaire » ou « invisible », mais « pleine de raretez ». La *Relation* de l'illustre demoiselle, revue par le poëte normand, est une des plus riches féeries. Aucune terre enchantée n'est plus délicatement rêvée que cette utopie.

C'est une île de cent lieues de tour, où il n'habite encore aucun être humain, mais où tous les charmes des climats de Faërie viennent s'unir. L'auteur se souvient des *Amadis* et incline à penser que c'est là « l'Isle Ferme, quoiqu'il n'y reste rien du palais d'*Apollidon* ». Il y a dix forêts, couronnées de fruits et de fleurs en toute saison; il y a des champs où il ne pousse « que des champignons de toute sorte de couleurs pour réjouir la vue »; il y coule « force Rivières », il s'y étale force étangs, dont les eaux recèlent « des chevaux Marins, des Baleines, des Dauphins, des Nayades et des Sireines »; et toutes ces déités aquatiques chantent fort « mélodieusement » ou font miroiter leurs écailles au soleil. La flore est incomparable, mais la faune surpasse la flore; les chevaux y sont bleus, les chevreuils « couleur de rose et isabelle ». Les carrières ne sont que de pierres précieuses; et, au bord des eaux, foisonnent les perles. Mais tout cela n'est qu'une entrée en matière; comme l'île est inhabitée, Mlle de Montpensier en profite pour énumérer les habitants qu'elle y voudrait introduire : « Amenez, dit-elle, d'honnestes gens pour peupler l'Isle : des Bourgeois, des Gentilshommes et des gens d'Église; » puis des « Religieux et des Religieuses »; des Jésuites, qui « y feront de superbes Collèges »; et des Jansénistes, qui « sont laborieux » et « les meilleures plumes de ce tems [2] ». Enfin, un Parlement, des comédiens, des musiciens, des danseurs, un machiniste; bref, tout ce que Mlle de Montpensier et le bucolique Normand admiraient alors dans la bonne ville de Paris : — manière d'exprimer que Paris

---

1. *Nouvelle allégorique*, édit. de 1658, pages 31-33.
2. On était en 1659, ou 1658; les *Provinciales* venaient de paraître, depuis un an ou deux.

était en ce temps-là, pour eux du moins, la cité idéale[1].

Ces rêves, tout beaux qu'ils soient, ne sont pas plus ingénieux que ceux de Fénelon sur des thèmes de même sorte. Avec les Contes de fées, les fables et le *Télémaque*, l'aimable précepteur écrivait pour le duc de Bourgogne des relations d'Iles enchantées. La gracieuse fantaisie du maître y entasse tout ce qui plaît à son élève; mais au milieu des fleurs et des friandises le maître glisse des enseignements et des semonces. On lit entre les lignes les défauts du jeune Prince. Ces îles de Cocagne et de féerie sont situées à « trente jours de navigation » au-delà de la mer Rouge[2]; elles sont « plus délicieuses que les Iles Fortunées ». La terre y a « un goût de chocolat[3] et les fontaines sont « de liqueurs glacées ». Point de maisons, mais « partout, sous les arbres, des lits de fleurs ». Les objets, en se mirant dans l'eau, y laissent des empreintes, qui sont des portraits et des paysages. Voilà pour la nature. Quant aux insulaires, ils jouissent de privilèges inconnus même à la cour de Louis XIV. Ils peuvent rajeunir, en se condamnant à huit jours de « songes agréables ». Mais ici les leçons commencent, tandis que les prodiges continuent. Ces hommes heureux évitent tout travail, y compris celui de l'intelligence; ils louent des esclaves chargés de « penser pour eux ». Ils prennent des » penseurs à gages », comme, en France, « on a des porteurs de chaise ». De plus, ces fainéants sont « fort sales »; ils mangent « l'ordure de leur nez »; ils font « des grimaces qu'on ne voit jamais en Europe, ni en Asie, ni même en Afrique, où il y a tant de monstres »; et malgré les charmes de la musique, « ils retombent toujours dans leur humeur sombre et incompatible ». A coup sûr, ces gens-là ont tous les caprices du duc de Bourgogne.

L'*Isle des Plaisirs*, au fond de la Mer Pacifique, est plus étonnante encore, et non moins fertile en conseils déguisés.

---

1. *La Relation de l'Isle Imaginaire*, parmi les œuvres de Segrais, t. II, « sur l'imprimé de 1659 ».
2. *Le Voyage supposé* (1690).
3. Le chocolat était vers cette époque en fort grand honneur, comme on voit par les lettres de Mme de Sévigné, *passim*.

Tout d'abord, c'est le Cocagne des enfants : « une île de sucre avec des montagnes de compote, des rochers de sucre candi et de caramel et des rivières de sirop »; puis « des forests de réglisse » et de grands arbres d'où tombent « des gaufres ». Dix lieues plus loin, s'ouvrent « des mines de jambons, de saucisses et de ragoûts poivrés »; « il y pleut du vin », et, la nuit, il sort de terre « des ruisseaux bouillans de chocolat moussé ». On y vend le sommeil, les songes, l'appétit; et dans un grand palais, un Louvre, ou un Versailles, des « Souhaits... petits esprits follets et voltigeurs » jettent aux gens tout ce qu'ils désirent; mais attendons la fin. Le narrateur, qui a voyagé chez ces peuples, ajoute tristement : « On remarqua que je ne mangeois pas proprement »; de plus, là-bas, les hommes s'efféminent, au point de se farder, et de se laisser gouverner par des femmes (contrairement sans doute à la loi salique). Enfin, ce qui est plus philosophique encore, on s'y lasse de tous les plaisirs. Jamais conte ne fit mieux passer la morale avec lui; jamais fée n'eut une baguette aussi magique que la plume de Fénelon; mieux que les fées, ou que la miraculeuse caverne des songes, l'imagination de Fénelon a le pouvoir de rajeunir ce qu'elle touche.

Je dis rajeunir; car, au fond, ces rêveries, ces enchantements, ces Iles Fortunées ne sont point des inventions du dix-septième siècle, et le dix-septième siècle le savait. Aussi les érudits de l'époque cherchèrent-ils plus d'une fois quelles étaient les sources premières de ces *luoghi d'incanto*. Sarrasin en fait remonter l'idée à Pétrarque, décrivant « une Isle délicieuse couverte de rosiers, de myrthes, de jasmins et d'orangers, où les Zéphyrs tempèrent l'ardeur du ciel [1]... ».

Mais les terres enchantées, heureuses, fortunées, étaient connues bien avant le siècle de Pétrarque. En 1678, le savant Huet étudiait cette question, dans sa *Lettre à M. de Segrais sur l'Origine des romans;* et, en 1683, l'académicien Charpentier s'en occupait dans son traité de *l'Excellence de la Langue françoise.* Tous deux attribuent l'idée des personnes et des choses enchantées à Antonius Diogène, auteur du roman grec : Τὰ ὑπὲρ Θούλην ἄπιστα (*les Choses incroyables d'au-*

---

1. *OEuvres*, édit. de 1683, t. Iᵉʳ, page 297.

delà de Thulé)[1], que M. Villemain compare aux aventures imaginées par notre Cyrano de Bergerac[2]. On y voit comment Dercyllis de Tyr, et son frère Mantinias « furent enchantez... et demeurerent sept cens soixante jours en cet enchantement; pendant lequel ils ne vivoient que la nuit et estoient morts durant le jour[3] ».

Huet et Charpentier nomment ensuite *les Métamorphoses* de Lucius de Patras[4], *l'Ane d'or* d'Apulée, *les Aventures de Sinonis et de Rhodanes* de Jamblique, *Théagène et Chariclée* d'Héliodore, et les Fables dites *Milésiennes*. « Tous ces ouvrages, dit Charpentier, sont les originaux de nos Romans, soit sérieux, soit bouffons[5]. » Il est vrai qu'en venant de là jusques aux contemporains de Charpentier, ces histoires avaient passablement changé sur la route. Huet, après une longue dissertation, arrive à cette conclusion, que nos fictions fabuleuses et romanesques françaises, allemandes, anglaises et « toutes les Fables du Nord, sont *du crû du pays* ». Il attribue le fonds principal de toutes nos fantaisies aux « Princes de la Romancerie », qui sont les troubadours et les trouvères; il désigne nommément les romans « de Garin le Loherain, de Tristan, de Lancelot du Lac, de Bertain, de Saint-Graal, de Merlin, d'Artus, de Perceval, de Perceforest... ».

Chapelain avait dit avant Huet que « Perceforest est notre Homère[6] ».

Il n'en reste pas moins établi que les premières terres fortunées, pleines de merveilles et d'un bonheur facile à saisir, sont antérieures, non seulement aux « Princes de la

---

1. D'après Huet, « Antonius Diogène vécut peu de temps après Alexandre, selon la conjecture de Photius ». D'autres critiques le font vivre au deuxième ou au troisième siècle après J.-C.

2. *Études de littérature ancienne* (1864).

3. Charpentier, l. c., t. II, pages 578 et 579.

4. « Il n'avoit fait qu'un recueil de Métamorphoses et de changements magiques d'hommes en bêtes et de bêtes en hommes, écrivant de bonne foi et croyant les choses comme il les disoit. » (Huet, *De l'Origine des romans*.)

5. T. II, page 583.

6. Chapelain met cette déclaration dans la bouche de Trilport, un des interlocuteurs de son dialogue sur *la Lecture des vieux romans*.

Romancerie », mais aux romanciers latins et grecs cités par Huet et Charpentier. Les peuples d'Orient ne contaient-ils pas depuis longtemps les fables « esmerveillables » des Μακαρίαι situées « à sept journées de Thèbes », au siècle où écrivit Hérodote[1] ?

Les terres Fortunées, les îles heureuses, avec leur fécondité divine et enchanteresse, avec leur printemps éternel, sont, par leur origine, vieilles comme les traditions de l'âge d'or ; elles ont à peu près l'âge de l'humanité.

---

1. V. liv. III, chap. xxvi. — Cf. A Maury, *Les Fées du moyen âge*.

CHAPITRE II

DU MERVEILLEUX DES *GÉNIES ÉLÉMENTAIRES*

Villars et le comte de Gabalis. — Sylphes, Ondins, Gnomes, Salamandres. — Les Esprits élémentaires au théâtre, dans la philosophie, dans les fables.

Le 21 octobre 1671, la marquise de Sévigné écrivait, de son château de Bretagne, à Mme de Grignan : « Si nous avions des *Sylphes* à notre commandement, nous pourrions vous conter quelque histoire digne de vous divertir. » Et, trois jours plus tard, elle se plaignait de ce qu'un *Sylphe* lui « dérobe » les lettres de sa fille et « s'en joue ». Le Merveilleux élémentaire venait de faire son apparition dans la littérature française; et Mme de Sévigné, toujours aux aguets des « curiosités », avait lu les *Entretiens du Comte de Gabalis*. L'abbé Montfaucon de Villars avait publié, en 1670, ce « plaisant ouvrage, qui a passé, dit Vigneul-Marville, pour un des mieux écrits de ce tems-ci[1] ».

« On n'a point sû, dit le même Vigneul-Marville, si l'auteur ne vouloit que badiner ou s'il parloit tout de bon; » mais il semble évident que l'abbé de Villars « venu de Toulouse à Paris pour faire sa fortune par la prédication[2] », voulait surtout badiner, ou, comme il le donne à entendre, se divertir « aux dépens des fous[3] ». Toutefois ses badineries outrepassaient la mesure, à telles enseignes que l' « on défendit la chaire à ce dévot prédicateur » et que « son livre fut interdit ». Trois ans après l'apparition de ce livre, l'abbé de Villars « fut égorgé par des scélérats, sur le chemin de Lyon. Les Rieurs, dans une affaire si triste, disoient que

---

1. *Mélanges d'histoire et de littérature*, 4e édit., t. Ier, pages 336 et 337.
2. *Id., ibid.*
3. *Le comte de Gabalis, ou Entretiens sur les Sciences secrètes*, 1670, page 316. — L'épigraphe, empruntée à Tertullien, en indique le but : *Quod tanto impendio absconditur etiam solummodo demonstrare, destruere est.*

c'étoient des *Gnomes* et des *Silphes* déguisez, qui avoient fait le coup, pour le punir d'avoir révélé les secrets de la Cabale[1] ».

De ces « secrets » nous n'avons rien à dire ; nous ne voulons rien voir dans ce petit in-12 de 300 pages, publié chez Barbin, qu'une œuvre littéraire, un des livres « les mieux écrits » du dix-septième siècle, si l'on s'en rapporte au chartreux chroniqueur et anecdotier. Ces cinq *Entretiens* du comte de Gabalis avaient été ébauchés, au cours de « conférences gaies », tenues jadis par l'abbé de Villars et « une cabale de gens de bel esprit et de belle humeur comme lui », dans l'antichambre de Richelieu[2]. A l'époque où l'Académie française jugeait un débat pacifique touchant l'emploi de la mythologie classique, l'auteur de ce dialogue « original[3] » en proposait une nouvelle, celle de la cabale moderne[4]. Il ne la créait point de toutes pièces, pas plus que Perrault ne créa les fées ; mais son essai était une nouveauté. Sans doute, les *Niebelungen* avaient parlé du *Gnome Albérik* ; mais les *Niebelungen* étaient lettre close pour notre dix-septième siècle ; sans doute, Ronsard avait nommé dans ses vers une « Ondine » ; mais Ronsard en fait le synonyme des nymphes classiques; c'est pour lui un « vocable » de plus ; ce n'est point un nouvel agent merveilleux appartenant à la famille de *Undine* de La Motte-Fouqué, ni au ciel mythique des *Ballades* de Victor Hugo.

Les esprits élémentaires, révélés par Villars, sont quatre peuples merveilleux, formés des plus purs atomes des quatre éléments, où ils vivent. Ce dernier point est fondamental ; et l'écrivain qui songe à promener sa fantaisie parmi ces sphères mystérieuses doit s'en souvenir. Sinon il péchera

---

1. Vigneul-Marville, l. c., page 337. Les « rieurs » faisaient allusion au début des *Entretiens*, où Villars plaisante sur la mort du comte de Gabalis (page 2).

2. *Id., ibid.*

3. Dans sa liste des écrivains français originaux, V.-M. dit : « L'abbé de Villars, ou le *Comte de Gabalis*, est original pour le dialogue. » (T. I*er*, page 282, de l'édit. de 1713.)

4. *Moderne*, pour la distinguer de la cabale juive. Villars rattache cependant l'histoire des sylphes à l'histoire des Juifs et à celle des autres peuples antiques.

contre les lois de la poésie cabalistique, comme fit un jour Gresset, lorsque, dans son galetas de Louis-le-Grand, il osa s'intituler :

> Concitoyen du peuple *Gnome*,
> Des *Sylphides* et des *Follets*.

Il y avait là toute une confusion, qui fit sourire le grave La Harpe [1].

C'est à Rueil, dans le « labyrinthe [2] », que Villars apprit de Gabalis les secrets des génies cabalistiques ; jusque-là il avait ignoré que l'air « a des habitans bien plus nobles que les oiseaux et les moucherons [3] », et les mers « bien d'autres hostes que les Dauphins et les Baleines [4] » ; que « la profondeur de la terre n'est pas pour les taupes seules », et que le feu, le plus noble des éléments, n'est pas fait « pour demeurer inutile et vuide ». — Les esprits de l'air, ou *Sylphes*, sont « de figure humaine », « grands amateurs des sciences », « ennemis des sots et des ignorans ». Les *Sylphides*, leurs femmes et leurs filles, ont les « beautés masles » des Amazones [5]. Dans les mers et les fleuves habitent les *Ondins*, inférieurs de beaucoup en nombre et en grâce à leurs compagnes, les *Ondines* [6]. Les entrailles de la terre, « presque jusqu'au centre », possèdent les « *Gnomes*, gens de petite stature, gardiens des trésors, des minières et des pierreries » ; ils ont pour épouses les *Gnomides*, dont « l'habit est fort curieux [7] ». Les « habitans enflammez de la région du feu » sont les *Salamandres*; on les voit rarement, et leurs femmes et filles plus rarement encore ; mais les peintres et les sculpteurs qui représentent les *Salamandres* comme de « laides bestes », sont des « ignorans [8] ».

---

1. La Harpe blâme le poète de *la Chartreuse* d'avoir, « contre toutes les lois de la cabale », logé à la même enseigne les génies terrestres et les génies de l'air. (*Cours de littérature*, Dix-huitième siècle, liv. Ier, chap. II, sect. 3.)
2. *Le Comte de Gabalis*, page 35.
3. *Ibid.*, page 44.
4. *Ibid.*, page 45.
5. *Ibid.*, pages 45 et 46.
6. *Ibid.*, page 48.
7. *Ibid.*, pages 48 et 49.
8. *Ibid.*, page 50.

Tous ces peuples élémentaires peuvent mourir, comme « les plus pures parties de l'élément qu'ils habitent », peuvent se dissoudre[1] ; mais en fréquentant la race humaine, ils pourraient acquérir l'immortalité. Ils sont, dit Gabalis, ennemis des diables et des lutins et adorateurs de « l'Estre Supresme ». C'étaient, selon le même interprète des « Sages », « les *Sylphes*, ou les *Salamandres*, les *Gnomes*, ou les *Ondins* », qui rendaient les oracles à Delphes et à Dodone[2].

Je m'arrête à cette très rapide esquisse de ces « nations invisibles ». Le reste du livre de Villars n'est plus du domaine littéraire ; même quand il démontre que Mellusine fut, non pas une fée, mais une sylphide ; quand il rapporte l'oraison des salamandres de Delphes, les danses des génies élémentaires en « certaines Isles où pourtant on ne voyoit personne[3] », leur apparition en bataillons rangés dans le ciel, sous le règne de Pépin, et cent autres impertinences, qui étonnent même d'un auteur venu de Gascogne à Paris.

Je ne dis qu'un mot de trois autres ouvrages concernant ce Merveilleux élémentaire ; l'un laissé en manuscrit par Villars et publié seulement en 1715 : *Les Nouveaux Entretiens sur les sciences secrètes*, satire contre Descartes, pour établir qu' « il y avoit bien du vuide dans ce crâne-là[4] ». — *Les Génies assistans*, imitation misérable de Gabalis. Ces génies sont « des Anges, et des Anges heureux », qui « se rendent nos directeurs assidus et vigilans dans l'ordre naturel et dans la Politique », grâce auxquels on réussit « dans la guerre, dans le Négoce, dans les Arts[5] ». L'auteur cite une multitude de faits bizarres, attribués par lui à ces génies, qui res-

---

1. Mme de Sévigné était donc mal informée, quand elle écrivait : « Si les Sylphes pouvoient périr... » (18 octobre 1671.)
2. L. c. Pages 122 et 163.
3. Page 295.
4. Édit. d'Amsterdam, 1715, page 139. Il n'y a dans cet ouvrage rien de *merveilleux* que l'apparition du docteur Jean le Brun, aux « yeux rouges et farouches » et au « visage blême... » (Page 2.)
5. Édit. d'Amsterdam, 1715, page 28. — Cet opuscule et le suivant sont rangés sous le titre commun : *La Suite du comte de Gabalis, ou Nouveaux Entretiens sur les sciences secrètes, touchant la nouvelle philosophie, ouvrage posthume*. Ils ont pour auteur le P. Antoine Androl, célestin.

semblent d'assez près au démon de Socrate et aux follets du Mogol. Ils sont censés rendre mille bons offices aux gens ; comme celui qui, à Dijon, fit lire par un savant « dix vers grecs » d'un volume appartenant à la bibliothèque de Christine, à Stockholm ; ou comme cet autre qui fit faire « une cinquantaine de vers » à un Jésuite qui dormait[1]. — *Le Gnome irréconciliable.* Cet opuscule contient un traité, assez étrange, de l'âme humaine ; un *Gnome* y débite une suite de propositions peu orthodoxes ; et le tout se termine par l'arrivée d' « un Envoyé des Sages de la Chine » ; c'est-à-dire d' « un *Sylphe* qu'on a fait partir... de Tonquin », le matin même et « qui doit s'y rendre avant minuit[2] ».

Les *Entretiens* du comte de Gabalis ne créèrent point, dès leur apparition, un système nouveau de Merveilleux littéraire. La société choisie de la cour et de la ville lut ces rêveries satiriques, et à la fin du siècle, l'abbé de Bellegarde, parlant des génies élémentaires, disait à une dame de la cour : « Vous avez lû avec plaisir un livre qui traite agréablement de ces matières[3] », savoir *le Comte de Gabalis.* On ne trouve d'abord que des allusions passagères aux sylphes et aux gnomes, dans la correspondance de Mme de Sévigné[4] et de Bayle ; puis dans la défense de *Bérénice* par Subligny, qui se moque des sylphes et de ces « apparitions qui peuvent arriver à une imagination exaltée », comme celle de Villars[5]. En 1681, Thomas Corneille et de Visé essayèrent d'introduire ces génies des éléments sur la scène comique. L'argument imprimé de leur comédie, en prose,

---

1. Édit. d'Amsterdam, 1715, pages 58 et 60.
2. *Ibid.*, page 175.
3. *Lettres curieuses*, etc., pages 205 et 206. — Bellegarde nomme ces « differens peuples, ou differens génies » ; il ne met les ondins qu'en eau salée, comme les tritons.
4. V. mercredi, 16 septembre 1671 ; dimanche, 18 octobre 1671 ; mercredi, 21 octobre 1671 ; dimanche, 25 octobre 1671. Le 16 septembre 1676, elle appelle Mme de Coulanges : *Sylphide.*
5. Subligny, après avoir attaqué *Andromaque*, défendit *Bérénice* contre la *Critique* de Villars. (Cf. FF. Parfait, t. XI, pages 70 et suiv.) — C'est de cette *Critique* que Mme de Sévigné disait : « Cette petite critique... me parut fort plaisante et fort spirituelle. C'est l'auteur des *Silphides*, des *Gnomes* et des *Salamandres.* »

la Pierre philosophale, porte parmi les personnages les

Gnomes et Gnomides,	
Silphes et Silphides,	*Peuples des*
Ondins et Ondines,	*quatre*
Salamandres.	*Élémens*[1].

Le comte de Gabalis y jouait aussi son rôle. Mais, en dépit de machines surprenantes, la pièce échoua et n'eut que deux représentations. A part cet essai malheureux, les gens de lettres, de 1670 aux environs de 1700, s'occupèrent médiocrement des génies de la cabale ; les poètes de ruelles et de cour étaient trop habitués à rimer en l'honneur

> De leurs Naïades fanées,
> Mortes depuis deux mille ans[2],

pour s'aviser de peindre en couleurs neuves et vives les sylphes aux « ailes d'or[3] ».

Aux approches du dix-huitième siècle, grâce peut-être au retour vers les féeries, les génies de l'air, de l'eau, de la terre et du feu reparurent en des pages littéraires. Une des plus curieuses que nous connaissions est du chartreux qui signe : Vigneul de Marville. C'est le récit d'une soirée chez le cartésien Rohault. Là, en face de Rohault, de Clerselier, son beau-père, et de Pecquet, autres amis de Descartes, un personnage que Vigneul de Marville ne nomme pas « réjouit la compagnie », en expliquant, par le Merveilleux élémentaire, comme quoi les bêtes sont « automates ». Ce sont, dit-il, les petits peuples des éléments qui « font jouer toutes ces machines... selon les règles des mécaniques ». Pourquoi les vulgaires salamandres ne se brûlent-elles point au milieu

---

1. Dans l'acte IV, « on voit tout à coup une Machine composée des quatre Élémens, de la grandeur d'un Mont-Parnasse. Le bas représente la terre, sur laquelle est un *Gnome* et une *Gnomide*. Un peu plus haut, on remarque l'eau par ses bouillons; car on la voit effectivement rouler : un *Ondin* et une *Ondine* sont sur cet élément. L'air est au-dessus, avec un *Silphe* et une *Silphe* (sic); et en regardant encore plus haut, on y découvre le feu, au milieu duquel sont deux *Salamandres*. » (Argument de la pièce, cité par les FF. Parfait, t. XII, p. 253.)
2. *Odes et Ballades*.
3. *Ibid*.

d'un brasier? C'est que l'esprit du feu « fait jouer » très délicatement « la machine de la Salamandre ». Les sylphes animent et meuvent ainsi les oiseaux, mais chacun suivant son caractère et suivant la disposition des organes, la configuration des espèces volatiles : « Un Silphe rêveur se niche dans la machine d'un Hibou, d'un Chat-Hüant ou d'une Choüette; et au contraire un Silphe de gaïe humeur et qui aime à chanter la petite chanson, s'insinuë dans un Rossignol, dans une Fauvette, ou dans un Serin de Canarie. »

De même pour les esprits aquatiques : « Un Ondin qui se plaît à nager en grande eau, ne manque pas de se loger dans une Baléne et de la promener par tout l'Océan. Un autre qui aime à faire des prodiges et à exécuter de grandes choses par de petits moyens, se place dans un *Remora*, le plus petit de tous les poissons; et arrête tout court ur Gallion, qui est le plus grand de tous les vaisseaux[1]. » Les ondins qui ont l'humeur douce vont dans les lacs ou les rivières « se loger chez les Carpes, les Gardons, les Barbeaux, les Truites ». Et les gnomes ? « Un Gnome fier se saisit d'un courcier de Naples ou d'un Genêt d'Espagne »; un gnome d'humeur cruelle se jette dans un tigre ou un lion; par contre, « un qui est folâtre et badin va gîter dans un Singe ou dans une Guenon ». Il est des nains très minces et très habiles parmi les gnomes; ceux-là font mouvoir « la machine d'une Fourmi, d'une Mite, ou d'un Ciron ». Leurs frères qui résident dans le corps des « plus grosses bestes » sont jaloux de ces microscopiques moteurs; de là viennent les guerres entre les insectes et les animaux superbes; de là, « un moucheron, qui n'est presque rien,
>   Fond sur le cou
> Du Lion qu'il rend presque fou ».

Je ne sais si Descartes et Malebranche eussent goûté cette histoire naturelle et souri à ces ingénieuses âmes des bêtes; mais toute la compagnie des philosophes présents, lesquels

---

[1]. Parmi toutes les merveilles que Cyrano avait vues dans les États et Empire du Soleil, il avait remarqué « la *Bête à feu* » et « l'*Animal glaçon* ». C'est le rémora, « dont l'haleine reglace derechef toute la mer du Pôle » et qui peut engourdir un vaisseau, et l'empêcher « de démarrer de sa place ».

« entendoient raillerie », applaudit volontiers, déclarant que « si cet agréable système n'étoit pas vrai, au moins il étoit *bene trovato*[1] ».

Bien trouvée, en effet, cette joyeuse satire, et cette théorie neuve, par laquelle des millions de génies animent, meuvent, travaillent la nature, comme les imperceptibles *blue devils* labouraient, un jour de migraine, le crâne d'Alfred de Vigny[2].

Mme de Murat ouvrit la porte des Contes de fées aux peuples élémentaires. Là, on voit des princes demeurer huit jours au milieu des trésors souterrains du « Roi des Gnomes »; ils poussent ensuite jusqu'au palais des salamandres « vêtues d'habits où paroissoient ondoyer des flammes ». En un jeune homme « qui parut en l'air » ils reconnaissent le chef des sylphes. Quant aux ondines rencontrées par les mêmes voyageurs, elles sont de simples naïades, pareilles à celles qui nageaient alors partout dans les vers latins[3].

Hamilton agrémenta ses contes de ce petit monde invisible. Le « petit Gnome » *Poinçon* est un des acteurs principaux de son *Bélier*[4]; là aussi, pour la première fois, sans doute, les *Sylphides* habitent au Bas-Meudon, au pied de la colline des Moulineaux. Ailleurs, dans le Conte de *Zénéyde*, un de ces génies des « cabalistes » apparaît, parle, et révèle des particularités, jusque-là inconnues, sur les nations qui vivent « dans le vague des airs, au fond de la terre et dans le sein des eaux ». Il n'est plus question des esprits du feu; quant aux autres, ils subsisteront « tant que durera le monde »; ils ressemblent au genre humain par leur « penchant à la malignité »; souvent « ces Esprits invisibles » oublient de « ré-

---

1. *Mélanges d'histoire et de littérature*, 4ᵉ édit., t. Iᵉʳ, pages 118-124.
2. *Stello*, chap. II. — Les *blue devils*, « diables de la migraine », farfadets, diablotins, gnomes, font sur la tête de l'écrivain « l'œuvre d'Annibal aux Alpes ».
3. *Nouveaux Contes des Fées*.
4. « C'étoit la plus charmante créature du monde; il étoit habillé de plumes de perroquet de différentes couleurs, il portoit un chapeau pointu, retroussé d'un gros diamant et un esclavage de perles et de rubis au lieu d'un carcan... » (*Œuvres* d'Hamilton, édit. de Londres, t. IV, pages 37 et 38.)

gler les éléments qu'ils habitent »; et par leur oubli ou
« leurs caprices », ils causent « les tremblements de terre, le
débordement des rivières, les orages, les tonnerres et les
tourbillons [1] ». Comme il appert de tout ce qui précède, ce
fut surtout la prose qui tira profit de ce Merveilleux léger.
La Motte fut probablement le seul poète qui logea en ses
rimes ces génies, images diaphanes de « l'humain animal ».
La Motte sait et dit que :

> Les flots ont leurs *Ondins* et la terre a ses *Gnomes;*
> *Silphes* habitent l'air, *Salamandres* le feu [2].

Vers 1740, le savant Goujet déclarait que « nous n'avions
point encore vû de poëme, dont le merveilleux fût tiré du
système imaginaire des Cabalistes » avant « Mr. Pope ». Goujet estimait, d'après le *Rape of the lock*, que « ces idées
peuvent être favorables à la Poésie [3] ». Pope n'avait pas employé tout d'abord ce Merveilleux des Cabalistes, ni aucun
autre ; lui-même en dit la cause dans sa lettre à Mme Arabella Fermor [4]. Sa première rédaction avait été imprimée
avant qu'il n'y eût mis des « Machines », et le public n'y
avait fait qu'un accueil réservé. Pope compléta cette œuvre
en empruntant la mythologie du *Comte de Gabalis;* et son
poème remanié, allongé, égayé de sylphes et de gnomes, fut
un événement pour la littérature d'outre-Manche. Par sa
Lettre dédicatoire, Pope se reconnaît l'humble débiteur de
l'abbé de Villars. Il y explique aux dames ses compatriotes
la « très neuve et très singulière doctrine des rose-croix touchant les esprits », doctrine résumée « au mieux » dans « le
livre français qui s'intitule *le Comte de Gabalis* [5] ».

---

1. *OEuvres* d'Hamilton, édit. de Londres, t. Ier, pages 263-4.
2. *Fables*. — *OEuvres*, t. XI, page 205.
3. *Bibliothèque françoise*, t. VIII, page 261.
4. « This I was forced to, before I had executed half my design, for the machinery was entirely wanting to complete it. » (Edit. de Londres, in-18, page 68.)
5. « These machines I determined to raise on a very new and odd foundation, the Rosicrusian doctrine of spirits. The Rosicrusians are a people I must bring you acquainted with. The best account I know of them is in a French book called *Le Comte de Gabalis*. » (*The Rape of the lock*, an heroicomical poem, written in the year 1712. — *To Mrs. Arabella Fermor.*)

Des quatre peuples élémentaires, les sylphes ont la préférence de Pope. Ce sont, dit-il, « les créatures douées du meilleur caractère qui se puisse imaginer[1] »; aussi fait-il une large place à ces « *airy ones* » et à leur prince Ariel. Le sylphe Ariel s'arroge même le droit de haranguer, non seulement les sylphes et les sylphides, mais tous les autres esprits aériens « Fées, Génies, Elfs et Démons[2] ».

Pope a fait un chef-d'œuvre, dont l'Angleterre est justement fière; mais Pope doit, en grande partie, le charme et le succès de son poème à une imagination française.

---

1. « The Sylphs, whose habitation is in the air, are the best-conditioned creatures imaginable. » (*Ibid.*)

2.   Ye Sylphs and Sylphids, to your chief give ear;
    Fays, Fairies, Genii, Elves, and Demons, hear.
                                    (Canto II.)

DEUXIÈME PARTIE

CHAPITRE UNIQUE

DU MERVEILLEUX MIXTE. — MÉTAMORPHOSES
ÊTRES SEMI-FABULEUX

I. Métamorphoses littéraires et grotesques. — II. Génie marin et d'Encausse; ombres; songes. — III. Allégories-divinités : le temps, les événements politiques, vertus et vices et autres idées abstraites personnifiées; palais et temples allégoriques. — IV. Allégories théologiques, physiques, morales, des épopées anciennes et modernes.

Presque toute la littérature légère du dix-septième siècle s'inspire d'une mythologie quelconque. Sans Merveilleux, peu ou point de poésie gaie, gracieuse, lyrique, galante. Tous ces versificateurs d'alcôves, de réduits, ne savent exprimer leurs pensées — s'ils en ont — qu'à l'aide de réminiscences fabuleuses. N'attendez point qu'ils traduisent une émotion intime dans une forme personnelle; le poète *léger* n'est pas un homme, c'est un auteur, c'est une mémoire qui redit. Et l'on pourrait expliquer en ce sens la critique de La Motte à l'endroit de ses semblables, quand il écrit à la duchesse du Maine : « Un sentiment superficiel fait les poètes[1]. »

Pour eux, faire œuvre littéraire, ce n'est point voir, sentir et rendre; c'est embellir. Ils embellissent toutes choses; pour cela ils jettent sur leurs petites idées les oripeaux d'un Merveilleux, imité de tous les systèmes, et que les dieux, grands ou petits, les génies, les fées et les « nécromanciens » seraient capables de produire.

Les *Métamorphoses*, par exemple, sont de toutes les mythologies. Les dieux ou déesses d'Ovide, les Merlin, les Circé, les Armide, les Urgande, métamorphosent les humains en plantes, en pierres, en bêtes, et réciproquement, avec une égale facilité. Nos fées ont même, je crois, un double et incontestable avantage sur tous leurs émules de toute pro-

---

[1]. *Œuvres*, édit. de 1754; t. XI, page 57.

venance : celui du nombre et celui de la rapidité des transformations. Chez Ovide, Philémon et sa compagne deviennent lentement, par degrés, chêne et tilleul ; nos fées y vont plus vite, aussi vite que la pensée ; leurs citrouilles mettent moins de temps à devenir carrosses que je n'en mets à l'écrire. Nous l'avons déjà remarqué, et nous n'y reviendrons plus. Tels contes ne sont que des séries interminables de métamorphoses, dont les acteurs feraient pâlir le Protée de Virgile. Il y aurait peu d'intérêt et point de profit à nous y attarder. Nous signalerons surtout dans la littérature du dix-septième siècle ces changements de forme opérés par des agents qui ne se laissent pas voir, et que l'écrivain ne prend même pas la peine de nommer. Des métamorphoses ! Les auteurs de prose et de vers en imaginèrent de toute sorte, de sérieuses, de gracieuses, de badines, de satiriques, de puériles et absurdes.

L'esprit ingénieux de Voiture était fait pour donner l'essor à ces bagatelles, comme à toutes les autres. Il n'y manqua point. Voiture métamorphosa la nymphe Lucine, c'est-à-dire la marquise de Rambouillet, en une rose, « soleil des fleurs », fleur qui « se tient enfermée les trois quarts de l'année », et que blessent « l'extrême chaud et l'extrême froid » ; — autant d'allusions à la santé délicate de la marquise [1]. Il changea la « naïade » Julie d'Angennes en un « diamant », qui « résiste au fer et au feu et monte jusques sur la tête des Rois [2] ». Il transforma l' « oréade Léonide », Mlle Paulet, en perle, « ouvrage le plus poli et le plus agréable que le Ciel fasse [3] ».

Ces métamorphoses ne sont que des louanges, à peine voilées sous une gaze de phrases mignardes. Presque toujours ces métamorphoses allégoriques s'adressent à des dames réelles et vivantes, comme Mmes de Rambouillet et de Montausier. D'autres fois, elles célèbrent cette fameuse « Iris », cette sempiternelle « Philis », Laures idéales, dont les yeux

---

1. *Métamorphose de Lucine en rose*; OEuvres de Voiture, édit. de 1747, t. II, page 261.
2. *Métamorphose de Julie en diamant, ibid.*, page 262.
3. *Ibid.*, page 263.

ont « été cause de six mille sonnets[1] », que Pétrarque n'eût point signés. Les yeux de Philis furent métarmophosés en astres par une légion de versificateurs ; par Voiture d'abord, qui fait briller ces deux étoiles au point d'éclipser le soleil lui-même ;

...Auprès de Philis, on le prit pour l'aurore,
Et l'on crut que Philis étoit l'astre du jour[2] ;

par Malleville, dans ce sonnet, que Despréaux admirait « entre mille », et où les yeux de Philis deviennent flambeaux célestes ;

Et l'on ne connut plus de soleil que ses yeux[3] ;

par Germain Habert de Cérizy, dans un très long poème, et tout païen, où le dieu de la lumière, vaincu par la vierge Philis,

...Change ses yeux morts en deux astres vivants,

c'est-à-dire en la constellation des Gémeaux[4]. Boursault, qui mit cette histoire en pastorale, affirmait que toutes les « personnes touchées des belles choses », devaient étudier le poème d'Habert et « en sçavoir plus de la moitié par cœur[5] ». Or ce poème ne compte pas moins de sept à huit cents alexandrins.

Pour louer Boileau et faire sa cour au « vieux lion », La Monnoye le métamorphosa en dieu de la raillerie. Un jour que le maître des dieux relisait la Satire IXe, « pour s'étourdir », cette lecture le ravit, il chassa Momus, et donna sa place au « grand Boileau », lequel, devenu dieu, se mit à réciter son *Équivoque*, pour divertir la « confrairie des Immortels[6] ». La métamorphose ici tourne à l'apothéose. Mme Deshoulié-

---

1. Th. Gautier, *Les Grotesques*, Th. de Viau.
2. *OEuvres*, édit. de 1747, t. II, page 111.
3. *Recueil des plus belles poésies*.
4.   Mais sitost que Philis eut achevé sa course,
    Ces flambeaux détachez reviendront vers leur source,
    Et placez dans les cieux qu'ils rendiront plus beaux,
    Ils sont comme ils étoient les deux Astres Jumeaux.
5. *Avis au Lecteur. Pastorale*, 1665. — *OEuvres*, t. Ier.
6. *Nouveau Choix de pièces*, t. II, pages 197 et 198.

res avait pris la même voie, pour éterniser son chien. Elle le changea en « Cerbère du Parnasse ». Un jour — en 1672 — la dame cherchait des « fleurs nouvelles » sur le double Mont; elle en voulait faire une guirlande pour Louis XIV. Son chien altéré s'en va boire à l'Hippocrène; les poètes, *irasci celeres*, réclament; une muse défend le chien, et le dieu des vers l'immortalise. Depuis lors, du « Sacré Vallon »

> Il interdit l'entrée aux faiseurs d'acrostiches,
>   D'équivoques, de vers obscurs,
>   De vers rampans et de vers durs [1]...

La métamorphose aboutit à une satire. Souvent ces fantaisies n'avaient point d'autre but. Parmi les innombrables plaisanteries dont le parasite Montmaur fut l'objet, l'une des plus spirituelles consista en métamorphoses imaginées sur son compte. On le changeait tour à tour en *Épervier*, en *Perroquet* [2], et même en *Marmite*. On dit que de cette dernière pièce Boileau citait deux vers, qui l'avaient fort réjoui :

> Son collet de pourpoint s'étend et forme un cercle;
> Son chapeau de Docteur s'aplatit en couvercle [3].

Puisqu'il s'agit de Boileau, mentionnons en passant la *Métamorphose de la Perruque* de Chapelain en Comète. Boileau, Racine, Furetière et d'autres joyeux convives rimèrent « à table, le verre à la main,... *currente lagena* [4] », au temps de la comète de 1664, cette bouffonnerie, contre « le Père de la *Pucelle* ».

Une idée, empruntée à la métamorphose des compagnons d'Ulysse, fournit, en 1661, à Montfleury son ingénieuse comédie des *Bêtes raisonnables*. C'est tout ensemble une satire de la société, et un compliment au jeune roi et à Mazarin. Un docteur métamorphosé en âne, un valet en lion, une dame en biche, un courtisan en cheval, veulent rester « bêtes »

---

1. *OEuvres*, t. Ier.
2. « Mr. Ménage l'avoit *métamorphosé* en Perroquet.... On louoit beaucoup cette métamorphose... » (Vigneul-Marville, *Mélanges*, etc., 2° édit., t. Ier, page 107.)
3. V. Cizeron-Rival, *Récréations littéraires*, n° CLXXXVII.
4. Lettre de Boileau à Brossette, 10 décembre 1701.

et développent les motifs de leur résolution. Mais Ulysse leur annonce un oracle divin, qui promet au monde le plus beau règne du plus grand des princes. A l'instant tous les goûts changent; on ne veut plus d'autre forme que la forme humaine, ce qui est accordé [1].

Une des plus jolies métamorphoses du genre satirique est celle du *Chasseur changé en oiseau de proie,* par le chevalier de Saint-Gilles. Saint-Gilles, a-t-on dit, comme conteur en vers, suivait La Fontaine, *longo sed proximus intervallo;* son petit poème n'est point pour contredire cette opinion. Le fait se passe sur les bords de la Marne, à Gournay. Un chasseur s'est audacieusement introduit en un domaine « aux dieux consacré »; le malencontreux Actéon est ainsi puni de son crime :

> Il se sent couvert d'un plumage;
> Il lâche son fusil, des mains perdant l'usage;
> Ses bras lui servent à voler,
> Son nez devient pointu, prend d'un bec la figure;
> Ses pieds en serres transformez
> Font voir des doigts nerveux, d'ongles crochus armez :
> En lui tout change de nature;
> Ce n'est plus... qu'une *Buse* [2]....

Ailleurs, la métamorphose tourne en élégie; comme dans ces vers du P. Le Moyne, où la muse du collège de « Clairmont », regrette le départ d'un glorieux élève, Armand de Bourbon, prince de Conti, qui s'éloigne de ses murs,

> Après dix ans passez sur cet illustre Mont.

Or, voici que, d'une larme de la muse,

> Il se fit à l'instant une nouvelle fleur,
> Plus pure que la rose et plus haute en couleur;

et sur ses pétales « d'or et d'écarlate », se voit « l'empreinte... du grand nom d'*Armand* [3] ».

Combien d'autres fleurs (moins fraîches peut-être) naquirent, au dix-septième siècle, d'une larme, ou d'une goutte

---

1. V. FF. Parfait, t. IX, pages 14-20.
2. *Nouveau Choix de pièces,* t. II, pages 227-231.
3. *Les Poësies du P. Le Moyne,* 1650, page 268.

de sang, ou du tombeau d'une nymphe morte ! Le Père Rapin en a rempli ses *Jardins,* où, chaque plante, chaque hémistiche, pleure et abrite une déité. Rien de plus aisé que cette histoire naturelle, rien de plus fade que ces églogues. Toutefois Boileau prononçait que les métamorphoses étaient un élément de la poésie champêtre, et que pour atteindre « la force et la grâce » de l'idylle, il faut savoir

> Changer Narcisse en fleur, couvrir Daphné d'écorce [1].

Ronsard avait donné le ton, après Virgile et Ovide, et changé une nymphe en *Houx* [2] ; depuis ce temps-là, plus d'arbre qui ne fût une copie du tilleul et du chêne, tombes vivantes de Baucis et de Philémon. L'auteur du *Saint-Louis*, dans une seule églogue, métamorphose un prince espagnol en *Grenadier*, un Maure en *Mûrier*, la nymphe Mirtille en *Myrte* et deux époux en *Orange* et en *Citron* [3]. Quels traits de génie ! et combien de fois répétés [4] ! Comme toute la nature est donc gracieuse et animée ! Cet ormeau, c'est la nymphe *Sylvie* ; Saint-Amant nous l'apprend :

> Chacun de ses cheveux se hérisse en rameau ;
> Et de superbe Nymphe, elle devient ormeau [5].

Revenons au *Mûrier.* Cet arbre qui « des arbres est le More », teignit en noir ses fruits et leur suc, après avoir bu par ses racines le sang de Pyrame et de Thisbé :

> Son tronc s'en ouvrit de douleur ;

---

1. *Art poétique*, ch. II.
2.
> Le *Hous* une Nimphe estoit
> Qui par les forests portoit
> L'arc de Diane pucelle.
> (*Poèmes*, liv. II.)
3. *Entretiens poétiques,* 1665. *La Vie champêtre.*
4. Encore au début du dix-neuvième siècle, l'auteur d'un poème champêtre estimé appelait « très heureuses » ces fictions « de Daphné changée en laurier, de Clythie en tournesol, de Thisbé en mûrier... Ces fictions, disait Michaud, ne passent point les bornes de la vraisemblance poétique ; et elles ont de plus l'avantage de donner aux tableaux de la nature des couleurs plus touchantes et plus animées. » (*Le Printemps d'un proscrit*, 6e édit., page 149. Notes.)
5. *OEuvres*, édit Livet, t. Ier.

> Et les pleurs qu'en versa son âme
> De son deüil prirent la couleur [1].

La *Myrrhe*, aux pleurs parfumés, doit ses pleurs et ses parfums à une nymphe, qui fut transformée en cet arbrisseau. Chevreau y a trouvé la matière d'un long « Poëme héroïque ». Après mille aventures, la nymphe *Myrrhe* se sent envahir par une végétation subite :

> Ses os forment d'un tronc la grosseur et la force;
> De sa peau délicate il s'en fait une écorce.
> L'estomach en reçoit le même changement,
> Et le bois jusqu'au cou gagne insensiblement...
> Des pleurs qu'on voit répandre à cette misérable,
> Il s'en fait tous les jours une gomme admirable,
> Qu'on nomme encore *Myrrhe*, et dont les Immortels
> Souffrent que les humains parfument leurs autels [2].

L'*If* est une nymphe qui s'appelait *Isis*, et qui a, suivant Segrais, donné son nom abrégé d'une syllabe à cet arbre vert et triste :

> ...*Isis*... sent que ses pieds ne peuvent plus marcher,
> Que sa robe à son corps commence à s'attacher,
> Et qu'enfin immobile, abbatuë et sans force,
> Elle se voit couvrir d'une grisâtre écorce...
> Elle lève les bras vers le ciel qu'elle implore :
> Mais ses bras élevés, ainsi que ses cheveux,
> Soudain sont convertis en rameaux ombrageux [3].

Cette fleur brillante que vous cueillez fut un héros, par exemple l'*Eurymédon* de Pellisson [4]; cet arbrisseau « d'une verdure et d'une odeur exquise », c'est l'*Aristonoüs* de Fénelon [5]; ce roseau qui ondoie et se balance près des eaux, c'est Syrinx, dont Pan a composé sa propre flûte et celle du fameux M. de la Barre. La Motte a fait le récit de ce changement :

---

1. *Les Poësies du P. Le Moyne*, 1650, page 536.
2. Chevreau, *OEuvres meslées*, La Haye, 1697.
3. *Athis*, ch. v.
4. *Eurymédon*, en cinq chants, 1666.
5. « Pendant que Sophronyme faisoit les libations de vin et de lait, un *myrte* d'une verdure et d'une odeur exquise naquit du milieu du tombeau et éleva tout à coup sa tête touffuë, pour couvrir les deux urnes de ses rameaux et de son ombre. » (*Aventures d'Aristonoüs*, fin.)

> Ses pieds (de Syrinx) disparoissent sous l'herbe,
> Tout son corps n'est plus qu'une gerbe
> De longs et d'humides rameaux [1].

Regardez à vos pieds. Cet humble végétal, vulgairement nommé *Morille*, ce fut une nymphe du même nom; vous pouvez en croire Vion d'Alibray, l'ami de Saint-Amant :

> ...Ses membres que la peur assemble
> En tige s'unissent ensemble,
> Tige qui garde sa blancheur
> Et leur jeunesse et leur fraicheur;
> Sa face brunette est meslée
> A sa chevelure annelée [2].

N'est-ce pas ingénieusement rencontré? Regardez plus bas encore. Au fond de cette taupinée s'agite un animal noir et aveugle, dit-on. Savez-vous d'où vient à la taupe sa robe de velours et la cécité dont certains la croient affligée? Demandez-le au Secrétaire perpétuel de l'Académie française, Régnier-Desmarais. Il l'a expliqué tout au long : la *Taupe* fut « une très-belle Princesse », mais très égoïste, qui

> ...Borna ses sentimens
> A ne rien aimer qu'elle-mesme.

Elle recherchait la solitude « parmi les arbres et les fleurs » et fuyait toute compagnie; le ciel l'en punit. Tout d'un coup

> ...Son corps se réduit
> Et de ses yeux le jour s'enfuit.

De ses atours d'autrefois il ne lui resta plus que sa robe :

> L'habit qu'elle portoit alors
> S'attache par tout sur son corps,
> Et par tout en sa peau se change;
> Et tel qu'il fût de velours noir,
> Avant ce changement étrange,
> Tel on peut encore le voir [3].

Le *Cygne*, qui glisse sur l'eau du canal de Vaux et qui, même en mourant, chante moins bien que Lambert, fut — nous le savons de La Fontaine — *Amphion*, l'artiste

---

1. *OEuvres complètes*, t. Ier, page 249.
2. *Recueil des plus belles pièces...*, t. IV, page 268.
3. *OEuvres poétiques*, nouv. édit., t. Ier, page 48.

> Qui bâtit Thèbe au doux son de sa lyre.

Et, de peur que semblable révélation n'étonnât son lecteur, La Fontaine exposait comment cela n'avait rien de surprenant, même en 1658 ; car

> Ce que tu vois d'animaux et d'humains
> Troque sans cesse, et devient autre chose ;
> Toute âme passe en différentes mains :
> Telle est la loi de la métempsycose,
> Que le Sort tient en ses livres enclose [1].

Segrais, dans son poème « pastoral » d'*Athis*, imagine une quantité de semblables miracles. Le plus curieux, à notre avis, est la transformation du méchant *Anas* en *Cane*, sur les rives de l'Orne, près de la ville nommée « Cadomus » par les Latins :

> On dit que de son cri choquant, rauque, ennuyeux,
> Il a si constamment persécuté ces lieux,
> Qu'enfin les Neustriens notre ville en nommèrent [2].

Belle étymologie et trouvaille digne de Ménage : *Caen* vient du cri d'*Anas*, comme *haricot* vient de *faba*, et *laquais* de *verna*. Les métamorphoses ne coûtaient pas plus aux érudits qu'aux poètes.

Nous ne poursuivrons pas plus loin nos recherches en ce genre, bien que le champ en soit inépuisable. Ce ne sont pas seulement des arbres et des animaux qui ont reçu cette double vie de nos gens de lettres. Nos rochers sont des *Lychas* [3] ; nos sources furent des *Aréthuses* ; « Cléronde » est « fontaine aujourd'hui, pour avoir trop pleuré » jadis ; le Virgile de Normandie s'en porte garant [4] ; la source très illustre qui « épand ses libérales eaux » chez « Thémiste » (le premier président de Lamoignon), était une nymphe, la nymphe *Rachée*. Poursuivie par Apollon, elle s'élance de la colline de Basville qui regarde le couchant ; elle tombe dans la plaine et pleure. Apollon, pour la consoler, la métamorphose en

---

1. *Fragmens du Songe de Vaux*, fragm. IV.
2. *Athis*, fin.
3. V. *Télémaque*, liv. XV.
4. *Athis*.

source, et son nom de *Rachée*, trop français, en *Polycrène*.

> Plus heureuse cent fois que ma chère Hippocrène,
> Tu seras des savants la divine fontaine,
> D'où l'on verra puiser à cent chantres divers
> Cette noble fureur qui produit les beaux vers.

Et les deux yeux de *Rachée*, tout pleins de larmes, furent deux sources d'eau vive [1]; et Boileau lui-même y but l'inspiration.

Les métamorphoses coûtaient si peu aux imaginations nourries de ces prodiges, que l'on transformait, de la même façon, un homme en un objet d'art. La *Métamorphose d'Orante en miroir*, roman de prose d'environ trente pages, passait alors pour un morceau de choix que les recueils reproduisaient à ce titre [2]. On y voit comment Orante « homme fort galant, fort propre, fort poli..., perdant insensiblement la figure d'homme, devint uni, poli, clair et brillant, capable de recevoir toutes sortes d'images ».

Ces inventions ont généralement la subtilité et la grâce des énigmes de l'abbé Cotin. C'est un jeu d'esprit et de patience. L'un des faiseurs de vers qui rima bon nombre de ces métamorphoses les définissait :

> Des jeux d'esprit sur des Fables passées.

Les auteurs, en effet, semblaient lutter avec les curieuses narrations d'Ovide, que d'Assoucy mettait « en belle humeur », et que Bensserade resserrait en rondeaux. Scarron, lui aussi, jouait sur les « Fables passées », et il en tirait des métamorphoses, grotesques comme des mascarades. Ainsi, dans le *Typhon*, Jupin et les autres divinités de sa cour, poursuivis par les Géants, se cachent sous les formes des bêtes les plus communes :

> Jupin (d'abord) se fit bélier;
> Sa femme Junon devint vache;
> Neptune un lévrier d'attache,

---

[1]. Poésie inédite du P. Verjus, jésuite. — (Bibl. de l'Arsenal, Mss. Conrart, in-f°, t. XIII.) — Fragment cité par M. G. Doncieux, *Bouhours*, page 291.

[2]. *Recueil*, de Mme de La Suze et de Pellisson, t. IV; et *Recueil*, de Charles Perrault, 2ᵉ édit., 1676.

> Mome singe, Apollon corbeau,
> Bacchus un bouc, Vulcan un veau,
> Pan un rat, Vénus une chèvre,
> Le dieu Mars un grand vilain lièvre,
> Diane femme d'un marcou,
> Mercure cicogne au long cou [1].

N'y a-t-il point là, chez Scarron, quelque arrière-pensée de raillerie à l'endroit de ces innombrables métempsycoses chères aux rimeurs de son siècle? Scarron s'est moqué de tant de choses!...

Fontenelle faisait œuvre plus méritoire et plus scientifique, quand il examinait les causes et les origines de ces fables, soit chez ses contemporains, soit aux premiers âges du monde. Les contemporains, à son avis, ne font en cela que copier servilement l'antiquité, pour laquelle ils ont un « respect aveugle ». Quant à l'antiquité, elle avait appris l'art de ces ingénieuses transformations des hommes primitifs, qui expliquaient par là les phénomènes de la nature : « Toutes les *Métamorphoses* sont la physique des premiers Temps. Les Mûres sont rouges parce qu'elles sont teintes du sang d'un amant et d'une amante [2]; la Perdrix vole toujours à terre parce que Dédale, qui fut changé en perdrix, se souvenoit du malheur de son fils qui avoit volé trop haut ». Et ainsi du reste. Fontenelle, sans approfondir la matière, conclut par une explication philosophique de l'inclination « que les hommes ont toujours... pour ces sortes d'histoires. Elles ont le double agrément, et de frapper l'esprit par quelque trait merveilleux, et de satisfaire la curiosité par la raison apparente qu'elles rendent de quelque effet naturel et fort connu [3]. » Fontenelle parle d'expérience; de l'esprit, du Merveilleux consistant principalement en allusions aux « Fables du passé », le tout assaisonné de subtilités très faciles à saisir, n'est-ce pas toute la poésie *légère* du dix-septième siècle? Les *Métamorphoses* se prêtaient sans peine à ces conditions

---

1. *Typhon*, édit. de 1653, ch. III, page 271.
2. C'est l'histoire du mûrier et de Pyrame et Thisbé. (V. plus haut, page 134.)
3. *De l'Origine des fables.* — *Œuvres*, nouv. édit., t. III, page 285.

diverses. On en fit, un peu moins que de madrigaux, beaucoup plus que de chefs-d'œuvre.

Il y eut néanmoins, au dix-septième siècle, dans ce genre de Merveilleux mixte, des créations gracieuses et neuves. Elles imitent bien encore un peu les Fables antiques, mais parfois avec une allure jeune, originale, personnelle. Je veux signaler les apparitions d'êtres semi-divins, rencontrés par l'imagination d'un Saint-Amant, non loin des côtes de Bretagne, d'un Chapelle près d'un ruisseau de Gascogne, d'un Le Moyne, qui vit je ne sais où, entre Paris et Rouen,

> Le dieu de Seine sur ses eaux
> Tiré dans un char de roseaux [1].

Le génie marin, qui regarda « fixément » Saint-Amant, près de Belle-Ile-en-Mer, est de la famille du Génie des Tempêtes. Le poète le vit assez à loisir, pour nous en laisser un portrait détaillé :

> ...Son bras d'escailles est couvert,
> Son teint est blanc, son œil est vert,
> Sa chevelure est azurée...
> De la droitte il empoigne un cor,
> Fait de nacre aussi rare qu'or,
> Dont les chiens de mer il assemble.

Il porte un « pennache superbe » fait « de mainte branche de coral », une écharpe de perles d'Orient ; et sa tête est parfumée d'ambre. Comment douter, après une description si précise ? Saint-Amant faillit parler à ce curieux habitant des mers bretonnes ; mais il ne sut, ou il n'osa [2].

Chapelle et Bachaumont furent plus hardis et plus heureux. Sur les bords du ruisseau d'Encausse, « au pied des Pyrénées », entre « des saules et des prez les plus verds qu'on puisse imaginer », les deux voyageurs aperçurent le Génie du lieu, et il leur parla. C'était

> Un vieillard tout blanc, pâle et sec,
> Dont la barbe et la chevelure
> Pendoit plus bas que la ceinture.

---

1. *Les Poësies*, etc., page 81.
2. *Œuvres*, édit. Livet.

Son accoutrement répondait à ses fonctions :

> Son... chapeau, dont les grands bords
> Alloient tombans sur ses épaules,
> Étoit fait de branches de saules,
> Et couvroit presque tout son corps ;
> Son habit de couleur verdâtre
> Étoit d'un tissu de roseaux,
> Le tout couvert de gros morceaux
> D'un cristal épais et bleuâtre.

Ce dieu conta, en joyeux Gascon, à ses deux visiteurs l'histoire de la Garonne, puis rentra dans les hautes herbes de ses rives, et sa voix ne fut plus

> Qu'un murmure agréable et doux :
> Mais cet agréable murmure
> N'est entendu que des cailloux [1].

Ce n'est plus la nymphe banale, ni le fleuve de faïence appuyé sur son urne et fait pour décorer un jardin de Le Nôtre. Le Génie d'Encausse est une nouveauté, presque une création. Tel est encore le petit « dieutelet des Jardins et des Fruits », que je trouve dans le recueil de La Suze : « Il étoit vétu de verdure, tenant un panier en ses mains ; son visage étoit riant, et sa façon, d'un enfant de village [2]. » Ces échappées dans le domaine d'un Merveilleux mixte un peu moins usé n'est plus tout à fait la mythologie de convention et de *Gradus*. Voilà pourquoi nous avons voulu en faire mention à part. Mention semblable pourrait être accordée aux « Louis d'Or, et aux Pistoles », qui avaient, suivant Isarn, « du sens et de l'intelligence dans la tête dont elles étoient marquées », et qui se mirent à lui parler, — chose dont Isarn fut fort ébahi, comme il l'avoua à Mlle de Scudéry. Sur quoi la docte demoiselle lui répondait : « Vous sçavez bien, Monsieur, que je suis accoutumée d'entendre parler des Lapins, des Fauvettes et des Abricots ; mais après tout, je n'ai pas laissé d'être surprise de la conversation que vous avez eue avec votre *Louis d'or* [3]. »

---

1. *Voyage*, etc., édit. de La Haye, pages 22 et 23.
2. *Recueil* de Mme de La Suze et Pellisson, t. III.
3. *Le Louis d'or*, par Isarn ; édition de La Monnoye, *Recueil*, La Haye, 1714, t. II.

Les poètes ont, de par Horace, le pouvoir de tout oser. Dans tout système de Merveilleux ils se permettent d'évoquer les ombres et de faire converser les morts devant les vivants. Cette forme du Merveilleux mixte fut connue au dix-septième siècle; je ne saurais dire qu'elle y fut renouvelée. Sans doute on y écrivit des *Dialogues des morts* comparables à ceux de Lucien. Mais les ombres entrevues par Fénelon et par Fontenelle ne sont point strictement *merveilleuses*. Elles s'entretiennent de philosophie, d'art et d'histoire, comme des vivants; elles n'ont rien de fantastique et qui sente l'autre monde. A peine se souviennent-elles de leur état et condition. Fontenelle déclare même qu'il a écarté, à dessein, de ses morts, toute « fiction [1] ».

La plupart des autres *Ombres* poétiques sont, non point des fantômes désolés, apparaissant avec l'attirail effrayant des tombeaux. ou des enfers, mais des personnages portant gaiement le linceul et faisant servir leur qualité d'*Ombre* à une dissertation, à une louange, à une satire ; tout de même que la *Pompe funèbre de Voiture*, où il n'y a de funèbre que le titre [2]. Voiture, de son vivant, avait envoyé une *Épître galante écrite des Champs Élysées*, à Mlle de la Vigne. Cette demoiselle, nièce de Descartes, prit peut-être de cette joyeuse correspondance d'outre-tombe, l'idée de son poème *l'Ombre de Descartes*. Le philosophe, qui était allé chercher Christine « au pays des hivers », revient tout d'un coup des

...Climats sombres,
Où, loin de la lumière, errent les pâles Ombres [3].

Mais l'auteur et le lecteur oublient vite, pendant le long discours qui suit, la présence d'un hôte des « climats sombres ».

L'Ombre de Molière, évoquée par Saint-Sorlin contre Des-

---

1. « L'Histoire me fournissoit assez de véritables morts et d'avantures véritables, pour me dispenser d'emprunter aucun secours de la fiction. » (*Épître à Lucien, aux Champs Élisiens*, servant de préface aux *Dialogues*, 1689.)

2. Les deux lettres en style de Voiture et de Balzac, datées des Champs Élysées par Boileau, rentrent dans cette catégorie.

3. *Recueil* de Bouhours, édit. de Hollande, 1693, page 28.

préaux, est un prétexte à satire; ainsi en est-il de *l'Ombre de Molière*, mise en scène par Brécourt[1]. La satire anime aussi la longue conférence des mânes de Clément Marot avec Sénecé[2]. Le même Clément Marot conserve sa plaisante physionomie, lorsque, sortant des mêmes Champs élyséens, il apparaît, le premier jour de l'an 1700, à Chaulieu; comme suaire, il a sur le dos un « vieil habit de l'Amour qui le lui avoit prêté[3] ».

L'Ombre d'Homère, venant, avec la permission des puissances infernales, voir La Motte-Houdart, et lui léguer sa muse, n'étonne que bien peu, et n'effraye pas davantage; elle ferait plutôt rire[4]. Autant de « jeux d'esprit », comme les métamorphoses, dont nous parlions tout à l'heure. Je n'ai trouvé, parmi les productions légères du dix-septième siècle, qu'une ombre, un peu grave et à peu près poétique; celle du prophète de l'Islam, que le P. Le Moyne voit pleurer, après les défaites du Croissant :

> Je vis sur son maudit cercüeil
> L'Ombre de Mahomet en deüil
> Pleurer la fin de ses mosquées[5]...

La place des ombres sérieuses eût été au théâtre[6], si nos poètes dramatiques avaient en cela imité les Grecs, ou les Anglais; les Anglais, il y a deux cents ans, étaient passion-

---

1. C'est une comédie en un acte, en prose (1674). L'ombre de Molière y dispute avec neuf autres ombres de personnages-types, qu'il a le plus ridiculisés.

2. Longue plaisanterie de trente à quarante pages, sur le compte de Lulli. (*OEuvres* de Sénecé, édit. Jannet, pages 291 et suiv.) Le portrait de Lulli triomphant chez les ombres fera juger du reste : On vit paraître « un petit homme d'assez mauvaise mine et d'un extérieur fort négligé. De petits yeux bordés de rouge, qu'on voyoit à peine et qui avoient peine à voir, brilloient d'un feu sombre, qui marquoit tout ensemble beaucoup d'esprit et beaucoup de malice, etc... » (Page 297.)

3. *OEuvres* de Chaulieu, édit. de La Haye, t. II, page 74.

4. *OEuvres*, t. Ier, page 153.

5. *Poësies*, etc. (1650), page 118.

6. Les Poëmes épiques auraient pu employer les apparitions, en les rajeunissant. — Chapelain l'a soupçonné, et l'apparition de Jean sans Peur eût été admirable, si cette ombre eût été autre chose qu'un démon déguisé. (V. *La Pucelle*, liv. VII, édit. de 1657, pages 214 et 215.)

nés pour les fantômes de la tragédie. « Il n'y a rien, disait Addison, qui cause tant de plaisir et de frayeur à notre parterre anglais, que l'apparition d'une Ombre, surtout si elle est couverte d'une chemise ensanglantée[1]. » Nous dirons ailleurs pourquoi nos grands tragiques montrèrent tant de réserve à l'égard du Merveilleux. Une des ombres tragiques les plus intéressantes de ce temps-là fut (que Racine me pardonne!) l'œuvre de Pradon. Dans sa *Troade*,

> D'Achille furieux l'Ombre encor redoutable

apparaît aux Grecs, réclame le sang de Polyxène, puis rentre au noir royaume, où elle « tombe en murmurant[2] ». Mais elle n'a garde de se laisser voir, comme les ombres de Banquo, de César, ou du père de Hamlet; dans notre tragédie classique, ces spectacles sont offerts à l'oreille et reculés des yeux, selon la formule de Boileau[3].

La tragédie classique admet, toujours comme *récit*, un autre moyen du Merveilleux mixte, les songes, que Le Bossu range parmi les « demi-Machines[4] » et que La Motte nomme « un Merveilleux adouci[5] ». Ces songes, « Machines » voilées et transparentes, voix muettes du ciel, sont tantôt « le fondement de toute la pièce[6] », tantôt l'un des plus importants accessoires. Dès le début, ils annoncent le dénouement et le préparent, comme le songe d'Énée découvre au héros virgilien les destinées épouvantables et imminentes d'Ilion. Il en est de fameux, qu'il nous suffit d'indiquer. Tels sont les « mille songes affreux » de Camille :

---

1. *Le Spectateur*, 32ᵉ discours.
2. *La Troade*, acte II, sc. 3. — Œuvres de Pradon, t. Iᵉʳ, page 339.
3. *Art poétique*, ch. III, Tragédie.
4. Le P. Le Bossu range les *Songes* dans la troisième catégorie des faits merveilleux. Cette troisième classe « comprend les Oracles, les Songes et les inspirations extraordinaires ». (*Poëme épique*, page 361.) — En fait d'oracles merveilleux, nous ne voyons à enregistrer que celui du

> ...Grec si renommé qui, depuis des années,
> Au pied de l'Aventin prédit nos destinées.
>
> (Corneille, *Horace*, acte Iᵉʳ, sc. 3.)

5. *Réflexions sur le Songe d'Athalie*. Œuvres, t. VI, pages 80-84.
6. La Motte, *ibid.*

> J'ai vu du sang, des morts, et n'ai rien vu de suite;
> Un spectre, en paroissant, prenoit soudain la fuite [1].

Tel est le songe de Pauline, voyant tour à tour dans « un amas confus des vapeurs de la nuit » Sévère et Polyeucte; Sévère, qui

> ...N'étoit point couvert de ces tristes lambeaux,
> Qu'une Ombre désolée emporte des tombeaux...

Mais à ses pieds tombait Polyeucte couvert de sang. Toute la pièce est en germe dans ces « images ».

Les deux songes d'Athalie [2] sont encore plus intimement liés à l'action et à la catastrophe; mais tous deux, en vrais songes tragiques, commencent par un tableau brillant, ou gracieux : une reine « pompeusement parée », un « jeune enfant couvert d'une robe éclatante »; tous deux s'achèvent dans l'horreur; là les « chiens dévorants », ici « l'homicide acier [3] ». Les songes ainsi présentés indiquent, avec la solution fatale de l'intrigue, l'élément de *terreur*, et, en partie du moins, l'élément de *pitié*. Corneille et Racine ont usé en maîtres de ce Merveilleux, qui se produit sans appareil, sans décors, ni « échelles de Caron ». D'autres tragiques firent jouer les mêmes ressorts avec plus ou moins de génie ou de succès. Notons la pièce de Cyrano, où, dans un « sommeil prophétique », Agrippine entend une voix mystérieuse, comme celle du songe des *Enfants d'Édouard* [4] :

> Je ne sçay quoi de blême et qui marchoit vers moy,
> A crié par trois fois : César, prends garde à toy [5] !

---

1. *Horace*, acte Ier, sc. 3.
2. *Athalie*, acte II, sc. 5. — A l'opéra, le poète et le machiniste plus à l'aise évoquaient des ombres : ainsi l'ombre d'Ardan qui sort du tombeau, dans l'opéra d'*Amadis* (Quinault).
3. Tout en redonnaissant qu' « il n'y a point de pièce où un songe fasse un si grand effet », La Motte s'efforce de prouver que ce *Songe d'Athalie* est de toute façon mal imaginé, mal amené, mal exprimé. (Vid. loc.)
4. *Les Enfants d'Édouard*, de C. Delavigne, acte III, sc. 1re.
5. *Agrippine*, acte III, sc. 2. — Cette tirade (à part le trône de César « hérissé d'hallebardes ») est vraiment belle. Agrippine use même d'une habileté assez heureuse, quand elle commence par cette précaution :

> Écoute donc, Seigneur, le songe que j'ai fait,
> Afin que le récit en détourne l'effet.

Si Pradon échoua au théâtre, ce ne fut certes point par ignorance de tous ces secrets de la tragédie; il emploie, lui aussi, les songes, les présages [1], les « noirs pressentiments », qu'il appelle

> Des volontés du Ciel ces muets interprètes [2].

Sa trop fameuse pièce d'*Hippolyte* s'ouvre par un songe. Hippolyte dit à Idas, son gouverneur, en vers qui n'ont rien de ridicule :

> Je vois toutes les nuits cent images funèbres,
> Qui mêlent leur horreur à celle des ténèbres.
> Ce matin dans le Temple où j'ai sacrifié,
> Au col de la victime un serpent s'est lié,
> Qui lui perçant la gorge en écumant de rage
> M'en a fait rejaillir le sang sur le visage.
> Le prêtre, à ce prodige, interdit et tremblant,
> Seul auprès de l'autel m'a laissé tout sanglant [3] !

On prévoit tout de suite qu'un sort pareil à celui de Laocoon attend le malheureux fils de Thésée.

Le songe, ou sommeil « prophétique », ce messager « muet » de Dieu ou des dieux, n'est pas seulement une « demi-machine » tragique. La littérature comique en fait son profit; *le Lutrin* en compte plus d'un; c'est en songe que le chantre aperçoit, dans un « bleuâtre éclat », ce dragon, qui allonge la tête « en forme de pupître [4] ».

Personne n'ignore que le *Moyse sauvé* est, en grande partie, un songe. Jocabel, mère de Moïse,

> ...Sent tout à coup se glisser en ses veines
> L'agréable Serpent qui fait mourir les peines [5];

et dans ce rêve admirable, que Saint-Amant continue pendant près de deux mille vers, Jocabel apprend le magnifique avenir du nouveau-né exposé sur le Nil et la délivrance des Hébreux — y compris ce fameux passage de la mer Rouge, les pois-

---

1. Cf. *Régulus.* OEuvres, nouv. édit., t. II, page 119.
2. *Régulus*, acte II, sc. 4.
3. *Hippolyte*, acte Ier. — OEuvres, t. Ier, page 204.
4. *Le Lutrin*, ch. IV.
5. 3e partie; édit. de 1660, page 48.

sons mis « aux fenêtres », et les jeux de l'enfant avec le caillou, dont s'est diverti Boileau[1].

L'*Adam* de Perrault imite le *Moyse sauvé* de Saint-Amant. Écoutons le *Mercure* : « Adam, chassé du Paradis Terrestre, et succombant au sommeil, malgré le trouble et l'inquiétude que lui cause son malheur, voit en songe tout ce qui doit arriver jusqu'au déluge. » Ce beau songe dure tout un chant du poème[2]. Rien de plus commode qu'une amplification sur un thème de cette sorte; le songe autorise tout, ou excuse tout; il embellit tout aussi, quand il est le fait d'un génie bien éveillé. Au surplus, l'antiquité classique et gauloise en fournissait des modèles. La Fontaine le savait, et il cite les Anciens, en offrant *le Songe de Vaux* à ses lecteurs. Il avait à faire une description poétique du domaine princier créé par Fouquet; il a, dit-il, choisi « le Songe », de préférence à « l'Enchantement » et à « la Prophétie[3] ». Pourquoi? C'est qu'il imite, « outre le Roman de la Rose, le Songe de Poliphile, et celui même de Scipion ».

« Je feins donc, poursuit l'aimable rêveur, qu'en une nuit de Printemps, m'étant endormi, je m'imagine que je vais trouver le Sommeil, et le prie que, par son moyen, je puisse voir Vaux en songe... » Mais « à peine les Songes ont commencé de me représenter Vaux, que tout ce qui s'offre à mes sens me semble réel; j'oublie le dieu du sommeil et les démons qui l'entourent; j'oublie enfin que je songe[4] ». Nous l'oublions aussi; et nous admirons la bonhomie avec laquelle le poète avoue qu'il a dormi les yeux ouverts, comme son lièvre.

Des livres entiers de critique littéraire furent conçus et écrits d'après ce système; les auteurs prétendent bien ne rapporter que les prodiges entrevus par eux dans un rêve. Tel est *le Parnasse réformé*, de Guéret. Guéret s'est endormi

---

1. *Art poétique*, ch. III; Poème épique.
2. C'est le second. — *Mercure galant*, février 1698.
3. La Fontaine ne semble concevoir que ces trois manières (toutes trois merveilleuses) de décrire les splendeurs récentes de Vaux. Il y avait au moins une quatrième méthode : celle de présenter les choses telles qu'elles étaient. Mais La Fontaine cède ici au préjugé commun du dix-septième siècle, que sans *fiction*, il n'y a point de *poésie*.
4. *Fragmens du Songe de Vaux*; avertissement.

au bord d'une fontaine, après avoir lu « une critique sur quelques livres nouveaux[1] ». Soudain il aperçoit le Parnasse tout en désordre et confusion; puis survient le poète Gombaud, qui se fait le guide du dormeur et qui l'instruit, comme la Sibylle fit pour Énée, et Virgile pour le Dante.

C'est en songe aussi que M. de Callières assiste à *la Guerre nouvellement déclarée entre les Anciens et les Modernes*. « S'étant endormi,... il vid en songe cette Déesse diligente et grande parleuse, qu'on nomme vulgairement la Renommée, qui d'un vol rapide se rendit du haut d'un des Pavillons du Louvre sur le Mont Parnasse[2]... ». Et la guerre commence.

Avec la déesse « grande parleuse », nous entrons dans une autre sphère du Merveilleux mixte, sphère peuplée de divinités, mais de divinités purement symboliques, créées, personnifiées, animées, par le poète soit chrétien, soit païen, comme les *Prières* dans l'*Iliade*, la *Renommée* dans l'*Énéide*, la *Religion* dans la *Henriade*, la *Mollesse* dans le *Lutrin*. Ces divinités morales ne vivent que par leur nom et par un ou deux attributs dont le poète les décore, une ou deux fonctions et actions qu'il leur prête. Ce sont les allégories. Ces fantômes semi-divins sont de tous les systèmes poétiques. Employés par les poètes grecs ou romains, ils se rapprochent des demi-dieux, des nymphes; dans l'imagination des poètes chrétiens, ils reçoivent la tournure ou des anges, ou des démons. « Il faut avoir soin que l'*Allégorie* ne tienne à aucun système, sinon à celui qu'on a pris. » Ainsi le décréta Marmontel[3]; suivant le même auteur, qui rédige ses décrets d'après la littérature classique, l'allégorie a sa place dans l'épopée, sur la scène lyrique, et dans la poésie dite légère.

L'antiquité classique ne traitait point ces personnifications abstraites sur le même pied que les dieux. Elles ne jouaient leur rôle de convention qu'à une heure donnée, ou même ne paraissaient qu'à titre de figurants et de décor; comme celles

---

1. 2ᵉ édit., 1669; pages 2 et 3.
2. Édit. de 1688, liv. Iᵉʳ, pages 3 et 4.
3. *Poétique*, 1763; chap. xv.

que Virgile relègue aux rives noires du Styx et autour de l'orme infernal. Virgile ne les fait point agir, à la façon des dieux de l'Olympe ou de la mer; parce qu'il faut des réalités plus saisissables pour l'épopée. Le moyen âge, au contraire, fit avec des allégories *le Roman de la Rose*, les comédies de Moralités, les personnages de certaines fêtes ou représentations populaires. Le dix-septième siècle admit tantôt les unes, tantôt les autres, en inventa de nouvelles, ou tâcha parfois de rafraîchir quelques-unes des plus usées.

Mais par allégories, le dix-septième siècle n'entendait pas seulement ces abstractions auxquelles la poésie octroyait une sorte de corps diaphane et une allure quasi divine ou surhumaine [1]. Ce terme cachait un sens plus mystérieux, dont nous dirons un mot, parce qu'il se rattache très intimement à la question du Merveilleux. On appelait *allégories* les leçons que les poètes épiques avaient, disait-on, voulu cacher sous le voile de leurs personnages célestes et de leurs héros. Nos épiques français avaient découvert ces mystères dans les *Poétiques* ou autres doctes traités; et comme ils prétendaient travailler selon toutes les règles, ils se soumirent encore à celle-là. Leurs épopées n'en valurent ni moins, ni plus; mais ils eurent la consolation d'y avoir enfermé mainte profonde allégorie, plus de sens que de mots.

En 1674, Boileau craignait, ou feignait de craindre, la disparition des divinités allégoriques. La poésie française était menacée; des novateurs allaient peut-être en « chasser l'allégorie »; quel crime abominable et quelle hardiesse extrême!

> Bientôt ils défendront de peindre la Prudence;
> De donner à Thémis ni bandeau ni balance,
> De figurer aux yeux la Guerre au front d'airain,
> Ou le Temps qui s'enfuit une horloge à la main [2].

Boileau pouvait se rassurer en ouvrant ses livres, ceux de ses

---

1. Le mot *allégorie* a plusieurs autres sens, dont nous n'avons point à nous occuper. Tels sont ceux que donnent les rhétoriques, au chapitre des figures, comprenant certaines suites de métaphores, ou certains poèmes, comme la fameuse *allégorie* de M⁽ᵐᵉ⁾ Deshoulières à ses enfants (1693).

2. *Art poétique*, ch. III.

amis et ceux de ses adversaires. Partout l'allégorie s'étale et fleurit, dans les poèmes épiques, ou héroï-comiques, à l'opéra, dans les satires, les odes, les élégies, les madrigaux et les bouts-rimés. On divinise toutes les idées abstraites : 1° le Temps, ce « vieillard agile », avec son « horloge », et les Heures, et le Jour, et la Nuit, et les Saisons; 2° la Guerre au front d'airain et les autres événements de la vie sociale ou politique; 3° la Prudence et Thémis « qui préside aux Balances d'Astrée », et toutes les autres vertus, et tous les vices et passions; 4° une foule d'autres idées les moins susceptibles de déification, comme les figures de rhétorique, la mort, les maladies, surtout celle que Costar nomme « la déesse Podagre [1] » et que Mme Deshoulières qualifie déesse « triste », en lui offrant « de l'encens », et souhaitant de la voir adorée « en bronze et en marbre [2] ».

Le Temps. C'est surtout au théâtre et dans les poésies des ballets que se montrent les allégories du Temps et de ses divisions. Louis XIV, à quinze ans, n'étant pas encore le roi-soleil, apparaissait sous le costume divin d'un « Joli petit Point-du-Jour », déité de création toute neuve [3]. Le 5 décembre 1654, le Temps et tout son cortège dansait, pour récréer la cour de France [4]. Bensserade imaginait et rimait (à merveille, disent les contemporains) les rôles débités par Sa Majesté ou par les courtisans, affublés de ces travestissements célestes. Quand le roi représentait une Heure, Bensserade l'annonçait en ces termes :

> Voici la plus belle Heure, et de tous les cadrans
> La première dessus les rangs.

Dans le *Ballet de la Nuit*, le marquis de Genlis, passablement défiguré par la petite vérole, représentait « une Heure de la Nuit », et Bensserade lui faisait dire :

> Je suis l'Heure la plus marquée.

Ainsi des autres.

---

1. *Lettres*, 1658. Lettre cv, page 285.
2. *OEuvres*, t. II, *Épître à la Goutte*, 1691.
3. *Muze historique*, 1er mars 1653.
4. *Ibid.*

On voit bien aussi parfois ces divinités de nuit et de jour dans les poèmes plaisants ou sévères, par exemple dans le *Saint-Louis*,

Les Heures aux yeux pers à l'aube ouvrent la porte [1];

et

Les Heures ...brillantes et parées
Ouvrent de l'Orient les portes azurées [2].

Mais c'était principalement sur les planches que ces divinités éphémères se montraient, parlaient, dansaient, ballaient autour du Temps, « Vieillard chenu, mais agile et dispos [3] ». Bensserade, Molière, le marquis de Saint-Aignan, La Motte, Lulli, leur fournissaient des paroles ou des airs; le jésuite Claude Ménestrier se chargea du costumier de ces dieux-idées. Notons seulement les atours qu'il octroie au Temps, « à la Nuit et aux Saisons »; les littérateurs les habillent à peu près de même : « Le Temps s'habille de quatre couleurs, qui marquent les quatre Saisons. On lui donne pour coeffure un tymbre, avec une montre (Boileau lui donne une « horloge ») qui marque les heures, et des ailes au dos, aux pieds et à la teste, une faulx et un sable à la main. » — Pour montrer que tel était bien le Temps des poètes (des peintres aussi), écoutons Perrault : « Le Temps, c'étoit

...Un vieillard, dont la barbe chenue
Tomboit à flots épais sur sa poitrine nue;
D'un sable diligent son front étoit chargé,
Et d'ailes de vautour tout son dos ombragé :
Près de lui se voyoit une faux argentée... [4] »

« La Nuit doit estre vestue de noir, semée d'estoiles, et un croissant de lune sur la teste...

« L'habit du Printemps doit être vert, semé de fleurs, avec une couronne de roses;

« L'Hiver doit estre vestu de blanc, avoir longue barbe, un habit fourré et paroistre engourdi en ses postures;

« L'Esté, de couleur violette qui est celle de la mois-

---

1. *Saint-Louis*, liv. XI (1658), page 343.
2. *Ibid.*, liv. IX, page 259.
3. Fontenelle, *Œuv.*, t. IV, page 373.
4. *Poëme de la Peinture*.

son, une couronne d'épis en tête et une faulx à la main ;

« L'Automne, de couleur olive ou feuilles mortes, avec une corne d'abondance pleine de fruits, et une couronne de pampre[1]. »

Déités charmantes avec de telles parures, quand elles étaient vivifiées par la musique et la danse ; mais, somme toute, déités d'almanach et de calendrier. Seule, la fantaisie d'un La Fontaine savait faire du neuf avec les oripeaux de ces allégories ; il faut le génie d'un La Fontaine pour changer la Nuit en cette déesse gracieuse qui « même en dormant, fait du bien aux mortels ». Cette divinité,

> Par de calmes vapeurs mollement soutenue,
> La tête sur son bras et son bras dans la nue,
> Laisse tomber les fleurs et ne les répand pas[2].

Ne peut-on pas dire, en face de ce tableau, comme l'auteur le dit lui-même : « Qu'elle est belle, cette Nuit ! » Elle vaut, ou même elle efface la Nuit noire de Boileau, qui

> ...De ses ailes affreuses
> Couvre des Bourguignons les campagnes vineuses[3].

Aucune de ces allégories n'exerça la veine des rimeurs sérieux ou joyeux autant que l'Aurore. Ne citons point Loret, qui a peut-être fait cent Aurores diverses ; Loret n'est qu'un plaisant. Mais on pourrait écrire un chapitre bien gros des variantes connues sur les doigts de rose et sur les larmes de cette divinité matinale. Ces doigts, avec quelle mignardise Charles Perrault les décrit :

> Un peu de rouge les colore,
> Quand de couleur de rose elle peint le Levant,
> Ou bien, quand au matin, sur le rivage More,
> Elle les lave en se lavant[4].

L'Aurore de Fénelon est aussi, comme celles d'Homère et

---

1. *Des Ballets anciens et modernes*, 1682.
2. *Fragmens du Songe de Vaux*, fragm. v.
3. *Le Lutrin*, ch. III.
4. *Le Portrait d'Iris*. (V. *La Galerie des Portraits*, etc. Édit. É. de Barthélemy, 1860, page 175.)

de Virgile, « aux doigts de rose » ($\rho o \delta o \delta \acute{\alpha} \kappa \tau \upsilon \lambda o \varsigma$)[1]. M{me} Deshoulières chante de même

> L'Aurore aux doigts incarnadins [2].

Mais ses pleurs ! Pas un poète qui ne les ait recueillis ou comptés. L'auteur du *Jonas* a vu « couler doucement mille perles liquides » de ses yeux toujours moites [3]. Les faiseurs de vers, habitués à semblables déluges, en riaient de temps à autre. Le jour de *la Pompe funèbre* de Voiture, Sarrasin vit très joyeusement tomber les larmes intarissables de l'Aurore ; et

> Du grand déluge de ses pleurs,
> Elle noya toutes les fleurs,
> Et grossit les flots d'Hippocrène,
> Presque autant que ceux de la Seine.

Assurément l'Hippocrène eût débordé, si elle eût ressemblé à nos fontaines [4] ; du reste, elle devait être bien à sec, si l'on en juge par la poésie qu'elle inspirait... Comme les fleurs allégoriques écloses sur ses rives sont étiolées ! L'Aurore n'a guère été rajeunie que par La Fontaine ; nous lui devons la plus belle Nuit et l'Aurore la plus fraîche :

> De sa robe d'hymen l'Aurore étoit vestue :
> Je voyois sur son char éclater les rubis,
> Sur son teint le cinabre, et l'or sur ses habits ;
> D'un vase de vermeil elle épanchoit les roses [5].

Les douze syllabes de ce dernier alexandrin valent, et au

---

1. *Télémaque*, liv. XXIV.
2. *OEuvres*, nouv. édit., t. Ier, *Balade au Duc de Saint-Agnan*, 1684.
3. L'Aurore
> Arrange ses cheveux et de ses yeux humides
> Fait couler doucement mille perles liquides.
> (*Jonas*, 1663, liv. X, page 141.)
4. Loret salue ainsi, un matin d'automne, l'éternelle pleureuse :
> L'Aurore entr'ouvrant la cloizon
> De sa lumineuze maizon,
> Et quitant son Époux grizon,
> Paroît déjà sur l'Horizon,
> Humectant en cette saizon,
> De ses pleurs, maint et maint gazon.
> (9 octobre 1655.)
5. *Fragmens du Songe de Vaux*, fragm. VII.

delà, tous les volumes de vers consacrés à chanter la déesse aux doigts de rose, même tous les sonnets que la marquise de Sévigné récitait « dévotement » en son honneur[1]. Le Brun et Mignard ont-ils écrit sur la toile quelque chose de plus gracieux ?

Les *Événements* politiques recevaient aussi des noms et des attributs divins. Tout acte mémorable du règne de Louis le Grand devenait, par une apothéose rimée, divinité allégorique. La *Paix*, celle des Pyrénées, se montre dans le ciel « avec sa chère Astrée », attifée par les mains bucoliques de Segrais. C'est une reine,

> Son front est couronné de la plus verte olive ;

c'est une déesse ; écoutez. Pendant que le grand Jules offrait un sacrifice de « pur encens » et « d'odorantes fleurs »,

> Une voix dans la nue à ses vœux répondit ;
> La Paix avec Thémis à l'instant descendit ;
> Abandonnant des Cieux les voûtes azurées,
> Elles fendoient les airs de leurs aîles dorées [2].

Qu'est-ce que le duel « aboli » par Louis XIV ? Une divinité infernale, un

> Monstre que la Colère engendra de l'Orgueil.

Mais le « jeune Héros » a terrassé et enchaîné

> Ce démon domestique, artisan du carnage [3].

Qu'est-ce que la révocation de l'Édit de Nantes ? Une victoire du même Hercule sur une « Hidre homicide[4] », sur une

---

1. Lettre du 26 juin 1676 : « C'est un plaisir de voir lever l'Aurore, et de dire dévotement les sonnets qui la représentent. » — Assez jolie aussi, l'Aurore de Tristan Lhermite. « L'Aurore, dit-il,

> Rend la couleur à toutes choses,
> Et montre d'un doigt endormy
> Sur un chemin semé de roses
> La clarté qui sort à demy. »
>
> (*Les Vers héroïques*, 1648, page 30.)

2. Églogue vii, *La Paix*.
3. La Monnoye, *Poésies*, édit. de La Haye, page 3. *Le Duel aboli par Louis XIV*; ce fut le sujet proposé par l'Académie française, pour le premier prix de poésie, en 1671.
4. *Ibid.*

sur
> Hydre indomptée...
> Qui traînoit la Discorde et l'Orgueil à sa suite [1] ;

> Un Hydre épouvantable,
> Que, dans sa rage, avoit vomi l'Enfer [2] ;

sur la « Triste Hérésie, fille de l'Équivoque [3] » ; sur « l'Hérésie aux crins de vipère [4] ». — Les « vipères » étaient la parure de l'Hérésie et d'une autre « Méduse » sa sœur, la « Rébellion [5] ».

La Fronde fut l'époque où

> La Discorde enragée
> Sortoit des gouffres de l'Enfer [6] ;

A la paix de « Riswic »,

> La cruelle Discorde, outrée et fugitive,
> Rentre dans le fond des Enfers [7].

Mais laissons de côté ces tableaux peu réjouissants. Deux autres déesses de cette catégorie dépassent les autres et les effacent : ce sont la Victoire et la Gloire. On les rencontrait partout. Voici la Gloire, telle que la rencontra un poète aux dernières lueurs d'un beau jour, au fond d'un bois de lauriers :

> L'air frémissoit au bruit de sa voix éclatante ;
> Elle avoit d'un côté des palmes dans la main,

---

1. Mme Deshoulières, Œuvres, nouv. édit., t. Ier, Sur la Révocation de l'Édit de Nantes.
2. Bosquillon, Recueil de Bouhours, page 166.
3. Boileau, sat. XII.
4. La Monnoye, Poésies, ut supra, pages 136 et 137.
5. Le P. Le Moyne les place au ciel « sous les pieds des Héros », comme les sculpteurs du moyen âge plaçaient les démons et les gargouilles sous les pieds des saints.

> De la Rébellion, comme d'une Méduse,
> La teste s'y verra de sa peine confuse :
> Et sa sœur l'Hérésie, autre monstre fécond
> En serpens tortueux qui naissent de son front,
> Y paroistra près d'elle écumant de colère,
> Et les deux bras liez d'une double vipère.
> (Entretiens poétiques, 1665, liv. Ier, Carte de Paris.)

6. Racan, Ode au Roi.
7. Mlle Deshoulières.

> Elle tenoit de l'autre un puissant cor d'airain...
> Son corps étoit porté sur des aîles dorées [1].

Dans cette collection d'estampes poétiques, il est naturel de retrouver une divinité allégorique, dont la Victoire et la Gloire n'étaient que les humbles servantes, — la France. Malherbe s'était raillé jadis de ses contemporains, qui poétisaient de la sorte l'idée de la patrie. Cependant l'une des plus riches allégories que nous ait laissées le dix-septième siècle est celle de la France, que Chapelain fait apparaître à Charles VII. C'est la France de 1429. Elle se montre au roi de Bourges, fière encore, mais impuissante et désolée; elle a les traits d'une « antique Princesse »,

> En qui, malgré les ans, l'auguste majesté
> Et reluit avec grâce et tient lieu de beauté...
> En ondes sur le col les cheveux lui flottoient,
> Et les Lys sur son chef en couronne éclatoient;
> Mais cette mesme fleur sèche et défigurée,
> Languissoit sur sa robe en lambeaux déchirée;
> Sa main ne soustenoit qu'un demi-sceptre d'or,
> Où la trace des Lys restoit à peine encor [2]...

Vertus et Vices, etc. Ce serait un travail très ingrat et très peu fructueux que de composer une galerie complète des vertus, des vices, de toutes les qualités morales et physiques dont la poésie du dix-septième siècle fit des êtres célestes ou infernaux. Nommons seulement quelques-unes de ces allégories devenues immortelles: la Haine « l'affreuse Haine », évoquée au troisième acte de l'*Armide* de Quinault (1686); la Piété, « compagne éternelle » de l'Innocence, descendant en un « lieu par la Grâce habité », sous les traits de Mlle de Caylus. Cette Piété combat, par la main du roi

> Le perfide Intérêt, l'aveugle Jalousie

et « l'affreuse Hérésie » et « la Discorde en fureur [3] ». La Discorde de Boileau est (après celle de l'Arioste)[4] la plus fameuse Discorde déifiée par la poésie; elle est « toute noire

---

1. *Recueil*, de Mme de la Suze, etc. Nouv. édit., t. II.
2. *La Pucelle*, liv. VI.
3. *Esther*, prologue.
4. *Orlando furioso*, ch. XIV, st. 82, cc.

de crimes »; elle a un « air hideux »; elle « fait siffler ses serpens », et

> De longs traits de feu lui sortent par les yeux [1].

Non moins fameuse est la Mollesse, qui

> Soupire, étend les bras, ferme l'œil et s'endort [2].

Le Lutrin est un vrai panthéon d'allégories. Selon le vœu de Boileau législateur, Boileau poète fait en sorte que chaque vertu devienne une divinité [3]; même les vertus chrétiennes, la Foi, l'Espérance et la Charité, qu'on est fâché de voir en assez mauvaise compagnie, notamment avec les Plaisirs qui pétrissent « l'embonpoint des chanoines » et broient « le vermillon des moines [4] ». Boileau déifie, à la manière classique, la Renommée,

> ...Cet oiseau qui prône les merveilles,
> Ce monstre composé de bouches et d'oreilles [5];

---

1. *Lutrin*, ch. 1er.
2. *Id.*, ch. II.
3. *Art poétique*, ch. III.
4. *Lutrin*, ch. VI; la Foi vient à Paris et s'agenouille aux pieds de Thémis, ch. II; — Carel de Sainte-Garde prétendit, en sa *Défense des beaux esprits*, que Boileau avait dérobé cette allégorie à son *Childebrand*.
5. Boileau tenait cette allégorie de Virgile (*Æn.*, IV, v. 173 et seqq.); Voltaire la lui emprunta (*Henr.*, l. VIII). Mais Desmarets critiqua le mot « oiseau »; on n'a jamais, disait-il, appelé la Renommée un oiseau. (*Défense du Poëme héroïque.*) — Tous les poètes du dix-septième siècle ont divinisé la Renommée; le P. Le Moyne la nomme « La Nimphe au cor d'argent » (*Poésies*, 1650, page 554); Racine : « La Nymphe qui vole et qui parle toujours. » (*La Renommée*). D'autres, au lieu de ces périphrases connues, indiquent et peignent d'un mot cette mobile déesse. Ainsi Chevreau :

> Déjà la Renommée étend ses longues ailes...
> (*Au duc du Maine*, 18 de may 1684.)

Ailleurs, c'est une de ces descriptions que les versificateurs allongent sans beaucoup de travail; en voici une, sur deux rimes :

> ...C'est la Renommée;
> Non cette Hydre horrible, affamée
> De mensonges et de faux bruits,
> Dont chaque tête envenimée
> Crève aussitôt qu'elle est semée,
> Aux climats grossiers, et nourris
> D'épais brouillards et de fumée ;
> Non, non, c'est cette bien-aimée
> De nos guerriers ses favoris;
> Cette belle Nymphe charmée
>
> De l'auguste nom de Louis ;
> Cette divinité formée
> Des chants d'allégresse et des cris
> D'une victorieuse armée ;
> Et qui des échos de Paris,
> Et de feux de joie animée
> Vole par l'Empire des Lys.
>
> (Chapelle, pour M. le comte de S.)

même la Chicane, sorte de « Sibylle étique » aux griffes « d'encre noircies », vainement « accourcies » par Pussort, et qui a pour enfants la Disette, la Famine et les Chagrins [1].

Rien de plus commun que ces généalogies, que ces cortèges d'abstractions, filles ou sœurs d'abstractions. On voit chez Saint-Amant :

> ...La fière Antipathie,
> D'où naissent la Discorde et la Haine en partie;
> Qui fait la Répugnance, engendre le Dédain [2]...

Et encore le Calme, couronné « de plumes d'Alcions », environné d'une cour digne de lui :

> Là, sur un trosne d'algue et de mousse et d'esponges,
> Cet amy du Silence et du père des Songes,
> Parloit avec effroy de l'orage excité
> A ses Sœurs la Bonace et la Tranquillité [3].

Jean-Baptiste Rousseau enchérit, s'il est possible, sur ses prédécesseurs ; témoin cette strophe :

> O détestable Calomnie,
> Fille de l'obscure Fureur,
> Compagne de la Zizanie,
> Et mère de l'aveugle Erreur [4]...

Triste famille, et poésie misérable. Malgré les épithètes, les périphrases et les détails généalogiques, le poète ne donne qu'une vie factice à de semblables fantômes. Tout cela est mort, tout cela est froid. A Scarron seul il est permis d'en faire des êtres de chair et d'os, et de les mettre aux prises avec son Matamore, fier capitan, qui, dans un mouvement de vivacité, avait « roué la Fortune », « écorché le Hasard » et « bruslé le Mal-Heur ». Passe encore l'allégorie héroï-comique, dans un poème comme *le Lutrin*. Mais comment des poètes épiques ont-ils songé à en faire les machines de leur Merveilleux? S'ils se contentaient de les nommer, ou de les peindre à grands traits, ces figures se montreraient à

---

1. *Le Lutrin*, ch. v.
2. *Moyse sauvé*, 2ᵉ partie.
3. *Ibid.*, 6ᵉ partie.
4. *Au Grand Prieur de Vendôme*, 1715.

nous dans leurs vers, semblables à celles que les peintres du roi jetaient aux plafonds des palais ; leur rôle est de se tenir là dans leur immobile attitude, même la Fortune sur sa roue [1]. Mais transformer ces fantômes en *Machines* agissantes, vivantes, passionnées, c'est détruire toute illusion. La Fortune avec son bandeau, posant à peine le pied sur sa roue et tendant le bras vers l'horizon, est gracieuse en peinture. Imaginez que la roue tourne, et que la gracieuse déesse saute pour garder l'équilibre ; elle devient risible [2].

Addison, dans ses *Remarques* sur le *Paradis Perdu*, se félicita d'avoir, le premier de tous les critiques, émis cette opinion ; et après avoir déclaré que la Mort et le Péché, personnifiés par Milton, sont des créations de génie, Addison conclut qu' « ils ne conviennent point au poème héroïque » ; il s'étonne même que le grand Milton ait pu songer à faire bâtir un pont sur le chaos par les mains de la Mort [3].

En bien cherchant à travers les recueils et les poèmes du dix-septième siècle, peut-être finirait-on par découvrir quelques déités un peu plus gaies, ou quelques figures moins vieilles, se rapportant à notre troisième catégorie. Nommons-en deux : le Silence de Saint-Amant, et le Sommeil de Le Moyne. Le Silence est une déité ailée, mais invisible, étendant sa puissante envergure dans la solitude et la nuit :

---

1. Encore ne faudrait-il pas leur prêter, même en vers, des attributs ridicules, comme H. le Cordier, à la Faim,

La Faim dont l'estomach est un abisme creux ;

et à la Pauvreté,

Dont l'estomach est creux et dont les mains sont grandes.
 (*L'Illustre Souffrant*, 1667, ch. v, page 33, et ch. vi, page 37.)

2. Même la « Pasle Famine », que Scudéry fait errer dans les rues de Rome assiégée, avec force concetti. (*Alaric*, liv. X.)

3. Ce n'est point ici le lieu de répéter ce que l'on a écrit sur le Merveilleux de la *Henriade*. La *Henriade* n'est probablement pas le poème sérieux où les allégories aient été prodiguées avec le plus de profusion. — Le *Clovis* de Limojon de Saint-Didier (1725) est sans doute plus riche en ce genre. (V. au ch. viii, le *Temple de Gloire*, où Clovis est introduit par un druide.) Sabatier de Castres dit que le *Clovis* est une « mine féconde dont Voltaire a sçu tirer grand parti. » (*Les trois Siècl. de Litt.*, t. III, *Saint-Didier.*) Cette mine est au moins féconde en allégories.

> J'écoute, à demy transporté,
> Le bruit des ailes du Silence
> Qui vole dans l'obscurité [1].

Le Sommeil repose doucement,

> Les yeux demy sillez et la tête penchée,
> Une main sur le lit négligemment couchée,
> Et le dos appuyé de gerbes de pavot [2].

Citons encore, pour la curiosité, l'*Éloquence*, déesse allégorique, qu'Hamilton dit avoir rencontrée dans l'accoutrement que voici : son visage

> Étoit enjolivé de Fleurs,
> De fines Fleurs de Rhétorique ;
> Quatre riches Expressions,
> Trois Hyperboles en lozange,
> Une Métaphore en fontange,
> Au lieu de cornette et rayons,
> Composoient sa coëffure étrange ;
> Et l'Antithèse, mise en frange,
> Bordoit un voile des plus longs.
>
> (Lettre à M. de Mimeure, Sceaux, 1er juillet 1705.)

Avec la même facilité que l'on transformait des idées en êtres merveilleux, on leur bâtissait des demeures, comme Ovide en avait bâti pour l'Envie. Tristan fit une *Maison d'Astrée*; le P. Le Moyne, le *Palais de la Fortune*, le *Palais des Fleurs-de-Lys*, le *Palais du Sommeil*, le *Palais du Désespoir*, qui s'élève

> Dans un bois, des corbeaux et des loups fréquenté,

et où l'on voit d'horribles squelettes

---

1. *Le Contemplateur.*
2. *Entretiens poétiques*, 1665, liv. III, lettre v. — Assez jolis encore ces petits Génies allégoriques, folâtrant « au Pays des Neuf Sœurs » ; là, tout près d'Hippocrène,

> Est un réduit, rempli d'enfans aîlés,
> Par Apollon *Complimens* appellés,
> Frisques, gaillards, ayant mine doucette,
> Museau friand, humeur gente et follette :
> Pas ne voudrois m'y fier autrement ;
> Très-bien ont-ils mainte et mainte sagette
> Trempée au miel qu'ils lancent dextrement.
>
> (P. Brumoy, 1712.)

> Aux arbres attachez branler au gré des vents [1].

Saint-Amant versifia un *Palais de la Volupté* et un *Temple de la Gloire*. Philippe Habert mit trois ans [2] à écrire le *Temple de la Mort*, « qui est, dit Pellisson, une des plus belles pièces de notre Poësie Françoise [3] ». Il débute par un tableau lugubre de l' « Isle déserte » où la Vieillesse, la Fièvre et les Douleurs mortelles gardent l' « obscur manoir » de la « puissante Déïté », au « vieux sceptre roüillé craint de tous les humains ».

> Tous les champs d'alentour ne sont que cimetières ;
> Mille sources de sang y font mille rivières,
> Qui traînant des corps morts et de vieux ossemens,
> Au lieu de murmurer font des gémissemens.

Mais cette effrayante description n'aboutit qu'à une élégie aux idées rebattues [4]. Nommons encore le *Temple de l'Immortalité* de Le Clerc, et le *Temple de Mémoire* (c'est-à-dire l'Académie des Médailles), de La Motte.

Des poèmes et des livres entiers furent composés dans ce système allégorique. *Dulot vaincu*, de Sarrasin, « pure allégorie », comme dit Boileau [5], et badinage fastidieux, a pour personnages, d'une part les Bouts-Rimés, qui ont suivi Dulot, de la lune à Paris, d'autre part, différentes sortes de poèmes, déguisés en guerriers.

Le plus curieux, peut-être le meilleur monument de cette littérature, est la *Nouvelle allégorique*, publiée par Furetière, en 1658. Les héros rappellent un peu ceux du *Roman de la Rose*, Bel-Accueil, Belle-Bouche, Dangier, et les autres. En cette singulière *Iliade* de 170 pages, Furetière résume l'histoire des lettres françaises, depuis Malherbe jusqu'à la Fronde. Il y personnifie les facultés de l'âme, les figures oratoires, les qualités et défauts du style ; et il en fait autant de vassaux, ou soumis, ou rebelles, au pouvoir de la « Sérénissime Princesse Rhétorique ». Cette héritière de

---

1. *Entretiens poétiques*, liv. II, Entr. IV.
2. Vigneul-Marville, *Mélanges*, etc., 2º édit., t. Iᵉʳ, page 255.
3. *Histoire de l'Académie françoise*, éloge de « Monsieur Habert ».
4. « Il le fit pour M. de la Mesleraye, sur la mort de sa première femme, qui étoit fille du Maréchal d'Effiat. » (*Pellisson, ibid.*)
5. *Le Lutrin*, préface, au Lecteur.

l' « Hercule Gallique » gouvernait ses sujets, en leur députant « son grand Prévost nommé Persuasion, avec une compagnie de Belles-Paroles, ses Archers, qui les amenoient enchaînez par les oreilles, avec des chaînes d'or et de soye. Son premier Ministre s'appeloit Bon-Sens... Son conseil souverain résidoit dans Académie, sa Ville Capitale, et étoit composé de quarante Barons confidens de la Reine[1] ». La guerre fut déclarée à ce beau royaume par un soudard puissant, du nom de Galimatias; il s'ensuivit maint assaut, où les grands écrivains des cinquante premières années du siècle s'entre-choquèrent avec des bataillons d'allégories. Entre autres chefs et combattants se distingua « Fiction, chef hardi et entreprenant,... homme fort adroit, qui de rien sçavoit faire quelque chose. Il étoit Chimériquain de Nation, fort riche et accommodé, et avoit bâti beaucoup de châteaus en Espagne[2] ».

Ce petit roman, assez ingénieux, fut imité, trente ans plus tard, par Callières, dans l'*Histoire poétique de la Nouvelle Guerre*; et Swift paraît s'être souvenu de l'un et de l'autre ouvrage, dans sa *Bataille des Livres*[3].

Nous négligeons à dessein d'autres allégories, qui eurent tant de vogue au milieu du dix-septième siècle, mais qui n'ont rien de merveilleux, sauf peut-être leur extravagance. Le pays de *Tendre*, dans la *Clélie*, en est le plus illustre modèle[4]. *Le Grand Cyrus*, *la Princesse de Paphlagonie*, étaient aussi de ces histoires demi-transparentes qui, « sous des

---

1. *Nouvelle allégorique, ou Histoire des derniers troubles arrivez au Royaume d'Eloquence*, 1658 (pages 1-3).

2. *Ibid.*, pages 19 et 20.

3. Allégorie dirigée contre le philosophe Bentley. — Le lieu de la scène est d'abord la bibliothèque de Saint-James; les dieux de la mythologie classique entrent en lice avec les champions de parchemin, comme jadis avec les armées grecque et troyenne. — Dans le conte intitulé *The art of book-making*, W. Irving a aussi décrit une merveilleuse bataille de livres, mais beaucoup plus neuve, parce que l'Olympe ne s'en mêle pas.

4. Sorel attribuait l'engouement de ses contemporains pour toutes ces espèces d'allégories à l'étude des vieilles fables gauloises : « Nos vieux écrivains françois ont inventé une autre manière de Fables et d'Allégories, où ils ont fait des personnages, non seulement de toutes les Facultés de l'âme et de toutes les passions et habitudes, mais de tous les divers genres de

noms romains » ou grecs, faisaient le portrait de la société et de la cour. Tout cela ne revient pas à notre but; arrivons à des allégories que poètes et critiques estimaient autrement importantes. — A côté de l'Olympe philosophique, où les auteurs allaient prendre des figures abstraites qu'ils mêlaient à leurs dieux et à leurs anges, s'ouvrait un autre monde invisible, où les initiés voyaient ou croyaient voir de profonds mystères. Selon Chapelain et ses confrères en épopée, leurs héros, même historiques, ne sont point, dans leurs ouvrages, ce qu'un vain peuple pense. Ils sont des allégories et signifient des idées morales, voire même théologiques. Clovis, Jeanne d'Arc, par exemple, à les bien prendre, ne sont pas tout simplement le vainqueur de Tolbiac et la libératrice d'Orléans. Bien ignorant serait le lecteur qui s'en tiendrait à ces apparences. Les poètes, comme Philaminthe pour le « quoi qu'on die »,

> Entendent là-dessous des millions de choses [1].

Écoutons-les. Chapelain, dans la *Préface* de la *Pucelle*, lève « le voile dont ce mystère est couvert » et révèle au vulgaire, avec le plus grand sang-froid, des profondeurs que l'on n'eût jamais soupçonnées [2]. La *France*, dont il s'agit en son poème, n'est point le royaume connu sous ce nom, mais l'âme humaine; *Charles VII*, la volonté humaine; l'*Anglois* et le *Bourguignon*, l'appétit irascible; *Amaury* et *Agnès*, l'appétit concupiscible; *Dunois*, la vertu, *Tanneguy*, l'entendement, et *la Pucelle*, la grâce divine. Ceux qui compren-

---

fortunes. On a imité cecy dans nostre siecle par les descriptions de diverses choses, à qui l'on donne des noms de Villes et de Provinces, et des noms de personnes imaginaires, pour en faire des Cartes et des Histoires. » (*De la Connoissance des bons Livres*, 1671; page 148.)

1. *Femmes sav.*, acte III, sc. 2.
2. « Je leverai ici le voile dont ce mystère est couvert; et je dirai, en peu de paroles, qu'afin de réduire l'action à l'universel, suivant les préceptes, et ne pas la priver du sens allégorique par lequel la Poésie est faite l'un des principaux instruments de l'architectonique, je disposai toute la matière de telle sorte que la France doit représenter l'âme de l'homme, » etc... — Guizot assure que Chapelain avait trop de bon sens pour s'être réellement proposé ces mystères comme objectif de son travail. (*Corneille et son temps*, page 338.) Il n'en reste pas moins que Chapelain a voulu être pris au sérieux sur le fait de ses allégories.

draient autrement les 28 000 vers de Chapelain seraient des esprits bien superficiels.

Scudéry ne cède pas à Chapelain sur ce chef : « Le sens allégorique règne par tout dans ma *Rome Vaincue* : entendant par *Alaric* l'âme de l'Homme; par l'*enchantement* où je le fais tomber (comme Ulysse dans l'Isle de Calipso), la foiblesse des hommes; je dis mesme des plus forts, qui sans le secours de la grâce, tombent dans des foiblesses et dans des malheurs estranges; et qui, par ce puissant secours, s'en relevent et s'en dégagent après [1]... ». Par où l'on voit que Scudéry médite et compose, à l'époque des débats fameux sur la grâce, et qu'il n'y veut point paraître étranger. Il entend encore beaucoup d'autres secrets « par le magicien », puis « par les continuelles malices des démons », même par cette description, dont il faut sauter vingt feuillets pour en trouver la fin. Scudéry confesse cependant avec franchise qu'il n'eût pas de lui-même deviné l'art de ces allégories obstruses; il l'a appris du Tasse. Le Tasse lui a enseigné « que l'Allégorie doit régner par tout le Poëme Épique, quoy que tous les yeux ne l'y aperçoivent pas [2] ». Bienheureux Scudéry !

Le *Jonas*, que Boileau vit « sécher dans la poussière », est, d'après son auteur, une suite d'allégories, imperceptibles aux yeux non dessillés : « J'ay prétendu, dit Coras, que *Ninive* représentast l'âme de l'homme corrompuë par le péché; son *Peuple*, la foule des Passions, *Jonas*, la loy de Dieu, etc. [3]... »

Saint-Amant, si on l'en croit, n'est pas moins mystérieux, mais il est plus prudent. Il a aussi caché des trésors de doctrine en son Idylle héroïque; mais il laisse aux experts le soin et le plaisir de les découvrir par eux-mêmes. Les énigmes philosophiques ou théologiques de la *Jérusalem délivrée* l'ont mis en goût de mysticisme épique; et combien de leçons a-t-il enfouies dans son *Moyse sauvé* ! « Je ne feindray point de dire là-dessus que j'y ay songé en la pluspart de mes

---

1. *Alaric*, 1654; préface.
2. *Id.*, *ibid.*
3. *Jonas*, 1663; préface, pages 19 et 20.

inventions; et que tous les accidens qui arrivent à Moyse dans le Berceau; toutes les attaques de la Tempeste, du Crocodile, des Mouches et du Vautour, dont il est persécuté; outre que ce sont des suppositions vray semblables, naturelles et plausibles, en l'estat et au lieu où il estoit, contiennent encore quelque chose de mystérieux.

« Il y a un sens caché dessous leur escorce, qui donnera de quoy s'exercer à quelques esprits[1]. » Saint-Amant a grandement raison de ne pas entr'ouvrir l'écorce; raison aussi d'ajouter : « Mais dans la recherche qu'ils en pourront faire, peut-estre me feront-ils dire des choses à quoy je ne pensay jamais. »

C'est, en effet, ce qui avait lieu, non pas pour Saint-Amant, — on se préoccupait fort peu du « sens caché » des Mouches et du Crocodile, — mais pour les maîtres, pour Homère et Virgile.

Les platoniciens du Bas-Empire, comme parle Fénelon[2], avaient « imaginé des allégories et de profonds mystères dans les divinités qu'Homère dépeint ». La Renaissance avait repris cette besogne « chimérique ». Le Tasse, qui avait écrit la moitié de la *Jérusalem* sans songer à imiter en ce point son immortel devancier[3], marcha sur les traces d'Homère dans la seconde partie de son œuvre. De ce jour, les allégories furent une loi de l'épopée; Vauquelin la promulgua en vers charmants. Les esprits doctes, dit-il,

> ...Aux paroles fleuries
> Recuëillent le beau sens couvert d'Allégories.
> De feuillage d'acanthe et de plaisans festons
> Les Muses cachent l'or des vers que nous chantons.

Sous les « discours d'un conte Poëtique », se voile « l'enseignement richement profitable,

> Comme en la vigne on void dessoubs la feuille verte,
> La grappe cramoisie estre souvent couverte,
> Sans qu'on puisse la voir[4]. »

---

1. *Moyse sauvé*, édit. de 1660; préface.
2. *Lettre à l'Académie*, chap. x.
3. « Le Tasse dit, en ses Discours du Poëme héroïque, qu'il avoit fait plus de la moitié de sa *Jérusalem* sans avoir songé aux allégories, mais qu'il y songea dans tout le reste. » (Saint-Amant, *Moyse sauvé*; préface.)
4. *Art poétique*, liv. II.

Aux habiles de deviner et d'approfondir. Plusieurs s'y employèrent pendant le dix-septième siècle. On apercevait des mystères dans *le Roman de la Rose*, « mystères à quoy probablement l'auteur ne pensa jamais[1] ». On en soupçonnait d'autres chez Camoëns, même chez Arioste; et Bouhours écrivait en 1671 : « Il est toûjours des chercheurs d'*allégories*, comme des chercheurs de pierre philosophale[2]. » Laissons de côté les paradoxes du P. Hardouin, et n'entrons point dans les querelles interminables au sujet d'Homère. Prenons chez l'un des critiques les plus en vue, et que Boileau admirait, un aperçu de ces révélations allégoriques. Le P. Le Bossu examine la question *ex professo* en son fameux *Traité du Poëme épique*.

Il pose en fait que les « Machines », ou « personnes immortelles et divines », des épopées d'Homère et de Virgile[3], « sont allégoriques[4] »; et que « toute grande Poësie », épopée, tragédie, comédie, n'est et ne doit être qu'une allégorie[5]. Pour Le Bossu, il peut y avoir dans un poëme trois espèces de divinités allégoriques :

« Les unes sont *Théologiques*, et ont été inventées pour expliquer la nature de Dieu;

« Les autres sont *Physiques*, et elles représentent les choses naturelles;

« Les dernières sont *Morales*, et elles sont les figures des Vertus et des Vices[6]. »

Pour établir cette classification, Le Bossu apporte des exemples. Le début du X⁰ livre de l'*Énéide* lui fournit des

---

1. Bouhours, *Entretiens d'Ariste et d'Eugène*, 1671; 2ᵉ Entr.
2. *Id., ibid*
3. Le Bossu, « Chanoine régulier de Sainte-Geneviève », publiant son Traité, quelques mois après *l'Art poétique* de Boileau et après *la Défense du Poëme héroïque* de Desmarets, n'a même pas l'air de se douter qu'il y ait une question du Merveilleux chrétien. Il ne se demande pas davantage s'il y a eu des essais de poème épique en notre langue. Il ne s'occupe que des dieux, ou, comme il dit, des « Machines » de l'*Iliade* et de l'*Énéide*; et il disserte, à perte de vue, d'après Aristote et, surtout, d'après lui-même.
4. Liv. V, page 348. — Édit. de 1674.
5. Liv. Iᵉʳ, chap. III.
6. Liv. V, page 349.

modèles d'allégories *Théologiques* : « Jupiter est la Puissance de Dieu ; le Destin est sa Volonté absoluë... Vénus est la Miséricorde divine et l'amour que Dieu a pour les hommes vertueux... Junon est sa Justice[1]. » Pour la seconde et la troisième catégorie, la chose semble tellement évidente à l'auteur qu'il les indique à peine et en courant : « Il n'est pas nécessaire de dire ce que signifient les personnes d'Eurus et de Zéphyre, ni celle de Neptune qui leur parle[2]. » Quant aux « Furies » et aux « Dires », ce sont « les reproches de la conscience[3] ».

Non seulement les noms des divinités homériques sont de pures allégories, mais leurs actes aussi ; leurs actes, qui, en bonne morale, nous sembleraient des crimes, tout, même les adultères de Vénus, allégories : « Les allégories *Physiques* et *Morales* peuvent en quelque façon excuser ces figures trop hardies, pour ne rien dire de plus rude[4]. » A côté de ces explications « hardies », il en est de ridicules. Comme, suivant Le Bossu, les grands poètes ne doivent jamais être compris

---

1. *Traité du Poëme épique*, liv. V, page 349. — Ce système avait été traduit en vers par le poète Gilbert, dans sa tragédie d'*Arie et Pétus* (1659). L'épicurien Pétrone, qui se raille de l' « engeance » innombrable des dieux du paganisme, est réfuté par Sénèque, lequel prouve de la sorte qu' « il n'est qu'un seul Dieu qui gouverne le monde » :

...Il n'est... qu'une Divinité,
Le dieu Mars est sa force et Vénus sa beauté ;
Sa justice, Thémis ; Minerve, sa sagesse ;
Hébé son éternelle et constante jeunesse.

(Acte Ier, sc. 3. — V. FF. Parfait, t. VIII, page 280.)

Certains vers de Boileau ressemblent assez à ceux de Gilbert ; par exemple : « Minerve est la prudence et Vénus la beauté. » (*Art poétique*, ch. III.)

2. *Ibid.*, liv. V, page 351.
3. *Ibid.*
4. *Ibid.*, page 354. — Que plusieurs des opinions professées par le P. Le Bossu et consorts se soient vérifiées à l'origine des mythes homériques, nous n'y voyons rien d'invraisemblable. Nous admettrions comme lui (sauf bien entendu les droits de la physique) des propositions du genre de celle-ci : Éole est une « puissance de la nature, qui ramasse autour des montagnes et dans leur sein les vapeurs et les exhalaisons dont les Vents sont formés ». (Page 350.) Mais ce que nous rejetons comme une rêverie, c'est qu'Homère ait pris ses dieux et déesses comme de pures et simples allégories, comme des dénominations symboliques des attributs du Dieu unique, et qu'Homère ait jamais songé à faire de Vénus « la miséricorde de Dieu »

à la lettre, quand ils mettent des divinités en scène, le grand travail de l'interprète est de conjecturer quel mystère gît sous tel ou tel symbole. Le Bossu ne s'embarrasse point pour si peu. Voici, par exemple, chez Homère, que Thétis vient consoler Achille, tandis qu'il pleure sur le corps de Patrocle et en écarte les mouches. Quelle est la pensée du poète? Tout cela est allégorie; par là, Homère veut enseigner l'art de conserver les cadavres contre les mouches, contre les vers, par le moyen du sel, ou de Thétis, déesse de l'eau salée.

Pourquoi Virgile représente-t-il Énée en quête du rameau d'or? Pour nous donner l'idée d'un alchimiste qui cherche la pierre philosophale. Et ces « deux oiseaux de Vénus », qui marchent devant le héros, que sont-ils? « Ce sont deux extraits du vitriol,

Et viridi sedere solo;

car ce minéral *vert* qui les contient est une espèce de cuivre (couperose, *cuprum ærosum*), à qui l'on donne le nom de cette déesse[1]. » Rien n'arrête le commentateur des « grands poèmes », pas même l'étymologie. Aussi, avec quel dédain traite-t-il les petits esprits (c'est-à-dire tout le genre humain, ou peu s'en faut)! « Les Esprits médiocres ou peu instruits, c'est-à-dire presque tous les hommes, n'ont pû pénétrer l'écorce et le voile dont ils (les poètes savants) ont couvert la vérité; et ils (les esprits médiocres) ont été misérablement abusez, en prenant l'ombre pour le corps et des figures difformes et dangereuses pour des récits nécessaires et solides[2]. » En d'autres termes, l'*Iliade*, l'*Énéide*, et tous les « grands poèmes » sont des tissus d'énigmes, ou, si l'on veut, des hiéroglyphes. De Jupiter à Vulcain et à Thersite, tout est allégorie.

Ces explications singulières du Merveilleux et des « Machines » épiques ne nous auraient pas si longtemps attardé, si elles étaient le fait d'un seul homme et d'un seul livre. Mais ce livre, mis « cent piques au-dessus de la *Poétique* de Boileau » par Corbinelli[3], contient et développe la doctrine

---

1. Édit. de 1675, page 366.
2. Liv. V, ch. II.
3. Cf. *Lettres* de Mme de Sévigné; lettre du 2 octobre 1676.

d'une école. Quarante ans après Le Bossu, l'abbé Massieu soutenait la même thèse à l'Académie des Inscriptions et Belles-Lettres : « Si nous ne comprenons pas, disait-il, toutes les Allégories d'Homère, n'en accusons point ce grand poète, qui étoit intelligible de son temps. Craignons qu'il n'y ait en cela plus de nostre ignorance que de sa faute. Reconnoissons du moins de bonne foy qu'il a prétendu cacher un sens sous ces dehors[1] ». L'abbé Massieu donnait en son discours la clef de plusieurs mystères ainsi déguisés par le chantre d'Achille : « Qui ne voit... que les disputes et les dissensions éternelles des dieux nous représentent cette opposition et cette guerre qui se trouvent entre les premiers principes dont tous les corps sont composez ;

« Que ces vents enfermez dans des outres qu'Ulysse cachoit à ses compagnons avec tant de soin, ne sont autre chose que les secrets d'Estat qui ne doivent point venir à la connoissance des peuples ? » etc.[2].

Ce problème littéraire, comme tous les problèmes littéraires de cette époque, divisa les beaux esprits en deux camps. Chapelain, qui, naturellement, défendait ses propres allégories, avait attaqué résolument celles que les « creux Scoliastes » s'imaginaient découvrir dans l'*Iliade* et l'*Odyssée* ; et le père de *la Pucelle* se vantait, à ce propos, d'avoir — c'est son expression — « pas mal étrillé » Homère et ses divinités : « Songez un peu, je vous prie, comment se présente à l'esprit du lecteur raisonnable ce partage et cette opposition des puissances célestes, cette blessure de Mars et de Vénus par un homme mortel, ce Vulcan qui brûle le Scamandre, ce Neptune et cet Apollon qui servent de manœuvres à l'atelier des murs de Troie ; et jugez en vostre conscience si

---

1. *Mémoires de l'Académie des Inscriptions et Belles-Lettres* ; t. II, page 165.

2. Louis Racine, confrère de l'abbé Massieu à l'Académie des Inscriptions et Belles-Lettres, à partir de 1719, condamnait les allégories comme choses « trop absurdes » dans les poèmes chrétiens ; mais il ne faisait aucune difficulté d'en voir « partout » dans l'*Iliade* et l'*Énéide* : « Les Songes et les Allégories y habitent partout et sont cachés dans leurs vers comme dans les feuilles de cet orme : *Foliisque sub omnibus hærent.* » (*Réflexions sur la Poësie* ; chap. 1er, art. 2.)

l'allégorie la plus subtile peut satisfaire la raison offensée par de telles absurdités[1]. » Chapelain concluait que les prodiges féeriques du *Lancelot* n'ont pas plus d'invraisemblance.

L'émule épique de Chapelain, le P. Le Moyne, était du même avis ; et selon lui, le Tasse, expliquant après coup ses allégories, avait fait « venir de bien loin et à grands frais une Chimere, pour défendre une autre Chimere[2] ».

Ch. Sorel, assez enclin à expliquer par les « choses naturelles et morales » certaines fictions mythologiques des vieux poètes[3], résumait bien cependant les réponses que l'on opposait aux champions des allégories : « Pour une deffense sérieuse et importante de ces Fables, l'on dit qu'elles sont toutes significatives, et l'on y prétend donner des explications Morales ou Physiques, ou Théologiques[4]. Mais... 1º Il est impossible d'excuser leurs Autheurs de ce qu'ils n'ont pas esté soigneux de chercher des Figures mieux séantes pour les mysteres qu'ils vouloient céler...

2º « Quelques Mythologies que l'on ayt faites pour leurs ouvrages, il est aisé à juger que, lorsqu'ils les ont composez, ils ne pensoient guere à ces choses. Aussi,

3º « Leurs Commentateurs n'en ont pas conféré avec eux, et ce qu'ils en disent est tiré de si loin et avec tant de peine et si peu de vraysemblance que la contrainte y est manifeste.

« 4º Cela n'a esté fait ordinairement que par des maistres de College, pour entretenir le crédit de leur classe[5]... »

Néanmoins tous les maîtres de collège n'entretenaient plus leurs élèves de ces rêveries ; témoin le docte professeur Bernard Lamy, qui, en 1678, combattait les allégories et leurs partisans à outrance. Eh quoi ! leur disait-il, toutes les

---

1. *De la Lecture des vieux romans*, page 11.
2. *Traité du Poëme héroïque*; en-tête du *Saint-Louis*.
3. « Encore qu'ils soient faux à les prendre au pied de la lettre, ils reçoivent beaucoup d'explications de choses Naturelles et Morales, que les Curieux ne se peuvent exempter de sçavoir. » (*De la Connoissance des bons Livres*, 1671 ; page 148.)
4. Cette division est celle que reproduisait, quatre ans plus tard, le P. Le Bossu. (V. plus haut, page 166.)
5. *De la Connoissance des bons Livres*, chap. II, Censure des Fables; pages 91 et 93.

fables de la poésie antique ne sont qu'allégories ! mais les poètes païens et leurs lecteurs contemporains n'ont jamais eu le moindre soupçon des étranges secrets que vous lisez dans ces œuvres. Feuilletez donc « Saint Justin, Lactance, Eusebe et plusieurs autres », et vous apprendrez de ces docteurs, qui vécurent au sein d'une société païenne, « qu'il ne faut point chercher ni d'Allégories, ni de mystères, ni de Philosophie dans les vers des Poètes, mais les considérer comme des Histoires simples, qui proposent ce qui s'étoit dit et fait[1] ».

Les amis et les éditeurs du P. Le Bossu comprirent eux-mêmes que le docte *Traité du Poëme épique* poussait jusqu'à la niaiserie la complaisance pour les allégories ; dans les éditions qui suivirent la mort de l'auteur (1680), l'on ne voit plus l'allégorie du sel marin, à propos de Thétis et de Patrocle mort ; Énée, dans les bois de l'Averne, ne court plus après la pierre philosophale, avec ses deux « extraits de vitriol » déguisés en colombes. A quelques années de là, Charles Perrault, très peu dévot d'Homère, comme on sait, plaisantait sur ces trouvailles de Le Bossu, et s'écriait : « Que de Chimères ce bon Père s'est imaginées[2] ! » Chimères ! ce fut aussi le mot par lequel Fénelon marqua son mépris pour ces interprétations frivoles[3].

L'une des plus fines et des plus fortes critiques contre cette manie est le cinquième *Dialogue des morts anciens*, de Fontenelle (1683). Les interlocuteurs sont Homère et Ésope. Ésope demande à Homère s'il n'a pas réellement enveloppé de « grands mystères » sous le nom et les aventures de ses dieux et demi-dieux. « Hélas ! point du tout, » répond le poète. Mais, réplique Ésope, les savants ont lu au fond de l'*Iliade* et de l'*Odyssée* « tous les secrets de la Théologie, de

---

1. *Nouvelles Réflexions sur l'Art poétique* ; 1678, 2º partie, chap. XIV.
2. « A voir le respect avec lequel ce Religieux parle de la construction de la Fable de l'*Iliade*, il semble qu'il fasse un commentaire de l'Écriture sainte. Que de Chimères ce bon Père s'est imaginées ! » (*Parallèle des Anciens et des Modernes* ; 1692, t. III, page 38.)
3. *Lettre à l'Académie*, ch. x. « Ces mystères sont *chimériques* : l'Écriture, les Pères qui ont réfuté l'idolâtrie, l'évidence même du fait, montrent une Religion extravagante et monstrueuse... »

la Physique, de la Morale et des Mathématiques mêmes ». Sur quoi Homère affirme derechef « sans mentir », qu'il n'y a rien mis de tout cela. — « Quoi ! s'exclame le fabuliste, ces dieux qui s'estropient les uns les autres, ce *foudroyant* Jupiter qui, dans une assemblée de divinités, menace l'*auguste* Junon de la battre ; ce Mars, qui étant blessé par Diomède, crie, dites-vous, comme neuf ou dix mille hommes, et n'agit pas comme un seul..., tout cela eût été bon sans Allégorie ? — Pourquoi non ? » Les dieux de l'*Iliade* et de l'*Odyssée* « tels qu'ils sont, et tous mistères à part, n'ont point été trouvés ridicules » ; on les a vraiment pris pour des dieux. Et le bon Ésope craint « furieusement » que le genre humain ne finisse par croire que les bêtes aient parlé comme elles le font dans ses apologues[1].

A la fin du dix-septième siècle, le goût des allégories avait singulièrement baissé. On riait de celles que Chapelain avait rêvées, tout comme Chapelain, de son vivant, riait des soi-disant allégories de l'*Iliade* : « Quelque ennuyeux que soient les vers de *la Pucelle*, je les trouve encore plus supportables que cette longue et fade Préface, où Chapelain prétend que la Pucelle représente la grâce divine, et Charles VII, la volonté humaine. » Et le même auteur frappait du même coup sur les chercheurs attardés d'allégories homériques ou virgiliennes : « Vous m'avouerez, disait-il, que les Anciens n'ont point pensé à tout cela ; et que Virgile n'a jamais prétendu que son poème fût allégorique[2]. » Un temps vint où même de chauds partisans d'Homère rougirent des aventureuses allégories soupçonnées par leurs prédécesseurs. L'académicien Boivin fut de ce nombre, avouant sans détours que les dieux de son poète « s'oublient en plus d'une occasion », et

---

1. Dial. v, Homère, Ésope : *Sur les Mystères des Ouvrages d'Homère.* — Fontenelle, *Œuvres*, nouv. édit., t. Ier, pages 24-27.

2. De Villiers, *Entretiens sur les Contes de Fées* ; page 103. — Avant de Villiers, Fontenelle, Fénelon..., l'abbé d'Aubignac avait parlé comme eux. Montaigne avait traité cette mode de « visions bourrues ». L'abbé d'Aubignac, qui n'ajoutait pas plus de créance aux allégories de l'*Iliade* qu'à l'existence d'Homère, s'appuyait sur l'autorité des *Essais* et sur une histoire plaisante arrivée à Charles Sorel, pour prouver l'inanité de ces rêves. V. Livet, *Précieux et Précieuses*, 1859, page 201).

convenant que « la plupart » des prétendues allégories de l'*Iliade* « sont autant de visions des *Scholiastes*[1] ».

Mais d'où et comment ces « visions » d'allégories étaient-elles venues et s'étaient-elles introduites en des cerveaux français, au point d'être tenues comme « préceptes » de l'épopée[2] ? Quelqu'un se le demanda, vers le milieu du dix-septième siècle et rejeta cette mode sur le compte de l'Italie. Ce n'était pas assez pour la patrie du cavalier Marin de nous avoir imposé son « clinquant » ou « l'éclatante folie » des « faux brillants », et le goût des « pointes[3] » ; elle nous avait, dit Sarrasin, appris à lire « un sens caché dans les choses extraordinaires que la Poësie nous montre... Vos modernes Italiens ne nous exposent rien de si visionnaire où ils ne trouvent une Allégorie[4] !... »

Ç'a toujours été un peu l'usage en France d'adopter les modes littéraires de quelque nation voisine ; dans la première moitié de notre dix-septième siècle, on fit chez nous une belle part aux modes italiennes. Nous reçûmes — avec plusieurs autres présents qui ne nous enrichirent point — l'art des allégories et celui des épopées. Le temps des unes et des autres semble bien passé.

---

1. Cf. La Motte, *Réflexions sur la Critique*.
Malgré l'autorité dont le P. Le Bossu jouissait au-delà de la Manche, Addison, avec grande courtoisie, opposait son sentiment au système du génovéfain : « A mon avis, dit Addison, les auteurs épiques ne se mettent pas tout d'abord à chercher une doctrine morale comme fondement d'un poème, pour y ajouter ensuite une histoire. Néanmoins un poème héroïque n'atteindrait pas son but, si l'on ne pouvait en déduire une grande leçon. » (*Remarques sur le Paradis perdu*; fin.)

2. Le mot « préceptes » est de Chapelain. (Préface de *la Pucelle*.)

3. Boileau, *Art poétique*, passim.

4. Ils « publient que leurs Enchantemens, leurs Furies, leurs Géans, leurs Monstres et les autres occupations de leur Chevallerie errante, ne sont que pour amorcer le peuple et l'instruire en faisant semblant de le divertir. » (*Les OEuvres de M. Sarrasin*, 1683, t. Ier, page 269.)

TROISIÈME PARTIE

SECTION PREMIÈRE
DU MERVEILLEUX PAÏEN

CHAPITRE PREMIER
DE L'EMPLOI SÉRIEUX DU MERVEILLEUX PAÏEN

I. La nature; une journée poétique. — II. La guerre et les événements publics ; les demi-dieux humains; Jupiter et Louis XIV. — III. Galanterie et deuil. — IV. La poésie et la littérature en général.

En 1674, Boileau déclarait que « la Fable offre à l'esprit mille agrémens divers ; »[1] par « la Fable » Boileau entendait, comme ses contemporains, la mythologie classique, sans l'usage de laquelle, d'après le législateur, « la poësie est morte ».

Ce serait faire trop d'honneur à l'*Art poétique*, et faire grand tort à l'histoire, que de regarder Boileau comme l'inventeur de cette manie littéraire. Boileau, dans l'*Art poétique*, n'a rien inventé. Il a simplement résumé, condensé, exprimé en vers « forts et faits de génie[2] », les idées et opinions admises par le plus grand nombre des meilleurs esprits. Ce fut son œuvre et sa gloire. Son crédit toujours grandissant consacra dogmatiquement pour un siècle et demi le règne du paganisme poétique ; mais en 1674, le paganisme poétique régnait depuis un autre siècle et plus, dans notre littérature : du jour où Ronsard et la Pléiade « s'élancèrent de l'école de Jean Daurat comme du cheval troyen[3] ».

Nous établirons, par après, que le style poétique subissait encore l'influence de Ronsard et copiait les expressions de Ronsard, même à l'époque de Boileau. Mais à l'époque de

---

1. *Art poétique*, ch. III.
2. La Bruyère, *Discours de réception à l'Académie française*.
3. Ant. du Verdier, *Bibliothèque*, 1685.

Boileau tous les gens de lettres, même les plus indépendants, même les plus *modernes,* invoquaient Apollon avec les autres divinités grandes ou petites, et s'en allaient tremper leurs lèvres et leur style

> Dans le sacré ruisseau des Filles de Mémoire [1].

Tous, pratiquement du moins, étaient persuadés qu'un centon mythologique de Virgile ou d'Ovide était une fleur de poésie, fleur toujours fraîche, arrosée qu'elle était par

> ...L'eau fille du pied de l'emplumé Cheval [2].

Saint-Amant, le poète du « Sina » et de *Moyse,* sentait sa veine tarie et son génie à sec quand il ne buvait plus à l'Hippocrène; il raconte, le plus gaiement du monde, que son Pégase trébuche, se cabre, devient « quinteux comme un mulet », parce que Pégase est, dit le poète,

> ...Fasché de voir que ma verve sacrée
> Ne se sert plus de luy quand elle se récrée;
> Que je quitte Hélicon pour Horeb et Sina [3].

Au surplus, il était si commode de faire rimer *Apollon* à *sacré vallon,* l'infernale *barque* à l'inexorable *Parque, Cérès* à *guérets, verve* à *Minerve,* et même *Mars* à *hasards.* Pour poétiser de la sorte, il n'y avait qu'à se souvenir. Inutile d'écouter un sentiment profond de l'âme, d'interroger la nature; il n'y avait qu'à laisser tomber sur le papier des expressions connues, empruntées au vocabulaire de « la langue des dieux ». Ce dernier terme était même devenu l'un des plus ordinaires synonymes de *poésie;* et des érudits comme Ménage déclaraient qu'il y avait de cela trois raisons « quoique la plûpart n'en connoissent qu'une [4] ». Une quatrième raison,

---

1. Saint-Amant, *L'avant-Satire.*
2. Desmarets, *Les Visionnaires,* acte V, sc. 7; paroles du poète ronsardisant, *Amidor.*
3. Saint-Amant; édit. Livet, t. Ier, page 325.
4. « Savez-vous pourquoy l'on appelle la Poësie le langage des Dieux? Cette expression a trois origines, quoique la plûpart n'en connoissent qu'une. Ce n'est pas seulement parce que les Anciens attribuoient l'inspiration des vers à Apollon et aux Muses; mais parce que les vœux et les prieres qu'on fesoit aux Dieux dans le paganisme des premiers temps, étoient en vers;

dont Ménage ne parle point, c'est que presque toute poésie française, depuis le madrigal et le sonnet jusqu'aux « longs poèmes », ne nommait, ne chantait, ne savait que les dieux, soit de l'Olympe, soit du Tartare, soit des eaux et des bois. Démontrer ce fait d'histoire littéraire par une longue compilation d'exemples serait chose non moins superflue que fatigante. Ne prenons que le dessus du panier et soyons bref. — Outre les poèmes épiques, dont nous traiterons ailleurs, les sujets sur lesquels les poètes de France s'amusaient ou *se tuaient* à rimer de leur propre fonds [1] peuvent se ramener aux suivants : la nature ; la poésie et la littérature en général ; la galanterie ; les louanges, les regrets, la satire ; les événements publics.

1° *La Nature.*

La marquise de Rambouillet avait pour maxime que « les esprits doux et amateurs des Belles-Lettres ne trouvent jamais leur compte à la campagne ». La campagne, les champs, les prés, les eaux, les arbres, d'un mot, la nature, n'inspirèrent presque jamais directement les écrivains français durant la seconde moitié du dix-septième siècle. Ils ne songent à la nature qu'en passant ; s'ils la décrivent, c'est de mémoire ; s'ils la regardent, c'est au travers d'un prisme de réminiscences. Nous n'avons point à refaire cette thèse, déjà vieille : que la nature vraie et vivante était presque une inconnue il y a deux cents ans. Cette thèse, Chateaubriand, Sainte-Beuve, M. Taine, l'ont développée, même légèrement exagérée. Sainte-Beuve, par exemple, calomnie un peu Mme de Sévigné, en insinuant que, pour lui sembler belle, la

---

c'étoit le langage qu'on adressoit aux Dieux ; et la plupart du temps les Oracles en employoient la mesure et le stile pour s'exprimer et pour répondre aux hommes. » (*Menagiana*; éd. de 1693, pages 401-402.)

1. Nous n'entendons point parler des traductions, où les versificateurs suivaient nécessairement leurs modèles. Segrais traduisant l'*Énéide* devait être païen ; Corneille traduisant l'*Imitation de Jésus-Christ*, chrétien. — Dans le nombre des objets traités par les poètes du dix-septième siècle, les faits ou les sentiments purement intimes et personnels, qui ont inspiré tant et de si beaux vers depuis quatre-vingts ans, tiennent peu de place. Nous les omettons à dessein.

nature devait être façonnée, alignée et vue « à travers la mythologie et les devises[1] ». Elle sut voir sans mythologie et sans devises le printemps des Rochers, de Livry et d'Isey, avec ses lilas et ses rossignols, et l'automne avec ses feuilles mortes. Mais, après ces échappées, la marquise en revenait au goût de la cour et de la ville, admirant comme « la plus belle, la plus surprenante, la plus enchantée nouveauté, le petit bois d'oranges (de Clagny) dans de grandes caisses » déguisées par des « palissades », lesquelles étaient recouvertes par des tubéreuses[2]. Quand la marquise pleurait, dans une page soignée, ses chênes bretons abattus par son fils, ses chênes lui semblaient peuplés d'hamadryades; et quand elle allait, par une nuit splendide, jouir de la douce clarté qui tombe sur les plaines et les bois, c'était — elle l'écrit et répète à satiété — pour voir « Diane », « la belle Diane », « l'amante d'Endymion ».

Langage des dieux !... Les poètes n'osaient guère en prendre d'autre, peu habitués qu'ils étaient, sauf La Fontaine et peut-être Saint-Amant, à regarder la nature en face, à en sentir les impressions pénétrantes de fraîcheur, de parfums et de vie. Cyrano, ce « fou de génie », comme l'appelle Ch. Nodier, fut un prodige parmi les lettrés, lui qui s'en allait, pendant des heures et des jours, écouter les oiseaux, les arbres et « ce vent doux et subtil qui ne manque jamais de respirer à l'orée des bois », lui dont l'oreille délicate discernait le *parler* du bouleau et de l'érable, du hêtre et du cerisier[3].

---

1. « Madame de Sévigné, dans son parc, ne voyait guère que les grandes allées, et ne les voyait encore qu'à travers la mythologie et les devises. » (*Causeries du Lundi*, 2ᵉ édit., t. Iᵉʳ, page 291.) Sainte-Beuve est moins sévère pour La Bruyère, qui, dit-il, « s'applique déjà aux choses de la nature plus qu'il n'était ordinaire de son temps. Comme il nous dessine dans un jour favorable la petite ville qui lui paraît *peinte sur le penchant de la colline!* Comme il nous montre gracieusement... le troupeau répandu par la prairie, qui broute l'herbe *menue et tendre!* » (*Portraits littéraires*, t. II.)

2. Lettre du 7 août 1675.

3. « Encore que le bruit des forests semble toûjours le mesme, il est toûjours si différent, que chaque espèce de vegetaux garde le sien particulier : en sorte que le Bouleau ne parle pas comme l'Erable, ni le Hestre comme le Cerisier. » (*Histoire comique des Estat et Empire du Soleil*. Cf. *Notes historiques* sur Cyrano de Bergerac, par P. Lacroix, édit. de 1858, page 60.)

Le jésuite du Cerceau écrivait, vers 1710, dans un enthousiasme de commande et ne tirant nullement à conséquence :

> Sans qu'il soit besoin d'implorer
> Apollon ni ses neuf compagnes,
> Dans les bois et dans les campagnes,
> La moindre fleur va m'inspirer [1].

Une fleur pouvait-elle inspirer des vers, si la fiction n'en faisait d'abord une nymphe ? L'écho des bois ou des monts, pour inspirer Boileau, devait être

> ...Une Nymphe en pleurs qui se plaint de Narcisse [2].

On lit, dans un petit poème de Régnier-Desmarais, une jolie description d'une solitude champêtre, où bon nombre de vers se suivent, sans amener un seul trait mythologique. C'est une nouveauté presque inouïe [3]. Même en cette *Solitude* de Saint-Amant, qui est peut-être le chef-d'œuvre de son auteur, et où Boileau reconnaissait du génie [4], que voyait la puissante imagination du poète près du « squelette d'un pendu », des « orfrayes » et des « crapaux » ? des

> Nymphes (qui) cherchans le frais
> S'y viennent fournir de quenouilles [5] !

Comme en la *Forêt de Gastine*, célébrée par Ronsard, toute écorce abrite un hôte mythologique. Ph. Habert, en un tableau poétique d'une forêt de chênes, dit que ces beaux arbres

> Sont de cent demi-dieux les vivantes citez [6] ;

---

1. *Nouveau Choix de pièces*, 1715, t. Ier, page 128.
2. *Art poétique*, ch. III.
3. Il dit que « sous l'ombrage frais de la solitude » tout objet repose son esprit :
> L'émail d'une fleur, le cours d'une eau vive,
> Des noires fourmis la famille active,
> Une sauterelle, un ver, un grillon,
> Le vol d'une mouche ou d'un papillon,
> Une herbe, un épi qu'en rêvant j'arrache...
> (*Lettre morale*, en vers de nouvelle mesure. (*Poésies françoises*, nouv. édit., t. II, page 400.)
4. *Réflexions critiques*, Réflex. VI.
5. Saint-Amant, *La Solitude*.
6. *Métamorphose des yeux de Philis en astres*.

et un rimeur, du nom de Roi, écrit que

> Les Dryades enfermées
> Dans les pins et les ormeaux,
> Souffrent que des mains armées
> Leurs (*sic*) arrachent des rameaux [1].

Les eaux n'étaient pas moins peuplées que les bois. Fléchier, jeune encore — il avait trente-trois ans — visite les alentours de Clermont-Ferrand ; il admire, dans la propriété de M. de Chamflour, les cascades et les fontaines, et, pour rendre compte de sa promenade, il ne sait d'autres expressions que celles-ci : Nous rendîmes visite « à toutes les Naïades dans leurs grottes [2] ». Le plus riche paysage de France et d'Auvergne était, pour les versificateurs, semblable au « Théâtre des Naïades de Saint-Cloud », source de tant de vers latins ou français ; semblable au jardin des Tuileries chanté par Boileau vieillissant [3] ; semblable au jardin de Versailles, où se jouent « le Zephir, les Naïades et Flore » avec « Pomone et les Hamadriades [4] ». Mme Deshoulières, qui poétise ainsi ce chef-d'œuvre de la nature et de Le Nôtre, aperçoit partout, près des moutons de ses *Églogues*,

> Dans les plaines le Zéphyre
> Les Bergers sous les ormeaux
> Les Nayades sous les eaux [5].

Pas une source des prairies, pas une fontaine artificielle des villes qui n'eût sa naïade. Santeuil en avait donné, en vers latins, aux fontaines de Paris. M. de Mesmes fait aboutir une prise d'eau dans les murs du collège de Beauvais,

> ...Des Neuf Sœurs infortuné domaine,
> Hélicon qui jadis n'avoit pas d'Hippocrène ;

---

1. *Nouveau Choix de pièces*, etc., t. II, page 203 ; ode sur l'architecture. — Tristan, à l'entrée d'un bois, en saluait les « chastes Amadriades, qui vivent saintement sous l'écorce ». (*Les Vers héroïques*, 1648, page 155.)

2. *Les Grands Jours d'Auvergne*; édit. Chéruel.

3. 　　Agréables jardins où les Zéphirs et Flore
　　　 Se trouvent tous les jours au lever de l'Aurore.
　　　　　　　　　　　　　　(*Lettre à M. Le Verrier*, 1703.

4. Deshoulières, *Églogue*, 1685. — Œuvres, t. Ier, page 175.

5. *Ibid.*, t. Ier, page 17, *Épître à M. Mascaron*, 1672.

aussitôt le professeur de rhétorique dudit collège et La Monnoye voient, en vers, une naïade accourir d'Arcueil au milieu de Paris [1]. Pourquoi la fontaine de Gonesse donnait-elle au pain de ce village une saveur si appréciée au dix-septième siècle ? C'est qu'une nymphe avait le soin de ses eaux et qu'un jour Cérès, passant entre Paris et Pontoise, se baigna en cette onde [2]. Pourquoi les eaux de Baréges avaient-elles une vertu curative ? C'est qu'une « Nymphe au front de neige » y déversait « l'urne » d'une « onde salutaire [3] ».

L'Océan n'inspire pas mieux ceux qui essayent de décrire son calme grandiose ou ses « admirables soulèvements ». Sous la plume de Fénelon lui-même, les magnifiques drames des flots se tournent en machines de ballet, et ressemblent au triomphe de Neptune peint par Le Brun dans la Galerie d'Apollon [4] : « Le Dieu (Neptune) étoit sur un trône d'or au milieu d'une grotte profonde... Là paroissoient le vieux Nérée, ridé et courbé comme Saturne ; le grand Océan, père de tant de Nymphes ; Téthys, pleine de charmes ; Amphitrite avec le petit Palémon ; Ino et Mélicerte ; la foule des jeunes Néréides couronnées de fleurs [5]. » Ces couronnes de fleurs n'ont rien de commun avec les algues verdâtres ou rougeâ-

---

1. D'Arcueil une Naïade accourut à grands pas :
Et des flots bienfaisans de son eau cristaline,
Au gré de la jeunesse arrosa la coline.
(La Monnoye, *Poésies*, édit. de La Haye, page 185.)

2. Ainsi le raconte Moreau de Mautour, d'après les vers latins de Petit ; et La Monnoye chante aussi (*Poésies*, édit. de La Haye, *Épigramme à Cérès*, page 48),
La ontaine Cérès, qui te servit de bain...

3. Un poète anonyme, cité par le P. Bouhours, fait cette belle prière pour la santé de Louis XIV :

Que cette Nimphe au front de neige,
Que tu vas trouver à Barége,
Sur toi répande à pleines mains
L'urne dont l'onde salutaire
Porte le divin caractère
D'immortaliser les humains.
(*Recueil*, 1693, pages 158 et 159.)

4. ...Le Triomphe de Neptune et de Thétis, dans un char tiré par des phoques ou des chevaux marins, accompagné de Tritons et de Nereydes. » (Germain Brice, 5e édit., t. II, page 84.)

5. Fable 31.

tres, souples comme les vagues. Aucun rimeur du dix-septième siècle n'a rien trouvé de plus neuf et de plus vrai que cette demi-page de Fénelon. Chaque fois que, à l'aide de périphrases, ils ont nommé la mer, on est sûr qu'aussitôt apparaîtront le trident ou le char du dieu virgilien, puis les Néréïdes, les monstrueux troupeaux de Protée, et les « chevelus Tritons », qui sonnent de la trompe « sur les vagues secouées [1] »; et « c'est là, s'écrie Boileau, ce qui surprend, frappe, saisit, attache [2] » !

Bref, la fantaisie ou plutôt la mémoire de nos beaux esprits distinguait en tous les recoins de la nature quelqu'une des divinités classiques, que « les autres mortels n'ont jamais aperçues [3] ». C'est l'apanage du génie, même du génie français et moderne, disait Perrault le moderne. Tout homme de génie est doué de cette seconde vue, même au siècle de Louis le Grand. Perrault faisait cette confidence à Fontenelle, autre moderne, qui entrevoyait aussi

Les Nimphes, les Sylvains, dans leurs grottes obscures [4].

Voici un fragment du dithyrambe de Perrault sur les trouvailles mythologiques propres au génie :

Quelque part qu'au matin il découvre des fleurs,
Il voit la jeune Aurore y répandre des pleurs :
S'il jette ses regards sur les plaines humides,
Il y voit se jouer les vertes Néréïdes,
Et son oreille entend tous les différens tons,
Que poussent dans les airs les conques des Tritons;
S'il promène ses pas dans une forest sombre,
Il y voit des Sylvains et des Nymphes sans nombre,..
Pendant qu'aux mêmes lieux le reste des humains
Ne voit que des chevreuils, des biches et des daims [5].

Comment Boileau, dans une de ses épigrammes, reproche-t-il à Perrault de n'avoir pour lui que *Mercure*? Quand Perrault versifiait des choses profanes, il avait pour lui tous les

---

1. Saint-Amant, *La Solitude*.
2. *Art poétique*, ch. III.
3. Perrault, *Le Génie*, épître à M. de Fontenelle.
4. Fontenelle, *Églogue* x.
5. Perrault, *Le Génie*, etc.

dieux. Ainsi des autres versificateurs, lorsqu'il s'agissait de la nature. Une mosaïque, composée de centons pris chez une vingtaine de poètes, démontrerait cette vérité, si elle avait besoin de démonstration. Imaginons la promenade d'un bel esprit, qui veut « chanter Flore, Pomone et les vergers [1] » par un beau jour de printemps ou d'été. Nous sommes

> Dans le temps que les Zéphyrs
> Se levant avec l'Aurore
> Renouvellent leurs soupirs
> Pour le service de Flore [2];

> L'hiver ne retient plus les Naïades captives [3];

déjà même

> Vertumne est ravi d'aise et Pomone contente [4].

C'est le matin :

> La jeune amante de Céphale
> Sème la route du Soleil
> De roses,

et « des larmes », qu'elle « répand dans le sein de Thétis [5] », ou dont elle « mouille le sein de Flore [6] ». Elle « remonte sur son char doré que les Heures attellent [7] »; bientôt

> Thétis s'apprête à rendre le Soleil [8],

et le jour grandit. Sous les ombrages humides de la rosée qui « apaise la soif de Cérès [9] »,

> Le chant des rossignols, la charmante verdure,
> De Zéphyre et de Flore annoncent le retour [10].

Écho s'éveille et redit leurs airs « aux Nymphes du bocage [11] »,

---

1. Boileau, *Art poétique*, ch. II.
2. L'abbé Testu, *Recueil* de Bouhours, page 67.
3. Mme Deshoulières, 1678, *Les Oiseaux*.
4. Senecé, *Œuvres*, etc., page 224.
5. Mme Deshoulières, 1693; *Œuvres*, t. II, pages 50 et 51.
6. Boursault, *Les Yeux de Philis changés en astres*, acte III.
7. Saint-Amant, *Le Soleil levant*; *Œuvres*, t. Ier, page 193.
8. Fontenelle, 1688, v^e *Églogue*.
9. Saint-Amant, *ut supra*.
10. Mlle Deshoulières.
11. Segrais, *Églogue* II.

et « les Nymphes dansent aux chansons ¹ », tandis que les zéphirs qui voltigent

> Ressuscitent les fleurs d'une haleine féconde ².

Si notre promeneur a du goût pour la chasse, il entrera dans les taillis, où, dès l'aube,

> Sur l'émail odorant de Flore
> Une Nymphe tend des filets ³.

Entre-t-il ensuite en un jardin solitaire, « Flore pour lui seul parfume les Zéphyrs ⁴ » ; là, il salue

> ...Les vertes Divinitez
> A qui sont des jardins commises les beautez ⁵.

De là, il s'en ira dans les champs voir « les trésors de Cérès ⁶ », qui se préparent ; et si la saison est avancée ou précoce, il apercevra « Cérès à la tresse blonde ⁷ » ; puis il gravira les coteaux où, plus tard, « le vigoureux Automne » étalera « les raisins dont Bacchus se couronne ⁸ », à l'époque où « Cérès contente a fait place à Pomone ⁹ ».

Supposons qu'il pénètre, vers midi, au fond d'un bois ; aussitôt, pour lui faire accueil,

> Les mornes Déitez quittent leurs solitudes ¹⁰ ;

il se repose à l'ombre des chênes ; et

> ...Les bras estendus des plus vertes Driades
> Le sauvent de l'ardeur du Lion dangereux ¹¹ ;

qu'il y reste à loisir ; car souvent c'est

> ...Dans ces bois propres à l'exciter
> Qu'Apollon quelquefois daigne encor l'écouter ¹².

---

1. Tristan, *Le Promenoir.* — *Recueil des plus belles pièces*, etc., t. IV.
2. Malleville, *Sonnets.* — *Ibid.*, t. III.
3. De Saint-Gilles, *Nouveau Choix*, etc., t. II, page 22.
4. Gombauld, *Sonnets* ; *Recueil, ut supra*, t. III.
5. P. Le Moyne, *Entretiens poétiques*, l. II, 6.
6. Boileau, *Satire* VIII.
7. La Motte, *Fables*, l. II, f. 12.
8. Perrault, *Épître à M. de la Quintinie.*
9. Boileau, *Épître* VI.
10. Segrais, *Élégie* 1ʳᵉ.
11. Durand, *Nouveau Choix*, etc., t. II, page 247.
12. Boileau, *Épître* VI.

Sans aucun doute notre marcheur rencontrera une source, limpide « miroir, où le Faune vient voir... son teint cramoisy [1] »; et près de la source, un ruisseau,

> Où quelque Naïade superbe
> Regne comme en son lit natal
> Dessus un throsne de cristal [2];

peut-être, une large rivière, glorieuse « fille d'Amphitrite [3] ». Il pourra ensuite aller « jusqu'au lit de Neptune », pour « considérer le Dieu qui dort [4] ». Mais voilà que tout d'un coup le vent se lève;

> Éole... dans la plus belle saison,
> A contre-temps et sans raison,
> A voulu déchaisner Borée [5].

« Éole ouvre sa caverne [6] »;

> Les Aquilons qui règnent dans ces lieux
> En ont chassé l'aimable Flore [7];

et de son côté, « Cérès s'enfuit éplorée [8] ». Les vents soulèvent « les flots blanchissans de l'humide Thétis [9] ». Par bonheur, « Neptune en courroux... gourmande les flots [10] »; tout à l'heure, Éole

> ...Calmera les flots que son sceptre gouverne,
> Enchaisnera Borée au fond de sa caverne,
> Et laissera courir Zéphire seulement
> Sur ce vaste élément [11].

L'orage s'apaise; au ciel, brille « l'arc d'Iris [12] », « l'écharpe d'Iris [13] »;

---

1. Tristan, *Le Promenoir*.
2. Saint-Amant, *La Solitude*.
3. La Fontaine, Description des bords de la Loire.
4. Tristan, *ut supra*.
5. Saint-Pavin, *Lettre*; Recueil, *ut supra*, t. IV.
6. Mlle Deshoulières, à Fléchier, 1697.
7. M. Caze, *Lettre* à Mme Deshoulières. 1689.
8. Boileau, *Ode sur la prise de Namur*.
9. Segrais, *Athis*, ch. III.
10. Boileau, *Art poétique*, ch. III.
11. Saint-Amant, *L'Arion*.
12. Scudéry, *Alaric*, ch. X.
13. La Fontaine, *Fables*, liv. VI, f. 3.

> Déjà l'humide Iris étale
> Son beau demy-cercle d'opale
> Dedans le vague champ de l'air [1].

Le jour va finir par un beau soir; Phébus descend à l'horizon, et

> ...Sans doute las
> D'éclairer le monde,
> Il va chez Thétis
> Rallumer dans l'onde
> Ses feux amortis [2].

Thétis en effet invite Phébus à prendre le « bain parfumé de l'Océan »; et pour réjouir ce

> Dieu visible du monde aux coursiers lumineux,

Thétis « fait tirer » par la main des Heures « un rideau de couleur de feu [3] ». Voici que « la Déesse aux trois noms [4] », la lune, est montée à l'Orient; le poète va dormir;

> Morphée et ses pavots les plus assoupissants [5]

le saisissent, et

> Ce Frère de la Mort lui redonne la vie [6].

Arrêtons-nous. Si cette poésie pèche par un excès, à coup sûr, ce n'est point par celui de la nouveauté, ni par celui de la variété. On a ainsi chanté et peint la nature pendant deux siècles. Toutefois en cherchant bien et longtemps, on finit par ramasser quelques diamants épars au milieu de ces descriptions ternes et démodées. Le « vieux Faune », que Segrais montre riant « dans sa grotte sauvage », forme un des tableaux les plus frais de nos bucoliques du dix-septième

---

1. Saint-Amant, *La Pluye*.
2. Mme Deshoulières, 1693, *A ses enfants*.
3. Regnier-Desmarais, *Poésies françoises*, nouv. édit., t. Ier, *La Solitude*.
4. Saint-Amant, *L'Arion*. — Un M. du Troussel, pour dire qu'il est « une heure après minuit », prend cette périphrase :

> Diano, Hécate, ou Proserpine
> A fait la moitié de son tour.
>
> (*Recueil* du P. Bouhours, page 53.)

5. M. Caze, *Épître à Mme Deshoulières*.
6. Habert, *Recueil des plus belles pièces*, t. IV.

siècle [1]. Le Zéphir, que le P. Le Moyne représente « estendu sur le bord » d'une fontaine et qui

> Resve au bruit inégal de l'onde qui l'endort [2],

est gracieux ; gracieux aussi, celui de La Verrière, qui sème les gazons « de pâles violettes » au matin du printemps [3]. Plus gracieuse encore est la danse champêtre des nymphes, telle que l'a décrite Philippe Habert. Des oiseaux gazouillent dans les vieux chênes, et

> Les Nymphes, pour ouïr leurs charmantes merveilles,
> Entrouvent leur écorce et prêtent leurs oreilles :
> Puis leur pied retraçant leurs sçavantes leçons,
> Marque en ses pas divers leurs diverses chansons ;
> Et sous un tendre émail de mousse et de fougère
> Imprime de leur son une image légère [4].

Les Grâces d'Horace, dansant aux mystérieuses clartés de la lune, sont-elles plus agiles ?

De tous nos littérateurs mythologiques du dix-septième siècle il n'en est qu'un qui puisse lutter avec les Latins ou les Grecs ; un dont le style soit tour à tour beau, ou fleuri, comme l'antique, plus fleuri même que l'antique. Sans doute Fénelon a emprunté toute sa mythologie à la Grèce et à Rome, mais ses descriptions de la nature pleine de déités ont le coloris et la fraîcheur d'un poème écrit aux bords du Céphise. Le bouclier de Télémaque offre des miniatures charmantes comme celles du bouclier d'Achille. La danse des divinités rustiques, au dix-septième livre de *Télémaque*, réunit tout ce que la mythologie a de plus riant [5]. Le « jeune Faune » des Fables avec « sa tête couronnée de lierre et de pampre », ses tempes ornées de grappes de raisin et son

---

1. Segrais, *Églogue* II.
2. *Poësies*, 1650, page 473. V. aussi (*Entretiens*, l. Ier, Entretien x) le « plus frais des Zéphirs » qui parfume les melons en les touchant de son aile.
3. *Nouveau Choix de pièces*, t. II, page 132.
4. *Métamorphose des yeux de Philis en astres*, début.
5. « Les Nymphes couronnées de fleurs dansoient ensemble dans une prairie auprès d'un bocage. Pan jouoit de la flûte. Les Faunes et les Satyres folâtres sautoient dans un coin. Bacchus y paroissoit aussi couronné de lierre, appuyé d'une main sur son thyrse et tenant de l'autre une vigne ornée de pampres et de plusieurs grapes de raisin. » (Liv. XVII.)

feston de lierre en écharpe, est, malgré son « ris moqueur », le plus aimable demi-dieu des bois [1].

2° *La Guerre et les événements publics.*

Aux combats, aux conquêtes, aux autres faits mémorables du siècle, il fallait des divinités plus sévères. Les beaux esprits en fournissent ; mais là, rien, ou presque rien de neuf. « Bellone et Mars, avec les Furies infernales, vêtues de robes toutes dégouttantes de sang », les mêmes qui président à la lutte d'Adraste et de Télémaque, assistent pareillement aux expéditions de Hollande, de Flandre, de Franche-Comté, aux victoires et aux désastres de nos armées, depuis Rocroi jusqu'à Denain. Les circonlocutions dites poétiques sont connues. La profession des armes s'appelle « le métier de Mars [2] », « le métier de Bellone [3] », « les emplois de Mars [4] », « les hasards de Bellone [5] » ; être soldat, « c'est essuyer les orages du dieu Mars [6] » ; commander une armée, c'est avoir « le soin de conduire Bellone [7] » ; les champs de bataille se nomment « les plaines de Mars [8] ». Sommes-nous vainqueurs ; « Mars nous *fait* recueillir d'amples moissons de gloire [9] » ; comme le veut une autre formule, on « moissonne des lauriers » aux jours de gloire ; mais aux époques de défaites sanglantes, « Mars et Bellone » sèment ou plantent des « cyprès à milliers »,

> La Parque les cultive et de sang les arrose [10]:

Quel est le plus fameux guerrier ? celui « qui de plus de morts au Dieu noir fait offrande [11] ». Que se passe-t-il au mo-

---

1. Fables, *Le Jeune Bacchus et le Faune.*
2. Corneille, *Le Cid,* acte I.
3. La Fontaine, *Fables*, liv. XII, x.
4. *Id., ibid.,* liv. XI, viii.
5. Sanlecque, *Épître au Roi*, 1694.
6. Pavillon, *OEuvres*, édit. de La Haye, page 30.
7. Corneille, *Inscriptions du règne de Louis XIII*, n° 8.
8. Épitaphe du maréchal de Rantzau, Lettres de Boursault, 1709.
9. La Fontaine, *Fables,* liv. VII, xviii.
10. Louis Petit, *Discours satyriques,* 1686 ; sat. x ; pages 84 et 85.
11. *Id., ibid.*

ment du combat? « Les enfants de Mars[1] », les « vaillants Alcides » font « pétiller... des éclairs homicides[2] ». C'est « Mars » qui « inventa les canons », dit Saint-Évremond à Sa Majesté britannique Guillaume III, qui ose « affronter Bellone en courroux[3] ». A Rocroi, « Bellone et Mars font cortège » à Condé-Alcide[4]; au Passage du Rhin, « avec Grammont courent Mars et Bellone[5] ». Et ainsi de suite, de 1640 à 1715. Le grand mérite consisterait à créer quelque périphrase; mais rien ne se crée et rien ne se perd; Bellone et Mars suffisent à nos luttes incessantes et aux odes sans fin, depuis les premiers académiciens rangés autour de Richelieu jusqu'à Jean-Baptiste Rousseau.

Pour peindre l'imprévu, le désordre, les ravages de la guerre, les poètes lyriques, épiques, élégiaques, se servaient d'une fiction commune; ils mettaient en fuite, avec force mythologie, les nymphes aquatiques d'Europe. Tout le monde sait par cœur les vers de Boileau, sur le réveil du Rhin « aux pieds du mont Adule » et sur les « Naïades craintives », qui s'en vont « à grands pas[6] ». Cette figure était déjà bien usée, en 1672; et Boileau imite assez timidement ses devanciers. En 1656, lorsque, durant trois jours, les Polonais résistèrent à Charles X de Suède et à Frédéric-Guillaume, électeur de Brandebourg, les nymphes de la Vistule avaient tremblé de tous leurs membres et eu « peur de la flamme au beau milieu de l'onde[7] ». Saint-Amant nous l'assure. — Vingt-cinq ans avant le passage du Rhin, Condé avait épouvanté les naïades allemandes. Le P. Le Moyne le lui avait dit en ces termes : l'aigle de l'Empire venait de prendre l'essor, dans le ciel germanique; alors,

Le Danube et le Rhin de son vol retentissent;
Leurs flots en sont émeus, leurs Nymphes en frémissent;

---

1. Régnier-Desmarais, *Poésies françoises*, etc., t. II, page 443; *L'Armeure*.
2. Boileau, *Ode sur la prise de Namur*.
3. Après le passage de la Boyne. — *Œuvres mêlées*, t. IV, page 197.
4. Sarrasin.
5. Boileau, *Épître* IV.
6. *Épître* IV.
7. *La Généreuse; Œuvres*, édit. Livet; t. II, page 374.

> Et pasles de frayeur cherchent leur seureté
> Sous les bois de lauriers que tu leur as planté [1].

Gilbert, célébrant Mazarin, lui racontait ainsi des faits d'histoire récente :

> Le Pô... sur ses vertes rives
> Voyoit ses Nymphes fugitives ;

et

> La Nimphe de Sambre allarmée
> Par la marche de nostre armée,
> Dans sa grotte paslit d'effroy [2].

Cette mythologie était tellement dans les mœurs poétiques, que Racine, au début de sa carrière, n'en savait point de plus heureuse. Sa *Nymphe de la Seine* se plaignait ainsi à la reine Marie-Thérèse, des tristes événements qui avaient précédé le traité des Pyrénées :

> Mes Nymphes pâles et craintives
> A peine s'assuroient dans le fond de mes eaux [3].

Les prosateurs mirent à profit ces terreurs mythologiques des fleuves et des naïades fugitives ; ce qui avait tant défrayé les poèmes pouvait bien rehausser l'éloquence. En 1679, l'académicien Paul Tallemant, prononçant un panégyrique du roi, représentait Neptune brisant de son trident les digues de la Hollande, puis « les Naïades alarmées se sauvant dans des roseaux » et « le Fleuve du Doubs montrant à la Saone à qui il porte le tribut de ses eaux son urne nouvellement enrichie de Fleurs de Lis [4] ».

Les divinités de l'onde ne se mettaient pas en mouvement

---

1. A Condé, en 1647. — *Poësies*, 1660, page 225. — En 1648, après la bataille de Lens, le même poète somme la Meuse de céder à nos armes victorieuses ; car, lui dit-il :

> Il ne va dans la mer que du sang de tes rives ;
> Toutes tes Nimphes sont prises ou fugitives.
> (*Entretiens poétiques*, liv. III, II.)

2. *Ode à Mazarin*, par M. Gilbert, secrétaire des commandemens de la Reyne de Suède ; édit. de 1659.

3. Racine, *La Nymphe de la Seine*, 1660.

4. *Panégyrique du Roy sur la Paix*, prononcé le 25 aoust 1679, par M. l'abbé Tallemant, le jeune. — *Recueil des Harangues de l'Académie*, 1714, t. Ier, pages 609 et 610. — En 1672, le *Mercure galant* donnait les conseils suivants aux littérateurs : « Les poëtes feront parler les Naïades du

uniquement pour fuir ; elles se hâtaient de prendre part aux événements joyeux, aux fêtes publiques; ainsi, pour « l'Hymen » de Louis XIV avec la « grande Nymphe d'Hespérie », « les Dieux de Seine et de l'Ebre » et « les vertes Néréides » sortent de leur lit aquatique et chantent des épithalames, couronne en tête[1]. D'autres fois, les nymphes des fleuves s'écrivent en vers et s'envoient

> Par un Zéphyr exprès les souhaits et la joye [2].

A la naissance du Dauphin, le Tage écrit « de son lit à fond d'or nué d'argent », à l'aide « d'une liqueur de pourpre et d'un roseau doré », une lettre de félicitations à la nymphe royale de Seine [3].

Le titre de « Nymphe » décerné à Marie-Thérèse d'Autriche eût été bien chétif, s'il n'eût été rehaussé par des épithètes; toute princesse, toute dame, toute « Iris » était appelée nymphe, pour le moins [4]. Ménage définissait la reine

---

Rhin, de la Meuse et de l'Yssel. Il ne sera pas mesme mal à propos de faire écrire le dieu du Rhin et la déesse de la Seine : il nous a semblé qu'il pourra dire de belles choses sur les conquestes du Monarque des Lis, quand il ne prendroit pour sujet de son Épistre que le fameux passage de Tolhuis. » (T. III, pages 94 et 95.)

1. *Les Poësies diverses* de M. Gilbert, 1661. *Sur le Mariage du Roy*.
2. Une des fictions familières du P. Le Moyne consiste à représenter les nymphes des fleuves écrivant aux dames illustres, ou s'écrivant entre elles. Ainsi voit-on, dans les *Entretiens* de 1665, *La Nimphe du Danube écrivant à la princesse Adélaïde de Savoie, duchesse de Bavières* :

> La Nimphe du Danube écrit de son grand lit,
> Que le cristal soutient, que la nacre embellit ;
> Et de ses nobles sœurs en cette lettre envoye
> Par un Zéphyr exprés les souhaits et la joye.
> (Liv. III, 1.)

Et

> La Seine dans l'Europe en lauriers si fameuse
> Écrit sous un laurier cette lettre à la Meuse, etc.

3. *Id., ibid.* (Liv. III, III.)
4. Au seizième siècle, il était passé en mode poétique que *Nymphe* signifierait — outre les déités de la Fable — les demoiselles de la cour. Segrais, au début de son poème d'*Athis*, déclare que, depuis l'*Astrée*, *Nymphes* est synonyme de « Princesses » et de « Dames d'éminente condition ». — Cependant le même Segrais appelle aussi *Nymphes*, en poésie bucolique, toutes les bergères idéales des « rives de l'Orne » ou d'ailleurs. (V. *Églogue, au marquis de Gamaches*.)

de Suède « cette Nymphe divine..., l'adorable Christine [1] ». Puisque nous rencontrons ici cette « Minerve de Stockholm [2] », notons tout de suite qu'on épuisa en sa faveur le vocabulaire mythologique. Scudéry la saluait de ces titres divins :

> Toy, nouvelle Minerve aux Arts si bien instruite,
> Toy, nouvelle Pallas, qui remis l'Aigle en fuite [3]...

Mais il était d'usage d'octroyer de semblables apothéoses en vers, et en toutes les préfaces ou épîtres à la Montoron, aux personnages qualifiés, ou fortunés. Chaque fois que nos poètes chantent le moindre hobereau, ils n'ont garde d'oublier que tout gentilhomme est

> Un homme issu d'un sang fécond en demi-dieux [4].

Pour célébrer dignement un seigneur, un prince, un ministre capable de donner pension, l'Olympe entier suffit à peine. Toutefois le nom ordinaire de tous ces nourriciers des pauvres muses est *demi-dieu*. Scarron disait de ses confrères en mendicité poétique : Ils « donnent l'immortalité au plus offrant ; un brevet de demi-Dieu va pour un Habit de Drap de Hollande [5] ».

Ce brevet, grâce à la rime, fut décerné à Richelieu, par tous ses contemporains, qui s'essayèrent en l'art des vers. Aussi, Guy Patin, l'ennemi personnel du cardinal-ministre, pouvait-il, pour le désigner, prendre cette circonlocution : « Cet homme, dont les poètes de ce temps faisoient rimer le nom à *demi-Dieu* [6] » ; le président Maynard, pour le besoin

---

1. *Églogue, à Christine.*
2. « Le Nord a maintenant sa Minerve dans Stokolm, comme il eut autrefois une Diane dans Thauris. » (Scudéry, à Christine, *Épître dédicatoire d'Alaric.*)
3. *Alaric*, liv. Ier.
4. Boileau, *Satire* v, au marquis de Dangeau. — Boileau eût pu choisir un demi-dieu d'origine plus authentique.
5. *Épître à Dame Guillemette*, etc. — *OEuvres*, nouv. édit., t. Ier, page 197
6. ...Un fameux demi-dieu,
L'éminent Cardinal et Duc de Richelieu...
(Michel de Marolles, *Description de Paris.*)
...Jean-Armand de Richelieu,
En son temps quasi demi-dieu.
(Cl. Le Petit, *Paris ridicule.*)
Autrefois défunt Richelieu,
Qu'ils (les poètes) ont traité de demi-dieu.
(Scarron, *Épître à M. Rosteau.*)

de la mesure, lui donnait même de la divinité entière[1]. Mazarin hérita du titre comme de la charge de son prédécesseur. Qu'on ouvre le premier recueil venu, à une page quelconque ; les exemples sauteront aux yeux. Les princes, quand ils ne sont pas tout simplement « Mars », sont aussi demi-dieux. Conti est un « illustre demy-Dieu[2] » ; Condé « le plus grand des demy-Dieux[3] ». Mlle de Scudéry appelle aussi Louis XIV « le plus grand des demi-Dieux[4] », et d'Assoucy, renforçant un peu l'expression : « Demy-Dieu, le plus grand de tous les demi-Dieux,... Soleil[5] ». Mais cette louange languit auprès du nom du roi. Ceux qui poétisent de la sorte sont des timides ; ils font bande à part dans le chœur poétique. Le titre habituellement décerné à Sa Majesté est : *Jupiter*. Racan avait fait cette prédiction touchant le roi :

> Un jour, il sera sur la terre
> Ce qu'est Jupiter dans les cieux[6].

Pendant quelque cinquante ans, les poètes de tout génie réalisèrent la prophétie du bucolique. Nous l'avons déjà constaté, en parlant du paganisme à la cour ; nous nous répétons et nous nous complétons ici, pour parfaire ce chapitre de la littérature païenne.

---

1.   ...Un dieu,
    Qui pour se faire méconnoître
    A pris le nom de Richelieu.

2. Sarrasin, *Dulot vaincu*, ch. 1er.

3. Sarrasin, *Poés.*, *Ode*, à M. le marquis de Montausier. — Selon le même, quand Condé, en 1646, prend Dunkerque, c'est un « jeune Mars » qui ôte « les fers à Neptune », et le « vieux Nérée » lui prédit de hauts destins « du haut de l'onde azurée ». (*Ibid.*)

Mlle de Scudéry, dans l'impromptu sur les Œillets de Vincennes, appelait Condé : « Mars » ; plus tard, elle disait au jeune duc de Bourgogne : « Vous serez Mars un jour. » — Scarron avait rimé pour le prince de Condé, à propos du duc d'Enghien :

> Votre grand Fils, *exempli gratia*,
> Est un dieu Mars si dieu Mars il y a.

Scarron (*OEuvres*, nouv. édit., t. Ier, page 178) explique l'origine de ces louanges effrénées.

4. *La Fauvette à Sapho ; Recueil* du P. Bouhours, 1693 ; page 123.

5. *Épître au Roy*, *fin*.

6. *Recueil des plus belles pièces*, etc., t. III, page 269.

S'il n'y avait eu qu'un pauvre hère, un « poète crotté » et mendiant, à nommer Jupiter celui que Bossuet définissait plus modestement « le premier des mortels », ce serait chose de peu de conséquence. Mais tous, même les mieux rentés, après avoir célébré le monarque Alcide, Mars, Apollon, montaient leur lyre à un ton plus haut. Boileau se fait remarquer par son enthousiasme à exalter Louis XIV Jupiter. Ses divinités du Rhin s'écrient pour lui :

Il a de Jupiter la taille et le visage [1] ;

et au siège de Namur :

C'est Jupiter en personne !

Si l'on croit le *Bolæana*, Boileau était très fier d'avoir mis « la poudre à canon en vers », et de pouvoir, grâce à cette hardiesse, prêter à Louis les attributs de Jupiter. « Par là, aurait dit le *Législateur*, un poète peut comparer son Héros à Jupiter ; la poudre à canon étant une espèce de tonnerre ; au lieu que nos anciens poètes, et Malherbe tout le premier, croioient avoir beaucoup fait, en faisant un Mars uniforme de tous leurs Guerriers [2]. » En vertu d'un pareil principe, l'Académie était autorisée à joindre, en ses harangues, le nom du roi à celui du premier des Immortels virgiliens. « Nouveau Jupiter, disait Tallemant, il lance la foudre ; » et tout l'univers « résonne » du fracas de son tonnerre, qui éclate « en Flandres, en Allemagne, en Catalogne, en Sicile, à Cayenne, à Tabago [3] ».

Le P. Bouhours, le plus modéré des casuistes et des critiques, rassurait les gens de lettres qui auraient éprouvé quelque scrupule à dire *Jupiter*, au lieu de *Louis*. Je trouve dans la *Manière de bien penser* (IIIᵉ Dialogue) la solution de ce singulier cas de conscience littéraire : « Il n'y auroit pas non

---

1. *Épître* IV.

2. *Bolæana*, édit. de 1742, Amsterdam; pages 73 et 74. — Boileau savait-il qu'en cela il se rencontrait avec l'abbé Cotin ? L'abbé Cotin avait lui aussi, comme tout le monde, chanté Louis XIV-Jupiter, « Jupiter qui lance la foudre ». (*Ode sur l'entrée du Roy en Flandre*; *Poésies* de Port-Royal, t. III, page 243.)

3. Harangue du 25 août 1677. — *Recueil des Harangues de l'Académie françoise*, t. Iᵉʳ, page 543.

plus grand mal, en parlant poétiquement d'un Prince chrestien, redoutable par sa puissance et par sa valeur, tel qu'est notre grand Monarque, de le comparer à Jupiter mesme et à tous les dieux, comme on l'a fait dans les derniers vers d'un Rondeau fort spirituel [1]. »

Louis XIV comparé à Jupiter et à « tous les dieux », cela se voit sans doute en plus d'un poème; mais je ne sais rien d'aussi complet, que le commencement d'une épitre « présentée à Sa Majesté, en l'année 1686 ». L'auteur, songeant à l'antiquité, regrette presque que le roi n'ait pas régné aux jours des Césars et des déités païennes; car alors, dit-il,

> Qu'on eût même en toi seul trouvé de Dieux ensemble !
> Tu deviens Jupiter, quand tu veux que tout tremble ;
> On voit revivre en toi le courage de Mars ;
> Tu sçais, comme Apollon, protéger les Beaux-Arts ;
> Tu peux sur l'Océan commander en Neptune ;
> Tu n'es pas moins puissant que l'étoit la Fortune ;
> Rome eût cru que Minerve eût parlé dans tes Lois,
> Et qu'Hercule eût été jaloux de tes exploits.
> Ton esprit fait revoir la justice d'Astrée,
> Et ton cœur, la bonté de Saturne et de Rhée [2].

Pavillon écrivait en 1679 cet axiome contre lequel personne, à coup sûr, ne réclama :

> ...L'Olympe est partout où Louis tient sa cour [3];

Sanlecque a dépassé Pavillon ; selon le poète génovéfain, Louis XIV, à lui seul, vaut une dizaine de dieux, pour le moins.

3° *Galanterie et Deuil.*

Descendons de ces sommets. Quand les littérateurs du

---

1.   Lorsqu'à la main il a le cimeterre (?),
   C'est Jupiter qui lance le tonnerre :
   Pauvre Hollande, appaisez son courroux ;
   Il vaut mieux voir tous les Dieux contre vous
      Que le Roi seul.

(*Manière de bien penser*, édit. de 1687, page 259.) Le rondeau était du P. Commire, confrère du P. Bouhours.
2. *Poésies du Père Sanlecque*, éd. de 1742; *Épitre au Roi*; page 3.
3. *Ode pour la Paix.*

dix-septième siècle avaient adoré, en périphrases mythologiques, l'Olympe vivant du Louvre et de Versailles, ils revenaient à chanter leurs amours ou leurs tristesses. Dans le premier cas, c'étaient les Ris et les Jeux qui remplissaient leurs vers et formaient tous les fonds de leurs tableaux; dans le second, c'était la Parque,

> ...Cette Dame antique,
> Qui de nos jours tient le cordon [1].

Ils ne sortent pas de là.

Parmi les innombrables pièces consacrées, comme dit Saint-Amant, au « dieutelet, archerot Idalien », il en est bien peu d'originales. Les Amours et les Ris, écrivait Corneille, touchant à sa soixante-quinzième année,

> Ce sont de petits dieux enjoués mais timides,

qui s'épouvantent à la vue des rides ou des cheveux gris [2]. On dirait que presque tous les Anacréons de ce temps-là avaient des cheveux gris sous leurs perruques. Dans le 14ᵉ Discours, qui fut prononcé à l'Académie française (vers la fin de 1635), Chapelain avait essayé, « par des raisons, dit Pellisson, ingénieuses, dont le fonds n'est pas sans solidité,... d'ôter à cette passion la Divinité que les Poëtes lui ont attribuée [3] ». Chapelain ne réussit pas mieux à détruire cette divinité qu'à construire un poème épique intéressant.

Parmi les volumes sans fin, où il est fait mention des Amours, deux des pages les moins banales appartiennent, l'une à la *Pompe funèbre de Voiture*, l'autre aux *Entretiens* du P. Le Moyne.

A la « Pompe funèbre » du *bagatellier* [4] Voiture, l'on voyait, dit Sarrasin, les Grâces, conduisant d'abord une bande de « cinquante Amours », puis « une volée d'Amours de toutes les façons ». La déesse « Badinerie » venait à leur suite; puis le poète hétéroclite Neuf-Germain, avec le cheval Pégase; puis les inévitables Jeux et Ris. Un tel cortège est peu lar-

---

1. P. du Cerceau, *L'Horoscope*, vers 1710.
2. *Poésies diverses*, 1680.
3. Pellisson, *Histoire de l'Académie françoise*, § 3.
4. Le mot est de Sainte-Beuve.

moyant. Les Amours décrits par le P. Le Moyne, en son *Palais de la Galanterie*, nous semblent plus curieux que ceux de Sarrasin. Les uns, près d'une fontaine,

> Laissant au bord leurs flambeaux et leurs armes,
> S'ébatent là quelquefois à nager.

D'autres Amours sont « jardiniers », cultivant des « Soucis » et des « Pensées noires »; d'autres sont forgerons »,

> ...Des Amours de mine affreuse
> De peau noire et bruslée et de teste crasseuse
> Travaillent à forger des fers [1].

Les flèches, l'arc, le carquois, tout l'attirail de l'« Archerot Idalien », inspirent les faiseurs de madrigaux. Ses ailes sont l'objet d'autres raffinements. On dira, par exemple, que

> L'Amour tout fatigué ne bat plus que d'une aile [2].

Une des galanteries usitées dans la littérature précieuse consistait à feindre que, pour écrire en style « doux, tendre et langoureux », l'on avait arraché une plume aux ailes, ou « au dos chargé de plumes [3] » de quelque Amour, comme on en arrachait aussi au dos de Pégase [4]. Charpentier, septuagénaire, écrivant à Mlle Deshoulières, lui conseillait de se borner à « écrire quelques pages d'une des plumes de l'Amour [5] ». Avec de semblables puérilités, l'on prétendait atteindre les limites et le fin fond du fin.

On agrémentait de même les sujets les plus tristes, quant au titre, ces *Élégies*, où « le cœur seul » devrait parler, mais où l'on ne devine jamais les larmes [6].

La mythologie envahissait le deuil comme la joie; toutefois

---

1. *Entretiens poétiques*, liv. II, 4.
2. Fuzellier, *Nouveau Choix*, etc., t. Ier, page 75.
3. Mme Deshoulières, *Épître à Fléchier*.
4. « D'une plume du dos de Pégase tirée... »; écrivait, en 1647, le P. Le Moyne à Condé, duc d'Enghien : *Avis de la France*, etc.
5. *Œuvres* de Mlle Deshoulières; madrigal de 1690.
6. Le nom d'*Élégie* n'avait presque jamais, au dix-septième siècle, le sens que lui donne Boileau; ce n'est que fort rarement « la plaintive Élégie » qui pleure « sur un cercueil ». Le titre d'*Élégie* désigne ordinairement une poésie galante.

d'une manière bien plus déplacée. Libre à Loret et à Robinet d'annoncer chaque semaine, avec ces figures d'un goût fort douteux, la mort des personnages illustres. Loret a trouvé environ deux cents expressions, pour s'acquitter de ce triste devoir; mais ses deux cents tournures reviennent toujours à accuser

> Les trois hideuses Filandières,
> Qui font bossus les cimetières [1].

Loret s'amuse, chacun le sait, et chacun le lui pardonne. Il n'en peut être de la sorte à l'égard des poètes graves et lyriques. Quoi de plus inconvenant, ou de plus ridicule, que de nommer sans cesse la Parque, ou la fatale barque, et le Styx? de dire au milieu d'une ode :

> Depuis que la cruelle Parque
> Trancha les jours de Richelieu [2];

de changer le verbe assez significatif de *mourir* en cette locution « avoir recours à la Parque [3] »; d'adresser aux Parques, de sang-froid, des prières comme celle-ci :

---

1. *La Muze historique*, 6 mars 1655. — Robinet annonce ainsi la mort de la marquise de Rambouillet :

> La Parque pleine d'artifice
> Nous ravit dimanche Arthénice.
>
> (3 janvier 1666.)

Citons quelques-unes des périphrases de Loret :

> La Parque a tranché le filet
> Au bon seigneur de Rambouillet.
>
> (3 mars 1652.)

> Atropos ferma les paupières
> De Madame de Lesdiguières.
>
> (8 juillet 1656.)

> Le premier jour de cette année,
> Cloton, Parque déterminée,
> Fit d'icy-bas voler là-haut
> Le fils du maréchal Foucaut.
>
> (10 janvier 1660.)

> Saint-Amant...
> Passa, l'autre jour, par les mains
> De Clothon, l'horreur des humains.
>
> (30 décembre 1661.)

> Enfin l'impiteuze Cloton
> Nous a ravy le Grand Gaston.
>
> (7 février 1660.)

2. Gilbert, *Ode à Mazarin*, 1659.
3. La Monnoye, *Poésies*, etc., page 81.

> Noires Filles du Styx, qui tenez dans vos mains
> La trame de tous les humains,
> Sur celle de Louis n'écoutez point l'Envie [1].

Boileau, en style de satire, peut, s'il le veut, appeler sa vie « les jours que la Parque me file [2] » ; mais quand un poète pleure de vraies larmes, à quoi bon le « ciseau [3] » ou le fuseau d'Atropos ? Qu'ont-ils à faire dans un poème *Sur la Mort d'une petite fille âgée de cinq ans* ?

> Un lustre de l'enfant acheva le fuseau [4].

Ce langage *fleuri* convenait aussi bien aux regrets sur la perte d'un chien qu'aux thrènes sur le trépas d'un ami :

> La Parque inexorable a mis Mouffle au tombeau [5],

disait Pavillon dans une joyeuse élégie à propos d'un caniche ; Boileau, parlant de la mort de Molière, écrivait que « la Parque » l'avait « rayé du nombre des humains [6] » ; Mlle Deshoulières, pleurant sa mère, ne savait autre chose que se plaindre de la « Déesse sourde et cruelle [7] » ; et M. de la Lane, dans un chant funèbre sur sa défunte épouse, s'exprime à peu près comme eût fait Orphée regrettant Eurydice [8].

---

1. *Nouveau Choix*, etc., t. II, page 83.
2. *Épître* VI.
3. V. J.-B. Rousseau, *Odes*, liv. II, ode 10, sur la mort du prince François-Louis de Conti, 1709.
4. Michel de Marolles, *Mémoires*, édit. de 1656, page 183. — Dans les souhaits, compliments, bouquets poétiques, on désirait à ses amis que leurs jours fussent « par Clotho filez d'or et de soye ». (Pavillon, *Poésies*, édit. de La Haye, page 172.) — Amidor, dans les *Visionnaires*, dit à Alcidon :

> Le Ciel donne à vos jours mille félicitez ;
> Clothon d'or et de soye en compose la trame,
> Et la fière Atropos de longtemps ne l'entame.
> (Acte II, sc. 6.)

Desmarets met ces formules ridicules dans la bouche d'un « ronsardisant » ; mais ces formules servaient à tous les faiseurs de vers.

5. *Poésies*, etc., page 220 ; à Mme D***, *Sur la mort de son chien appellé Mouffle*.
6. *Épître* VII.
7. V. *Œuvres* de Mme Deshoulières, t. II, *fin*.
8. V. *Anti-Baillet* (Ménage). Nouv. édit., Amsterdam, 1725 ; t. VII, page 140.

Cependant le modèle le plus achevé de cette poésie soi-disant élégiaque est une œuvre de Chapelain *Sur la Maladie et la Guérison du Roy*, en 1663. C'est un sonnet, qui débute ainsi :

> Quelle fureur te pousse, inexorable Parque ?
> Qui t'a mis à la main les cizeaux affilés ?...

Et, après avoir souhaité au roi, que « sa riche fusée » soit tissue par la Parque de soie, d'argent et d'or, Chapelain veut que Louis XIV compte « vingt lustres pleins »,

> Avant que de Caron le reçoive la barque [1].

4° *La Poésie et la Littérature en général.*

Dans la comédie des *Véritables Prétieuses*, la *Prétieuse* Iscarie complimente en ces termes *Picotin*, le poète : « On connoist bien, Monsieur, que vous avez à commandement l'eau d'Hypocrenne et que vous estes le frère aisné des Neuf Sœurs [2]. » Cette prose du sieur de Somaize est l'image très fidèle du style poétique. L'Hippocrène, les neuf Sœurs, Apollon, Minerve, le Permesse, le Parnasse, Pégase, le sacré vallon, les poètes ne savent autre chose, quand ils parlent de poésie. Tous, du petit au grand, s'enivrent à la fontaine où, comme dit un sonnet fameux, « s'enivre Boileau »; et Campistron, sur le déclin de l'âge, se rappelait, dans une heure de mélancolie feinte, les beaux jours où il fréquentait

> ...Les sources d'Hippocrène,
> D'où, selon ses désirs, les vers couloient sans peine.

Sans peine, oui; mais aussi sans couleur et presque sans idées. Même en prose solennelle, même dans les discours de Patru, les poètes étaient traités de « chers nourrissons du Parnasse [3] »; et dom Bonaventure d'Argonne, dans le style tout uni de ses *Mélanges*, disait, à propos de Mlle de la Vigne : « Dès son enfance, elle faisoit si aisément des vers, qu'il sembloit qu'elle eût été allaitée par les Muses [4]. » Boursault

---

1. *Lettres*; édit. Tamizey de Larroque, t. II, page 307. — ix juin 1663.
2. Sc. 7. *Le Dictionnaire des Prétieuses*, éd. Livet, t. II, page 25.
3. « Chantres sacrez, chers nourrissons du Parnasse... » (*Éloge de messire Pompone de Bellievre*, etc. *Plaidoyers et œuvres diverses*; édit. de 1681, page 736.)
4. 4ᵉ édit., t. Iᵉʳ, page 97.

aurait pu appliquer à chacun de ses confrères son alexandrin plaisant :

Il s'amuse à la Muse et la Muse l'amuse [1].

Boyer, le « fade Boyer » lui-même, se livre-t-il à l'inspiration,

Son Pégase bondit et sa Muse fait rage [2].

Comme le déclare le dernier des rimeurs, « il n'est point de si petit poëte qui n'ait sa Muse au chevet de son lit et son Pégase à l'estable [3] ». Les faiseurs de vers s'ingénient à rafraîchir ces images usées, et les plus illustres nourrissons des Muses, Boileau, par exemple, les étalent à profusion dans leurs œuvres. Ils réveillent leurs « Muses endormies [4] », enfourchent ou excitent leur « Pégase rétif [5] », vont « errer [6] » ou s' « asseoir sur le Parnasse [7] »; et regardent de très haut leurs infortunés rivaux, auxquels « Calliope jamais ne daigne parler », et pour lesquels « Pégase... refuse de voler [8] ». Quand l'inspiration se fait attendre, c'est que le cheval ailé est fourbu, que « Pégase ne peut plus marcher [9] ». Que de variantes sur ce thème! Nous ne les citerons point, non plus que les expressions sans nombre dont on essayait, pour dire : J'ai fait des vers; ou : Je n'en ai pas fait [10].

Signalons seulement un procédé, assez peu neuf, mais sans cesse mis en œuvre, avec les modifications multiples réclamées par les circonstances : nous voulons dire l'apparition des divinités inspiratrices. Si tel écrivain offre au public ce madrigal, cette ode, ce long poème, c'est qu'un dieu, une

---

1. *Le Portrait du Peintre*, sc. 8.
2. Boursault, *La Satyre des Satyres*, sc. 7.
3. D'Assoucy, *Avàntures d'Italie*; dédicace au duc de Saint-Aignan.
4. Boileau, *Épître* II.
5. *Id.*, *Art poétique*, ch. 1er.
6.   J'allai, loin du Palais, errer sur le Parnasse.
                                              (*Id.*, *Épître* V.)
7. *Id.*, *Épître* X.
8. *Id.*, *Discours au Roi*.
9. Et alors il faut que Melpomène aille aux îles Lipari chercher le Cyclope Brontes, pour « ferrer à glace » le *bon bidet* des Muses. (Chaulieu, 1680, *au duc de Nevers*.)
10. V. plus bas; IIIe part., sect. 1re, chap. IV.

muse, sont venus en prier l'auteur, ou que du moins ils se sont apparus à ses regards :

> Chastes Nymphes du Permesse,
> Est-ce pas vous que je voi ?

s'écriait Despréaux, entonnant son ode *pindarique*[1].

Sans la présence du dieu des vers, ou de Minerve, ou de l'une des neuf Sœurs, y aurait-il inspiration, verve, enthousiasme? Quand Sarrasin chanta la victoire de Lens, il ne fit, dit-il à Arnauld, qu'écrire sous la dictée de Calliope; et cela à Saint-Cloud, depuis l'aurore, « temps où les Muses donnent plus volontiers leurs audiences », jusqu'au moment où « un des Nourrissons des Muses la vint avertir que l'ambroisie étoit portée et que ses Sœurs l'attendoient[2] ».

Mme Deshoulières, à son réveil, aperçoit Apollon :

> Apollon, à mes yeux encore à demi-clos,
> S'est fait voir de lauriers la tête environnée ;

et le dieu prête à la Calliope française sa propre lyre, afin qu'elle célèbre les exploits du dauphin et la prise de Philisbourg (1688)[3]. — Mlle de la Vigne voit « la docte Melpomène », qui vient à elle et lui sourit et rajuste sa lyre, en l'invitant à célébrer le roi[4].

Horace (Odes, IV, 15) attribuait à une apparition d'Apollon l'idée des louanges par lui adressées à César. Nos poètes, fidèles imitateurs des Anciens, pouvaient-ils oser moins qu'Horace? Le bon La Fontaine, tout comme « le bon Horace », voit ou entend Apollon, qui lui *dicte*, entre autres, son *Épître à M. de Turenne*[5]. C'est d'ordinaire Apollon en

---

1. Et au début de l'*Épître au Roi*,
   > ...Apollon éperdu
   > Semble me dire : Arrête, insensé, que fais-tu?

2. *L'Ode de Calliope*. — Œuvres de M. Sarrasin, édit. de 1663, page 294.
3. *Épître à M. le duc de Montausier*.
4. *Mgr. le Dauphin au Roi. Recueil* du P. Bouhours, etc., page 41. — Cette « ode... fut fort estimée »; l'auteur « reçut peu de tems après de la main d'un inconnu, une petite boette de coco, où étoit une lyre d'or émaillée, avec une ode » : *Ode à Chimène*. (*Ibid.*, page 45.)
5. > ...Apollon, Dieu merci,
   > Me l'a dicté; souvent il ne dédaigne
   > De m'inspirer.
   >
   > (*Épître* à M. de Turenne; *Nouveau Choix de pièces*, t. II, page 9.)

personne qui vient de la sorte à la rencontre et au secours de ses adorateurs : ainsi fit-il pour Hamilton, à Saint-Germain-en-Laye : « Je m'enfonçai dans la Forêt, où le Dieu des vers (quelquefois un peu fantasque aussi bien que ses nourriçons) se présenta devant moi, lorsque j'y songeois le moins... Il m'aborda. Il avoit ôté ses rayons, de peur de me rissoler le corps, en m'échauffant l'esprit. Je ne laissai pas de le reconnoître à sa lyre et à son laurier [1]. » Dufresny, rêvant dans un bois (par métaphore), aperçoit soudain Apollon, qui vaquait à la même occupation :

> Dans un bois Apollon rêvoit profondément
> Sa lyre sur son bras panchoit négligemment.

Survient Mercure, qui saisit la lyre ; et de là, dispute entre les deux Immortels en l'honneur du « Grand Monarque [2] ». — Quand le duc d'Anjou est « élevé à la couronne d'Espagne », un poète assiste à une autre discussion de tout l'Olympe sur cet événement. Il entend « Mars, Apollon, Minerve, l'Amour et une troupe de Plaisirs » commenter le mot de Sa Majesté : *Il n'y a plus de Pyrénées* [3].

En toute autre circonstance moins solennelle, un dieu arrive à point pour régler les lyres et suggérer tout ce qu'il est à propos de dire ou de taire. Godeau promet à Ménage une gloire sans déchet ; il tient cette prophétie d'une muse, son Égérie [4]. Chapelle était en train de composer un gros vo-

---

1. Lettre d'Hamilton à M. de Campistron.
2. *Nouveau Choix de pièces*, etc., t. Ier, pages 71 et 72.
3. M. Bétoulaud. — *Ibid.*, pages 156-163.
4.   La Muse me l'a dit dans ces bois solitaires,
     Où je vais tous les jours consulter ses mystères ;
     Et sa main m'a montré dessus le Double-Mont
     Le laurier immortel qui doit ceindre ton front.
         (V. Ménage, *Anti-Baillet*, édit. d'Amsterdam, 1725, t. VII, page 147.)

Scarron prétend aussi que sa muse lui a dicté des vers, en l'honneur du président Maynard. Mais cette muse n'est admise parmi les filles de Mnémosyne qu'à titre de petite servante, « malheureuse Camuse »,

   Et laquelle pour dix écus.
   Un vieil cotillon, et rien plus,
   Sort à laver les écuelles
   D'Apollon et des Neuf Pucelles.
         (*Œuvres*, nouv. édit., t. Ier, page 192.)

lume sur une éclipse de soleil, lorsque Pallas est accourue à son aide et lui a expliqué le phénomène. Le pauvre François Colletet, celui qui, entendant « crier ses entrailles à jeun », devait peu goûter « d'Hélicon les douces promenades[1] », raconte pourtant que la muse Érato s'apparut à lui en songe, et lui reprocha son peu de courage à cultiver les fleurs d'Hélicon[2].

Je renonce à dresser un catalogue de toutes ces visions. Elles se multipliaient à tel point, que *l'Empereur du Burlesque* se divertissait, sans beaucoup de ménagement, des « doctes resveurs » et de leurs rêveries. « Ils ont tous, s'écriait-il ironiquement, veu, au moins en songe, ce dieu qu'ils appellent leur père et leur Apollon. Je n'en doute pas, » ajoute d'Assoucy. Toutefois, cela lui semble étrange, par la raison que lui, poète, contemporain, compatriote de ces rêveurs, il n'a jamais eu l'avantage de rencontrer les divinités du « Double-Mont », sauf chez les marchands de tableaux ou d'estampes. Il se croit presque obligé en conscience d'en prévenir le duc de Saint-Aignan et les autres lecteurs de ses *Avantures* : « Mais pour moy…, je mentirois, si je me vantois d'avoir jamais veu Apollon, ni les Muses, si ce n'est en peinture chez Ballard[3]. »

D'Assoucy, très humble imitateur et continuateur de Scarron est, comme son maître, un contempteur des habitants du Parnasse et de l'Olympe. Il fait cependant aussi du Merveilleux mythologique, mais au rebours ; ce que les poètes graves prennent comme un ornement ou indispensable, ou fort utile, à la poésie, d'Assoucy en fait un masque et un oripeau de foire. Son nom nous amène à jeter un coup d'œil sur cet Olympe plaisant et bouffon, inauguré ou montré par Scarron, Furetière, les frères Perrault, Richer, d'Assoucy, Brébeuf, Colletet, Saint-Amant, Loret et plusieurs autres.

---

1. *Art poétique*, ch. iv.
2. *La Muse bernée.* — V. Goujet, t. XVI, page 285.
3. *Les Avantures d'Italie.* Dédicace.

CHAPITRE II

DU MERVEILLEUX BURLESQUE

Divinités burlesques. — Méthodes et procédés du Burlesque
merveilleux, soit plaisant, soit bouffon.

De tous ces travestissements, de toutes ces débauches et extravagances d'esprit que le dix-septième siècle nomma le *Burlesque*, nous ne voulons voir ici qu'un côté, celui du Merveilleux. Seules, les divinités crayonnées par les Callot plus ou moins ingénieux de la littérature seront ici l'objet d'une étude, et d'une étude très rapide. Si ce genre eut tant de vogue et s'il a quelque chose de divertissant, il le doit à ces caricatures de dieux et de déesses, de demi-dieux et de héros de la Fable, détrônés de l'Olympe classique, jouant la comédie, disons mieux, la farce, comme Tabarin et autres artistes du Pont-Neuf. Nous ne nous occuperons que de ce Merveilleux retourné et de ses secrets peu profonds. Le style burlesque, le « langage des Halles » n'est, à notre point de vue, qu'un accessoire. Il ne nous arrêtera qu'autant qu'il vise et touche les déités travesties.

L'histoire littéraire du dix-septième siècle offre une anomalie bizarre, inouïe, inexplicable ou peu s'en faut. La France entière — ou, comme on parlait alors, la Cour, la Ville et la Province — s'était amusée aux dépens des dieux de l'*Énéide*, de l'*Iliade*, des *Métamorphoses*; elle avait ri de tous et de chacun, depuis sire Jupin (« sa Jupiterie[1] ») jusqu'au plus infime « dieutelet »; on en avait fait une immense mascarade, la plus grotesque des mascarades, la plus longue aussi, puisqu'elle avait duré une vingtaine d'années. *La Gigantomachie*, Virgile, Homère, Ovide, Lucien travestis, les *Mazarinades*, et même l'honnête *Muze* de Loret avaient défrayé le public près d'un quart de siècle. Or, après cet éclat de rire prolongé, quand la Province admire encore le *Typhon*, quand la

---

1. Scarron, *Virgile travesti*, ch. v.

Ville s'en amuse encore, au moins en secret, ainsi que les gens d'esprit, Racine y compris, il est décrété que la mythologie fait et fera désormais partie intégrante de la poésie; sous peine, pour la poésie, de mourir ou de languir[1].

Scarron n'était plus ou, comme porte son épitaphe, il *sommeillait* depuis quatorze ans lorsque parut *l'Art poétique*. Mais si Scarron avait alors vécu, n'aurait-il pas eu le droit de plaindre la littérature et les gens de lettres, condamnés à prendre au sérieux, comme personnages obligatoires des poèmes, ces « pauvres diables de dieux[2] », qu'il avait tant bernés ; à invoquer sans rire, cet Apollon par lui déguisé en « Tabarin[3] » ? Je conçois que Desmarets et ses satellites n'aient pu abolir la mythologie païenne à coups d'arguments; mais l'argument qui aurait dû triompher du vieil Olympe, c'était le règne du burlesque. Quoi qu'on dise, le ridicule n'a pas toujours eu en France le pouvoir qu'on lui attribue ou qu'on lui reconnaît. Après la mort du « pauvre Scarron », sa veuve monta presque au rang d'une reine de France, et les dieux imbéciles du *Typhon* continuèrent d'être officiellement ceux des poètes français. Scarron avait appelé le déchaînement du burlesque « un orage qui menaçoit l'Empire d'Apollon[4] »; mais l'orage passa, et Apollon garda son empire.

A une distance de deux siècles, les divinités classiques nous paraissent moins plaisantes dans les ouvrages raisonnables que dans les épopées dont Scarron fut l'Homère et dont Saint-Amant, par ordre de l'Académie, devait être le Vaugelas[5]. Il est à remarquer que, de tous les genres de Merveilleux, le seul Merveilleux des Grecs et des Latins fut

---

1. V. *Art poétique*, ch. III.
2. V. *Lettre* de la marquise de Lambert, au R. P. B***. Nouv. édit. d'Amsterdam, page 375.
3. V. *Art poétique*, chap. II : « Apollon travesti devint un Tabarin ».
4. Préface du *Virgile travesti*.
5. « M. de Saint-Amant... demanda et obtint d'en être exempt (de la harangue de réception), à la charge qu'il feroit, comme il s'y étoit offert lui-même, la partie comique du Dictionnaire, et qu'il recueilleroit les termes *grotesques*, c'est-à-dire, comme nous parlerions aujourd'hui, *burlesques*. » (Pellisson, *Histoire de l'Académie*, chap. III.)

soumis à ce traitement ignominieux. C'est que l'on pouvait en toute sécurité et conscience affubler de déguisements grotesques ces antiquités, pour lesquelles on n'avait ni créance ni respect. De plus, c'était double plaisir de parodier des Fables qui avaient comme absorbé toutes les années du collège, des divinités dont il avait fallu traduire péniblement les aventures et les harangues. Selon Vigneul-Marville, Scarron aurait soupçonné ce plaisir en écoutant les leçons d'un précepteur, qui lui-même avait imaginé une Gigantomachie burlesque [1].

Les agréments et les mystères de ce Merveilleux renversé pourraient, croyons-nous, se résumer dans les suivants. Le procédé qui renferme en principe tous les autres a pour tout secret de donner aux êtres fabuleux un maintien, un rôle, un langage tout opposés à ceux que l'histoire mythologique leur assigne. C'est par ce moyen que Boileau (car Boileau fut écrivain burlesque une fois ou deux en sa vie) rend burlesques, dans ses *Héros de roman*, les célèbres forçats du Tartare. Là, Tantale n'est plus ce misérable à la soif sempiternelle ; Tantale est « yvre comme une soupe » ; Prométhée n'est plus rongé par son insatiable vautour, il se promène « avec son vautour sur le poing » ; Sisyphe n'essaye plus en vain de rouler son rocher indocile ; il « joue à la boule avec son caillou [2] ». De même dans le *Typhon*, Mercure, le dieu hardi et le dieu des voleurs, monte « sur le haut d'un chesne » pour y passer la nuit, par crainte des « voleurs et tire-laines [3] ».

Au fond, tout le burlesque est là ou revient à cela ; le reste n'est que le détail, mais le détail est varié. La méthode la moins triviale et la plus riche est de transformer les dieux en seigneurs de la cour de Louis XIV. Tel est encore ce Pluton de Boileau criant à l'ambassadeur Mercure : « Mercure, va là-haut me quérir l'artillerie de mon frère Jupiter [4] ; » et ce Mercure de Scarron, qui fait

---

1. *Mélanges d'histoire et de littérature*, etc.
2. *Dialogue des Héros de roman.*
3. *Typhon*, ch. II.
4. *Dialogue des Héros de roman.*

>...Le pied-derrière
> D'une fort gentille manière [1],

tout ainsi qu'un marquis sortant du petit lever. Le Bacchus de *la Gigantomachie*, qui fait songer au duc de Beaufort, est salué « dieu du sang [2] », et Jupiter, comme un homme de qualité qui vient faire sa cour, a les cheveux « entrelacez d'un fort beau ruban d'Angleterre [3] ». Naturellement Phébus-Apollon, à la mode des gens de condition, porte « perruque »; il est le dieu « à la perruque blonde [4] ». Chez Furetière, Cybèle est une déesse douairière, qui « emporte en ses pochettes

> Ses Heures avec ses lunettes [5] ».

En son histoire burlesque du *Melon*, Saint-Amant habille tous les dieux à la française; ils reviennent de leur combat contre les « Enfans de la Terre », ayant laissé sur le champ de bataille de Pélion et Ossa une partie de leur costume français :

> Pan (y) perdit ses gands, Apollon son rabat,
> Mars l'un de ses souliers, Pallas une manchette,
> Hercule, par un trou, l'argent de sa pochette,
> Mercure une jartière et Bacchus son cordon;

car ce dieu appartenait à l'un des ordres fondés ou par Louis XI ou par Henri III. — Durant l'hiver de 1646, les hôtes du Parnasse prirent froid, comme les Parisiens ; et selon le P. Le Moyne, tandis qu'Apollon faisait un « grand feu de luths et de violes » pour réchauffer les muses, Thémis, pour avoir « un manchon », dut mettre « son glaive en gage » à un mont-de-piété [6]. En fait de titres honorifiques, on les traite de Monsieur, Monseigneur, Sire, Madame : « Monsieur le Destin, vous êtes une male beste [7]! » Énée invoque Jupiter, en le nommant : « Votre Révérence » et « Votre Jupiterie [8] »;

---

1. *Typhon*, ch. Ier, page 232.
2. *Ibid.*, ch. II, page 248.
3. *Ibid.*, ch. II, page 248.
4. Colletet, *Les Tracas de Paris*.
5. *Le Voyage de Mercure*, 4e édit., 1662, liv. Ier, page 7.
6. *Poësies*, 1650 ; page 587.
7. Scarron, *OEuvres*, Ire part., page 185 ; à M. le commandeur de Souvré.
8. *Virgile travesti*, liv. V.

Apollon est le « Surintendant du Parnasse », comme Fouquet ou Servien le sont des finances [1].

Gacon, pour son livre du *Poète sans fard*, se fait décerner un Privilège, « scellé sur cire verte et signé par Mercure », qui débute en ces termes imités des formules de chancellerie :

> Nous, Père des Neuf Sœurs, éclatant Apolon,
> Prince du Mont-Parnasse et du sacré Valon,
> Seigneur de l'Ipocrène et terres adjacentes,
> Donnons au sieur G*** pouvoir par ces présentes...

Ces anachronismes prêtent aux déités olympiennes une tournure de Versailles, qui réjouit. Si le burlesque s'en était tenu à ces rapprochements, qui sont presque de bon ton, il fût resté comique, sans être bouffon ; à un degré plus bas, il est encore plaisant, sans être plat. C'est quand il transporte tous ces dieux démodés au beau milieu de la société parisienne de 1650. Jupiter possède un buffet garni de bonne vaisselle ; quand les Géants l'ont brisé, le maître de l'Olympe envoie droit « à Venise » quérir une centaine de verres, pour « remeubler » son buffet céleste [2]. Mercure lit la *Gazette* de Renaudot « le samedy [3] » ; et quand il interroge les Géants sur les motifs de leur rébellion, il leur demande : « Est-ce une querelle d'Allemand ? [4] » Minerve, au ciel, comme Mlle de Scudéry à Paris, réunit en un *samedi* les déesses précieuses ; et Chapelle dit l'avoir vue, comme elle est « au ciel dans sa Ruelle, sur l'estrade et tapis de pié [5] ».

Phébus, quand on lui réclame des foudres, parle comme un artificier de Sa Majesté, et se plaint de ce qu'on a fait « pétards et fusées » de ses premiers envois fulminants [6]. Le nec-

---

1. Loret, *Muze historique*, 25 mars 1662. — Loret use perpétuellement de ces appellations à la française en parlant des dieux. Il dit : « Monsieur Phébus », « Monseigneur Phébus », « Monsieur le dieu Neptunus », « Sire Apollon », « Dame Pallas », « Madame Astrée », « Madame Thémis », et même « Madame sainte Thémis », etc., etc.
2. *Typhon*, ch. 1er.
3. Furetière, *Le Voyage de Mercure*, liv. Ier, page 14.
4. *Typhon*, ch. 1er, page 236.
5. *Sur une Éclipse de soleil*.
6. *Typhon*, ch. ii, page 247.

tar dégoûte Bacchus ; il boirait, dit-il, bien plus volontiers « Vin de Bourgogne et d'Orléans [1] » ; il a peut-être même un certain faible pour le fromage de Brie, que Saint-Amant définit « Cotignac de Bacchus [2] ».

Tous les dieux sont venus dans les diverses contrées de France ; le vieux Silène a acheté son âne en Poitou, en la bonne ville de « Mirebeau [3] » ; Cérès a parcouru les environs de Paris, la preuve en est, qu'elle est « l'inventrice... du savoureux pain de Gonesse [4] » ; Mercure, toujours larron, même au dix-septième siècle, a « un habit volé » ; pour plus de sûreté, il veut le troquer contre un autre pourpoint, et, à cette fin, il court « chez un Juif Isac appelé [5] ». — Jupiter s'en va en expédition comme un mousquetaire, regagnant les frontières des Flandres, demandant « sa meche et sa boitte a poudre » ; deux autres immortels, qui ont sans doute vécu sur les terres de Philippe IV, se rangent aux côtés du père des dieux « avec des escopettes [6] ». Ailleurs, Jupiter donne ses ordres :

> Vous Hercule, allez avec Mars
> Dérouiller vos vieux braquemars [7].

Quant à Pallas, déesse des combats, elle est, chez Scarron, déesse « arquebusière ».

En fréquentant les soudards de France ou d'Espagne, les dieux en ont pris les mœurs ; ils se querellent de la belle manière :

> Et Mars faisant le diable à quatre
> Crache dans ses poings pour se battre ;

Janus jure « de ses deux bouches [8] » ; Jupiter « jure... pour le moins autant qu'un chartier [9] ». Mais, quand il se mettent en colère, — et ils s'y mettent souvent, — ils ne jurent

---

1. *Typhon*, ch. II, page 252.
2. Saint-Amant, *Le Fromage*; Œuvres, édit. Livet, t. Ier, page 153.
3. *Typhon*, ch. III, page 267.
4. *Virgile travesti*, liv. IV.
5. *Typhon*, ch. IV, page 277.
6. *Ibid.*, ch. II, page 257.
7. *Le Voyage de Mercure*, liv. Ier, page 16.
8. *Ibid.*, page 4.
9. *Typhon*, ch. II, page 246.

presque plus par le Styx ; cela sentirait trop son vieux temps ; ils ont contracté des habitudes plus modernes. Dans *Typhon*, Jupiter « jure deux fois par l'Alcoran », et ailleurs « par Mahom[1] ». Dans le *Virgile travesti*, le dieu du Tibre, « en équilibre » sur un poisson, jure aussi par Mahomet ; et Junon, comme un canonnier, « par Sainte-Barbe[2] ».

Le burlesque ne se maintient pas longtemps à ce niveau, bien peu élevé, mais encore honnête, ou à peu près ; il tombe vite jusque dans la grosse farce, et ses personnages olympiens deviennent à peine gens présentables. Ils sont encore du dix-septième siècle, mais de ceux que Téniers dessinait et que Louis XIV eût traités de « magots ». Ainsi, dans le *Typhon*, ce sont de bons Flamands attablés, « résolus de boire et reboire » ; Mars prend « du petun », Jupin s'endort « ayant trop bû d'un verre » ; et Mome « s'ébouriffe de rire[3] ».

Vraie scène de taverne ; et vrais plaisirs de « goinfres », que ceux de l'Olympe peint par Scarron,

> Où, bien mieux que chez Guénégo,
> On a toute chose à gogo ;
> Où la vapeur des sacrifices
> Sent le boudin et les saucisses,
> Dont, plus que du vin les Flamands,
> Les dieux sont endiablés gourmands[4].

Leur conversation est bien souvent celle de purs manants ou manouvriers ; Mercure, pour appuyer ses paroles, s'écrie : Si je mens, je veux avoir « la gale qui dure sept ans[5] » ! Les déesses tournent aussi aux commères de bas étage. Proserpine est tout au plus « une bonne diablesse[6] » ; les Furies

---

1. *Recueil des Œuvres* de M. Scarron, 1653, page 185. — A M. le commandeur de Souvré.
2. *Virgile travesti*, liv. VII.
3. *Typhon*, ch. II. — Les repas de l'Olympe fournissent au Momus du *Phaéton*, de Boursault, nombre de plaisanteries pareilles à celles qu'on vient de lire. Momus fait cet aveu très franc :

> Si les dieux ne mangeoient point,
> Serois-je assez fou pour l'être ?
>   (Acte Ier, sc. 3.)

4. *Virgile travesti*, liv. VII.
5. *Typhon*, ch. II.
6. Sénecé ; *Œuvres choisies*, page 244. — *Orphée*.

lancent de leur bouche « une vapeur de tabac[1] »; les neuf Sœurs n'ont d'autre régal à offrir à Mercure qu' « un pot de cerizes » et le « dedans d'un grand pâté », qu' « Apollon leur avait fait faire[2] »; les Parques sont d'horribles mégères qui se baîtent à coups de quenouille et de fuseau[3].

Les jeunes dieux sont de petits niais, qui s'amusent à planter des arbres dans des pots de confiture; Flore et Adonis,

> ..Dans une boiste d'anis
> Nourissoient un sicomore[4].

Quand le fils de Vénus s'échappe devant les Géants, au jour de l'escalade, il

> ...Prend son sac et ses quilles,
> Sauve un sabot et deux coquilles,
> Son déjeûner et son moineau,
> Et suit, en pleurant comme un veau,
> Sa maman qu'il tient par la cotte[5].

L'Olympe peut-il s'abaisser encore? Assurément; mais alors ses habitants ne sont plus que les acteurs d'une scène de carrefour; Mars, « le dieu du Colin-Tampon, change son casque en poësle à frire[6] »; ou bien, ils sont — dernier degré — métamorphosés en bêtes; Jupin, en mouton « chargé de laine,

> ...N'allant plus que d'un gigot,
> Ayant une espine à l'ergot[7] »;

ceux de la dernière catégorie,

---

1. *Virgile travesti*, liv. VII.
2. *Typhon*. ch. 1er.
3. *Typhon*, ch. v. — Dans le *Combat des Parques et des Poëtes*,

> Lachesis, d'un coup de fuzeau,
> Marqua Marot sur le museau;
> Attropos d'un coup de sa mulle
> Donna grand soufflet à Catulle;
> Clothon d'un rouet à filer
> Fit bien Tibule détaler.

(*Les Œuvres* de M. Scarron, nouv. édit., t. Ier, page 324.)

4. Scarron, *OEuvres*, t. II, page 61.
5. Furetière, *Le Voyage de Mercure*, liv. Ier, page 6.
6. D'Assoucy, *Épistre au Roy*.
7. Scarron, *Typhon*, ch. IV, pages 274 et 275.

En Fourmis, Chenilles, Cloportes,
Souris, Mouches et Limaçons [1].

Le burlesque arrivé à ce point n'est plus spirituel; peut-il encore être divertissant [2]? Toutefois la facilité avec laquelle les versificateurs se livraient à ces débauches de fantaisie, et l'empressement que les lecteurs montraient pour ces fadaises, nous amènent à répéter, comme conclusion, la pensée que nous écrivions au début : Il est étrange que la mythologie soit devenue — ou mieux soit demeurée — par une loi de Boileau, le décor obligé de notre poésie, après avoir tant fait rire la France, et amusé Boileau lui-même. Un compilateur tourangeau affirmait, au commencement du dix-huitième siècle, qu'une seule épopée avait chance de succès chez nous, l'épopée *burlesque*. Il en donnait cette raison, que le « Merveilleux de la Fable » employé « d'une manière trop continue, et trop sérieuse », fatigue et dégoûte — l'esprit ne pouvant se prêter « si longtemps à des idées si frivoles ». Et cela pour trois causes, qui sont : « l'expérience, la Religion et le génie de la Nation. » Le Français est né malin : « c'est ce qui fait... que le pompeux de l'épique n'a reüssi jusqu'à présent parmi nous, qu'autant qu'on y a lié une idée de plaisanterie et même de burlesque. Ce mélange n'a plus rien eu d'opposé à nos mœurs et à nos façons de penser. Il a reüssi [3]. »

---

1. Furetière, l. cit.; liv. Ier, page 10.
2. Les poètes burlesques ont plusieurs autres moyens encore de rendre ridicules les personnages et les choses mythologiques : 1º en défigurant les noms : *Jupin*, *Bellona* (Scarron), *le Pays de Tartara* (Chapelle); 2º en ajoutant aux noms des dieux quelque épithète homérique : *Phébus porte-carquois* (Scarron), *Jupin le Tonnant* (*Id.*); 3º en les désignant par une périphrase comique, par exemple Minerve :

Celle qui causa la migraine
Dont Jupin crut devenir fou.
(Chapelle, *Poës. div.*, au marquis de Jonzac.)

4º par un calembour :

...Mercure le dieu qui vole
Moins des ailes que de la main.
(Scarron, *Virgile travesti*, liv. IV.)

3. Duval de Tours, *Nouveau Choix de pièces de poésies*, La Haye, 1715; préface.

Vers la même époque, presque à la même date — automne 1712 — le *Spectateur* anglais exposait aux lecteurs d'outre-Manche une opinion toute semblable : « Dans les poèmes *burlesques*, disait Addison, l'usage de la mythologie païenne est non seulement excusable, mais gracieux [1]. »

Gracieux est un mot bien hardi; toujours est-il que, s'il fallait garder une place quelconque, dans un des recoins de la littérature, pour ces vieux objets d'art, leur place était là, chez Scarron et *Typhon*; à moins de les reléguer dans un autre domaine, qui leur convient autant, ou plus encore : celui des fables.

---

1. « In mock heroic poems, the use of the heathen mythology is not only excusable, but graceful. » (October 30, 1712.) — Addison en fournit deux raisons : la première, qu'il est divertissant d'accommoder ces pompeuses réminiscences à des sujets vulgaires; la seconde, qu'en ce faisant le poète burlesque se moque tout ensemble de ces antiquailles et des modernes qui n'ont pas honte de s'en servir. (Cf. l. c.)

CHAPITRE III

DU MERVEILLEUX DES FABLES

Divinités classiques et autres dans les fables; — les dieux chez
La Fontaine, La Motte, Fénelon.

Une des idées les moins contestables, que le P. Le Bossu ait rencontrées dans son fastidieux *Traité du Poëme épique*, est celle-ci : « Les Dieux ont aussi bon droit dans la république d'Ésope que dans les États d'Homère ; témoin Jupiter qui avoit soin de donner des rois au peuple des Grenoüilles[1]. »

Les dieux font vraiment bonne figure dans l'humble république d'Ésope ; meilleure encore dans l' « ample comédie », où La Fontaine invite « hommes, dieux, animaux », à jouer un rôle, et « Jupiter, comme un autre[2] » ; où,

Le Loup parle au Chien... en langage des dieux[3].

Du bonhomme « Hérodote eût pu dire..., comme d'Hésiode et d'Homère, qu'il a créé un monde divin[4] ». Nous n'avons pas à récrire, après M. Taine, le chapitre des *Dieux*, créés par le plus grand de nos fabulistes ; la besogne serait ardue, périlleuse, presque inutile ; mais même sur les pas de l'ingénieux critique, il reste à glaner ; d'autant qu'il n'a pas envisagé la question au point de vue précis où nous nous plaçons[5], et qu'il l'a étudiée seulement chez La Fontaine.

Nous essayerons d'étendre le champ des observations, en examinant chez La Fontaine, La Motte, Fénelon, quelle sorte de Merveilleux ils ont admis en leurs poèmes ; quels sont les caractères généraux par eux attribués à leurs divinités ;

---

1. Liv. Ier, chap. IX.
2. *Fables*, l. V, 1.
3. *Ibid.*, l. IX, 1.
4. H. Taine, *La Fontaine et ses Fables*; chap. III.
5. M. Taine indique à grands traits comment La Fontaine a adopté la mythologie grecque, ou classique.

quels sont les caractères spéciaux et singuliers des personnages surhumains et de leur intervention dans les fables.

La première merveille qui frappe, dès l'entrée en ce joyeux monde des fables, c'est que toute la nature y est animée, humanisée, divinisée ; que tout y agit, pense, s'exprime, comme nous, mieux que nous peut-être ; que « les arbres et les plantes » y sont « créatures parlantes », et « même les poissons [1] » ; mais cette merveille est si naturelle, si ordinaire, en ce pays-là, qu'elle n'a pas de quoi nous arrêter. Il est convenu, et il est évident, que tout, bêtes et choses, sont des humains déguisés ; le bout de l'oreille de l'homme dépasse sous l'écorce du chêne, sous le panicule du roseau, voire sous la peau de messire Baudet.

Les fabulistes du dix-septième siècle, à commencer par La Fontaine, mettent à contribution, pour le décor de la scène, toutes les mythologies d'Orient et d'Occident. L'Indien Pilpay, le Grec Ésope, les traditions gauloises, les rêves cabalistiques, leur fournissent des canevas et des divinités. La Motte expose quelque part le droit qu'il a, lui et les autres « inventeurs de Fables », sur tous les prodiges des vieux mythes et sur les contes du vieux temps :

> Nous autres inventeurs de Fables,
> Nous pouvons, s'il nous plaît, donner pour véritables
> Les chimères des temps passez :
> Un fait est faux ; n'importe ; on l'a cru, c'est assez.
> Phénix, Sirènes, Sphinx, sont de nôtre domaine [2].

L'Olympe gréco-latin, comme le plus riche, ou le plus connu, occupe la première place et la plus importante, dans ces emprunts ; la muse de ces aimables narrateurs va d'abord s'asseoir « à la table des dieux » d'Homère [3] ; et au cours de ses récits l'on voit défiler

> Et Jupiter et Némésis,
> Et les Juges d'enfer, enfin toute la bande [4].

---

1. La Fontaine, l. II, f. 1re.
2. *Fables*, l. II, f. 14.
3. La Fontaine, l. VII, *à Mme de Montespan*.
4. *Id.*, l. XII, f. 14.

Nymphes, faunes, satyres, y exercent leur emploi moindre, en leur petite sphère champêtre ; puis, à leur suite,

> Voici de nouveaux acteurs,
> Dame Ignorance et son cortège,
> Paresse, Orgueil [1]...

et toutes les autres allégories : la Fortune « bizarre », qui voyage en poste sur sa roue près d'un puits [2]; ou qui est « assise à la porte » de l'homme qui dort [3]; la Discorde qui « brouille les dieux », et fait

> Un grand procès là-haut pour une pomme [4].

Tournez le feuillet ; vous rencontrez les follets ou lutins du Mogol, accomplissant les souhaits de leurs hôtes [5]; les fées s'acquittant d'un semblable office [6]; les esprits élémentaires remuant leur petit monde, comme chez l'abbé de Villars [7].

La métempsycose y est reçue comme une chose toute simple, d'après Pythagore et les « Bramins », et les sorciers y coopèrent. Par elle, on voit une souris métamorphosée en demoiselle [8]; l'âme « d'un vieux Singe malin » passe successivement dans un âne, dans un perroquet, puis dans un « harangueur ennuyeux [9] ». Les talismans et les anneaux renouvelés de Gygès [10] y produisent leurs ordinaires effets ; et par eux l'on est conduit « au pays des romans [11] ». La Fontaine fait état que son œuvre entière est « un enchantement », que « ce bel art est... proprement un charme [12] » ; il croit un peu à la magie, aux songes [13], à l'astrologie, » à

---

1. La Motte, l. IV, f. 3.
2. La Fontaine, l. V, f. 11.
3. *Id.*, l. VII, f. 9.
4. *Id.*, l. VI, f. 20.
5. La Fontaine, l. VII, f. 6.
6. La Motte, l. V, f. 20.
7. *Id.*
8. La Fontaine, l. IX, f. 7.
9. Fénelon, f. 18.
10. *Id.*
11. La Fontaine, l. X, f. 13.
12. *Id.*, l. VII, *à Mme de Montespan.*
13. L. X, f. 4.

> ...Ces clartés errantes
> Par qui sont nos destins et nos mœurs différentes [1];

le bonhomme ne trouve même pas trop mauvais que ses personnages parlent « au diable [2] ». Le diable lui-même est signalé çà et là, parmi les êtres de ce vaste pandémonium ; il pousse l'âne à tondre un pré de moines, ou un renard à manger un lapin [3]. Mais on ne le nomme qu'en passant et comme par allusion, sans le mêler directement au récit. Les fabulistes n'aiment que le Merveilleux plaisant et innocent ; et tous se gardent de jouer avec le Merveilleux chrétien, qui n'est vraiment « point susceptible », comme parle Boileau, de figurer en telles badineries. Si les fabulistes nomment Dieu, ce ne sera que dans une morale grave : « Dieu fait bien ce qu'il fait ; » jamais ils ne le feront concourir à leurs dénouements familiers ; c'eût été une irrévérence condamnée par leur foi, mais aussi contraire aux convenances littéraires.

Le Merveilleux des fables ne doit être ni bien compliqué, ni bien majestueux, ni bien respectable ; s'il était pompeux, il tournerait au burlesque. Pourvu que les divinités soient dignes d'un monde de bêtes qui parlent, il suffit ; les dieux des fables sont tout bonnement ceux auxquels « tout dévot chat » fait sa prière « le matin [4] » ; on les comparerait volontiers, en petit, à ce que devait être la cour de notre légendaire roi d'Yvetot.

Les fabulistes descendent l'Olympe aussi bas que possible ; les habitants de l'Empyrée, sans être bouffons comme chez Scarron, sont gens de la petite bourgeoisie française. La Motte va même jusqu'à les « sevrer d'ambroisie [5] ». Ils sont généralement bonnes et accortes personnes, surtout leur chef, « sire Jupin ». C'est un propriétaire accommodant ; avec son métayer, il « en usa comme un maître fort doux [6] » ; c'est un bon père de famille : las des humains et voulant châtier

---

1. La Fontaine, l. X, f. 4.
2. *Id.*, l. IX, f. 7.
3. La Motte, l. V, f. 10.
4. La Fontaine, l. VIII, f. 22.
5. La Motte, l. IV, f. 12.
6. La Fontaine, l. VI, f. 4.

cette engeance, il mande « la Furie la plus cruelle » ; mais bien vite, il modère « ce transport » et se souvient que « tout père frappe à côté.[1] » — Un jour de belle humeur « le bon Jupin » veut octroyer un beau cadeau à la « race humaine sa servante » et il fait publier par Mercure « une ample loterie », où tous les billets sont gagnants et dont le gros lot est la sagesse[2]. Un mortel se plaint-il de son sort, Jupiter « le transporte dans les célestes magasins » où, « dans autant de sacs scellés par les Destins », sont rangées les conditions humaines, et le bon sire dit au mécontent : Choisis[3].

Il est à noter que les dieux des fables obéissent au Destin, comme ceux d'Homère à la Nécessité, mais pourtant quand cela leur plaît ; s'occupant dans leurs passe-temps, à

> Partager un brin d'herbe entre quelques fourmis[4].

Ils écoutent les prières des plus sottes bêtes ; et l'inflexible Destin lui-même prête bénignement l'oreille aux requêtes d'un âne[5] ; Jupin se laisse toucher par les « clameurs » des grenouilles. Mais quand les grenouilles et le baudet s'oublient jusqu'à l'insolence, Jupin envoie une grue aux premières et le Destin se fâche contre l'autre. C'est que, s'ils ne sont pas méchants, les dieux des fables ne veulent point qu'on abuse de leur débonnaireté, ni qu'on rie à leurs dépens ; ils se vengent comme de vulgaires humains. Un passager en péril promit une hécatombe ; or il n'avait pas un bœuf à immoler ;

> Il brûla quelques os, quand il fut au rivage :
> Au nez de Jupiter la fumée en monta.
> — Sire Jupin, dit-il, prends mon vœu, le voilà ;
> C'est un parfum de bœuf que ta grandeur respire.

Quelle impertinence ! le roi d'Yvetot se fût mis en colère et eût fait pendre haut et court pareil moqueur. Jupiter finit par expédier celui-là chez Pluton[6]. Junon se fâche plus vite ;

---

1. La Fontaine, l. VIII, f. 20.
2. La Motte, l. Ier, f. 14.
3. *Id.*, l. Ier, f. 11.
4. La Fontaine, l. XII, f. 21.
5. *Id.*, l. VI, f. 11, et l. III, f. 4.
6. *Id.*, l. IX, f. 13.

quelques cris de son paon la mettent hors d'elle-même. Tous
du reste, à de certaines heures, « s'échauffent la bile » et
compromettent le peu de majesté que le fabuliste leur a
laissée :

> Pluton branle sa fourche et Pallas son égide,
> Et le dieu des mers son trident [1].

En revanche, à certains jours, ils festoient ; et ces jours-là
toute chose marche à sa guise. Quand Pluton épousa Proserpine, ce fut

> Grande fête aux Enfers ; tout supplice y cessa ;
> Et le Tartare à la nôce dansa [2].

Les Immortels ont des caractères variés et variables ; ils en
changent, à la fantaisie du poète. Ils sont rieurs par nature ;
ils rient aux éclats :

> C'est le plaisir des dieux. Malgré son noir souci,
> Jupiter et le peuple immortel rit aussi ;
> Il en fit des éclats à ce que dit l'histoire [3].

Ils sont espiègles, témoin ce Mercure, qui « rit du haut des
cieux » tandis que Guillot lui offre un mouton en sacrifice [4].
Ils sont un peu lourds d'esprit ; une ombre avare « fraude le
péage » du Styx, et Minos se creuse le cerveau pour inventer
un châtiment [5]. Cérès pose un cas de droit à Jupiter, qui répond : « Votre affaire est embarrassante [6] ; » et si les boquillons réclament trop bruyamment leur outil égaré,

> Le roi des dieux ne sait auquel entendre [7].

Ils sont distraits : témoin Jupiter secouant sa robe, où son
aigle a posé ses œufs [8]. Ils font même des excès de table, et
« Jupin un jour » se trouva « en pointe de nectar [9] ». Quand

---

1. La Motte, l. IV, f. 16.
2. *Id.*, l. III, f. 12.
3. La Fontaine, l. XII, f. 12.
4. La Motte, l. II, f. 10.
5. *Id.*, l. Ier, f. 19.
6. *Id.*, l. III, f. 12.
7. La Fontaine, l. V, f. 1.
8. *Id.*, l. II, f. 8.
9. La Motte, l. III, f. 3.

les grands dieux se rapetissent de la sorte, il est juste que les moindres soient diminués en proportion : les trois Sœurs filandières par exemple ne savent pas tourner le fuseau aussi élégamment que les « Chambrières » du bonhomme ; et leurs ciseaux peu solides s'ébrèchent à couper le fil vital d'un sanglier[1].

La Motte se montre plus obséquieux que La Fontaine à l'égard des puissances souveraines ; habitué à répondre aimablement même aux plus grosses injures de ses contradicteurs, La Motte traite le monde de l'Olympe, comme ses contemporains, comme Mme Dacier, avec courtoisie. La plus grande hardiesse qu'il se permettra consistera à faire crier par le genre humain : « Jupiter a triché[2] » ! La Fontaine n'y va pas avec tant de façons ; c'est un Gaulois, qui traduit en français les locutions homériques. Las de dire Jupiter et même Jupin, il dit « l'assembleur de nuages » ; et au lieu des périphrases solennelles sur le lever du jour, il écrit :

Dès que Thétis chassoit Phébus aux crins dorés[3].

Mais n'est-ce pas le suprême degré du sans-gêne poétique, que de faire tomber « une crotte » d'escarbot sur le vêtement de son assembleur de nuages ; puis de le réduire lui-même à un piteux silence, quand l'aigle le menace : « Le pauvre Jupiter se tut[4] ! »

Chez Fénelon, comme on doit bien s'y attendre, rien de semblable. Fénelon choisit de préférence les déités des bois et des eaux, parce que son imagination fleurie se joue en leurs verts et frais domaines. Ce sont des nymphes, des faunes qui dansent, des naïades « qui répandent des eaux claires[5] » ; ce sont des dryades qui sortent « des troncs creux des vieux chênes » ; puis Pomone et Flore qui paraissent « tout d'un coup d'un air riant, au milieu du bocage, se tenant par la main[6] ».

---

1. La Fontaine, l. VIII, f. 27.
2. La Motte, l. Ier, f. 11.
3. La Fontaine, l. VIII, f. 20 ; l. V, f. 6.
4. *Id.*, l. II, f. 13.
5. Fénelon, f. 24.
6. *Id*, f. 25.

La Motte et ses dieux sont Parisiens ; ceux de la Fontaine sont Gaulois ; Fénelon est Grec, ses divinités aussi.

Un mot encore sur le Merveilleux de l'incomparable et vraiment inimitable *Fabuliste*. S'il rapetisse le vieil Olympe et l'abaisse au niveau de ses acteurs terrestres, il relève par contre les animaux et les végétaux, grâce à des dignités et à des titres, peu connus avant lui. Il les anoblit, au moyen de certaines relations de service ou de parenté avec les dieux de l'*Énéide*. Sa chèvre audacieuse est arrière-petite-fille d'« Amalthée, par qui fut nourri Jupiter [1] » ; son éléphant, un fier et important seigneur, dit : « Mon cousin Jupiter [2]. » Tel singe est « le singe de Jupiter [3] » ; l'aigle est « l'oiseau de Jupiter [4] », toutes bêtes de bonne maison. La colombe est « l'oiseau de Vénus » ; le hibou « l'oiseau de Minerve », ou « l'oiseau d'Atropos ». Quand les grenouilles meurent, leurs mânes s'en vont coasser dans « l'eau du Styx [5] » ; et quand les arbres tombent, leur ombre va « peupler le noir rivage ».

Les animaux dont le bon fabuliste fait ses héros sont parfois quasi plus forts que les Immortels ; tel sanglier par exemple défie la « déesse infernale », qui doit s'y prendre « à plusieurs fois » pour entamer la peau et la vie de ce noble monstre. Quel fier hobereau des forêts et quelle pauvre Parque [6] !

Par ailleurs il est amusant d'ouïr les bêtes de La Fontaine citer l'histoire merveilleuse, comme si elles avaient su le *Pantheum mythicum*. Maître lapin, voyant son terrier envahi par la belette, adresse sa prière aux « dieux hospitaliers » ; le cerf, sans avoir appris à lire, sait que les bonnes bêtes vont, après la mort, « aux Champs Élysiens [7] » ; le héron jure par tous les dieux qu'il ne mangera point « du goujon » ; le renard veut-il allécher le loup par l'odeur, ou par l'idée, d'un « fromage exquis », « le dieu Faune, dit-il, l'a fait ; la vache

---

1. La Fontaine, l. XII, f. 4.
2. *Id.*, l. XII, f. 21.
3. *Id., ibid.*
4. *Id.*, l. II, f. 8.
5. *Id.*, l. VI, f. 12.
6. *Id.*, l. VIII, f. 27.
7. *Id.*, l. VIII, f. 13.

Io donna le lait¹ ». Une autre fois, le même renard en colère tient le langage d'un Ulysse ou d'un Achille homérique :

> Pourquoi sire Jupin m'a-t-il donc appelé
> Au métier de renard ? Je jure les puissances
> De l'Olympe et du Styx, il en sera parlé².

Ainsi comprise et traitée, la mythologie retrouve quelque jeunesse, presque des charmes. Deux hommes, deux seuls, étaient capables de la défendre : Fénelon et La Fontaine.

---

1. La Fontaine, l. XI, f. 6.
2. *Id.*, l. XI, f. 2. — Notons seulement que La Fontaine créa aussi des demi-dieux allégoriques, parents d'autres allégories, avec une audace inouïe pour tout autre; chez lui, Que-Si-Que-Non est frère de la Discorde; Tien-et-Mien est son père.

CHAPITRE IV

DE LA LANGUE FRANÇAISE
AU SERVICE
DE LA MYTHOLOGIE CLASSIQUE

Dictionnaire poétique : articles Muses, Poète, Poésie. — Autres circonlocutions mythologiques ; obscurités et stérilité de ce style.

L'imagination et la littérature sérieuse avaient extrêmement peu gagné, et passablement perdu, à leurs rapports avec la mythologie. Hormis quelques écrivains, ou plus heureux, ou plus indépendants, le commun des beaux esprits ne faisait que traduire ou transcrire, avec d'insignifiantes modifications, les figures, les formules, les choix d'expressions en usage au siècle d'Auguste. On aurait pu composer, pour les littérateurs apprentis, un dictionnaire d'images, d'allusions, de phrases ou périphrases poétiques françaises, comme l'on a fait un *Gradus ad Parnassum*.

Un lettré de quelque renom y travaillait, il y a quatre-vingts ans[1] ; mais il avait été devancé dans cette besogne par Antoine Beaudeau, sieur de Somaize, auteur du *Dictionnaire*

---

[1]. Ce *Gradus* français a été essayé, au commencement du dix-neuvième siècle, juste au moment où il allait devenir très inutile. Philipon de la Madeleine y travailla « plusieurs années », tâchant, dit-il, de « faire pour les vers français ce que le jésuite Vanière a fait pour les vers latins dans son *Dictionnarium poeticum* ». (*Essai sur la langue poétique*, 1806. *Petite Encyclopédie poétique*, t. XV, page 387.) — L'auteur n'avait qu'une crainte ; il s'affligeait en pensant que son œuvre allait rendre la poésie trop facile et « mettre ainsi le langage des Muses à la portée de tous ». Aujourd'hui, aucun poète de France n'oserait employer une seule des formules proposées par l'*Essai* de Philipon de la Madeleine. Toutes néanmoins sont marquées au bon coin et choisies dans les recueils des dix-septième et dix-huitième siècles. — A la même époque, l'*Histoire poétique* (lisez *mythologique*), *tirée des poètes françois*, avec un *Dictionnaire poétique*, par *De La Croix*, était un ouvrage classique en vogue ; il enseignait à la jeunesse l'art des périphrases *fabuleuses*, et cet axiome que je lis à la page vi de la 6ᵉ édition (1806) : « Le langage de la Fable est celui de la Poésie : on ne doit point les séparer. »

des Prétieuses. Je ne sais si l'on a jamais relevé l'analogie des circonlocutions en vogue chez les Cathos et les Madelon véritables, avec le style poétique admis par tous les faiseurs de vers de la même époque, voire par Boileau. Les Précieux et Précieuses n'avaient garde d'appeler les choses vulgaires par leur nom ; ils les ennoblissaient et embellissaient au moyen de tournures sentant le fin du fin, bon nombre desquelles étaient empruntées à la mythologie. Un lit était « l'Empire de Morphée » ; une cheminée, « le siège de Vulcan » ; des chenets, « les bras de Vulcan » ; un éventail, « un Zéphyr ». Le poète était « un Nourrisson des Muses » ; les poissons, « les habitans du royaume de Neptune » ; les larmes, « les perles d'Iris », etc. Nager se disait : « visiter les Nayades », et passer le temps : « tuer son Saturne [1] ».

La poésie la plus osée n'allait guère, en fait d'invention, au-delà de ce langage recueilli par M. de Somaize ; même luxe de réminiscences ovidiennes, même abondance stérile. Pour retourner contre Boileau un mot de Boileau, il est évident que cette poésie est « sans vigueur » ; et que cette langue piétinant toujours dans ce cercle est fastidieuse à l'excès. Fastidieuse pour nous ; car les contemporains de Boileau étaient d'un autre avis. Cent ans auparavant, J. du Bellay déclarait en son nom et au nom de la Pléiade que ces façons de dire avaient « fort bonne grâce [2] » ; et les rhétoriques du dix-septième siècle recommandaient ce style comme le grand et infaillible secret de l'éloquence. Voici, en preuve, une demi-page extraite d'un livre classique publié en 1675 : « Cela touche d'une autre manière que les expressions communes, quand un poëte vient à parler de la Guerre, et qu'il dit que Bellonne, Déesse de la Guerre, porte la terreur et l'épouvante dans toute une armée, que le dieu Mars anime l'ardeur des soldats ; ces manières de dire les choses font

---

1. Chapelain écrivait le 1er mars 1661, au P. de Bussières, qu'il lui restait à faire cinq livres de sa *Pucelle*, « avant, dit-il, que le dévorateur Saturne m'achève moi-mesme ». (*Lettres*, édit. Tamizey de Larroque, t. II, page 122, note 1.) — Les expressions citées sont prises dans le *Dictionnaire des Prétieuses* (édit. Livet) *passim* ; et dans la comédie des *Véritables Prétieuses*, 1660.

2. *Deffense et illustration de la Langue françoise*, II, ix.

bien une autre impression sur les sens que celles-ci dont on se sert dans l'usage ordinaire : *Toute l'armée fut épouvantée; les soldats étoient animés au combat.* Chaque vertu, chaque passion est une divinité dans la Poësie. Minerve est la Prudence. La Crainte, la Colère, l'Envie sont des Furies. Ces noms de *crainte,* de *colère,* d'*envie,* quand on ne considère que les idées que l'usage y a jointes, ne font pas grande impression. Mais on ne peut se représenter la Déesse de la Colère, avec ses yeux pleins de fureur, ses mains teintes de sang, ces flâmes qui sortent de sa bouche, ces serpens sifflans autour de sa tête, cette torche allumée qu'elle tient à la main, sans frémir [1]. » Ce bel attirail, cet enthousiasme, cette langue, ne nous donnent plus le frisson, loin de là; mais les rhétoriques, soit latines, soit françaises, étaient formelles sur ce point; et au commencement de notre siècle, les manuels à l'usage de la jeunesse posaient toujours en fait que « le langage de la Fable est celui de la Poésie; qu'on ne doit point les séparer [2] »; et le doyen de l'Académie, François de Neufchâteau, saluait V. Hugo, en 1817, du titre de : « tendre ami des neuf Sœurs ».

Les seules et rares et maigres conquêtes à signaler au compte de cette langue dite poétique seraient peut-être quelques nouvelles significations attribuées à certains noms mythologiques, comme Nymphe, Parnasse, Muse, Naïa-

---

1. P. Bernard Lamy, *La Rhétorique* (1675), liv. IV, chap. xvi.
2. *Nymphe* signifiait : 1° une divinité des eaux ou des bois : « les *Nymphes* d'effroi se cachent sous les eaux » (Boileau, *Art poét.*, II); « les *Nymphes* de la mer de six dauphins tirées » (P. Le Moyne, *Le Spéculatif);* — 2° Une divinité allégorique, par exemple la Renommée : « la *Nimphe* à cent voix », (Corneille, *Déf. des Fables*); « *Nimphe* qui cours sans cesse » (Fléchier, *Ode sur les Conquêtes du Roi*); — 3° Une « Princesse », ou une « Dame d'éminente condition » (V. Segrais, *Athis,* au Lecteur). Ce sens, que l'on trouve dans l'*Astrée,* avait déjà cours au temps de Henri II; — 4° Toute personne d'esprit; Ménage disait à Mlle Deshoulières : Vous êtes « une *Nymphe,* fille d'une Muse » (*OEuvr. de Mme Desh.*, t. II, p. 195); — 5° Toute personne que l'on estime ou que l'on aime : « Ma *Nymphe* est aujourd'hui si vaine » (Maynard, *Épigr.*) — 6° Les Muses : « *Nymphes* de la double cime ». Déjà Vauquelin de la Fresnaye appelait les Muses « *Nimphettes* » (*Art. poét.,* l. II, v. 2), etc.

Muse signifiait : 1° les neuf déesses des arts et des sciences; — 2° l'inspiration : il y a des « *Muses* saintes », des « *Muses* chrétiennes » (P. Le

de, etc.⁵; puis quelques synonymes, quelques alliances divertissantes de mots et d'idées. Presque tout cela est dû à la littérature légère, plaisante, satirique; cette richesse, si c'en est une, ces variations moins banales, parfois ingénieuses, sur un thème trop connu, appartiennent presque toutes aux littérateurs joyeux de second ou de troisième ordre. Essayons un article du *Vocabulaire poétique*, aux mots *Muse*, *Poète*, *Poésie*. — Un poète est un « disciple d'Apollon » (La Fontaine, *F.*, l. III, I); un « Favori des Neuf Sœurs » (*Id.*, l. XI, *Épilogue*); un « habitant du Parnasse » (*Id.*); le « Fils du Parnasse » (Berthod, *Tracas de Paris*); l' « enfant des Muses » (Ch. Sorel, *De la Connoissance des bons Livres*, p. 221); le « nourrisson des Muses » (Boileau, *A. P.*, IV); un « chantre sacré, cher nourrisson du Parnasse » (Patru, *Éloge de messire de Bellièvre*); un « suivant des demoizelles du Parnasse » (Loret, 21 juin 1653); « favori de la docte Neuvaine » (La Fare, *L. du 19 juillet 1707*); « favori du Sacré Mont » (Hamilton, v. *Œuvr.* de Chaulieu, t. Iᵉʳ, p. 206); « Apollon mortel » (Mᵐᵉ de la Suze); « sacré nourrisson de Phébus » (Voiture, *A Mgr le Prince*, 1645); « fidèle suivant d'Apollon » (Costar, *Lettres*).

Pour louer un habile homme de lettres, écrivez : « On diroit que les neuf Pucelles l'ont eslevé dans leur giron » (Maynard, *Odes*). Être poète, c'est « avoir dormi sur le Parnasse » (Costar, *Lettres*) et « avoir sommeillé sur la Croupe jumelle à Phébus consacrée » (marquis de Dangeau, *A Chaulieu*, 9 mars 1680); faire des vers, c'est « apolloniser » (Loret, *Muze hist.*, 4 octobre 1659); ou encore « faire gagner son avoine au bon Bayard des neuf Sœurs » (Saint-Amant, t. II, p. 28); être un « monsieur de l'Onde Aganippide » (Scarron, *Épître au Pr. de Condé*). Se livrer à la poésie badine, c'est « boire un petit doigt d'Hippocrène » (Loret, 7 février 1654); à la poésie sérieuse et féconde, « goûter d'Hélicon les douces

---

Moyne, *Traité du Poëme hér.*; — 3º la poésie en général : « sacrifier aux *Muses* » (Conrart); — 4º l'étude, la science, les lettres : « *Muses* qui sont la lumière et tout l'ornement des Empires » (Patru, *Œuvr.*, édit. de 1681, page 82); « Mesdames les *Muses* me laissent un coquin et un esclave » (Bayle, *Lettres*, 18 mai 1675).

promenades » (Boileau, *A. P.*, IV); J.-B. Rousseau entonne un chant lyrique, en priant sa Muse de « délivrer sa Minerve des prisons de son cerveau », ce qui signifie donner l'inspiration (*Odes*, l. IV, 3); le versificateur burlesque remue « le limon de la docte fontaine » (L. Petit, *Sat.*, XII, 1686). Les coups de bâton, qui pleuvaient dru sur le dos des poètes, s'appelaient « ruades de Pégase [1] »; vendre ses vers, « mettre son Apollon aux gages d'un libraire » (Boileau, *A. P.*, IV). Les bons poètes sont « les Cygnes de nostre Parnasse » (Costar, *Lettres*, 1658); un jeune poète est un « nouveau sevré sur le mont des Neuf-Sœurs » (Boileau, *Disc. au Roi*). Barbin qualifiait les poètes illustres dont il fut l'éditeur « ces héros du Parnasse » (Vigneul-Marville, 2º édit., t. II). Boileau est et se dit « le régent du Parnasse » (*Sat.* IX), et il nomme ses confrères plus audacieux que lui « les braves du Parnasse » (*ibid.*); les faiseurs de gazettes sont des « greffiers du Parnasse » (Chapelain, *Lettres*, 26 juin 1662); les compilateurs de recueils poétiques sont, suivant Furetière, « les glaneurs du Parnasse » (*Rom. bourg.*, l. II); les critiques sont, pour leurs victimes, « les corbeaux du Parnasse » (Gacon, *le Poète sans fard*, ép. XXI); de même que les méchants auteurs sont les « insectes du Parnasse » (Scarron, *Œuvr.*, nʲˡᵉ édit., t. Iᵉʳ, p. 59); les pédants « des insectes rampans du Mont aux deux coupeaux » (*id.*, *Dern. Œuvr.*, t. Iᵉʳ, *Ép. à Mlle de Scudéry*); les rimeurs médiocres des « manœuvres du Parnasse » (Senecé, *Satires*).

A l'aide de ces formules on fabrique, pour chaque personnage connu, des titres, des louanges, des injures; Cyrano appelle Malherbe et ses partisans « les schismatiques des Muses »; Chapelain signe modestement : « Un petit agent des Muses » (*Lettres*, 10 mars 1667); Pellisson est pour Tallemant des Réaux « l'Apollon du samedi »; le mauvais poète Maillet, pour Saint-Amant, un « chardon du Parnasse » (*Œuvr.*, t. Iᵉʳ, édit. elzév.); Colbert, pour tous les distributeurs de gloire en vers, le « protecteur des Filles de mémoire » (Mᵐᵉ Deshoulières, 1675); Mᵐᵉ Deshoulières, pour La Monnoye, « la Calliope françoise »; le pauvre Colletet est le « Job du Parnasse »;

---

[1]. *L'Entretien en prose de Scarron et de Molière aux Champs Élysées.*

La Serre, qui avait la manie des illustrations pour ses livres, est « le tailleur des Muses » (Tall. des R., *Hist.*, t. V); l'abbé Claude Nicaise, correspondant des savants de Hollande ou d'Allemagne, est « le facteur du Parnasse » (La Monnoye, *Poés.*, p. 20). Selon l'abbé de la Chambre, le puriste Bouhours était « l'Empeseur des Muses » (Vign. Marv., 2ᵉ édit., t. Iᵉʳ); l'abbé Genest, le bel esprit de la cour de Sceaux, répondait au nom de « l'abbé Pégase » (*Œuvr.* de Chaulieu, ép. de M. de Malézieux, 1702); Chaulieu écrivant à Malézieux (juin 1703) prenait le titre de « palefrenier du cheval Pégase », et La Fontaine se définissait « Papillon du Parnasse ». Publie-t-on les œuvres enfantines du duc du Maine, Boileau salue en lui « l'Apollon nouveau de nôtre Parnasse » (*Épigr.*). A son tour, Boileau est salué par ses amis « Grand Prévost du Parnasse » (P. du Cerceau, *Poésies fr.*); par ses ennemis, « effroy du Mont Parnasse » (Bonnecorse, *Lutrigot*, p. 45); un « corbeau déniché du Montfaucon du Pinde » (Pradon) et « le dogue du Parnasse » (*id.*). D'Assoucy apostrophe en ces termes le poète-buveur Chapelle : « Petit clerc des Muses égarées,... petit cavalier de Bacchus,... vous n'avez que le dieu de la grappe pour patron et le cabaret pour Hélicon » (*Avant.*, ch. XVIII).

Dans cette colonne de lexique poétique, on a lu diverses appellations des Muses ; en voici quelques autres qui servent de synonymes au mot « Neuf Sœurs» : les muses sont « les neuf filles de Jupiter » (Voiture, *Ép. au Pr. de Condé*); « les filles de Mnémosyne » (Senecé, *Œuvr. ch.*, éd. elzév., p. 40); « les sçavantes Filles » (Tallemant le jeune, *Disc.*, 27 mai 1675); « Calliope et sa séquelle » (Brébeuf, *Poésies*, Lettres, p. 135); « les trois fois trois sœurs Pucelles (Sr. de La Croix, *Déf. de l'École des Fem.*, 1664); « les doctes Pucelles » (Senecé, p. 80); « les Nimphes de la double Cime » (La Motte, *Ode* à MM. de l'Académie); les « sçavantes Fées » (Pavillon, *Odes*); les Neuf belles Fées » (Chaulieu, *Lettre* à M. de Sonning, 20 juillet 1707), etc., etc.

Quand les écrivains de poésie joyeuse cherchent en vain l'inspiration, quand ils désespèrent (poétiquement) de voir leurs odes et épîtres liminaires bien payées, ils se livrent, pour l'ordinaire, à des invectives plus gaies et d'une variété plus riche contre le double coupeau et les « doctes damoizelles » qui le hantent (Chapelle et Bachaumont, *Voyage*). Leur répertoire d'injures mythologiques est généralement pittoresque. Chapelle nomme alors les muses ces « vieilles sempiternelles » qui « ne bûrent jamais que de l'eau »! (*Voyage*); Scudéry, des « Pucelles de quatre mille ans »; maître Adam les « gredines du mont Parnasse », qui « font porter la besace à tous les faiseurs de vers » (*Œuvr.*, 1644, à M. le chevalier de Monteclair); Scarron, les « doctes gueuses du Parnasse, vieilles filles de bonne race »; et Saint-Amant, en fureur « phébique » ou bachique, s'écrie :

> Nargue du Parnasse et des Muses;
> Elles sont vieilles et camuses!
> Nargue de leur sacré ruisseau....
>   (*Raillerie à part.*)

Un jour de colère poétique, Scarron, imitant un juron favori de Henri IV, s'exclame : « Ventre Apollon ! » (*Œuvr.*, 1653, t. II, p. 39). Dans ces heures d'emportement imaginaire, les muses inspirent vraiment un style plus original; et la langue de la poésie plaisante acquiert deux ou trois périphrases moins ternes[1].

Les articles de ce vocabulaire qui ont trait aux choses de la versification sont, comme de juste, les plus fournis; mais combien d'autres sujets valurent à notre littérature légère du dix-septième siècle des circonlocutions nouvelles, presque heureuses! Pour Saint-Amant, le tabac est « l'encens de Bacchus »; suivant d'Assoucy, une auberge est « le joyeux temple de Cérès et de Bacchus » (*Avant.*, ch. IV); les grands tonneaux allemands des bords du Rhin sont définis par Vigneul-Marville : « les palais et les maisons de plaisance de Bacchus » (*Mél.*, 2ᵉ édit., t. II, p. 207); « suppôt de Bacchus », dit La Fontaine en parlant d'un ivrogne (l. III, f. VII); le même nomme le mariage « l'auberge de l'Hyménée (l. VI,

---

1. Une des plus heureuses inspirations dans ce style est la *Plainte du cheval Pégase*, par Bensserade; les vers en sont jolis et les idées d'une flatterie délicate. Tout à côté, je mettrais une autre bluette du même goût : le *Dialogue d'Acante et de Pégase*, par Pellisson. (V. *Recueil* de Bouhours, 1693.)

f. xx), et un rhumatisme « un triste fils de Saturne (*Lettre à Saint-Évremond*). — Le vent est « un postillon d'Éole » (Berthod, *Tracas de Paris*); l'huître une « aveugle esclave de Tétis » (*Rec. de div. Poés.*, 1666, t. II, p. 244). Les Hollandais sont « les enfans de Neptune » (Balzac, *Entret.* xxxv); Gênes, la « ville épouse de Neptune » (Mme Deshoulières, *Au Roi, sur la venue du doge de Gênes*, 1685). En ce langage, serrurier se dit « laborieux Vulcain » (Boileau, *Sat.* vi), et hussard « fantôme de Mars » (Saint-Amant, *la Généreuse*). Pour raconter un feu d'artifice, on écrira, comme La Motte-Houdart :

> Du Soleil endormi Vulcan faisoit l'office.
> (*Fables*, liv. V, f. 16.)

En dépit de trouvailles moins banales, et de boutades piquantes, cet idiome mythologique avait deux graves inconvénients : son obscurité, sa stérilité. On ne pouvait souvent l'entendre, ni surtout le parler, sans une connaissance détaillée de l'Olympe et de ses dépendances; par le fait, ce jargon était nécessairement impopulaire; les poètes s'exprimaient en patois inintelligible pour le plus grand nombre de leurs contemporains, à l'envi de « l'eschollier » de Rabelais « despumant la verbocination latiale sur les rives de la Séquane ». Le plaisant auteur de l'*Énéide travestie*, traduisant le *corruptam Cererem* du Livre premier, par *la Cérès corrompue*, se hâte d'ajouter :

> En langage un peu plus humain,
> C'est ce de quoy l'on fait du pain

Les confrères sérieux de Scarron auraient dû, pour se faire entendre, joindre parfois de semblables notes à leur texte; par exemple, l'académicien Régnier-Desmarais, quand il dit à la rivière d'Eure :

> Permettez... que votre onde
> A l'amant de Syrinx entre les joncs réponde [1];

il faut une science plus qu'ordinaire pour comprendre que la paraphrase de l'académicien signifie le dieu Pan.

---

1. *Poésies françoises*, nouv. édit., t. Ier, page 267.

Un autre poète de l'Académie, Pavillon, prophétise que bientôt les exploits du roi de France « auront joint sous ses lois,

> Les deux ceintures d'Amphitrite [1] » ;

qui donc devinera sur-le-champ qu'il s'agit de la mer du Nord et du Zuyderzée ? — Lorsque J.-B. Rousseau, le plus mythologique des Français, parle d'aller visiter le « gendre de Cérès », il faut vite se souvenir du mythe de Proserpine, pour avoir le mot de l'énigme, qui est *Pluton*, et pour traduire toute la circonlocution par le mot *mourir*[2]. Louis Racine faisait un grand et singulier mérite au même J.-B. Rousseau de représenter les objets « sous une image nouvelle »; ainsi de dire « le volage amant de Clitie, le fougueux époux d'Orithyie », au lieu des deux noms trop communs de Zéphyre et d'Aquilon. Faute de ce savoir, qui n'a rien à faire avec la poésie, on s'exposait à de lourdes méprises, témoin celle de Racine avec ses tritons d'eau douce ; et celle de Régnier-Desmarais qui prit un jour le *Permesse* pour une montagne, en rimant ce compliment au poète Abeille :

> Sur le mont Permesse
> Tu voles sans cesse,
> Chéri des Neuf Sœurs [3].

Le singe, trop fier d'avoir le Pirée pour cousin, entendait ainsi la géographie.

L'affectation de style mythologique allait parfois si loin, que des gens d'esprit en concevaient des inquiétudes ; La Motte-Houdart demandait aux poètes grâce pour leurs lecteurs, et pour la langue française, qui n'aime ni les ténèbres ni la « pédanterie » : Il ne faudrait point, dit-il, « se parer trop de la Fable ; encore moins de ces fables reculées, qui ont un air fastueux d'érudition et qui sont comme la *Pédanterie* de la Poésie ; car chaque science, chaque talent a la sienne, et qui consiste à se faire honneur des termes de l'art

---

1. *Ode sur la Paix de* 1679.
2. De même quand il salue le duc de Bretagne du titre de « Fils de Thétis ou d'Alcmène » (*Odes*, l. II, ode 1re), etc.
3. *Poésies*, t. II, page 542.

devant des gens qui ne sont pas initiés au même langage.
Un Guerrier peut être pédant par la profusion des termes
connus seulement dans les armées ; un Philosophe l'est par
l'étalage des termes didactiques ; et un Poète l'est de même,
par l'affectation d'une mythologie ignorée des gens raisonnables qui se sont bien gardés d'y perdre leur temps [1]. » —
Le même La Motte, dans une Ode qu'il intitule *la Variété* et
qu'il adresse à M. Despréaux, se pose cette question :

> Dois-je employer la Fable avec la métaphore,
> Pour la flûte nommer Sirinx ?
> Et ramenant cent noms que le vulgaire ignore,
> Être à ses yeux un nouveau Sphinx ?

Il se répond à lui-même :

> Ne vaudrait-il pas mieux sans Fable et sans figure
> Mettre mon sens dans son vrai jour ?

Sans aucun doute ; néanmoins La Motte n'en continua que de
plus belle à ramener « cent noms que le vulgaire ignore » ;
à nommer « les Frères de Lyncée » (t. II, p. 309), le « Fils
de Climène » (*ib.*, p. 316), le « fier élève de Chiron », etc.

Nous n'entrons pas encore ici dans la querelle du christianisme et du paganisme littéraire ; il s'agit seulement d'une
question de style. La Motte estime que les expressions mythologiques y engendrent l'obscurité ; ainsi pense Boursault
en sa comédie des *Fables d'Ésope* :

> HORTENSE.
> La déesse à cent voix qui du sein d'Atropos
> Sauve les noms fameux et les faits des Héros...
>   ÉSOPE.
> Quel diantre de jargon celle-ci parle-t-elle [2] ?

Plusieurs autres jugeaient que se servir de ce jargon c'était
appauvrir la langue poétique et faire preuve de stérilité intellectuelle. Dès le temps de Malherbe, Théophile avait blâmé
ces « singeries » et ces « extrêmes redites déjà rebattues par
tant de siècles ». A quelque temps de là, Cyrano ridiculisait
ce baragouin pompeux et pauvre, comme Molière le fit pour

---

1. *Discours sur l'Églogue.*
2. Acte Ier, sc. VI.

l'idiome des Précieuses. Le *Granger* du *Pédant joué* débite des tirades, qui sont de fines satires de ces vieilleries : « Puisque donc (dit Granger à son fils qui part pour l'Italie), puisque donc tu n'as jamais voulu t'abreuver au Marais fils de l'Ongle du Cheval emplumé, et que la lyrique harmonie du sçavant meurtrier de Pithon n'a jamais enflé ta parole, essaye si, dans la marchandise, Mercure aux pieds ailez te prêtera son Caducée.

« Ainsi le turbulent Éole te soit aussi affable qu'aux pacifiques nids d'Alcion[1] ! »

Granger s'exprime à la fois comme les Anciens et comme les Modernes, traduisant tant bien que mal les circonlocutions d'Ovide. C'est ce que Desmarets de Saint-Sorlin reprochait, en 1670, aux versificateurs de France, en les accusant de sécheresse et d'indigence : « Si on les tire de ce qu'ils ont leu dans les Anciens, ils sont secs et pauvres dans les compositions en nostre langue, soit pour le sens, soit pour la diction. Ils cherchent de la matière dans leur mémoire et non dans leur esprit ; ils ne produisent rien de beau, ni de nouveau, ni de surprenant que pour des ignorans[2]. »

La Fontaine, qui pourtant savait redonner quelque couleur à ces figures antiques, se plaignit un jour à Saint-Évremond de la difficulté qu'il éprouvait à dire du neuf en ce style : « J'ai parcouru, écrivait-il, le Païs des Muses, et n'y ay trouvé que de vieilles expressions, que vous dites que l'on méprise... Les Jeux et les Ris sont des galanteries rebatues[3]. » Saint-Évremond fut en effet un de ces délicats auxquels un tel vocabulaire semblait bien fade, bien maigre. Au lieu d'une « fiction ridicule », il réclamait « la noblesse hardie du langage et la belle élévation du discours » ; au lieu d'un calque d'Ovide, une poésie qui « dépeint avec une vive expression les merveilles de l'Univers[4] ».

Saint-Évremond partageait en cela l'opinion et le goût des meilleurs esprits de Londres, dans la société desquels il

---

1. Acte Ier, sc. v.
2. *Traité pour juger les poëtes*, etc., chap. VII, page 19.
3. *OEuvres mêlées* de Saint-Évremond, t. III, page 184.
4. *Ibid.*, page 72.

vieillit. A la fin du dix-septième siècle, tel critique d'outre-Manche déclarait « du dernier ridicule » et d'une « souveraine puérilité » l'emploi du style païen, le « recours aux Jupiter et aux Junon ».—« Traiter le Prince Eugène de *Favori de Mars*, disait Addison, ou établir une correspondance suivie entre *Bellone* et le maréchal de Villars... serait une faute impardonnable à un poète qui aurait plus de seize ans [1]. »

L'illustre rédacteur du *Spectator* n'autorisait que deux catégories d'écrivains à déguiser de la sorte la misère de leurs idées : les dames qui se mêlent de rimer ; et les écoliers qui ont besoin de l'Olympe pour remplir la mesure de leurs vers latins.

Swift, vers la même date et dans le même sens, composait son ingénieuse satire de *la Profondeur* ou de *l'Art de ramper en Poésie*. Cet art, selon Swift, consiste spécialement dans l'usage de la mythologie. —. Veux-tu, dit-il au poète qu'il instruit à « ramper », fabriquer une tempête épique ; « prends l'Eurus, le Zéphyr, l'Auster et Borée ; jette tout cela dans un vers ; ajoutes-y une forte dose de pluie, d'éclairs, et du plus épouvantable tonnerre que tu peux imaginer... », et tu ramperas admirablement [2].

Raillerie plaisante, mais aussi verdict très juste contre cette mendicité littéraire.

---

1. *Spectator*, 30 oct. 1712. — « ...To make Prince Eugene a *favourite of Mars*, or to carry on a correspondence between *Bellona* and the Marshal de Villiers (*sic*), would be downright puerility, and unpardonable in a poet that is past sixteen. » (O.) *Addison*.

2. Chap. xv. — V. H. Rigault, *Histoire de la querelle*, etc., pages 339 et 340.

SECTION II

DU MERVEILLEUX CHRÉTIEN

CHAPITRE PREMIER

EMPLOI DU MERVEILLEUX CHRÉTIEN
DANS LA LITTÉRATURE LÉGÈRE

I. Anges, démons, dans la poésie légère. — II. Sorciers et sabbat, en dehors de la poésie épique.

« Poétiser à la chrestienne », comme s'exprime Chapelain, c'était, pour les auteurs du dix-septième siècle, faire intervenir et agir le Ciel et l'Enfer dans des poèmes sérieux, sacrés, héroïques, épiques. Dans les productions moins solennelles, odes, élégies, idylles..., les écrivains se permettaient à peine quelque allusion aux personnages surnaturels, anges, prophètes, saints ou démons. On les réservait à peu près exclusivement comme *Machines* des épopées dites chrétiennes. Ce que l'on nommait alors *Poésies chrétiennes*, en dehors des élucubrations épiques, se bornait généralement à des considérations morales, comme les *Entretiens solitaires* de Brébeuf, ou à des traductions et des paraphrases. Corneille traduisait les *Psaumes*, l'*Imitation* et les *Hymnes* du bréviaire ; Racine traduisait quelque passage des *Épîtres* de saint Paul et les *Hymnes*[1]. La Fontaine mettait en vers la *Captivité de saint Malc*, sur une version d'Arnaud d'Andilly, et traduisait le *Dies iræ*. Il était bien rare qu'un poète empruntât des inspirations personnelles aux récits de la Bible et de l'Évangile, ou aux histoires des saints. Saint-Amant et des Barreaux cherchant, comme deux cents ans plus tard Lamartine et V. Hugo, un thème poétique dans une contempla-

---

1. La traduction des Psaumes tenta une foule de versificateurs du dix-septième siècle, sans compter Bertaut et Desportes, qui appartiennent plutôt au siècle précédent, et J.-B. Rousseau et Dancourt, qui sont du siècle sui-

tion du Crucifix, font preuve de hardiesse[1]. Les autres, comme Boileau, s'imaginant que la poésie est nécessairement affaire de *fiction*, les vérités chrétiennes ne leur semblent point *susceptibles* d'être exprimées par les poètes; surtout en des poèmes de longueur médiocre (choses légères!). Nous entendrons, un peu plus loin, leurs raisons.

En dépit de ces raisons, quelques poètes et prosateurs profanes se hasardaient parfois, timidement, furtivement, à nommer dans une ode, une élégie, une lettre en vers, les êtres surnaturels, qu'ils invoquaient en leurs prières. On nomme, par exemple, l'Ange gardien qui inspirera de si beaux vers au poète des *Méditations*. Le P. Le Moyne rappelle, à une dame mondaine, cet

---

vant. Voici la liste de toutes les traductions de ce genre qui soient venues à notre connaissance :

1º 1640, 6 Psaumes de David *paraphrasés et accommodés au règne de Louis le Juste*, par Desmarets de Saint-Sorlin ;

2º 1648, les 150 Psaumes, par Godeau ;

3º 1659, les 150 Psaumes (*Paraphrase*), par Claude Sanguin ;

4º ? 13 Psaumes *paraphrasés*, par Nicole ;

5º 1660, *Poésies chrestiennes tirées des Psaumes*, par Racan (les 150 Psaumes, excepté le viiiᵉ et le cxxviiᵉ, qui sont de Malherbe) ;

6º 1660, *Parnasse séraphique* (*Paraphrase des Psaumes*), par Martial de Brive ;

7º 1660, *Paraphrase des Psaumes de David* (150), par le P. Charles Le Breton, jésuite ;

8º 1661, les 150 Psaumes, par Nicolas Frénicle ;

9º 1665, 50 Psaumes, par P. Corneille ;

10º 1677, 50 Psaumes de Marot, retouchés par Conrart (m. en 1675) ;

11º 1680, 50 Psaumes par Gilbert ;

12º ? les 7 Psaumes de la Pénitence, par Sanlecque, etc. ;

13º 1715, Psaumes mis en vers françois par Élisabeth Chéron (chez Giffart, Paris).

1. Saint-Amant, édit. Livet, t. II, pages 134-6, *Fragment d'une méditation sur le Crucifix*. On y trouve cette belle strophe :

> J'y remarque en chaque tourment
> L'éternité dans le moment,
> La gloire dans l'ignominie,
> Et la vigueur dans l'agonie.
> J'y considère l'Immortel
> Mourir ainsi que l'Homme, en expier le crime ;
> J'y vois le Prestre sur l'autel,
> Et pour s'offrir à soy le Dieu dans la Victime.

> ...Ange qui la tient à couvert sous son aisle;

et lui dit : La mort vous menace,

> Et vous avez, tandis que vostre Ange en a peur,
> Le rire sur la bouche et l'allégresse au cœur [1].

Le même parle à Mlles de Haucour de « l'Ange qui préside au Sacre du baptesme [2] »; et ailleurs, en style presque biblique, il trace le portrait de l'Ange exterminateur,

> ...Ange de qui l'espée
> Des pechez et du sang des peuples est trempée [3].

La Fontaine, comme en passant aussi, songe aux Anges des « Globes et des Soleils », que saluera Chateaubriand [4] :

> Et qui guide les cieux et leur course rapide?
> Quelque Ange est attaché peut-être à ces grands corps [5].

On rencontre de même par hasard, dans le *Voyage* de Chapelle et Bachaumont, quelques rimes sur la légende des Anges de la Sainte-Baume; mais le tout s'achemine à un trait d'esprit. Enfin l'Ange de la France est mentionné par un ou deux poètes de la force d'un Loret ou d'un Gilbert, et par Charpentier, dans un Discours à l'Académie [6]. Mais sous les traits de cet « Ange tutélaire » on devine trop aisément soit Mazarin, soit Louis XIV, auquel Loret prête deux Anges gardiens, « l'Ange de l'Estat et le sien », pour le garantir de « la Parque [7] »! Ces souvenirs fugitifs de christianisme font tellement peu d'impression sur les beaux esprits qui les trouvent au bout de leur plume, qu'ils y mêlent, par routine, les souvenirs du Parnasse. Boileau, le plus sage des hommes, nomme une fois les Anges dans *l'Art poétique*, et au vers suivant, la Muse :

---

1. *Entretiens poétiques*, liv. II, entr. ix, *Du Jeu*.
2. *Ibid.*, liv. II, entr. viii.
3. *Poésies*, 1650, page 310.
4. *Génie du Christianisme*, IIe P., liv. IV, chap. viii.
5. *Fables*, l. X, f. 1re.
6. *Recueil des Harangues de l'Académie françoise*, édit. de 1714, t. II, page 254.
7. *Muze historique*, 8 novembre 1653.

> Il n'est temple si saint des Anges respecté,
> Qui soit contre sa Muse un lieu de sûreté [1].

Boileau n'est pas plus heureux que Perrault appelant Louis XIV « notre Ange tutélaire », Ange « au Destin duquel nos Destins sont mêlez » et dont les jours « sont filez du même or » que les nôtres, « par la main de la Parque [2] ». Pas plus heureux Godeau, évêque de Grasse, rimant sur l'*Assomption de la Vierge*; selon Godeau, un Ange dont

> La chevelure ondoye au gré des doux Zéphyrs

apporte à Marie une palme céleste, signe de la mort prochaine ; cela se passe à l'heure où le soleil cédait « l'horizon à sa Sœur vagabonde », où le « paisible Sommeil, suivant son char d'ébène... épandoit ses pavots... d'une main engourdie [3] ». Godeau, comme on le verra, fut un des partisans du Merveilleux chrétien; comme tous les autres il produisit des arguments fort bons et de pitoyables modèles.

Parfois, comme fatigués de répéter qu'Apollon les inspire, les rimeurs remplacent le Dieu par un Ange; Cotin, l'abbé Cotin, dit, en vers presque jolis :

> Au courant de ces doux ruisseaux,
> Et parmi les lis et les roses,
> A l'ombre de ces arbrisseaux,
> Mon Ange m'apprend toutes choses.

L'une des plus gracieuses inspirations de ce Merveilleux dans la poésie légère appartient à Saint-Amant. Elle nous fait songer à l'un des plus touchants récits de V. Hugo. C'est une consolation adressée à la reine de Pologne, après la mort prématurée de son fils. Saint-Amant raconte comment, une des nuits qui suivirent ce deuil, Marie-Louise de Gonzague

> ...Voit, ou croit voir, à regards suspendus,
> Un enfant où sont confondus
> Les traits de Cazimir et d'elle.

---

1. *Art poétique*, ch. IV.
2. *Épître à M. le président Rose.* — *Recueil* du P. Bouhours, pages 222 et 223.
3. *Poésies chrestiennes* d'Ant. Godeau, évesque de Grasse, nouv. édit., 1660, pages 7-15.

L'enfant a des ailes, comme les Anges; et, sur ses épaules,

> Ses cheveux annelez vaguent à filets d'or;

il est, dit-il, admis au ciel parmi l' « enfance massacrée » des Innocents ; il prédit à la reine des jours glorieux pour la Pologne, promet à sa mère un trône éternel ; puis,

> En achevant cette parole,
> Sur le nuage brun et clair,
> L'enfant s'eslance en haut de l'air,
> Et de l'air dans le ciel s'envole [1].

Malgré des longueurs et des vers pénibles, cette apparition du « fantôme angélique » a plus d'un mérite ; au temps où elle fut imaginée, elle avait le mérite incomparable de la nouveauté.

Si les auteurs de petite littérature sont fort timides à l'égard des Anges, ils le sont beaucoup moins à l'endroit du diable, ou comme l'on disait familièrement, du *diantre*. Ils riaient à ses dépens, comme jadis nos « dévots aïeux » le jouaient dans leurs *Mystères*. Le Jésuite du Cerceau avoue même que le *triste Sire* a de l'esprit et que ce « drôle, ce franc archipatelin... est fait au badinage [2] ». Aussi bien le nomme-t-on presque toujours en badinant ; Boileau présume que ce « fâcheux... durant les nuits entières » convoque au sabbat « les chats de toutes les gouttières » ; d'Assoucy, à toutes les pages de ses *Avantures*, affirme que le diantre le poursuit, et se demande : « Est-ce le diable de Loudun ou de Vauvert, ou ce coquin qui tenta Job, qui est à mes trousses [3] ? » Une misérable femme s'empoisonne-t-elle, Loret fait savoir à son public que cette « déconfortée... fut de monsieur Belzebut tentée [4] » ; enfin, dans les comédies, on envoie lestement tous ceux que l'on déteste, tenir compagnie à ce grand ennemi : « Empoisonneur, au diable! » s'écrie Alceste en colère. Le Merveilleux diabolique, de ce caractère très peu lugubre, servit de cadre à la vaste satire

---

1. *La Généreuse. OEuvres*, édit. Livet, t. II.
2. *La Rhune; Nouveau Choix de Poésies*, t. II, page 138.
3. Chap. VI.
4. *Muze historique*, 3 décembre 1651.

du *Diable boiteux*, imaginée par Guevara en sa *Novela de la otra vida*, et continuée par Le Sage en 1707. Cet Asmodée qui s'échappe du flacon d'un magicien de Madrid, qui s'en va « se percher sur la tour de San-Salvador », avec don Cléophas, et qui, d'un geste, enlève les toits des maisons, n'est pas précisément terrible. S'il était un peu plus honnête, il serait un *bon diable*, ce qui n'est aucunement le fait du vrai Satan.

Mais quelquefois le ton devient un peu plus tragique. Godeau, célébrant les gloires de la Sorbonne, peint le désespoir du démon qui frémit de rage en face de cette « retraite sainte des Sciences... et des Arts » ; il se désole de voir jaillir de là des flots de vérité ; et près de là,

> ...L'Ange révolté, qui commande aux Enfers,
> Pleure mille captifs arrachez de ses fers [1].

Gombaud, dans une description de la nuit et de son « effroyable horreur », représente les démons lâchant alors sur le monde « les funestes oyseaux », les « fantomes » et les songes. Furetière aperçoit dans les ténèbres

> ...Des gens que le Diable emporte,
> Et qu'il va mener au Sabat,
> En figure de Chien, de Chat,
> D'Ours, de Lion, ou de Panthère,
> De Loup-Garou, de Dromadaire [2].

Ces idées de visions funèbres, où l'enfer et les revenants jouent leur rôle, prennent des couleurs vraiment pittoresques dans l'imagination de Saint-Amant. Écoutons-le :

> Un grand chien maigre et noir, se traisnant lentement
> Accompagné d'horreur et d'épouvantement,
> S'en vient toutes les nuits hurler devant ma porte ;

et il s'ensuit pour le poète des *Goinfres* un cauchemar effrayant :

> Les cheveux herissez, j'entre en des resveries
> De contes de sorciers, de sabaths, de furies ;

---

1. *Poésies chrestiennes*, 1660, page 68, *La Sorbonne*.
2. *Le Voyage de Mercure*, page 9.

> J'erre dans les enfers, je raude dans les cieux ;
> L'Ame de mon ayeul se présente à mes yeux ;
> Ce fantosme léger, coiffé d'un vieux suaire,
> Et tristement vestu d'un long drap mortuaire,
> A pas affreux et lents s'approche de mon lit ;
> Mon sang en est glacé, mon visage en paslit,
> De frayeur mon bonnet (!) sur mes cheveux se dresse,
> Je sens sur l'estomach un fardeau qui m'oppresse :
> Je voudrois bien crier, mais je l'essaye en vain ;
> Il me ferme la bouche avec sa froide main.
> Puis d'une voix plaintive en l'air evanouye,
> Me prédit mes malheurs, et long-temps, sans siller,
> Murmurant certains mots funestes à l'ouye,
> Me contemple debout contre mon oreiller.
> Je voy des feux volans, les oreilles me cornent...

Assurément ces vers ont quelque allure fantastique, et ce Merveilleux a des traits dignes de la *Ronde du Sabbat*. Mais chez Saint-Amant la plaisanterie éclôt vite à côté des images sombres ; aussi se hâte-t-il d'apprendre à ses lecteurs qu'il fut tiré de ce cauchemar par Bacchus, lequel « il a tenu tousjours plus que divin [1] ». Ailleurs, le joyeux compère de Faret se livre à des évocations et prononce des paroles mystérieuses,

> ...Que la magie enseigne en ses écoles ;
> *Il trace* un cerne et prononce tout bas :
> Morric, morruc, tarrabin, tarrabas !...
> A ces grands mots, horreur des cimetières,
> Sortent en chats grondans par les gouttières,
> Sous la faveur du bon maistre Astarot,
> Chartier, Crétin, Saint-Gelais et Marot,

et autres vieux poètes de France [2]. — Une sorcière peu terrible, mais pittoresque, c'est la *Dentuë*, dont Hamilton trace le portrait dans *Fleur d'Épine* : « Dentuë... en marmotant

---

1. *Les Visions.*
2. *La Pétarrade aux Rondeaux.* — Une page curieuse des *Mazarinades* est le récit d'une apparition nocturne, dont le sommeil du Mazarin fut troublé. Il entendit tirer ses rideaux, vit sa chambre tout en feu, et « s'entendit appeler par trois fois : *Mazarin, Mazarin, Mazarin* ». Alors il aperçut « un vieux jeune homme d'entre deux tailles », qui lui tint un long et terrifiant discours, dont une des plus agréables phrases est celle-ci : « Tu aurois esté un flambeau de l'Église, et tu seras un tison d'enfer. » (*Advertissemens charitables*, etc., Paris, 1649, pages 4-7.)

quelques mots barbares, jetoit des herbes et des racines dans une grande chaudière qui étoit sur le feu : elle remuoit tout cela en rond, avec une dent qui lui sortoit de la bouche, et qui avoit deux aulnes de long. Après qu'elle eut quelque tems tourné toutes ces drogues, elle y jeta trois crapauds et trois chauve-souris... » Elle goûta de cette cuisine et « fit un cri si affreux, qu'on eût dit que quinze mille chat-huans avoient crié à la fois ».

Évocations, magie, sorcellerie, sabbat, eurent surtout pour interprète littéraire un contemporain de Saint-Amant, doué comme lui d'une imagination puissante, et d'une audace qui plut même à Despréaux. Au cours de toutes ses œuvres, Cyrano parle de ces choses merveilleuses avec un luxe de détails qui dénote une science approfondie, et avec une désinvolture qui atteste bien peu de créance à ces prodiges de l'art infernal. Cyrano se sert même dans la comédie de ses connaissances en fait de magie. Le valet fourbe du *Pédant joué*, Corbinelli, n'est plus le Scapin ou le Crispin d'usage ; il pose en matamore diabolique : « Je suis le grand diable Vauvert ; c'est moi qui fais dire la patenostre du loup[1]... »
— Dans l'*Estat et Empire* de la Lune, Cyrano fait la rencontre du démon de Socrate, qui l'interroge en grec, et qui se dit le frère des « Oracles, Nymphes, Génies, Fées, dieux-foyers, Lemures, Larves, Lamiers, Farfadets, Naïades, etc.[2]... »

La plus curieuse pièce de Cyrano en cette matière, est sa Lettre XIIe. Un soir, après la lecture d'un « sot livre », plein d'un « noir galimathias de science », Cyrano, pour déprendre sa pensée de ces « contes obscurs », s'enfonce dans un petit bois. Or, « après un quart d'heure, ce me semble, de chemin, j'apperçus, dit-il, un manche de balai qui se vint mettre entre mes jambes à califourchon ; et bon-gré mal-gré que

---

1. Acte IV, sc. 1re.
2. L'apparition du démon de Socrate aboutit à une satire contre ces savants ou philosophes, que le dix-septième siècle « traite de divins », et chez lesquels on ne découvre « que beaucoup de babil et beaucoup d'orgüeil ». Le démon de Socrate, c'est-à-dire le sieur de Bergerac, ne connaît que deux ou trois philosophes en France : La Mothe-Levayer et Gassendi ; puis Tristan l'Hermite, « le seul poëte, le seul philosophe, le seul homme libre que le monde possède ».

j'en eusse, je me sentis envolé par le vague de l'air ». De là, le conteur tombe sur je ne sais quelle lande ; et au clair de la lune, il voit sortir d'une caverne un grand vieillard vêtu de blanc, à la barbe « renversée par-dessus les épaules. Il avoit sur la tête un chapeau de verveine, et sur le dos une ceinture tissuë de fougere de mai faite en tresses ; à l'endroit du cœur étoit attachée sur sa robe une chauve-souris à demi-morte ». Quel est ce grand vieillard ? Ce n'est autre qu'Agrippa de Netteisheim, philosophe, médecin, alchimiste et magicien, mort dans un hôpital de Grenoble, en 1535. Il tient une houssine « de sureau en sève » et fait des évocations ; les visions horribles se succèdent, et Agrippa résume en un long discours toute la science magique et toutes ses œuvres. Sa harangue, entre autres documents étranges, renferme une sorte de dictionnaire des opérations étonnantes et du style des sorciers et devins. J'en détache quelques phrases ; c'est Agrippa qui parle :

« J'enseigne aux Bergers la patenostre du Loup ; j'apprends aux Devins la façon de tourner le sas ; je fais courir les Ardens sur les marais et sur les fleuves pour noyer les voyageurs.

« J'excite les Fées à danser au clair de la lune ; je pousse les joüeurs à chercher le tresfle à quatre feüilles sous les gibets.

« J'envoye à minuit les Esprits hors du Cimetière, entortillez d'un drap...

« Je commande aux démons d'habiter les châteaux abandonnez...

« Je fais brûler aux voleurs des chandeles de Pendu, pour endormir les Hôtes, pendant qu'ils exécutent leur vol...

« Je donne aux laquais ces bagues qui les font aller et revenir de Paris à Orléans en un jour. »

C'est lui qui fait renverser tout le mobilier d'un logis par les esprits follets ; qui enseigne aux vieilles les paroles pour guérir ; qui fait cueillir aux bergers l'herbe de la Saint-Jean ; qui apprend à devenir loup-garou, à manger les enfants, à mettre un crapaud sous le seuil des bergeries, à nouer l'aiguillette, à trouver le gui de l'an neuf, etc., etc., etc.

Bref, « j'envoye, dit Agrippa, le Gobelin, la Mulle-ferrée,

le Filourdy, le roi Hugon, le Connétable, les Hommes noirs, les Femmes blanches, les Lemures, les Farfadets, les Larves, les Lamies, les Ombres, les Mânes, les Spectres, les Fantômes.

« Enfin je suis le diable Vauvert, le Juif-errant, et le grand Veneur de la forest de Fontainebleau.

« Avec ces paroles, le magicien disparut. »

Ch. Nodier s'avouait tout simplement jaloux de cette fameuse *Lettre XII*. Elle est en effet un chef-d'œuvre du genre fantastique. Aucun poète épique, de 1650 à 1685, n'a jamais créé d'enchanteur, sorcier, devin, plus intéressant, ni mieux au courant de son métier, que l'Agrippa de Cyrano.

CHAPITRE II

EMPLOI DU MERVEILLEUX CHRÉTIEN
DANS LES POÈMES ÉPIQUES

I. Les Anges et les Saints épiques. — Anges de la prière et des pleurs. — Costumes et fonctions angéliques. — II. Du ciel dans les poèmes épiques chrétiens. — Prédictions épiques : histoire rétrospective. — III. Du Merveilleux infernal dans les poèmes épiques. — Démons, enchanteurs, magie noire. — Démons et divinités païennes. — Prodiges dans le ciel.

C'est par le poème *Épique*, *Héroïque*, ou *Sacré*, que les partisans du Merveilleux chrétien prétendaient commencer et parachever leur réforme. C'est là — eux-mêmes le confessent modestement — qu'ils ont déployé toutes les ressources de leur génie, étalé tous les prodiges qui leur furent inspirés par l'Écriture, l'Histoire de France et leur propre fantaisie. Nous laisserons à nos poètes le soin de nous révéler leurs secrets, au chapitre des *Théories*, de nous faire leurs confidences touchant leurs Anges, leurs Saints, leurs démons et leurs enchanteurs. Car la poésie épique « à la chrestienne » comprend ces quatre sortes de personnages merveilleux[1]. On les rencontre à peu près partout, dans ces vingt ou trente poèmes épiques, héroïques, ou sacrés, publiés sous le règne de Louis XIV. Le plus grand nombre de ces essais malheureux date des vingt premières années de ce règne; à partir de là, l'insuccès des auteurs, le dégoût du public, la longue satire du *Clovis* au troisième Chant de *l'Art poétique*, ou toute autre cause, ralentirent l'essor de ces « pénibles ouvrages[2] », dont les ouvriers s'appellent Chapelain, Le Moyne, Scudéry, Saint-Amant, Desmarets de

---

1. « Le Ciel, l'Enfer, les Saints, les Enchanteurs. » (P. Le Moyne, *Traité du poème héroïque*; préface du *Saint Louis*.
2. Expression de Boileau, *Art poétique*, chant III.

Saint-Sorlin, Jacques de Coras, Le Laboureur, Carel de Sainte-Garde, etc.[1].

I

LES ANGES ET LES SAINTS ÉPIQUES

Il serait assez peu instructif, et beaucoup moins réjouissant, d'esquisser tous les personnages célestes qui peuplent les trois ou quatre cent mille alexandrins de nos prétendues épopées du dix-septième siècle; presque tous se ressemblent, en ce qu'ils n'ont aucune physionomie originale; presque tous se montrent, parlent, disparaissent d'une manière uniforme; presque tous remplissent des fonctions identiques, qui sont celles du *deus ex machina*.

Néanmoins il en est qui ont un peu plus de relief, et qui, tant bien que mal, répondent par avance à des désirs exprimés dans le *Génie du christianisme*. Chateaubriand admet ou réclame : « L'ange des mers, l'ange des tempêtes, l'ange du temps, l'ange de la mort[2] »; nos poètes d'il y a deux siècles en ont créé ou mis en scène de tout semblables. Chateau-

---

[1]. Voici, par ordre de dates, une liste des poèmes épiques ou héroïques français du dix-septième siècle, que nous avons pu découvrir :

1653. *Moïse sauvé*, de Saint-Amant.
1654. *Clovis*, de Desmarets (1re édition).
1654. *Alaric*, de Scudéry.
1654. *Saint Paul*, de Godeau.
1656. *La Pucelle*, de Chapelain (les douze premiers chants).
1658. *Saint Louis*, du P. Le Moyne (l'édition complète).
1660. *David*, de Lesfargues.
1660. *Judith*, de Marie Puech de Calages.
1661. *Hélie*, de Jacquelin.
1663. *Jonas*, de J. de Coras.
1664. *Charlemagne*, de L. Le Laboureur.
1665. *La Naissance de Jésus-Christ*, traduction de A. Morus, par Pérachon.
1665. *Samson et Josué*, de J. de Coras.
1666. *Les Sarrazins chassés*, de Carel de Sainte-Garde.
1666. *Charlemagne*, de N. Courtin.
1667. *Job*, de H. Le Cordier.
1668. *La Madeleine au désert*, du P. Pierre de Saint-Louis.
1669. *Marie-Madeleine*, de Desmarets.
1670. *Esther*, du sieur de Boisval (Desmarets).
1679. *Joseph*, de Morillon.
1680. *L'Homme-Dieu souffrant*, de L.-P. de Longeville.
1685. *Saint Paulin*, de Ch. Perrault.
1687. *Charlemagne pénitent*, de N***.
1697. *Adam*, de Ch. Perrault, édition complète.
Etc., etc.

[2]. *L. c.*, ch. VIII.

briand rêve un « Ange des harmonies » ; le P. Le Moyne façonne des anges, chargés de

> ...Conduire des Cieux l'éternelle harmonie [1].

Le principal agent surnaturel de l'*Alaric*, est l'Ange « des peuples du Nord [2] » ; l'archange saint Michel est, dans le *Saint Louis*, la *Pucelle*, le *Clovis*, l'Ange de la France ; et dans ce dernier poème figure « l'Ange Tuteur des Lys [3] ». Il y a dans le *Saint Louis* l'Ange des Jours et des années [4], puis l'Ange des eaux, qui commande aux flots, aux vents, et qui fait le flux et le reflux de l'Océan [5].

Deux vraies créations poétiques, ce sont l'Ange de la prière, du P. Le Moyne, et l'Ange des pleurs, de Saint-Amant. Tandis que le roi saint Louis s'humilie et implore l'assistance du ciel pour son peuple, voilà qu'un Ange recueille ses paroles ; et les pieux désirs du roi

> ...Dans un vase d'or par son Ange portez
> Sur l'autel où les vœux des Saints sont présentez
> Devant l'Agneau régnant un parfum répandirent,
> A qui des Saints Vieillards les harpes applaudirent [6].

N'y a-t-il pas dans cette conception comme un reflet biblique ? L'Ange des pleurs est cependant plus beau. Le berceau de Moïse flotte sur le Nil ; Jocabel, mère de l'enfant exposé, s'afflige et pleure ; or,

> A peine eut-elle au ciel immolé ses douleurs,
> Que l'Ange, qui s'emploie à recueillir nos pleurs
> (Quand un juste sujet rend leur cours légitime
> Et que notre cœur mesme en offre la victime),
> Dans un beau vase d'or ses larmes ramassa... ;

puis il s'envola au séjour où « l'on adore en Trois l'Ineffable Unité » ; et là, on vit

> Ce Ministre léger, cet Ange officieux
> Présentant à genoux le vase précieux [7].

---

1. *Saint Louis*, l. Ier.
2. *Alaric*, l. Ier.
3. *Saint Louis*, l. XVI.
4. *Ibid.*, l. V.
5. *Ibid.*, l. IX.
6. *Ibid.*, l. VIII.
7. *Moyse sauvé*, VIe P.

N'est-ce pas, sauf le style, une inspiration digne d'*Éloa?* Dans un autre ciel épique, se dresse « un autel d'or », sur lequel les esprits célestes offrent « les larmes des martyrs », leur sang, et « l'encens des saintes douleurs [1] ».

Par malheur, au lieu d'enrichir la galerie de ces créations gracieuses, nos poètes se préoccupent beaucoup plus de dépeindre le costume aérien de leurs anges; la personne même et l'action des esprits célestes deviennent l'accessoire; leur toilette est la chose principale. Ce sont des descriptions qui ne finissent pas, de leurs robes, de leur chevelure, de leurs dents, de leurs ailes, de la lumière qui les enveloppe :

> ...Leurs nobles cheveux sur leurs ailes flotoyent;
> La splendeur de la lune et des astres sans nombre
> De l'éclat de leurs pieds estoit à peine l'ombre [2].

Ils brillent généralement de toutes les couleurs qui se jouent et se reflètent dans les nuages; ils se montrent, comme l'archange du *Samson,*

> Pareils à l'arc-en-ciel, dont les vives couleurs
> Effacent la richesse et la pompe des fleurs [3].

Godeau fait apparaître un ange à saint Paul, en sa prison; mais avant que le messager divin n'ouvre la bouche, Godeau le décrit dans une page entière d'alexandrins, dont voici les meilleurs :

> Le coral est vivant sur ses lèvres vermeilles,
> Ses dents en leur blancheur aux perles sont pareilles...
> Sa robe est à fonds d'or, où l'aiguille savante (?)
> Donne aux fleurs qu'elle y sème une flâme vivante...
> Sa ceinture superbe est faite d'escarboucles :
> Deux riches diamans en composent les boucles [4].

Les deux premiers vers de ce portrait séduisirent si bien J. de Coras, qu'il les copia, pour l'un de ses anges, à la chevelure « luisante et vagabonde [5] ». La plus singulière de

---

1. *Charles Martel,* de Carel de Sainte-Garde, liv. Iᵉʳ, chant v.
2. *Moïse sauvé,* IIᵉ P., page 29.
3. *Samson,* édit. de 1665; liv. IV, page 46.
4. *Saint Paul,* liv. V, page 154.
5. *Jonas :*
> ...Le vivant coral de deux lèvres vermeilles
> Laisse voir deux beaux rangs de perles nompareilles.
> (Liv. III, page 42.)

ces fantaisies descriptives est sortie de l'imagination de Scudéry. Un « Ange de lumière », envoyé par Dieu en terre, songe, en descendant du ciel, à « se faire un beau corps »; pour y réussir, cet « Ouvrier adroit » prend de la matière « dans le plus pur de l'air », il « l'assemble, la presse et l'épaissit ». Les nuages lui fournissent l'or de ses cheveux; l'azur du firmament bleuit ses prunelles; l'aurore empourpre ses joues; et du mélange de ces teintes son plumage reçoit un reflet tricolore [1]. Suit le détail des vêtements : robe blanche, ceinture écarlate, écharpe jaune :

> Du blanc de cette Nüe est sa tunique blanche;
> D'un pourpre ardent et vif il est ceint sur la hanche;
> Son escharpe volante est d'un jaune doré.

Et Scudéry, transporté d'aise à la vue de ses jolies trouvailles, s'écrie naïvement que « rien n'est veu si beau que l'Ange ainsi paré [2] ». — Autant d'enfantillages qui mériteraient la critique dont Tallemant des Réaux soulignait une pièce d'Aldimari sur « l'entrée en Paradis » du grand prieur de La Porte (1640). Pour recevoir ce nouveau venu, les anges, disait Aldimari, « avoient pris des manches de velours blanc à gros bouillons »; sur quoi Tallemant faisait à l'auteur ces deux simples reproches : premièrement d'avoir écrit « les plus ridicules vers du monde »; en second lieu, d'avoir « esté si sot que de les faire imprimer [3] ». Toutes les toilettes angéliques inventées au dix-septième siècle ne sont certes point les plus ridicules du monde; mais pour la plupart on est en droit de dire : *Non erat his locus.*

Les actions que nos poètes épiques prêtent à leurs anges sont multiples, et s'il y a là souvent excès de fantaisie, il y a plus d'une fois création vraie et assez neuve. C'est un ange qui apporte « le grand message à la sainte Bergère », tandis

---

1. *Alaric* :
> De l'or de la Nuée il fait sa chevelure;
> D'un Azur pris au Ciel ses yeux ont la teinture;
> L'incarnat de l'Aurore éclatte dans son teint;
> Et de ces trois couleurs tout son Plumage est peint.
> (Liv. I⁰ʳ.)

2. *Ibid.*
3. Édit., Monmerqué, t. III, page 222.

qu'elle prie dans les champs de Vaucouleurs[1], comme aussi à Samson, tandis qu'il « fait sortir le pur grain de la javelle blonde [2] ». C'est un ange qui protège, et au besoin console, chacun des principaux héros; qui leur fournit des armes pour défier l'enfer [3]; qui autour d'eux « ramasse une volante nuë [4] », afin de les dérober aux regards ou aux traits des ennemis; qui les assiste dans le combat et dans l'agonie; saint Michel aide Robert d'Artois à mourir[5], comme il avait aidé jadis le paladin Roland. Un ange dépose chez un ermite dans la forêt de « Laye » le bouclier orné du « Lis d'or », et le casque sur lequel est gravé « de Clovis le baptesme [6] ».

Mais les esprits célestes ne se contentent pas de ces fonctions d'ambassadeurs ou de gardiens; ils se mêlent à l'action, ils guerroient de temps à autre; et s'ils ne daignent férir d'estoc et de taille, ils sonnent la charge. Pour secourir Jeanne d'Arc, un ange appelle au combat les peuples pacifiques des bords de la Loire :

> L'Ange du Ciel s'y mesle et dans chaque village
> Au sein des moins âgez souffle un masle courage,
> Remplit de feu les cœurs que l'âge a refroidis [7].

On entend, au fond « du ciel pur et serein », retentir leur clairon, au « son plus éclatant que le son de l'airain »; et à ce bruit les adversaires de la bonne cause tournent bride, persuadés qu'il arrive contre eux,

> ...Par les nuës,
> Quelque estrange renfort de troupes inconnuës [8].

On voit même « au milieu d'un esclair » reluire le métal mystérieux de leur trompette[9]; puis, se groupant en légion, ils

---

1. *La Pucelle*, liv. Ier.
2. *Samson*, liv. II, page 26.
3. Cf. *Saint Louis*.
4. *La Pucelle*, liv. Ier.
5. *Saint Louis*, liv. XIV.
6. *Clovis*, liv. VII.
7. *La Pucelle*, liv. II.
8. *Saint Louis*, liv. III.
9. *La Pucelle*, liv. III.

prenneut « des escus », afin d'attaquer le Sarrasin ou l'Anglais. Sous les murs d'Orléans, ils luttent contre les démons, qui sont du parti de Bedford; mais les deux bataillons surnaturels n'apparaissent aux regards des soldats que comme

> Deux nuages de feu, l'un clair et l'autre sombre;

et la « clarté » heurte contre « l'ombre » qu'elle dissipe [1].

Une fiction franchement poétique, œuvre de Scudéry, place un ange au gouvernail du vaisseau d'Alaric, pour diriger le prince et les rameurs à travers les écueils [2]. En voici une autre de Chapelain. Jeanne d'Arc est blessée; un ange accourt pour la guérir. Il est, dit le poète, « aux jardins étoilés », une fleur charmante, fleur

> ...D'un azur changeant,
> Qui traîne en serpenteaux ses racines d'argent...
> Par le vouloir divin, un des Anges la cueille;
> Il presse entre ses doigts sa verdoyante feuille,

et il en verse la liqueur sur la plaie qu'il cicatrise [3]. Cet ange médecin ne vaut-il pas bien, quant à l'idée, Thétis qui écarte les mouches du cadavre de Patrocle? Ailleurs, un ange cueille « dans l'heureuse prairie » du ciel la fleur de lis, qu'il apporte des jardins éternels aux rois de France [4].

Mais combien d'ombres autour de ces gracieuses figures! autour de ces « Esprits purs, Esprits saints, Esprits tout de lumière [5] ». Leurs noms sont ridicules lorsque Le Moyne les appelle « Uranie », et Scudéry « Tiphis »; plus ridicules, ces périphrases qui les désignent : « ministre emplumé [6] », « chantre emplumé [7] », et qui qualifient saint Michel du titre de

> L'Archange, général des troupes emplumées [8].

Leur dignité est absolument méconnue quand on les fait

---

1. *La Pucelle*, liv. III.
2. *Alaric*, liv. IV.
3. *La Pucelle*, liv. III.
4. *Charles Martel* (1679), par Carel de Sainte-Garde, liv. XI, ch. III.
5. *Charlemagne*, par N. Courtin, liv. Ier.
6. *Saint Louis*, liv. VIII.
7. *Ibid.*, liv. XII.
8. *Ibid.*, liv. XIV.

aller et venir du ciel en terre et « fendre l'azur » au moindre « clin des yeux » d'un mortel[1]; ou encore lorsque l'on en voit un qui s'amuse à répandre des parfums de « musc » chez les personnages honorés de sa visite :

> ...Un air de musc et d'ambre
> Vient occuper sa place et parfumer la chambre[2].

Après les anges, les saints. Nos poètes semblent comprendre et respecter un peu plus ceux-ci que ceux-là; par la raison sans doute que les poètes sont généralement mieux au fait de la nature humaine. Ils ne prodiguent point les saints ; et Desmarets, qui en appelle un plus grand nombre à son aide, prétend leur avoir toujours donné un rôle conforme à l'histoire. Desmarets met en scène des saints encore vivants en chair et en os, comme saint Remi de Reims, sainte Geneviève de Nanterre, saint Marcel de Paris, saint Germain de la forêt « Laye », saint Montan du Val-Suzon, etc.; mais les saints habitants du ciel descendent aussi, deux fois ou trois[3], au secours de ses héros. Saint Séverin fait tomber un enchanteur du haut d'un nuage (liv. XVI); et « d'en haut sur des nuages clairs, un auguste vieillard » apparaît à Clovis qui cherche Clotilde, retenue par enchantement diabolique dans les profondeurs d'une montagne. Tu vois, dit le vieillard au roi, « tu vois Denys, l'apôtre de la France »; puis il lui révèle la cachette de Clotilde, et le roi franc dit à ses soldats :

> Saint Denys en ce Mont m'a redonné ma Joye!

et les soldats de répéter en grande liesse : « Mont-Joye et Saint-Denys! » Ce sera désormais leur cri de guerre[4].

Moins heureuse, et même tout à fait absurde, est une apparition de saints que Chapelain hasarde en contant l'attaque d'Orléans. Tout d'un coup, les anciens évêques de la ville arrivent du paradis et frappent à grands coups de crosse sur les diables, amis des Anglais :

---

1. *Jonas*, liv. III, page 42.
2. *Joseph*, par Morillon, liv. IV, page 108.
3. « Dans tout le poème de *Clovis* il ne se trouve que deux apparitions célestes... » (Desmarets, préface de *Clovis*.)
4. *Clovis*, liv. XV.

> Saint Aignan, Saint Euvert... de leurs saints bastons,
> Des Anges à l'envi, poursuivent les Démons [1].

Je trouve, au troisième Livre du *Saint Louis*, une fiction du même genre, mais beaucoup moins grotesque, belle même et vraiment digne de l'épopée, si le style répondait à l'invention. Francs et Sarrasins sont en guerre; au beau milieu de la mêlée, voilà que le ciel s'ouvre; les vieux rois et capitaines jadis vainqueurs de l'Islam se mêlent aux combattants et donnent le pourchas aux musulmans épouvantés :

> On crut (et l'ennemi l'a depuis confirmé)
> Que dans l'air d'un nuage à longs feux allumé,
> Des chevaliers ardens et croisez se montrèrent...
> On vit, aux premiers rangs, Charles, Pépin, Martel,
> Qui, de taille et de port au-dessus du mortel,
> Poussoient les escadrons des troupes infidèles
> Comme les éperviers poussent les tourterelles :
> On vit le grand Montfort et le grand Godefroy
> Qui portoient vers Damiette et le trouble et l'effroy [2].

Les mieux famés de nos auteurs épiques ont le bon goût de ne point transformer leurs saints en vulgaires enchanteurs, ou en thaumaturges futiles; ils abandonnent ces petits moyens à leurs concurrents de bas étage; par exemple au très obscur poète d'*Hélie*, dont le héros « puissant en toutes choses,

> Produit à tout moment mille métamorphoses [3] »;

ou bien à Coras, dont le *Jonas* sème aussi les prodiges par milliers :

> Il agite en parlant les poutres et les marbres,
> Comme le fier autan meut les branches des arbres [4].

Les habiles (pardon de ce terme ambitieux) se montrent plus réservés, alors même que leur ouvrage roule tout entier sur l'histoire merveilleuse d'un saint, comme le *Saint Louis* de Le Moyne, le *Saint Paul* de Godeau, voire le *Saint Paulin* de Perrault. Deux ou trois, tout au plus, font agir la Vierge,

---

1. *La Pucelle*, liv. III.
2. *Saint Louis*, liv. III.
3. *Hélie*, par Jacquelin, liv. Ier, page 2.
4. *Jonas*, liv. III, page 42.

Mère de Dieu, qui « entre tous les élus obtient le premier rang[1] ». Chapelain salue, « debout », à côté du Christ, « la Vierge immaculée », mais il ne lui prête aucune intervention dans son récit. Desmarets et Le Moyne lui demandent assez heureusement assistance pour leurs héroïnes. Dans le *Saint Louis*, une musulmane se convertit un peu brusquement à la foi chrétienne; Marie vient l'encourager à la persévérance; on dirait la description de Le Moyne empruntée à l'un de ces vieux tableaux où les anges, figurés par une tête et deux ailerons, sourient en un coin de la toile :

> Des Anges luy faisoient, se rangeant autour d'elle,
> Un siège sous les pieds, sur la teste une ombelle.
> D'autres Anges guerriers par honneur l'escortoient;
> Et d'autres, de leurs bras, son throsne supportoient[2].

Desmarets a imaginé une peinture du même goût, mais plus riche et non sans grandeur; témoin ce trait qui ressemble presque à un verset de l'*Apocalypse* traduit par Homère :

> ...La Mère de Dieu d'étoiles couronnée
> Parut devant son Fils humblement prosternée.

Puis vient le voyage de ciel en terre, où la « Reine des Cieux » descend avec un cortège d'anges qui chantent sa gloire. Les esprits célestes « s'assemblent à l'envi » pour former son escorte :

> De sa robe d'azur mille testes ailées
> Portent les riches pans à bordures perlées;
> Et ses pieds glorieux sont mollement placez
> Sur des nuages d'or l'un sur l'autre entassez.
> Devant les purs rayons de sa beauté divine,
> Le ciel se fend, l'air cède et la terre s'incline[3].

Ne croirait-on pas avoir devant les yeux la copie exacte et fraîche d'un tableau signé par un maître italien? Pour moi, je pardonnerais au *Clovis* des milliers de méchants vers (et il y en a à foison) en faveur de cette ébauche et de cette poésie[4].

---

1. *La Pucelle*, liv. Ier.
2. *Saint Louis*, liv. XVII.
3. *Clovis*, liv. III.
4. Ce passage était écrit, quand j'ai trouvé chez M. René Kerviler (*J. Des-*

Mais Desmarets ne se soutient pas plus que les autres; comme les autres, il est à peine supportable quand il veut s'élever et atteindre jusqu'à Dieu pour le faire parler et agir. De ces essais je ne dirai qu'un mot. Ces passages où, dans le seul intérêt de leur thèse, les poètes chrétiens devaient grandir leurs pensées et hausser leur langage jusqu'à la magnificence, sont d'une magnifique platitude ou d'un verbiage fort indigent. Ils se perdent dans leur Merveilleux factice d'anges et de démons; le souffle leur manque, dès là qu'ils entreprennent de parler de Dieu ou de le faire parler. Seul, Chapelain, au début de sa malencontreuse *Pucelle*, a écrit touchant l'essence divine, sur Dieu « sans bornes et rempli de sa propre grandeur », quelques vers dont Corneille n'eût pas eu à rougir. Sa définition de la Trinité est théologique et puissante comme les tercets burinés par le Dante sur la porte de l'enfer :

> Une Triple Personne en une seule Essence,
> Le suprême Pouvoir, la suprême Science,
> Et le suprême Amour, unis en Trinité
> Dans son règne éternel forment sa Majesté [1].

A cette définition, qui est fameuse, je joindrai un autre fragment très court, où, sauf le style, bien entendu, Chapelain représente l'action de Dieu d'une manière quasi divine. Dieu, après avoir écouté les prières de la *Pucelle*, donne ses ordres à l'archange saint Michel, mais d'un regard, sans proférer une seule parole :

> De son thrône d'azur la Majesté divine...,
> D'une œillade parlante *où c'est ouïr que voir*,
> Au chef des Séraphins explique son vouloir [2].

Le Moyne s'est rencontré avec Chapelain; est-ce hasard ? Toujours est-il que le *Saint Louis* parle ici un tout autre français que *la Pucelle* :

> Dieu... se fait d'un rayon d'esprit et de lumière
> Sans bruit une parole, une voix sans matière;

---

maretz, 1879, page 84, note) une appréciation semblable de ce morceau, l'un des meilleurs du *Clovis*.

1. *La Pucelle*, liv. Ier.
2. *Ibid.*, liv. II.

Et ce rayon, porté sans air, sans mouvement
A l'Archange Michel est un commandement [1].

Selon Costar, ce quatrain était ni plus ni moins l'apogée de la poésie chrétienne ; jamais grec ou latin « ancien ou moderne », n'avaient, selon Costar, mieux conçu ou mieux dit [2]. Costar incline à l'exagération ; mais franchement, l'idée est belle chez l'un et l'autre ouvrier épique ; pourquoi faut-il que l'un et l'autre, et tous les autres, aient été si avares de ces beautés, ou si pauvres ?

II

DU CIEL DANS LES POÈMES ÉPIQUES CHRÉTIENS

La tirade théologique citée plus haut, dans laquelle Chapelain monte à la hauteur de sa tâche, se continue par une description du ciel. Les plus illustres rivaux de Chapelain n'ont pas manqué d'exercer leur génie sur ce thème et de promener leurs lecteurs courageux à travers les paradis de leurs rêves. Le père de *la Pucelle* reste ici [3] le maître ; il est sobre ; il est sage ; il ne permet point à son imagination de se fourvoyer parmi ces merveilles « que l'oreille de l'homme n'a point entendues, et que son œil n'a point vues ». Le tableau, par contre, est bien méthodique et parfaitement froid ; Chapelain suit l'ordre indiqué par les litanies du bréviaire ; il n'invente point, il traduit [4].

Une autre peinture *épique* du ciel, d'accord avec le dogme

---

1. *Saint Louis*, liv. VIII.
2. « Je ne sais... ancien ou moderne où la manière dont Dieu se sert pour donner ses ordres aux Anges, ses officiers, soit plus noblement exprimée, qu'elle est représentée par ces vers. » (*Lettres*, t. II ; au P. Ph. Briet.)
3. Je dis *ici* ; car il y a dans *la Pucelle* un autre ciel *épique* (liv. II), dont je n'ai point à faire le même éloge.
4.
>Neuf corps d'Esprits ardens, de ministres fidèles
>Devant l'Estre infiny soustenus de leurs ailes,
>Dans un juste concert de differens degrés
>Chantent incessamment des cantiques sacrés.
>Sous son throsne estoillé, Patriarches, Prophètes,
>Apostres, Confesseurs, Vierges, Anachorètes,
>Et ceux qui par leur sang ont cimenté la Foy,
>L'adorent à genoux, saint peuple du saint Roy.
>
>(Liv. Ier.)

chrétien, se rencontre à la fin du *Saint Paul* de Godeau. Les cieux des cieux se dévoilent aux regards de l'Apôtre qui va mourir; et Godeau crayonne à grands traits cette vision dans une longue tirade qui débute ainsi :

> L'éternelle Sion sur douze diamans
> De sa vaste grandeur jette les fondemens [1]...

L'évêque-poète s'est à peu près contenté de versifier une page ou deux de l'Apocalypse; à part ses alexandrins assez maigres, il n'a rien mis du sien dans sa description; et l'on comprend qu'il y a là un mérite, si l'on compare son ciel avec les cieux de Le Moyne, Desmarets, Coras... La fantaisie de Desmarets (liv. III) est fort chétive; celles de Le Moyne et de Coras sont grotesques. Entre autres choses surprenantes vues par Coras dans les trésors du ciel qu'il façonne, j'en remarque deux plus surprenantes; savoir, la première étincelle du feu qui embrasa Sodome, et la clef des cataractes du déluge :

> Là se garde la clef, qui des célestes ondes
> Ouvrit les réservoirs et fit lâcher les bondes [2].

Risum teneatis? Mais Coras a-t-il puisé dans son propre fonds l'idée de cette clef antédiluvienne? Je le soupçonne, non sans motif, de l'avoir empruntée à Chapelain, lequel classe un objet tout semblable parmi les curiosités du lieu qui « sert d'arsenal aux armes du Très-Haut » :

> Là, de pur diamant, sont les massives bondes
> Qui des mers de là-haut brident les vastes ondes.

Là aussi, au vu et au su de Chapelain, est suspendue « l'ondoyante espée » de l'Ange exterminateur; bien plus,

> Là se gardent les traits, les lances et les piques,
> Par qui furent vainqueurs les Esprits angéliques [3].

---

[1]. *Saint Paul*, liv. V, pages 174 et 175. — Chateaubriand dit que Chapelain « a *seul* placé le Paradis chrétien dans son véritable jour »; (*Génie du Christianisme*, II⁰ P., liv. IV, chap. XVI); apparemment le *Saint Paul* était peu connu de l'auteur des *Martyrs*.

[2]. *Jonas*, liv. Ier, page 6.

[3]. *La Pucelle*, liv. II.

Arsenal d'artillerie céleste et musée d'antiques, voilà aussi ce que visite et examine à loisir le saint Louis conduit par le P. Le Moyne dans les régions de l'empyrée. Emporté sur un trône « sans ailes volant » en ces hauteurs qui confinent à l'azur, le bon roi parcourt d'abord un musée d'histoire naturelle singulier et unique :

> Là des Vents, en passant, il remarque les courses ;
> De la Pluye il voit là les conduits et les sources ;
> Il voit les réservoirs où la froide saison
> Tient la gresle en cristal et la neige en toison.

Ces échantillons de neige et de grêle n'ont-ils pas de quoi captiver l'attention la plus distraite ? Mais voici mieux encore : c'est le camp volant des anges. On a ri et on rira longtemps des engins de guerre mis à la disposition des bataillons angéliques par Milton. Mais, dix ans au moins avant le *Paradis perdu*, Chapelain avait compté les lances et les piques des guerriers divins ; Le Moyne avait décrit leurs canons. Suivons les pas de son héros. Louis jette un coup d'œil sur

> ... Cet Arcenal éclatant et terrible,
> Où des Anges soldats et des célestes Camps
> L'équipage éternel se tient prêt en tout temps.

Dans cet « Arcenal », entre tant de pièces curieuses, non loin des « traits de feu », des « lances ardentes », des comètes ces « affreux soleils des nuits », près du glaive de l'ange exterminateur, qu'aperçoit le visiteur sublime ? Les « chariots volans » qui courent « sur le dos voûté des nuages »,

> Et tout cet attirail grondant et lumineux,
> Que les Soldats de l'air font marcher devant eux :
> Des Machines à gresle et des Mortiers à foudre
> Des *Canons* à carreaux qui font du feu sans poudre[1].

Toutes curiosités qui eussent figuré à ravir dans l'Olympe de *la Gigantomachie*, et que l'imagination du P. Le Moyne n'a pas su abandonner aux crayons d'un Scarron. Les Champs élysées de Fénelon, malgré leur dénomination païenne, ne

---

1. Liv. VIII.

ressemblent-ils pas beaucoup plus au ciel que ces peintures ridicules[1] ? Avec leurs peuples de bienheureux « purifiés par la lumière divine dont ils sont nourris », avec ce « torrent de la Divinité », qui coule « au travers de leur cœur », les Champs élysées du *Télémaque* ont une couleur et un charme bibliques parfaitement inconnus au ciel où se promène le saint roi, chef de la Croisade et conquérant de la couronne du Christ.

Au nombre des prérogatives que Desmarets revendique pour le poème chrétien, il en est une qu'il fait ainsi valoir : « Le Poëme héroïque Chrestien, fondé sur les vérités de nostre Religion a de bien plus grands avantages par les Prédictions : parce que Dieu ayant prédit plusieurs choses, tant par lui-même que par les Prophètes, il est vraysemblable de feindre des prédictions faites par des personnes célestes et par des Saints vivants[2]. » Belle raison pour calquer le sixième Livre de l'*Énéide*; Desmarets y emploie toutes ses ressources, et la description fort romanesque des cieux où il introduit Clotilde s'achève par une de ces prophéties rétrospectives fort longues. Clotilde lit « écrites dans le cristal »

---

1. Toutes ces descriptions cependant ne sont pas ridicules. Il y a là, comme dans le reste du poème des tableaux remarquables par leur originalité ou leur grâce. Tels sont les vers sur les « Innocents », cueillis par la mort « comme l'est une fleur... dès la matinée ». — V. Hugo a-t-il jamais honoré d'un regard ces fatras épiques du dix-septième siècle ? Je ne saurais le dire, ni le nier. Toujours est-il que son imagination exubérante s'est rencontrée avec les fantaisies de ses devanciers obscurs. Dans son ébauche épique : *La Fin de Satan*, l'ange *Liberté*, volant à travers « l'éther sombre », trouve sur son chemin l'ange *Éclair* et le pays des tonnerres :

>   Tout à coup dans un angle informe de l'azur,
>   Elle (Liberté) vit l'écurie énorme des nuées...
>   L'ange *Éclair* travaillait dans cet antre des cieux ;
>   Il en faisait sortir tous les chars du tonnerre,

qui étaient construits « avec de l'abîme ». Plus loin l'ange *Liberté* salue l'archange *Hiver*, « au-delà des spitzbergs, des flots et des banquises » ;

>   Le sombre archange *Hiver* se dresse sur le pôle,
>   La trompette à la bouche et l'ombre sur l'épaule,

tenant dans sa main les vents « pareils à l'oiseau pris au piège ». (*Fin de Satan*, édition in-12, 1888, pages 290 et 291.)

2. *Epistre au Roy*, 1673.

toutes les époques de l'histoire de France, depuis le règne de son époux jusqu'aux années du « sage et noble Armand », jusqu'aux batailles de Rocroi, de Thionville, de Philippsbourg, de Nordlingue, et jusqu'aux victoires de Louis XIV punissant « l'insolence du Batave [1] ». — Dans le même poème de *Clovis*, la princesse Aurèle, après avoir passé « l'onde claire de la Seine tortuë », puis « Suresne le vineux », puis « l'aspre mont de Valère », arrive auprès de la vierge de Nanterre. Autre prétexte aux soi-disant prédictions. Geneviève raconte à son tour toutes les annales de France, mais avec force détails : elle apprend par exemple, à sa visiteuse, que Richelieu habitera à Rueil, et elle dénombre par le menu les prouesses de Louis XIV.

Le P. Le Moyne ne pouvait manquer non plus de révéler au roi saint Louis les faits et gestes de ses aïeux et descendants ; il saisit l'occasion du voyage au ciel sus-mentionné, et il y consacre sept cents vers bien comptés. Sa narration va jusqu'au règne du jeune monarque, en qui « la fleur de l'âge est jointe aux fleurs de la Vertu ». Ce prince, « après de longs souhaits à la France donné »,

> ... Accroistra l'Estat de conquestes nouvelles :
> Il ostera la Fronde à ses sujets rebelles ;
> Ses drapeaux triomphans iront porter les lys
> Sur les bords de la Meuse et sur ceux de la Lys [2].

Dans le *Saint Paul* de Godeau, c'est l'histoire de l'Église qui est exposée à l'Apôtre captif par un « divin courrier » ; elle s'arrête au siège de la Rochelle, où un « Ministre fidèle » triomphera de « l'Hérésie », qu'il verra tomber « de sa Roche escarpée [3] ».

Ces oracles qui annoncent le passé se prêtent sans efforts aux développements, aux allusions ; y compris que les Anciens en avaient fourni un si mémorable modèle. Aussi tout poème devait-il avoir ses prophéties lues dans les archives du ciel, ou dévoilées par quelque personnage initié aux lectures de l'avenir. Dans un second poème de *Clovis*, composé de 1715 à

---

1. *Clovis*, liv. III.
2. *Saint Louis*, liv. VIII.
3. *Saint Paul*, liv. V, pages 155-169.

1725, et contemporain fort obscur de *la Henriade*, c'est à un druide des vieilles forêts gauloises que Limojon de Saint-Didier prête ces prophéties, qui se terminent par l'éloge de Louis XV et du régent Philippe d'Orléans, homme au « génie immense[1] ». Scudéry, pour rencontrer du nouveau en ce genre, fait un de ces prodiges qui lui coûtent peu. C'est à la sibylle de Cumes, selon lui encore vivante au quatrième siècle de l'ère chrétienne, qu'il demande une histoire complète d'Europe, de Suède et de Christine. Alaric, vainqueur de l'Italie, s'en va admirant les environs de Naples ; chemin faisant, il passe près de l'antre de la Cumée ; et tout d'un coup,

> La Sibille elle-mesme apparoist à ses yeux :
> Les rides qu'on luy voit marquent bien son grand âge ;
> Mais la majesté règne encor sur son visage ;

et elle se met à dérouler les glorieuses destinées du héros du Nord, comme jadis elle avait fait pour le pieux Énée. On conçoit qu'une sibylle, vieille de deux et trois mille ans, éprouve le besoin de parler. Celle de Scudéry débite sept ou huit cents hexamètres français tout d'une haleine.

Grâce à de pareilles fictions fort aisées et à ces tirades de Mézerai mises en vers, nos poètes essayaient de payer tribut aux princes, « dieux de la terre ». Comme Virgile leur maître, ils faisaient acte de patriotisme ; glorifiant, dans la mesure de leurs forces, leur pays et ses grands hommes. Par là, Desmarets de Saint-Sorlin tâchait de justifier le titre pompeux dont il décorait son œuvre : « C'est le véritable poëme de la France[2]. »

---

1. Saint-Didier imitait avec assez de bonheur la mort de Marcellus, en racontant la mort du duc de Bourgogne. Le ciel, dit-il,

> Ne fera que montrer ce Héros à la terre :
> Peuples, que son tombeau soit baigné de vos pleurs ;
> Allez à pleines mains y répandre des fleurs.
>   *(Chant V.)*

2. *Traité pour juger des poëtes*, etc., 1670, chap. xxxiii, page 97.

III

DU MERVEILLEUX INFERNAL DANS LES POÈMES ÉPIQUES

DÉMONS; ENCHANTEURS; MAGIE NOIRE

L'enfer et ses légions forment la grande *Machine* des poèmes héroïques et chrétiens du dix-septième siècle. Toutefois il serait bien superflu d'y chercher une ombre des graves visions de Dante et la sublime profondeur du *Lasciate ogni speranza*. Il ne s'agit pas là non plus des hardiesses orgueilleuses et désespérées du Satan de Milton; vous n'y verrez pas même, comme dans le vers de Boileau, « le diable toujours hurlant contre les cieux ». Le diable, « Astarot, Belzébut, Lucifer », sont avant tout *Machines*.

Leur rôle est de faire un obstacle quelconque aux héros; je dirais presque, si le mot n'était trivial, qu'ils sont là uniquement pour taquiner ces héros. Tous leurs efforts tendent là, et leurs efforts, toujours les mêmes, se bornent à des ruses d'une vaine sorcellerie. « L'invention du Poëte, écrivait Scudéry, introduit les anges, les mauvais démons et les magiciens;... et embroüille et desmesle le nœud de la Fable par des voyes qu'on ne sçauroit deviner[1]. » Scudéry se flatte; on devine. Les tromperies diaboliques imaginées par Scudéry et consorts sont transparentes; on prévoit à coup sûr qu'à la fin elles seront déjouées, et que les démons seront refoulés avec perte et honte dans leur ténébreux royaume.

Est-ce à dire que nos auteurs épiques n'ont fait preuve d'aucun talent dans l'emploi de leur Merveilleux infernal? Non, certes. Si leurs moyens et procédés sont par trop souvent puérils dans l'ensemble, les détails en sont parfois assez fortement dessinés, et une foule de vers irréprochables.

Je suis même persuadé que dans ces détails nos poètes ont de plus près rencontré le pittoresque et effleuré la poésie. Il est vrai qu'ils n'ont pas ménagé les tableaux diaboliques; sitôt qu'un bon dessein hante l'esprit de leurs gens vertueux, le diable accourt à la traverse; ils mettent « à chaque pas le lecteur en enfer »; ou, plus exactement, le lecteur

---

1. *Alaric*, Préface.

rencontre à chaque pas l'enfer qui s'ouvre et ses habitants qui se démènent.

La plupart du temps les démons épiques obéissent à un enchanteur; c'est la vieille tradition, « la vieille mode », comme parle Chapelain; d'autres fois, ils agissent sans aide et de leur plein gré : Chapelain est le seul de nos rimeurs héroïques qui ait compris ou soupçonné la puissance de ce dernier système et sa nouveauté. Chez lui, plus d'enchantements; l'enfer travaille sans auxiliaire ni intermédiaire. Le bonhomme bannit toute cette *vieille mode* pour être neuf, pour se « tirer du commun », pour ne point « passer par ce chemin battu », d'où il n'eût rapporté « aucune gloire d'invention », et enfin pour cueillir « la fleur de l'art[1] ».

Avant de passer plus outre, voyons le portrait, le plus achevé que je connaisse, d'un diable épique imaginé par un émule de Chapelain. C'est à peu près le dernier effort du *réalisme* poétique dans nos épopées du dix-septième siècle, et le morceau le plus léché du poète de Childebrand :

> Il est géant de taille et ses cheveux rampans
> Sur sa joue et son col se tournent en serpens.
> Un rougissant brazier dans sa louche prunelle
> D'une lueur hideuse et de meurtre étincelle :
> Sa lèvre, son menton, ses dents à double rang,
> Se salissent de bave et se souillent de sang.
> Sa bouche qui vomit une haleine ensoufrée
> Mesle, avec sa vapeur, une flamme azurée;
> Dont l'affreux grincement, dont le palais ouvert,
> Découvre sur sa langue un poison jaune et verd.
> Des griffes de lion ont armé ses deux plantes,
> Et d'ongles d'éprévier ses mains sont menaçantes.
> D'efforts tantôt tendus et tantôt raccourcis,
> Un aspic fait sa queue et bat ses flancs noircis :
> Deux horribles crapauds s'enflent sous ses aisselles
> Et donnent du venin au crespe de ses ailes.
>   (*Charles Martel*, liv. Ier, chant vi.)

Nos images d'Épinal ne feraient pas mieux, je veux dire plus laid.

Une scène qui rentre complètement dans le « chemin battu », dans les usages épiques depuis le Tasse, c'est la

---

1. *De la Lecture des vieux Romans*, édit. A. Feillet, pages 10 et 11.

tenue du conseil infernal, du parlement diabolique présidé par Lucifer ; les connaisseurs estiment que l'un des plus parfaits modèles en est au Livre V° du *Paradise lost*[1] ; mais nos poètes s'inspiraient du Chant IV° de *la Gerusalemme* pour la convocation des démons autour du *gran nemico dell' umane genti*. Citons Godeau et Scudéry[2] ; leur pinceau est bien pâle ; çà et là pourtant quelques-unes de leurs couleurs ont comme des reflets *modernes*. Au premier livre du *Saint Paul*, sur l'ordre de Lucifer qui s'ennuie, Astaroth « court de bout en bout les vastes champs de l'air », et réunit ses frères effrayants aux bords « d'un fleuve, dans le royaume sombre ». Près du fleuve s'étend, en guise de salle des États généraux, une caverne, où

> Mille horribles serpens de leur langue pointuë
> Sur le sale plancher soufflent un air qui tuë[3] ;
> Et mêlant leur venin au venin des crapaux,
> Se livrent un combat qui n'a point de repos.

Les démons se rangent autour du « grand throsne de fer » du « noir Tyran », prenant place « ou plus haut ou plus

---

1. Vers la fin du Livre :

> .... But Satan with his powers,
> Far was advanc'd on winged speed ; an host
> Innumerable as the stars of night,
> Or stars of morning, dew-drops, which the sun
> Impearls on every leaf and every flower.

2. Boileau lui-même s'est exercé à une peinture de ce genre ; mais son imagination extrêmement sobre ne lui laisse voir

> Que Lucifer, assis dans sa chaire infernale
> Vomissant contre Dieu ses monstrueux sermons.
>   (*Sat.* XII.)

3. Est-il besoin de dire qu'un seul mot du poète anglais, contemporain de Godeau, exprime autant qu'un vers entier de Godeau ?

> Serpents all... Dreadful was the din
> Of hissing through the hall, thik swarming now
> With complicated monsters head and tail.
>   (*Paradise lost*, Book X.)

Comparez les serpents infernaux du Tasse :

> In fronte umana han chioma d'angui attorte ;
> E lor s'aggira dietro immensa coda,
> Che quasi sferza si ripiega o snoda.
>   (*Gerusalemme liberata*, Canto IV.)

bas », par ordre de mérite infernal, c'est-à-dire suivant le plus ou le moins de crimes commis et inspirés. Alors Satan commence une harangue vigoureuse, mais par malheur longue de deux cent quarante vers.

C'est au Livre VI° d'*Alaric* que Scudéry convoque les légions maudites. Satan prend la parole; et sa voix, qui « fait tout retentir de caverne en caverne », remplace à elle seule le *rauco suon della tartarea tromba*[1]; et au travers de l'abîme voltigent

> ... Des noirs Esprits les Images légeres
> Comme l'on voit voler les mouches mesnageres.

Autre détail d'un effet singulier et pittoresque :

> Partout on voit ramper une flâme de souffre,
> Dont la couleur bluastre au rouge se meslant,
> Tapisse horriblement le noir Palais bruslant.

Lucifer harangue ses troupes : puis les chefs du conseil, Belzébuth, Astaroth, Léviathan, proposent leurs plans d'attaque contre l'humanité[2]. — Au sixième chant du *Saint Paulin*, Perrault et son Satan convoquent aussi les démons et ils les voient accourir « sous des formes hideuses », comme, pendant la nuit, sortent « de leurs trous

> Les venimeux Serpens et les sales Hybous.

Après la harangue de Satan, toute la nature se trouble, envahie qu'elle est par les légions d'enfer ; le soleil s'obscurcit, la mer « s'enfle, cent tonnerres grondent » ; mais les anges surviennent qui chassent les démons, les vents et les foudres jusque dans les abîmes.

Plus saisissantes en général sont les descriptions du pou-

---

1. *Gerusalemme liberata, Ibid.*
2. Vers le temps où les poètes *sérieux* réunissaient, pour ces descriptions d'assemblées infernales, toutes les horreurs qui hantaient leur fantaisie ou leur mémoire, les faiseurs de *Mazarinades* brodaient sur pareil canevas des scènes plus gaies ; témoin celle qui a pour titre : *Le Grand Conseil tenu, tous les diables assemblés, touchant le refus de Mazarin*, 1651. Le diable Cacodémon y prononça une harangue « avec des postures qui eussent fait frémir une centaine des plus assurés Bourgeois ». L'orateur débutait ainsi : « Fidels sujets, de qui la conservation m'est plus chère, que ne seroit à un Carabin du Pont-Neuf, celle d'une escaillée de Potage... » (Page 4.)

voir exercé par les « noirs Esprits » sur la nature ; une légion d'enfer vole au secours de Bedfort ; à leur passage, tout s'émeut ;

> L'air en est agité, le soleil en paslit,
> Et la Loire s'en trouble au plus bas de son lit [1].

Godeau est plus expressif. Ses démons, en traversant l'atmosphère, laissent partout « des vestiges d'horreur » :

> Le clair flambeau du jour tout d'un coup s'obscurcit ;
> D'un ténébreux brouillars l'air soudain s'épaissit ;
> Des oyseaux estonnez les musiques cessèrent,
> Des prez couverts de fleurs les beautez s'effacèrent ;
> Des arbres verdoyans les troncs furent séchez,
> Et de gouttes de sang on vit leurs bras tachez :
> Les Lézards émaillez et les froides Vipères
> Sortirent en sifflant de leurs sales repaires :
> Et les tristes hiboux, qui n'aiment que la nuit,
> Troublèrent les forests de leur funeste bruit [2].

Dans le *Saint Louis*, des démons s'abattent par troupes sur les arbres d'un paysage ; les arbres s'agitent et s'animent ; et le hardi chevalier Bourbon-l'Archambault se trouve emprisonné dans ce cercle, fantastique comme la *Tentation de saint Antoine* de Callot, mais plus lugubre :

> Il se voit attaqué de lances embrasées
> Rouges de feux sifflans comme ceux des fusées ;
> Il se voit assailly de vipereaux volans,
> Qui sortent du gosier de cent dragons bruslans :
> Il voit de tous costez mille faces veluës,
> Mille testes en feu, de serpens cheveluës ;
> Mille monstres aislez, accourans au signal
> D'un long cyprez fumant qui leur sert de Fanal [3].

---

1. *La Pucelle*, liv. III.
2. *Saint Paul*, liv. Ier, page 17.
3. *Saint Louis*, liv. XVI. — Les têtes coupées, des *Orientales* (Or. III), sont-elles plus effrayantes que cette tête d'un « Grec apostat de sa Foy », exposée par les Turcs au sommet d'une tour ?

> On vit, durant trois jours, des nuages affreux
> Alentour faire un gros de Spectres ténébreux :
> Ou vit, durant trois nuits, à ces Spectres de nuës
> Succéder en feux noirs des Images cornuës ;

à la fin, des oiseaux « plus laids que des hiboux, plus noirs que des cor-

La *Ronde du Sabbat* compte-t-elle beaucoup d'images plus saisissantes que celle-là ? — Dans *la Pucelle*, l'apparition du cadavre de Jean-sans-Peur animé par un démon passerait presque pour une création romantique, si l'on ne savait qu'elle est de « l'auteur sec, dur, froid », qui rima, « son cerveau tenaillant ». Le duc Philippe d'Orléans est descendu au caveau où repose le corps de son père :

> De vingt flambeaux noircis la fumeuse lumière
> Sur vingt chandeliers noirs environne la bière ;
> Un grand drap noir la cache, et par tout abaissé
> A d'une blanche Croix son milieu traversé...

Philippe se prosterne et prie : mais voilà que le drap se fend, la bière s'ouvre, et « par un lent effort », le cadavre mû par un hôte de l'enfer se dresse et parle [1].

Dans *Alaric*, ce n'est plus un seul cadavre qui reçoit la vie et l'action d'un esprit infernal ; c'est un bataillon immense de démons qui se déguisent en corps morts et squelettes, pour barrer le passage aux hommes du Nord. Il est regrettable que cette sinistre vision soit aux ordres d'un enchanteur ; l'effet en est singulièrement amoindri. Prenez dans le *Clovis*, au Livre V°, l'apparition qui se dresse devant Gondebaut, meurtrier de Chilpéric son frère et de sa belle-sœur ; les deux victimes se présentent à lui dans l'état où la mort les a mises :

> L'un hâve, sans couleur et d'un sang noir trempé,
> Des deux mains sur son tronc portoit son chef coupé ;
> L'autre est bleuë et livide, et sa teste penchée
> Porte une lourde meule à son col attachée.

Fantômes superbes ; mais qui ont le tort de s'offrir à nous au fond d'un palais enchanté ; l'enchantement ruine l'illusion ; et je loue Chapelain d'avoir su s'en affranchir. Les autres ne l'ont pas osé ; chez eux l'enchanteur se mêle à tout, travaillant, ou pour son propre compte, ou pour le compte de l'enfer, ou bien au nom d'un prince, d'un sultan. Dans *Alaric*, c'est Rigilde, le plus grand des sorciers d'Islande ; dans le

---

beaux, » funèbre volée venue de l'abîme, fondent sur la « sacrilege teste » et l'enlèvent. (*Saint Louis*, liv. Ier.)

1. *La Pucelle*, liv. VII.

Saint Louis, c'est Mirème; dans le *Clovis*, c'est Auberon aidé de ses deux filles; dans le *Charlemagne* de N. Courtin, c'est Arons « le plus puissant des enchanteurs du monde »; dans le *Charlemagne* de Le Laboureur, c'est la prêtresse d'Irmensul, etc.

L'enchanteur est un magicien épique; ce n'est point le sorcier de bas étage, penché sur deux ou trois cornues, et feuilletant son grimoire à côté d'une tête de mort, ou d'un hibou qui perche sur une planche du galetas. L'enchanteur agit en grand; il est à la fois serviteur et maître du sombre royaume. Son séjour n'est plus un taudis banal ou une cave; ce sera par exemple une « large spelonque » taillée aux flancs de l'Hécla. Pour se rendre, du continent, à ce palais volcanique,

> Sans pilote, sans vent, sans rame et sans timon,
> Il traverse la mer porté par un démon [1].

C'est sa monture habituelle à travers les hauts espaces; à moins qu'il ne s'embarque dans un nuage. Un « vieux Ermite », apercevant au ciel une nuée noire, dit à un personnage du *Clovis* :

> .... Vois-tu cette épaisse fumée?
> Elle cache Auberon avec le roi du Mans
> A qui se joint encor le Prince des Flamands [2].

Trois passagers de l'air sur quelques flocons de vapeur. Nous sommes loin du vulgaire manche à balai.

Le domaine de l'enchanteur n'est pas moins surprenant que son véhicule.

En voici l'inventaire, d'après Scudéry :

> Or Rigilde tenoit dans ces Lieux solitaires
> Tout ce qui luy servoit aux magiques Mystères :
> Ses Livres, ses Parfums, ses Pierres, ses Metaux,
> Les Poudres et les Sucs de mille Vegetaux,
> Des Images de Cire, un horrible squelette,
> Des Anneaux enchantez, sa fatale Baguette,
> Des Flambeaux de Resine et divers Instrumens,
> Des Vases destinez aux noirs Enchantemens,

---

1. *Alaric*, liv. Ier.
2. *Clovis*, liv. XI.

> Des Venins, des Poisons, et mille horribles choses,
> Par qui tous les Sorciers font leurs Métamorphoses.

L'enchanteur a trois principales fonctions ; diriger les attaques et les ruses des diables ; créer à sa guise des orages, des fantômes et des palais trompeurs ; protéger les amis de l'enfer, soit en les emportant au sein de ses nuées apparentes, soit en les promenant à travers ses palais chimériques. Les plus fameux de ces palais bâtis d'un mot et en un clin d'œil sont, l'un de Scudéry, l'autre de Desmarets[1]. Celui de Scudéry s'élève au beau milieu des mers ; l'architecture en est éblouissante ; partout des marbres, des pierreries, des parfums, de l'harmonie, et la verdure se mêlant à « l'émail des fleurs ». Mais ces belles choses s'étalent au long de vingt feuillets ; et c'est précisément de ces belles choses que Boileau, en son *Art poétique*, se divertit et amuse la postérité.

L'enchanteur enferme quiconque le gêne dans les grottes des montagnes[2] ; ou il leur envoie un sommeil de sa façon ; il les *hypnotise* :

> Par l'occulte pouvoir de sa noire magie
> Soldats et mariniers tombent en léthargie[3].

Une autre fois il leur fera endosser des armes fatales ; comme cette armure d'or, que Mélédin offre à saint Louis, où le feu joint à « l'or ensorcelé, brusloit sans fumer et consumoit sans flame[4] ». Tel aussi ce coutelas enchanté par Azumel, à l'aide duquel Saladin coupait

> ... D'une main
> Les colonnes de bronze et les bases d'airain[5].

Chaque écrivain dépense toutes les ressources de ses facultés inventives à entasser les chimères et les rêves de cette nature ; à seule fin de montrer combien ces artifices sont puérils et combien il est aisé de les détruire. Les enchantements sont rompus, tantôt par un ange[6], tantôt par un

---

1. Liv. Ier et Liv. V.
2. Cf. *Charlemagne*, par Le Laboureur, *Clovis*, etc.
3. *Alaric*, liv. III.
4. *Saint Louis*, liv. Ier.
5. *Ibid.*, livre XIII.
6. *Ibid.*, liv. XIV.

saint[1], par une aspersion d'eau bénite[2], par la vue de l'oriflamme[3], ou d'un autre étendard sacré[4], etc.

Enfin l'enchanteur est devin et prophète ; il fait lire les choses futures dans une « glace enchantée » ; mais qu'il a soin de cacher en quelque recoin sinistre ; ainsi, au fond d'un « vieux temple » païen en ruines, « séjour de l'orfroie[5] ». Avec la même facilité il vous révèlera les choses passées, sans en excepter la prise de Troie[6] ; puis, pour clore la liste de ses attributions, il évoquera les morts. Le tableau des évocations du *Saint Louis* est célèbre à l'égal du ciel de Chapelain ; les rites s'accomplissent au centre des Pyramides, parmi les tombeaux des Pharaons. Là, à la voix de Mirème, « les Mânes grands et noirs » s'élèvent « de la terre qui tremble », et vont se ranger chacun « près de son cercueil ». L'effet est vraiment étrange et saisissant[7]. En face de ces pages pleines de couleur et de souffle, on se prend une fois encore à regretter que les auteurs aient par trop ressemblé au malheureux artiste d'Horace, si habile à dessiner des ongles, à faire ondoyer des chevelures, mais *Infelix operis summa*.

Même dans ces pages où leur Merveilleux infernal a côtoyé la poésie, que d'excentricités d'idées et de langage ! L'enchanteur de Scudéry, après des chevauchées sur le dos des diables, impose à ces êtres maudits les corvées les plus folles ; il en loge un au corps d'un ours blanc ; après quoi cette bête exécute des prodiges aussi singuliers que sa métamorphose. L'ours endiablé lance des cailloux,

> ... De telle manière
> Qu'ils entrent dans un arbre aussi facilement,
> Qu'on voit entrer la rame au liquide élément.[8]

Le même Rigilde « emporte les vents dans une outre enfer-

---

1. *Clovis*, liv. XVI.
2. *Charlemagne*, par Le Laboureur, liv. II.
3. *Clovis*, liv. XI.
4. *Jonas*, liv. XII.
5. *Charlemagne*, de N. Courtin, liv. Ier.
6. *Clovis*, liv. II.
7. *Saint Louis*, liv. V.
8. *Alaric*, liv. II.

mez », tout comme fit autrefois Ulysse[1]. — Le Moyne enferme un démon sous la peau d'un dragon; et,

> ... De sa queuë égale aux masts des grands vaisseaux,
> Il abat les palmiers comme les arbrisseaux[2].

Le Satan de Chapelain tourne au comique, quand il se démène par les rues de Paris, afin d'arrêter la Pucelle; quand il pousse un si « horrible cri de ses ardens poumons », que les tours de Notre-Dame « en chancellerent », que « la Seine en rebroussa », et que le mont Valérien « sa cime en abaissa[3] ». Chapelain devient grotesque, lorsqu'il fait établir par Satan une fonderie de canons, et — qui plus est — lui fait inventer la poudre, en vue de secourir les Anglais. Dans un moment d'ennui Satan se donne ces malignes distractions, à lui-même et à ses tristes sujets :

> Un jour au plus profond de ses Antres souffreux,
> S'offrit à sa pensée un instrument affreux.
> Dans un moule, aussi-tost, d'argille espaisse et grasse,
> De metaux differens il fondit une masse,
> La creusa, l'arrondit, et par l'un de ses bouts
> La fit propre à lancer le fer et les cailloux.
> Par les plus noirs démons il fabriqua la poudre,
> Qui devait allumer cette infernale foudre[4]....

Après ces deux belles trouvailles, un monstre d'enfer revêt à la hâte un uniforme anglais et court proposer l'engin tout neuf à Bedfort; écoutez Chapelain :

> Sous l'habit d'un Saxon, une ardente Furie
> Au triomphant Bedford porta l'*artillerie*;
> Tel du nouveau Tonnerre, en ce tems, fut le nom,
> Qu'on a changé depuis en celuy de canon.

Ces récits appartenaient de droit au chantre des Géants; Chapelain aurait dû les lui abandonner; et Godeau pouvait lui céder, pour le même motif, telle ou telle de ses images; celle-ci entre autres : Le diable Asmodée, apercevant saint Paul, s'esquive sur-le-champ, et

---

1. *Alaric*, liv. V.
2. *Saint Louis*, liv. XII.
3. *La Pucelle*, liv. XII.
4. *Ibid.*, liv. VI.

> ... Laisse à sa sortie
> Là puante senteur d'une lampe amortie[1].

Ne nous attardons pas davantage à relever ces abus et ces extravagances, qui semblent à Mme Dacier, admiratrice d'Homère, choses dénuées de raison, ou « plus dignes des contes de Fées que du poëme épique[2] ». Passons à pieds joints sur ces détails de grosse farce, où Dante lui-même a choppé une fois ou deux[3]; sachons plutôt gré à nos pauvres artisans d'épopées d'avoir rencontré une idée neuve et féconde, qui, reprise et élargie cent cinquante ans plus tard, nous a valu le poème des *Martyrs*. Desmarets disait aux lecteurs du *Clovis* : « Dans mon sujet, qui est le Paganisme mourant, je ne laisse pas de produire quelques-unes des plus riches fictions qui ayent jamais esté inventées dans la plus grande force de son Empire. J'y fais voir que je suis riche de ses dépouilles[4]. » Desmarets n'est pas modeste ; c'est là son moindre défaut : mais son plan, tel qu'il l'expose en ce *Discours*, est celui de Chateaubriand ; ce fut aussi en partie le plan du *Saint Paul*[5]. Desmarets et l'évêque de Vence n'avaient point le sentiment de la couleur locale et historique, indispensable pour mener à bien cette antithèse puissante de la Religion Chrétienne et du « Paganisme mourant ». Ils ne furent point du reste les seuls à deviner combien ces rapprochements se prêtaient à une poésie vigoureuse et vivante ; Fontenelle l'a constaté : « Quand un sujet, dit-il, a paru par ses circonstances particulières permettre le mélange du paganisme et du christianisme, on s'est trouvé fort heureux[6]. »

Fort heureux, en effet, Godeau et Desmarets, d'avoir découvert ces « circonstances particulières » ; mais ils se contentèrent de prendre les dieux de la littérature classique,

---

1. *Saint Paul*, liv. Ier, page 21.
2. Préface de la traduction de l'*Odyssée*; Mme Dacier s'en prend surtout au *Clovis*.
3. *Inferno*, Canto XXI.
4. *Discours* pour prouver que les sujets chrétiens sont les seuls propres à la Poësie héroïque, page 15.
5. Corneille, lui aussi, dans sa pièce d'*Attila*, voulait « opposer la France naissante au déclin de l'Empire ». (Préface d'*Attila*.)
6. *Sur la Poësie en général*; Œuvres, nouv. édit., t. VIII, page 292.

comme *Machines*; pour cela, tout en conservant leurs noms et attributs, ils en firent des démons, qui s'appellent Jupiter, Mars, Vénus, Mercure, etc.[1].

Signalons seulement deux ou trois de ces travestissements. Dans le *Saint Paul*, Lucifer apparaît à Scévole, pontife des « faux dieux » de Rome,

> ... Sous l'habit de Mercure,
> Les aisles aux talons, la verge dans la main.

Le même Lucifer à qui cette ruse a servi dans le poème de Godeau s'en sert dans le poème de Desmarets; et pour mieux induire en erreur le « Prince enchanteur » Auberon, il s'affuble de l'attirail de Mercure :

> Sa teste et ses talons ont l'aile colorée,
> Et sa dextre soûtient une verge dorée[2].

Une autre fois, c'est Astaroth qui s'empare du caducée et des ailes[3]. Clovis, peu de temps avant son baptême, est, une nuit, visité par une troupe de déités romaines; Jupiter s'avance le premier vers le roi des Francs :

> Le Dieu tenant en main son foudre à quatre dards
> Paroist, luisant de feux, accompagné de *Mars*,

---

1. Limojon de Saint-Didier, entreprenant vers 1715 un autre *Clovis*, crut avoir inventé un « nouveau système fabuleux »; et ce système lui parut être « le seul qui puisse jetter dans un poëme le merveilleux qu'on s'attend d'y trouver ». Il recommence tout simplement, à nouveaux frais, l'œuvre de ses devanciers : « Clovis, dit-il, et ses peuples étoient païens; leurs dieux n'étoient, ainsi que toutes les autres divinitez du Paganisme, que les démons qui se faisoient adorer sous divers noms. » (Page 11.) « J'ai donc fait paroître ces démons que j'excite à défendre leurs autels, sous les noms et les attributs des divinitez du Paganisme. Ainsi c'est Vénus, Mars, l'Amour, Junon, Mercure, etc., qui agissent. » (Page 12.) — Si l'on objecte à Saint-Didier que les habitants des Gaules n'adoraient point ces dieux-là, mais bien Teutatès, Belenus, Hesus, et les Saxons, Wodar et Fréa, Saint-Didier réplique hardiment : « Ces noms rudes et inconnus auroient rendu mes vers durs et désagréables » (page 13); et puis Virgile n'a-t-il pas imposé à Didon les « mêmes dieux que ceux des Grecs et des Troyens, et non point les dieux de Tyr, qui avoient des noms extraordinaires »? (Page 13.) De ces dieux-démons Saint-Didier fait « les divinités des Fleuves, des Bois et des Vents ». (*Clovis*, Genève, 1725. Préface.)

2. *Clovis*, liv. Ier.

3. *Ibid.*, liv. XII.

> Dont la cuirasse brille, et le casque, et l'épée,
> Et qui d'un grand pavois a la gauche occupée.
> *Alcide* le suivoit, orné d'un laurier verd,
> Au corps nud d'une part, et d'une part couvert
> De la terrible peau du lion de Nemée,
> D'une masse nouëuse ayant la main armée.

Après Jupiter, Mars et Hercule, entrent « en voltigeant » une nuée d'amours, puis « Cypris » et les « trois Charites[1] »; c'est-à-dire autant de démons qui ont pris la défroque de l'Olympe. La peinture est terne; mais l'idée était une nouveauté pour le dix-septième siècle; ou, si l'on veut, un rajeunissement : les *Chansons de geste* appelaient le diable Apollo[2]; Dante et le Tasse donnèrent les noms de *Pluton, Cerbère, Charon...*, à leurs démons : et si nos poètes épiques avaient besoin d'une excuse, Milton, leur contemporain, désignait aussi sous les titres de *Pluton* et d'*Alecto* certains de ses héros maudits. — Perrault trouve une autre méthode de prouver qu'il sait la Fable, et qu'il la dédaigne; il imagine une galerie de peintures et de sculptures païennes dans le palais du roi des Vandales; c'est le butin conquis chez les Romains par ce barbare : là se voit une Atalante, œuvre de Polyclète, un Adonis, un Narcisse, un Bacchus, un Silène endormi :

> Plus loin, près de Bacchus, le vieux père Silène
> Dort et semble exhaler une vineuse haleine :
> Le bonhomme en ronflant tient encore embrassé
> L'outre dont la liqueur enfin l'a terrassé[3].

Carel de Sainte-Garde ramasse en miniature la mythologie, qu'il cisèle sur des armes, envoyées par Léon l'Isaurique à Charles Martel[4].

Heureuses ou bizarres, il nous fallait mentionner ces tentatives; comme aussi une innovation courageuse chez Scu-

---

1. *Clovis*, liv. XII.
2. V. Hugo a conservé cette façon de parler des trouvères, dans son *Mariage de Roland :*
> L'archange Saint Michel attaquant Apollo...
(1re Lég., IV, II.)
3. *Saint Paulin*, chant IV.
4. *Charles Martel*, liv. Ier, chant IV.

déry. Le poème du gentilhomme matamore a pour premier théâtre les contrées du Nord ; Scudéry se souvient fort à propos des légendes scandinaves, et des divinités cruelles du Valhalla, *Odin*, *Thor* et *Frigga*, ou comme dit le païen Jameric,

> *Thore*, que nous tenons pour le plus grand des dieux,
> Et qui vit comme *Frigge* avec *Othin* aux cieux [1].

Tous ces dieux, buveurs de sang, réclament par la voix d'un oracle (emprunté sans doute à Calchas) que, « à la fin de chaque année », on leur offre une jeune vierge en sacrifice ; malgré cette transparente réminiscence d'Iphigénie, n'est-il pas de quelque intérêt de voir cet essai de Merveilleux scandinave, sous le règne de Louis XIV et de la mythologie officielle ? Essai timide ; mais n'y a-t-il pas, dans cette allusion à Thor, Frigga et Odin, une poésie préférable aux fictions du dieu du Rhin, et du « Jupiter en personne », qui foudroie Namur ?

Nous aurions à glaner encore parmi nos épopées françaises plusieurs autres procédés en usage pour la production du Merveilleux sacré ou profane. Une méthode fréquente consiste à peindre quelque prodige où ne se montrent ni anges, ni démons ; aucune *Machine* ; néanmoins le prodige porte manifestement la marque de son origine ou céleste ou infernale. Ainsi lorsque Jeanne d'Arc reçoit l'épée miraculeuse de Fierbois,

> ...On entend sur sa teste
> Murmurer doucement une douce tempeste ;
> On voit fendre la nuë et d'un foudre innocent
> Tomber sur elle à plomb le trait resplendissant [2].

Évidemment c'est le ciel qui approuve et applaudit.

Ainsi en est-il, à la naissance de Moïse, chez Saint-Amant ; Amram, père du futur Législateur, et Jocabel, sa mère, aperçoivent un « trait de feu », dont « la pointe d'or » perce les ténèbres ; et qui, partant de leur toit, s'en va « éteindre son

---

1. *Alaric*, liv. II. — Dans le *Charlemagne* de Le Laboureur, un démon se présente à Witikind sous la forme d'Irmensul, divinité saxonne.
2. *La Pucelle*, liv. II.

ardeur » dans les ondes du Nil[1]. Le *Saint Louis* est plein de ces choses admirables, langage muet du ciel. Le P. Le Moyne veut-il inspirer à ses Croisés l'espoir de tailler en pièces les mécréants, il étale sur l'horizon des présages comme ceux qui suivent :

...Dans une nuë ardente
Une croix de lumière et de sang éclatante ;

et sous cette croix,

...Des carquois vuides et renversez,
Des arcs demy-rompus et des turbans froissez[2].

Les écrivains de poèmes sacrés paraphrasent, allongent, arrangent et défigurent les récits merveilleux de la Bible. Au surplus ces poèmes *sacrés*, ou tirés de l'Écriture, qu'ils travestissent sans le vouloir, sont presque tous déplorables au point de vue littéraire ; et, quant au fond, ce que les auteurs y ajoutent de leur propre chef est généralement nul ou inepte. Je n'en veux pour preuve que deux passages du *Jonas*. Dans le premier, il s'agit de la « Baleine » qui doit engloutir le prophète ; Coras a la conscience de nous prévenir qu'il fera faire à ce monstre une « course » surprenante. — « Je luy fais traverser la mer Égée, qu'on nomme aujourd'huy l'Archipelague ; franchir l'Hellespont, qui est le détroit de Gallipoli ; passer la Propontide et le Bosphore, c'est-à-dire le Canal et le Détroit de Constantinople, pour entrer dans la Mer Euxine, et pour porter Jonas jusques au port de Trébisonde, d'où il part ensuite, pour s'acheminer vers Ninive... Il peut se faire que les Critiques trouveront d'abord ce chemin assez rude[3]... » Plus rudes pourtant les vers consacrés à cette belle géographie, et aboutissant à ce distique : Jonas

Trouve un Hoste, un Amy, dans un affre- isson,
Dont le sein lui fournit et viande et boisson[4].

Que dire des poissons du Jourdain ? Jonas frappe les eaux du fleuve ; les eaux se fendent et s'élèvent de chaque côté ;

---

1. *Moyse sauvé*, Ire P., édit. de 1660, page 10.
2. *Saint Louis*, liv. II.
3. Préface, 1663 ; pages 8 et 9.
4. Liv. VI, page 85.

mais les poissons plus mal avisés que ceux de Saint-Amant, et beaucoup trop pressés, bondissent au travers de la barrière liquide, tombent sur les cailloux, et

...Sautèlent longtemps pour rejoindre l'eau claire [1].

De tels exemples expliquent et justifient les malices de Boileau ; ce n'est pas sans raison que le dix-septième siècle et les deux siècles suivants ont laissé, à côté du *David*, du *Samson*, du *Josué*,

Le *Jonas* inconnu sécher dans la poussière [2]..

---

1. Liv. III, page 46.
2. *Sat.* IV ; cf. *Lutrin*, chant V.

SECTION IIIe

THÉORIES ET QUERELLES AU SUJET DU MERVEILLEUX
CHRÉTIEN ET PAÏEN

ARTICLE Ier. — **PRÉLIMINAIRES**

Homère, Virgile, et après eux Chapelain et Le Moyne, avant de mettre en présence leurs bataillons épiques, commencent par énumérer les chefs et les peuples. Nous voudrions imiter ici, mais très brièvement, ces nomenclatures. Nous avons déjà passé en revue un certain nombre de ces « braves du Parnasse » ; notre but est de les mettre ici en regard et de nettement définir les camps. Bien entendu nous ne signalerons en cette liste que les partis en vue et les capitaines de marque, sans nous soucier du reste, *inutile vulgus*.

CHAPITRE PREMIER
LES DÉFENSEURS DU MERVEILLEUX CHRÉTIEN

Longtemps avant l'éclosion des épopées qui viennent de nous occuper, des lettrés de valeur fort diverse avaient réclamé en faveur de la poésie chrétienne. A la fin du seizième siècle, Vauquelin de la Fresnaye saluait de ses vœux la tragédie « extraite proprement » de la Bible ou de la Vie des saints, le poème épique qui conduirait le bon Roy Loys outre-mer ; et il eût souhaité de voir descendre des cieux, aux chants des poètes de France,

> Les Anges à milliers, les Ames immortelles [1].

A quelques années de là, sous le règne despotique du « grammairien » Malherbe, un poète libertin, qui fut brûlé en effigie par sentence du Parlement, eut un accès de bon sens et de

---

1. *Art poétique*, passim.

courage où des poètes en honneur ne surent atteindre. Théophile de Viau jugea que « les chrestiens n'ont que faire d'Apollon ni des Muses », que tout cela n'est que « singeries »; et pour son compte il leur jura haine et oubli :

> Je fausse ma promesse aux vierges du Permesse;
> Je ne veux réclamer ni Muses ni Phœbus,
> Et je suis, grâce à Dieu, guéry de cet abus [1].

En 1620, Théophile était à peu près le seul qui en fût guéri; Godeau l'était peut-être déjà. En 1633, quelques mois après son entrée à l'hôtel de Rambouillet [2], le futur évêque de Grasse entrevoyait l'heure prochaine où les « Muses Françoises » deviendraient « toutes chrestiennes »; ce qui était encore une belle illusion. Godeau continuait son *Discours sur la poësie chrestienne* par une profession de foi littéraire qui prenait un peu le ton de l'homélie : « Nos pères ont renversé les autels des démons qui n'estoient que de pierre, et nous leur en éleverons d'or et de diamans dans nos ouvrages? Nous aurons tous les jours dans la bouche des faussetez que nostre cœur désavouë? Nous invoquerons pour dieu (*sic*) ceux à qui nous ne voudrions pas ressembler? Nous trouverons le nom de Jupiter plus auguste que celui de Jésus; et les adultères de l'un nous fourniront de plus belles pensées que la sainteté et les miracles de l'autre? Nous admirerons les exploits fabuleux des Héros, et nous négligerons les actions merveilleuses de nos Martyrs [3]!... ».

Ainsi, dès 1633, la question du Merveilleux est placée par Godeau sur le terrain de la théologie; Godeau déclare impie quiconque se sert des thèmes ou des expressions de la Fable, et Baillet devait plus tard féliciter l'évêque littérateur d'avoir été « le premier des prélats de l'Église gallicane, qui a tâché

---

1. « L'invocation des Muses, à l'exemple de ces payens, est profane pour nous et ridicule. — C'est une dévotion louable et digne d'une belle âme, que d'invoquer au commencement d'une œuvre des puissances souveraines; mais les chrestiens n'ont que faire d'Apollon ni des Muses. » *Fragmens d'une histoire comique*, édit. elzév. de Jannet, t. II, pages 12 et 13.

2. Cf. Goujet, t. XVII, pages 272 et 278.

3. *Poésies chrestiennes* d'Ant. Godeau, évesque de Grasse; nouv. édit., page 13.

de restituer à Dieu pleinement, sans réserve et sans mélange[1], la poësie françoise,... qui avoit été consacrée aux idoles du siècle et aux démons du Parnasse par la plûpart de nos poëtes profanes[2] ». — En ses *Églogues sacrées*, Godeau fait parler ses bergers comme lui-même. Son Alexis dit à Damon :

> De la Fable aujourd'hui je condamne l'audace...
> Les Muses, Apollon, sont pour moi des idoles[3].

En 1641, une dizaine d'années avant la publication de son *Saint Louis*, le P. Le Moyne se « fasche » de ce que les « sçavantes mains » des poètes modernes aient « esté employées à contrefaire des Idoles et des Phantômes du Pays des Fables »; et il qualifie les héros chantés par les Grecs et les Romains « de vieux Mannequins qui ont couru toutes les boutiques des petits poëtes[4] ». Naturellement ces déclarations dédaigneuses annoncent et préparent l'épopée de *la France chrestienne*. Déjà dans une épître dédicatoire à « Mgr l'Éminentissime Cardinal Duc de Richelieu », Le Moyne avait entonné un chant de triomphe sur la conversion de toutes « les Muses... de réputation ». Leur Hippocrène, « si boüeuse et si empoisonnée il y a trois jours, est à présent saine et purifiée ». Désormais « il y aura du mérite à estre poëte, les bons vers seront contez entre les bonnes œuvres, et il se fera des voyages de dévotion au Parnasse, non moins qu'au Tabor et au Mont des Olives ». Quel enthousiasme, quelle emphase, quel rêve! Le Moyne finit son dithyrambe en recommandant à Richelieu la « sainteté des Muses », qui sont « quasi toutes, dit-il, ou vos domestiques ou vos pensionnaires[5] ». Domestiques, oui; mais sans être pour cela beaucoup plus chrétiennes.

En 1644, Balzac, dissertant sur la tragédie latine de Daniel

---

[1]. Baillet a mal lu; les mots « sans réserve, sans mélange », sont formellement contredits par la déclaration de Godeau. (V. *Ibid.*, page 19 et préface du *Saint Paul*, 1654, page 7.)
[2]. *Jugemens des Savans*, nouv. édit., t. V, page 298.
[3]. Égl. xi; *Poésies chrestiennes*, page 224.
[4]. *Hymne de la Sagesse divine*, avec un *Discours de la Poësie...*, 1641; page 39.
[5]. Édit. de 1639.

Heinsius, *Herodes infanticida*, souhaitait vivement la réforme du « stile » poétique et la proscription des « fausses divinitez ». Il défendait de « faire revenir tous les Phantômes du Paganisme », voulant que, pour des chrétiens, « le dehors rende tesmoignage du dedans [1] ».

Les auteurs de poèmes épiques, héroïques ou sacrés, affichèrent, pour la plupart, au frontispice de leurs ouvrages un manifeste semblable. On trouvera plus loin le résumé de leurs principes en cette matière; et nous consacrerons un article entier à celui qui, de tous, apporta dans la question un plus grand nombre de vues et de raisons nouvelles, bonnes, excellentes ou extravagantes : Desmarets de Saint-Sorlin. Disons seulement ici que, avec Le Moyne plus haut cité et Desmarets qui mérite une place à part, ceux de nos poètes épiques qui guerroyèrent de leur mieux en faveur de la poésie chrétienne furent : Scudéry, dans la préface d'*Alaric* (1654), qui réclame contre les « dieux imaginaires » du paganisme, surtout au nom de la vraisemblance; et Coras qui, dans la préface de *Jonas* (1663), relègue « Saturne, Jupiter, Mars, Mercure et Vénus » aux feuillets utiles des « almanachs » et aux rêveries des « livres d'astrologie ». Qu'on en fasse des noms de planètes, si l'on veut; les employer à quelque autre sérieuse besogne, c'est sottise [2].

En même temps, des écrivains de toute catégorie, théologiens, poètes latins, rhéteurs, poursuivaient de leur indignation raisonnée l'invasion persistante du paganisme.

Saint-Cyran gémissait de voir que presque tous les livres « tiennent... par l'esprit du Paganisme [3] ». Nicole, condamnant les fictions mythologiques du poème des *Jardins*, estimait

---

1. A M. Huygens de Zuylichem. — *Dissertation sur une Tragédie*, etc.
2. *Jonas*, préface, page 4. — Brébeuf (préface des *Entretiens*), Pérachon, traducteur du poème latin d'Alex. Morus, *De la Naissance de J.-C.* (1665), ne souffrent pas plus les inventions du Merveilleux païen que « l'Arche » ne « souffroit les Idoles ». (Pérachon, préface.) — Les épiques latins de la même époque plaident pour la même cause : le P. Laurent Le Brun, auteur du *Virgilius christianus*, interdit aux poètes d'implorer le secours des « Muses, Apollon et autres Divinités ». (*Dissertatio de epico carmine*, 1661; cap. VIII, page 153.)
3. Cf. *Port-Royal*, de Sainte-Beuve, 4ᵉ édit., t. II, page 87.

« chose bien pitoyable qu'on soit obligé de prouver... que ces sortes de Fables et de fictions blessent la religion et le bon sens[1] ».

En 1662, l'abbé de Marolles, en son *Traité du Poème épique,* soutenait la cause de la poésie chrétienne et souhaitait à nos poètes de se montrer, même dans leurs vers, franchement chrétiens et bons Français[2].

En 1669, Claude Santeul affirmait qu'il ne voulait plus d'inspirateur que le Christ; que Sion était son Parnasse, laissant la Fable pour maigre ressource aux rimeurs sans idées :

Vos inopes rerum Fabula ditet inops.

Après le terrible coup porté par l'*Art poétique* aux épopées chrétiennes et à leur Merveilleux, la thèse du Merveilleux chrétien trouva encore des défenseurs, dont plusieurs fort illustres et considérables. Nommons d'abord Desmarets, puis Bernard Lamy, Baillet, Saint-Évremond, Ch. Perrault, Bossuet; et quelques années plus tard Duguet, Frain du Tremblay et Rollin. Desmarets consacra ses dernières forces à cette guerre sainte; répétant, soit en vers, soit en prose, les raisons qu'il avait déjà fait valoir[3].

En 1678, Bernard Lamy, de l'Oratoire, se plaignait très amèrement de la « manière d'écrire » des poètes « toute païenne et pleine de Fables »; comme aussi de l'excuse ordinaire et peu recevable que les susdits mettent en avant : savoir, qu'il faut imiter en tout les Anciens[4].

Baillet, en 1685, patronna la poésie chrétienne et invectiva contre le paganisme littéraire, en mainte page de sa vaste compilation dite *Jugemens des savans*. Il y déplore avec chagrin le fait trop évident qu'il constate en ces termes : « La Religion chrétienne, qui a bien pu détruire le paganisme dans le monde, n'est pas encore venue à bout de purger la poésie de cette infection invétérée. » Baillet félicite hautement les

---

1. *De Renato Rapino,* C. Dejob, 1881. Appendix C, *Jugement du sieur Wendrock.*
2. Chap. vi, pages 47 et 48.
3. Voir plus bas, III° P., sect. iii, art. 1er, chap. ii.
4. *Nouvelles Réflexions sur l'Art poétique,* Part. II°, chap. ii.

Modernes « qui ont repris le dessein de purifier le Parnasse et de sanctifier les Muses »; ces courageux sont, selon lui, Godeau, Desmarets et Chapelain, puis l'oratorien Louis Thomassin et le jésuite Léonard Frizon. Par contre, Baillet blâme vigoureusement cette « autre engeance de Poètes plus considérables, sans doute, quoique beaucoup moins scrupuleux, qui y ont apporté un grand obstacle ; et, ce qui est plus fâcheux, qui ont fait un puissant parti dans la république des Lettres[1] ». Les gens « considérables » de ce « puissant parti », qui sont-ils ? Baillet ne les nomme point : je ne sais pour quelle cause. Serait-ce prudence[2] ? »

A plusieurs reprises, Saint-Évremond écrivit, de Londres, son avis motivé touchant le cas de la mythologie. Comme Swift son ami, Saint-Évremond critiquait ingénieusement l'usage indiscret des Fables ; il regrettait, comme une double faiblesse chez les poètes du continent la routine païenne des uns et les maladresses hardies des autres : « Nos poètes n'ont pas eu la force d'éviter les dieux, ni l'adresse de bien employer ce que notre Religion pouvoit leur fournir[3]. » Au nom du bon sens et de la science, le gentilhomme exilé réclamait une réforme : « Tout est changé, les dieux, la nature[4], la politique, les mœurs, le goût, les manières. Tant de changemens n'en produiront-ils point dans nos ouvrages[5] ?... » Cette réforme, il la jugeait urgente : « Il seroit ridicule de vouloir toûjours régler des ouvrages nouveaux par des lois éteintes. La Poësie auroit tort d'exiger de nous ce que la Religion et

---

1. Tome III, pages 242 et 243. *Préface sur les Poètes.*
2. Dans un autre de ses tomes, où il loue Perrault et le *Saint Paulin*, Baillet appelle ces défenseurs du paganisme poétique : « Nos Maîtres » (édit. de 1725, Amsterdam, t. IV, page 391); mais il s'en tient à ce terme vague. Aux deux articles concernant *Despréaux* et *l'Art poétique*, Baillet ne dit pas un mot des doctrines païennes émises par Despréaux en son chant III. D'où vient ce silence ?
3. *OEuvres meslées*, t. II, page 175.
4. Saint-Évremond explique par un exemple ce qu'il entend par ces changements dans « la nature » ; la terre n'est plus regardée comme immobile ; nous savons que le soleil, « au lieu d'aller se coucher dans la mer, va éclairer un autre monde ». Conclusion : les poètes ne peuvent plus appeler un coucher de soleil un voyage de Phébus chez Thétis.
5. *Ibid.*, page 174.

la Justice n'en exigent pas[1]. » Boileau, on le sait, n'aimait point la littérature de Saint-Évremond; mais ces opinions catégoriques n'étaient pas faites pour réconcilier le poète d'Auteuil avec l'habitué du café de Will.

Naturellement Perrault plaida la cause de la littérature chrétienne, au même temps qu'il s'essayait à établir la supériorité des Modernes. Nous reviendrons ailleurs sur le quatrième Dialogue de son *Parallèle*, où Perrault se montre si modéré. En tête du *Saint Paulin*, il avait nettement formulé ce principe : « Le Ciel, la Terre, les Enfers, les Anges, les Démons, et Celui mesme qui a donné l'estre à toutes ces choses, peuvent estre le digne objet de leurs travaux (des poètes) et de leurs veilles ; » mais, ajoute-t-il, « je ne prétens pas les réduire à ne faire que des catéchismes en vers[2]. » Sa pensée est plus explicitement ou plus longuement rendue dans une *Response à la Lettre d'un ami*, laquelle fait suite au *Parallèle*[3]. Là, n'étant pas astreint au ton élégant et quelque peu solennel du dialogue, il raille plus à son aise « ces vieux matériaux poétiques » et ces « antiquailles usées », dont la mode passera enfin, comme celle des « cornettes à deux rangs » sur la tête des dames. Par avance, Perrault salue cette heureuse révolution, cet avenir prochain où l'usage de la Fable sera devenu « insupportable » ; déjà il se réjouit du dégoût qu'en éprouvent « bien des gens ».

Ce dégoût est-il vraiment un fait? ou bien, dans son ardeur à détrôner les tristes reliques des Anciens, Perrault ne s'exagère-t-il pas le nombre des ennemis de la Fable? Les recueils de 1692 ne sont-ils pas tout pleins de ces « matériaux »? La Motte et Rousseau n'allaient-ils pas les entasser dans leurs strophes pindariques? En attendant, Perrault a

---

1. *OEuvres meslées*, page 175.
2. Dans cette même préface, Perrault regrette l'indifférence de « tant d'excellens Génies » pour la poésie chrétienne; ces génies (évidemment Perrault désigne Boileau et Racine) ont le tort de se laisser « renfermer entièrement dans la peinture de quelques imperfections légères » (les *Satires*), « et de quelques passions dangereuses qu'ils taschent d'émouvoir » ; au lieu de chanter les grands sujets « pour en rendre une gloire immortelle à l'auteur de la Nature et de la Grâce ».
3. Cette pièce se trouve dans une édition du *Parallèle*.

raison de comparer cette littérature d'emprunt aux costumes du temps jadis, costumes brillants en ce temps-là, mais bons tout au plus dorénavant pour les fêtes de carnaval :

> Se servir désormais de ces billevesées,
> De ces antiquailles usées
> Qu'Homère en ses écrits heureusement plaça ;
> C'est, dans une galante et riche mascarade,
> Se vestir et faire parade
> Des habits d'un ballet qu'Henri IV dansa.

Le génie de Bossuet ne se prêtait pas aux fictions et aux « fleurs toujours écloses » de la Fable. Accoutumé au Merveilleux de la Bible, aux images des prophètes, Bossuet aurait cru profaner sa pensée en l'ornant de ces figures creuses. Ces chimères, il les dédaignait pour son propre compte et il les combattait chez autrui ; J.-B. Santeul en sut quelque chose ; les palinodies du chantre des Saints et de Pomone nous ont au moins valu de la part du grand évêque de Meaux une lettre qui est un document. Un autre document du même genre existe dans le *Traité de la Concupiscence*, où Bossuet se désole de voir que « les poëtes et les beaux esprits chrestiens prennent le même esprit » que les païens ; car, dit-il, « la Religion n'entre non plus dans le dessein et dans la composition de leurs ouvrages que dans ceux des Payens [1] ». Perrault assure, dans la dédicace du *Saint Paulin* « à Messire Jacques-Bénigne Bossuet, évesque de Meaux », que Bossuet lui-même l'avait engagé à la poésie chrétienne, et avait témoigné hautement le désir « de voir la Poësie françoise s'occuper sur des sujets semblables ». Perrault essaya de donner à Bossuet « une pleine satisfaction » en composant son *Saint Paulin*, et Bossuet l'en remercia.

De tous les adversaires de la Fable, Bossuet fut évidemment le plus autorisé ; mais son aversion très prononcée pour ces fictions vides resta néanmoins tolérante ; et après tout Bossuet voulait bien « faire grâce à un poète chrétien » réduit à cette ridicule nécessité des figures païennes [2]. — Jacques Duguet, l'ami de Quesnel, ne connut point ces ménagements.

---

1. *Traité de la Concupiscence*, chap. xviii.
2. *Ibid.*

Dans son ouvrage de l'*Institution d'un Prince*, écrit en 1710[1] pour Victor-Amédée II de Savoie, Duguet pousse aux extrêmes les griefs du paganisme littéraire, surtout du paganisme dans les œuvres dramatiques. A l'entendre, un prince qui se laisserait louer sous les appellations de ces « anciennes divinités », qui consentirait à être traité de Mars, de Neptune, de Jupiter, ne serait plus un prince chrétien ; car il n'y a rien au monde de « plus impie ni de plus scandaleux » ; et s'il tolérait dans ses États ce culte littéraire rendu au démon, il se déshonorerait. Duguet va plus loin. Dans les défaites récemment infligées à la France par Marlborough et le prince Eugène, Duguet voit le châtiment providentiel de « l'idolâtrie » pratiquée à Paris et à Versailles : « Cependant les théâtres en retentissent, la musique s'exerce sur ces indignes fictions, les peuples s'infectent de cette espèce d'idolâtrie, et les châtimens pleuvent en foule du Ciel sur une nation qui s'est fait un jeu d'un si grand mal. » Duguet s'exagère un peu ce « grand mal ».

Jusqu'aux premières années du dix-huitième siècle, la province, toujours en retard sur Paris, ne s'était pas trop préoccupée de ce débat. On y lisait peut-être encore le *Typhon* ; on y admirait de confiance les « rogatons » rebutés de la cour et oubliés de la ville. La création d'académies provinciales vint établir un courant d'idées plus rapide entre les beaux esprits de la capitale et des principales villes du royaume ; en 1694, Mlle de Scudéry, quasi nonagénaire, était en admiration devant les « très honnêtes gens » de l'académie d'Angers[2]. Or, à quelque temps de là, un de ces très honnêtes académiciens d'Anjou, M. Frain du Tremblay, affirma par-devant ses collègues son dégoût pour le paganisme officiel des lettres françaises. Ses discours sur l'*Origine de la Poësie* furent à la fois un réquisitoire contre « un abus si honteux » et un appel aux poètes, les invitant à ou-

---

1. *L'Institution d'un Prince* ne fut publiée qu'en 1739, après la mort de Duguet ; mais elle avait été écrite trente ans avant sa publication. (Cf. La Harpe, *Lycée*, siècle de Louis XIV, liv. II, chap. III, section II.)
2. Lettre du 10 juillet 1694 ; à la fin du tome VIII des *Historiettes* de Tallemant des Réaux ; édit. Monmerqué.

vrir enfin les yeux « aux lumières de la vérité et de la raison ». Frain du Tremblay avait étudié les arguments de ses devanciers ; comme Perrault, il qualifie « d'antiquailles » les réminiscences fabuleuses ; il cite Claude Santeul et Saint-Évremond : « Apollon, dit-il, et les Neuf Sœurs, le Cheval volant et le sacré Vallon, Hélicon et le Parnasse, Aganippe et Hippocrène, et je ne sais combien d'autres mots dont est composé le jargon des poètes Grecs et Latins, ne devroient point paroître dans nos vers ; *ce ne sont plus aujourd'hui que de grands sons vides de sens et de raison*, comme le dit un bel esprit de ce temps [1]. » Ce bel esprit est Saint-Évremond. Les discours du docte Angevin contre la Fable et contre « Messieurs du Parnasse » furent lus, même à Paris ; et La Monnoye les honora d'une épigramme, où il avoue qu'il les lut « une fois [2] ». Mais la mode des dieux et du « jargon » n'en reçut aucune atteinte, ni en province ni à Paris.

Elle persista malgré les plaintes éloquentes et motivées, malgré les plans de réforme poétique d'un homme beaucoup plus connu et plus écouté que l'académicien d'Anjou, et l'un des membres les plus influents de l'Université. Rollin fut un zélé partisan du christianisme en poésie ; il prêcha de parole et d'exemple. En ses discours latins, dès 1688, il invoquait pour Louis XIV et pour le dauphin, non pas Jupiter et les dieux immortels, mais les « Anges protecteurs de la France [3] » ; se gardant, au cours de ces pièces d'apparat, des banalités mythologiques. Plus tard, il usa même de son crédit pour proscrire « les Fables et les divinités chimériques [4] ». Mais

---

1. Discours I, page 100.
2. Contre « Mr. Frain du Tremblai de l'Académie Roïale d'Angers », qui « a reproché dans son Discours sur l'*Origine de la Poësie*, à Mᵐᵉ Dacier, qu'elle avoit lû deux cents fois Aristophane :

> Docte épouse d'un docte époux,
> Vous avez, nous le savons tous,
> Lu deux cents fois Aristophane ;
> Mais faut-il d'une rude voix,
> Que Frain là-dessus vous chicane !
> J'ai bien lu son livre *une fois*. »
>
> (*Poësies*, de M. de La Monnoye, La Haye, 1716, pages 79 et 80.)

3. *Præsides Galliæ Angeli*.
4. Voir le chapitre des *Querelles*.

ce fut surtout dans le *Traité des Études* que Rollin se posa en champion de la littérature chrétienne et en adversaire des « divinités profanes »; s'appuyant sur Bossuet, sur Santeul converti, et sur la série non interrompue des *appelants* ses prédécesseurs. Car, dit-il, « je ne suis pas le premier qui réclame contre cet abus; et de tous les temps on s'est opposé à cette prétendue possession, comme étant sans fondement et sans titre légitime : ce qui suffit pour empêcher la prescription [1] ».

L'homme qui, au dix-septième siècle, s'opposa le plus bruyamment à cette possession, le plus convaincu, le plus fougueux, mais aussi le plus complet défenseur du christianisme littéraire, fut Jean Desmarets de Saint-Sorlin. Il se fit, pendant des années, le chevalier de cette bonne cause, et parfois le don Quichotte. Personne n'apporta dans la question du Merveilleux plus de raisons, ni de meilleures; comme personne ne déploya autant de constance à les faire valoir et triompher.

Desmarets, pour ces divers motifs, mérite un chapitre à lui seul; nous n'avons fait que le nommer dans la liste; étudions-le.

---

1. *Traité des Études*, liv. II, de la Poésie, chap. 1er, art. 4.

CHAPITRE II

DESMARETS DE SAINT-SORLIN

SES LIVRES — SES RAISONS

Nous laissons de côté sa biographie. Tout le monde sait que le zèle de Desmarets contre le Merveilleux mythologique fut un zèle de néophyte; d'autant plus ardent qu'il se montra plus tard. Jusqu'à l'âge de cinquante ans, Desmarets avait, comme les autres académiciens et « domestiques » de Richelieu, gravi les flancs stériles du vieux Parnasse; conviant les Muses à « voguer dessus les eaux » et à « voler sur les montagnes », pour « chanter de Richelieu les miracles divers[1] ». En 1644, pour divertir l'enfant-roi Louis XIV, Desmarets avait inventé quatre jeux de cartes, dont le quatrième était le *Jeu des Fables*, c'est-à-dire une histoire illustrée de la mythologie[2].

Mais cette invention fut comme son adieu au paganisme, à la cour, et je dirais volontiers au monde; car depuis lors, et pendant trente ans, Desmarets converti n'écrit plus que des *Poésies chrétiennes*, le *Clovis, ou la France chrétienne*, et des *Œuvres chrétiennes* à foison. Par malheur, après avoir traduit plusieurs *Psaumes* de David, le *Cantique des Cantiques*, le *Cantique des Degrez*, l'*Imitation de Jésus-Christ*, etc., Desmarets s'imagine avoir reçu un don de prophétie; il rêve que le Saint-Esprit lui inspire « le dessein » du *Clovis* et peut-être même lui en dicte des tirades. Aussi, dès le début de son grand œuvre, s'écrie-t-il sur le ton de l'enthousiasme :

Quittons les vains concerts du profane Parnasse!

Quatre ans après cette première ébauche du *Clovis*, Desmarets témoigne derechef son mépris profond pour tout ce

---

1. *Discours de la Poësie*, à Mgr le cardinal de Richelieu; *Œuvres poétiques*, 1641.
2. Cf. *Jean Desmaretz*, de M. René Kerviler, 1879; page 66.

qui n'est pas « saint et sacré ». Il le fait dans les *Délices de l'esprit* où, sous le nom d'*Eusèbe*, il tâche à désabuser son ami *Philédon*. Au quatrième jour de leurs entretiens et promenades, Eusèbe et Philédon traversent une grande salle, où se voient en peinture « tous les dieux et toutes les Fables de l'antiquité ». Philédon s'arrête, admire, s'extasie, se dit enchanté ; Eusèbe soupire et gourmande son compagnon en termes qui rappellent le *Guarda e passa* de la *Divine Comédie*; il l'arrache enfin au spectacle de ces « vaines Fables, qui ne s'accordent nullement avec la créance de Jésus-Christ[1] ».

Pendant dix ans, le poète du *Clovis* oublie les rimes ou les néglige, pour livrer la guerre au jansénisme et à Port-Royal ; puis, avec la même ardeur qu'il a montrée en cette lutte comme théologien, il se rejette et replonge dans la poésie sacrée. En 1669, encore échauffé de la bataille, il commence à rédiger ses plaidoyers et mémoires contre les Anciens et la mythologie classique. Il expose et développe sa théorie chrétienne dans les ouvrages suivants :

1669. Préface de *Marie-Madelaine*;

1670. Préface d'*Esther*, par le sieur de Boisval (pseudonyme);

1670. *Comparaison de la Langue et de la Poësie françoise avec la grecque et la latine, et des Poëtes grecs, latins et françois*;

1673. *Epistre au Roi*, en tête de la 3ᵐᵉ Édition du *Clovis*;

1673. *Discours pour prouver que les sujets Chrétiens sont seuls propres à la poësie héroïque*;

1674. *La Défense du Poëme héroïque*; satire contre Despréaux et contre l'*Art poétique*; nous y reviendrons à l'article des *Querelles*.

Quel est, dans son ensemble et dans ses grandes lignes, le plan suivi par Desmarets ?

1º Il démontre l'infinie supériorité de la religion chrétienne sur le paganisme ; d'où suit, nécessairement, la supériorité de la poésie chrétienne et du Merveilleux chrétien ;

---

1. *Les Délices de l'Esprit*, 1658; 4ᵉ journée; page 263.

2° Il prouve l'invraisemblance des Fables ; d'où il conclut à l'impossibilité de la poésie sérieuse dans ce système ;

3° Il dénonce cette mode de la mythologie, comme une tyrannie exercée et maintenue par des hommes sans talent, sans foi ni loi ;

4° Il propose pour modèles de la poésie chrétienne et française ses propres poèmes.

Il est clair, à première vue, que Desmarets devait infailliblement avoir tort, auprès du grand nombre ; ou que du moins il ne pouvait avoir raison. La moitié de son plan n'est pas soutenable, et son procédé d'argumentation est passablement malavisé. Les exagérations ne convainquent ni les gens sensés, ni les gens prévenus ; et quiconque cite ses œuvres en preuve de ses idées, fût-il le plus beau génie du monde, risque fort de compromettre sa cause ; avec de pareilles preuves, les meilleurs raisonnements inspirent défiance. On s'expose à mettre les rieurs contre soi : et qui donc se sent de force à braver le rire ?

Le thème le plus ordinaire, le fait que Desmarets met sans cesse en avant est celui-ci : « Nostre religion a incomparablement plus de merveilles véritables dans l'Ancien Testament et dans le Nouveau, que la Religion payenne n'en a sceu inventer dans ses dieux et dans ses autres Fables[1]. » Et encore : « Toutes les fictions d'Homère ne sont qu'un long enchaisnement d'extravagances, en comparaison des merveilleuses vérités de l'Histoire Sainte[2]. » Sur ce terrain, Desmarets triomphe sans peine et sans péril ; personne ne le contredit. Quand il s'en tient à ce principe banal, que la Bible est manifestement supérieure à la mythologie, tout le monde en demeure d'accord ; les plus « fabuleux » chrétiens étant chrétiens avant d'être « fabuleux ». Mais déjà Desmarets perdait pied, quand il se hasardait à conclure : « Le Christianisme,... c'est sa cause que je défends, en défendant les

---

1. Préface de *Marie-Madelaine*.
2. *Traité pour juger des Poëtes*, etc. ; chap. XXXII, page 54. — Dans l'*Epistre au Roy*, il passe en revue quelques miracles de l'Ancien Testament et s'écrie :

> Est-il rien de pareil dans les chants de Virgile,
> Dans les Fables d'Ovide ou du Chantre d'Achille ?

poëtes chrétiens[1]. » Desmarets confond, ou plutôt il identifie le dogme et la littérature, qui sont choses absolument distinctes, sauf le cas où le poète et le prophète ne font qu'un. Mais ce cas n'existe que dans l'Écriture : ce n'était d'aucune sorte celui des versificateurs de 1650, ou de 1670.

Enfin Desmarets aggrave sa situation et se juge lui-même, quand il ose écrire ceci : « Ce n'est pas présomption à un Chrétien de croire qu'il fait de la poësie mieux conceuë, mieux conduite et plus sensée que celle des Payens. C'est un honneur qu'il rend à Dieu qui assiste les siens ; et qui les fait autant surpasser les Anciens, qu'il fit surpasser par Moyse les enchanteurs de Pharaon[2]. » Erreurs et « présomptions », à peu près autant que de mots. Dieu n'a jamais promis d'assister Desmarets, même lorsque Desmarets compose la France chrétienne; et l'honneur rendu à Dieu par ces dix ou quinze mille vers est bien mince. Desmarets écrivant un poème de Moyse (car il en a écrit un tout comme Saint-Amant) est parfaitement ridicule de se croire devenu lui-même un Moïse. Encore un coup, sa première et très grande méprise est de rêver que le poète chrétien est, de ce seul chef et nécessairement, un génie et un prophète infaillible, que le Saint-Esprit est tenu de « l'aider et de lui fournir des comparaisons et des figures, pour travailler lui-même à sa gloire[3] ».

Desmarets se rapproche de la vérité, lorsqu'il s'en prend à l'invraisemblance du Merveilleux des Fables. Raisonner « d'après le vraisemblable » était chose conforme au goût de l'époque; cela prouvait qu'on avait lu Aristote; c'était se donner des airs de profondeur, et se mettre à l'abri d'un grand nom. Mais chez les poètes païens, le vraisemblable n'existe en aucune manière. D'abord, « jamais les payens n'ont cru leurs Fables véritables ni mesme vray-semblables... Jamais ils n'ont crû tout ce qui a esté dit de la ridicule naissance de leurs dieux; jamais ils n'ont crû que Saturne ait dévoré ses enfants, ni qu'il ait avalé un caillou emmaillotté,

---

1. *Traité pour juger*, etc., ch. 1er, page 3.
2. *Clovis*, 1657. — *Epistre au Roy*, page 13.
3. Préface de *Marie-Madelaine*, 1669.

que l'on a dit que Rhée lui donna à manger, au lieu de Jupiter nouveau-né. Jamais ils n'ont crû que Minerve naquit du cerveau de Jupiter et en sortit par un coup de hache que Vulcan lui donna dans la teste, ni que Pacchus soit né de sa cuisse... » Et ainsi des autres. « Or, si les payens mesmes n'ont pû trouver les fictions de leurs poëtes vrai-semblables, combien moins devons-nous les trouver vrai-semblables [1] ? »

Desmarets prévoit une objection connue et commune : ce sont là des figures, des ornements du langage poétique. Mais alors la poésie n'a plus rien que d'emprunté et d'absurde. Et cette réponse il la développe et la fait ressortir avec des exemples vivants ; il en appelle au roi en personne, à ses exploits qu'une semblable littérature amoindrit, à sa gloire que ces rimeurs inféconds défigurent :

> Toutefois, si l'on croit ces illustres censeurs,
> Il faut pour te chanter, appeler les neuf Sœurs ;
> Il faut pour te donner une immortelle gloire,
> Mesler sans cesse Mars à ta brillante histoire,
> Dire qu'aux bords du Lis on le vit aux combats
> Animer ta valeur et conduire tes pas ;
> Qu'il te rendit, luy seul, tes conquestes faciles :
> Que c'est luy qui t'a pris tant de puissantes villes,
> Que c'est luy qui t'a fait dans les rudes hyvers,
> Par ton hardi courage étonner l'Univers ;
> Que luy seul conduisit ta soudaine entreprise,
> Quand on vit en un mois la Bourgogne conquise.
> Quand le peuple aux Autels sans relâche espérant,
> Demandait par miracle un miracle plus grand,
> Un Fils donné du ciel, que la France contente
> Pust voir en ses beaux jours surpasser son attente,
> Les Muses chanteront que, pour un si grand don,
> Les François réclamoient Jupiter et Junon.
> Car (selon ces Docteurs) aux rares avantures,
> Aux efforts attendus des merveilles futures,
> Aux étonnans succès des combats périlleux,
> Les dieux doivent toûjours faire le Merveilleux [2].

---

1. *Traité pour juger*, etc.; chap. XXXII, pages 93 et 94. — Et ailleurs : « Les chrestiens seuls ont la vérité, ont seuls le vray-semblable, et seuls peuvent faire un bon poëme héroïque. » (*Discours pour prouver*, etc.; page 2.)

2. *L'Excellence et les Plaintes de la Poésie héroïque*, au Roy (achevé d'imprimer le 14 février 1670) ; page 14.

L'argument par ironie est habile ; et les alexandrins, sans être de première venue, ont une allure dégagée qui va droit au but. Cet argument, Desmarets le tourne et retourne : comment se fait-il que des chrétiens nés en France ne voient pas, ne soupçonnent pas même les ressources qu'ils trouveraient dans leur foi et dans les inspirations nationales ? Les dieux !...

> On nous dit que sans eux tout ouvrage est stérile ;
> Que les Fables des Grecs sont le seul champ fertile,
> Qu'à leurs inventions on est accoûtumé [1] ;
> Que sans elles nul vers ne peut estre estimé ;
> On invoque sans cesse Apollon et les Muses :
> On croit que par eux seuls les Grâces sont infuses,
> Que les vers n'ont sans eux ni force ni beauté ;
> Mais manquons-nous d'esprit et de Divinité,
> Pour aller emprunter dans notre sécheresse,
> De l'esprit et des dieux de Rome et de la Grèce ?
> Cet Estat manque-t-il d'hommes ingénieux ?
> Le vrai Dieu ne peut-il ce qu'ont pû les faux dieux [2] ?

A part le dernier vers où Desmarets remet très inutilement Dieu en cause, la tirade est bien conduite et concluante. Usons de notre génie, soyons nous-mêmes ; ou bien ne déguisons point notre pauvreté sous des colifichets hors d'usage. Autrement nous nous exposerons à « moins dire en vers que ne dira l'histoire » ! Et quelle injure ce serait faire à la poésie qui doit tout embellir !

Mais l'auteur du *Clovis* passe vite aux extrêmes. Ces divinités dont les noms garnissent les hémistiches de nos rimeurs profanes, ce sont des démons ; donc, les poètes contemporains de Louis XIV et de Desmarets s'inspirent de l'enfer ; donc, les partisans de la Fable sont des impies et des mécréants. Ce sont « des hommes animez par les démons ». Pourquoi s'opposent-ils à la poésie chrétienne ? C'est que dans leur aveuglement ils estiment que « la Religion payenne semble estre la seule propre à la poësie et qu'elle y est comme en son throsne avec toute licence [3] »... Les écrivains qui re-

---

1. Les idées contenues dans ces trois premiers vers sont précisément celles que Boileau devait émettre et développer en son *Art poétique*.
2. *Ibid.*, pages 9 et 10.
3. *Traité pour juger*, etc. ; chap. XXII, page 54.

poussent les fictions épiques des personnages célestes ou infernaux, anges ou démons, que sont-ils, que peuvent-ils être, sinon les pires libertins? Ces gens-là

> Ne veulent point de Dieu qui, de fait ou d'écrit,
> Produise rien jamais qui passe leur esprit [1]...
> Les Anges, les démons leur sont insupportables...
> D'Hercule ils aiment mieux apprendre les hasards,
> Et les faits de Bacchus, de Mercure et de Mars,
> L'un larron, l'autre ivrogne et l'autre un sanguinaire [2].

A bon entendeur salut : tels dieux, tels adorateurs. Les infortunés qui invoquent les déités protectrices du vol, de l'ivresse, de la brutalité, doivent fatalement mettre leur vie d'accord avec leur langage. Dans les citations précédentes, Desmarets ne l'a dit qu'à demi-mot : il se repent bientôt d'avoir été si modéré, et le voilà qui parle sans figure. Quels sont ceux qui « osent fièrement nous imposer des loix »? Qui donc nous exclut du rang des poètes,

> Pour un Ange placé dans mille vers parfaits?

Ce sont, à n'en pas douter, des ennemis de Dieu, et de Louis XIV :

> Sans vertu, sans sçavoir, sans mérites, sans titres,
> Ils se sont hardiment érigez en arbitres;
> N'observant nulle loy, ny de Dieu ny des Rois!

Ils n'obéissent qu'à deux inspirations qui sont deux « pestes »,

> L'impiété brutale et la jalouse envie [3].

Pauvres de génie, orgueilleux, envieux, ils sont sacrilèges, et par-dessus le marché, ils ne savent même pas le français [4]; il n'y a qu'un moyen d'enrayer les fureurs de ces ignares criminels de lèse-majesté : la prison, le bannissement, ou

---

1. *L'Excellence et les Plaintes*, etc.; page 11.
2. *Ibid.*, page 12.
3. *Ibid.*, pages 11 et 14.
4. « Ces hommes qui ont peu de religion et de capacité et beaucoup d'orgueil et d'envie, ont tant d'audace que, pour faire mépriser nos poèmes chrestiens, ils méprisent hautement notre religion et notre langue. » (*Epistre au Roy*, 1673.)

même pis encore. Desmarets hésite à peine devant ces conséquences, et livre impitoyablement au courroux royal quiconque n'admire point *Clovis*, ou *Esther*, ou tout autre chef-d'œuvre de la même main. « Toi », dit-il hardiment à Louis XIV, toi,

> Qui veux que du vray Dieu le culte se maintienne,
> Surpassant tous les rois en piété chrestienne,
> Pourras-tu plus longtemps de ce siècle pervers
> Endurer les complots contre les nobles vers,
> Dont les sujets divins sont les seules merveilles [1] !

Hélas! oui, « les seules ». Mais quoi! envoyer des dragons, ou des exempts, contre les pauvres « habitants du Parnasse », qui auront fait rimer *Parque* avec *Monarque*, *Bellone* avec *Vivonne!* jamais tyran ne rêva de pareils sévices. Néanmoins c'est l'avis que Desmarets suggérait au roi en 1670; mais il avait signé « de Boisval », comme pour déguiser sous un nom champêtre ses propositions féroces. En 1673, il réitéra son appel aux mesures rigoureuses :

> Grand Monarque, permets que la force des vers
> T'anime pour vanger le vray Dieu que tu sers,
> De ces hommes sans foi, de qui la fantaisie
> Veut nous faire payens, au moins en Poësie [2].

Heureusement la force des vers de Desmarets ne fut pas capable d'émouvoir le jeune vainqueur des Pays-Bas, et de l'armer contre des hérétiques passablement orthodoxes. Mais le vieil académicien croit vraiment l'Église menacée :

> Confonds dans tes Estats ses indignes enfans
> Qui voudroient l'abolir lorsque tu la défens :
> Sauve de leur fureur la sainte Poësie,
> Toi qui de tant de forts as privé l'Hérésie [3].

Pour confondre les tenants du paganisme poétique, Desmarets n'aurait eu qu'un moyen pratique et efficace, les écraser sous le poids, ou les éblouir de la splendeur de ses poèmes. Ce moyen, il y songea, il l'essaya. Ses traités, les préfaces, avis, épîtres liminaires de ses œuvres épiques, pro-

---

1. *L'Excellence*, etc. ; page 10.
2. *Epistre au Roy*.
3. *Ibid.*

posent simplement, naïvement, sans cesse, ces mêmes productions à l'admiration et à l'imitation de tous. Vous ne croyez pas au succès du Merveilleux chrétien? c'est que les modèles nous manquent. Des modèles, en voici. *Clovis* par exemple, lequel est « le plus grand et le plus beau sujet qu'un poëte françois puisse jamais traiter... C'est le véritable poëme de la France [1] ». Desmarets n'est pas galant à l'endroit de ses confrères, qui ont chanté *la Pucelle, Saint Louis, Charlemagne...* Il les néglige. N'a-t-il pas, à lui seul, montré comment il faut « introduire des Esprits de démons ou d'Anges [2] »? N'a-t-il pas inventé « des malices si fines et si fortes, que l'on puisse croire qu'elles ont été forgées en enfer, et des secours si surprenans et si puissans que l'on puisse croire qu'ils ont été conceus dans le Ciel [3] »?

Que l'inventeur de ces belles choses les prenne pour des modèles irréprochables, qu'il les présente comme tels à Louis XIV et à la France, cela est surtout manifeste dans la pièce qui accompagne *Esther*. Le sieur de Boisval y parle comme il suit :

> Je présente, grand Prince, un modelle à tes yeux,
> Qui fera mépriser les ridicules dieux ;
> Esther, astre brillant dans nos livres antiques,
> Qui confondra l'erreur des injustes critiques ;
> Fera voir qu'en la Fable il n'est rien de si beau ;
> Et pour les éclairer, servira de flambeau.
> Tu verras des François la force et le génie,
> Et si nostre langage est privé d'harmonie.
> Ils font tort à la France : enfin qu'ils fassent mieux
> Avec leur grand secours des Fables et des dieux [4] !

La troisième édition du *Clovis* (1673) devait aussi assurer à tout jamais la victoire de la poésie sainte :

> *Clovis*, que j'ai paré de nouveaux ornemens,
> Des fausses déitez confondra les amans ;
> Et des sujets divins te montrant un modèle,
> Contre leurs ennemis soûtiendra la querelle [5].

---

1. *Traité pour juger*, etc. ; chap. XXXII, page 97.
2. *Ibid.*, page 101.
3. *Ibid.*, page 101.
4. *L'Excellence et les Plaintes*, etc. ; page 16.
5. *Epistre au Roy*.

On pardonnerait à peine ces rodomontades à Scudéry. Chez Desmarets qui se pose en réformateur sérieux, ce ton de matamore ne convainc personne et fait sourire.

Il nous semble plus heureux dans certaines preuves de détail; entre autres quand il fait valoir une raison assez ingénieuse, et concluante dans un temps où les arguments d'autorité étaient en si haute estime, où l'antiquité était la règle du goût et du style. Cette raison, la voici. Les Anciens n'ont jamais, dans leurs épopées, admis d'autre Merveilleux, d'autres divinités, que le Merveilleux et les divinités de leur religion, de leur nation : « Homère et Virgile ont fait leurs fictions sur le fonds de leur religion[1]... »

>...Leurs feintes jamais, pour estre vrai-semblables,
> Des cultes étrangers n'ont emprunté les Fables;
> Et jamais dans leurs chants si beaux, si révérés,
> Ils n'ont produit des dieux en Égypte adorés[2]...

Excellent argument *ad hominem*. Aussi bien fût-il repris et remanié par les successeurs de Desmarets, Bernard Lamy et Ch. Perrault[3]; mais le poète du *Clovis* ne faisait lui-même que répéter Balzac. Balzac, le premier, l'avait mis en œuvre et en relief : « L'autheur de la divine *Énéide*, dit-il, n'a jamais invoqué ny Hesus, ny Mithra, ny Anubis. » En d'autres termes, Virgile n'emploie d'autre Merveilleux que celui des traditions romaines; il se garde bien d'employer comme « machines » les divinités de la Gaule, de la Perse et de l'Afrique égyptienne.

D'où Balzac déduit cette conclusion judicieuse, que, « à son exemple — à l'exemple de Virgile, — nous ne devons pas faire entrer témérairement dans nos compositions des divinitez estrangères[4] »... Conclusion sans réplique. Du moins personne n'y contredit, dans le camp des ennemis.

---

1. *Défense du Poëme héroïque*, page 87.
2. *L'Excellence et les Plaintes*, etc.; page 9.
3. « ... Comme les Poëtes Grecs et Latins n'employoient point dans leurs ouvrages la Mithologie des Égyptiens, les Poëtes François ne doivent point employer les Fables des Romains et des Grecs, s'ils ont envie de les prendre pour leurs modèles. » (*Réponse à la lettre d'un ami*, t. IV du *Parallèle*, page 316.)
4. Discours VIII°.

CHAPITRE III

LES DÉFENSEURS DU PAGANISME LITTÉRAIRE

Ces *ennemis* étaient bien forts. D'abord ils étaient le nombre; tous les rimeurs de salon, de ruelle, d'alcôve et de cour; tout ce qui savait tourner un madrigal et façonner un bouquet à Iris (la foule en était incalculable) appartenait de fait à l'armée des « Messieurs du Parnasse ». Le moyen de versifier un quatrain louangeur ou galant, si la Fable n'en inspirait le fond, le style, le trait, la pointe! D'autre part toute la poésie de collège se fournissait à l'arsenal mythologique. Pourtant le principal avantage du parti de la Fable était encore le prestige des grands noms. Une cause était bien puissante, qui comptait pour représentants et champions le grand Corneille, Boileau et La Fontaine.

Lorsque Desmarets, en 1669 et 1670, poussait vivement ses plaidoiries pour le Merveilleux chrétien — et aussi *pro domo sua*, — la question passionnait déjà les hommes de lettres : *Lis erat apud litteratos*, écrit Santeul, racontant comment il fut lui-même amené à se prononcer. J.-B. Santeul, chanoine de Saint-Victor, fut, en effet, l'un des premiers à faire une profession poétique de paganisme littéraire. Les distiques où il étale sa doctrine sur ce point sont fort élégants et très vides; c'est une amplification sur ce thème : La nature, les fontaines, les bois, les arbres, les montagnes, les vallées, les rochers, les fleuves et leurs rives, sont peuplés de divinités protectrices :

Sunt etiam et sylvis arboribusque deæ.

Et Santeul proteste que, malgré toute innovation contraire, *novæ leges*, il restera fidèle aux images de la Fable :

Ignem Mulciberum, Cererem frumenta vocabo,
Et pluviam, in terras dum cadit unda, Jovem[1].

---

1. Édition complète des *Œuvres profanes* de J.-B. Santeul; 1725, Barbou. T. II, pages 163 et 164.

Santeul, au fond, était peu convaincu et il n'avait vu là qu'un exercice et un jeu de style [1]. Mais les vers du Victorin eurent l'heureuse fortune de tomber entre les mains de Corneille, qui en fit une traduction ou paraphrase, et aussi un canevas pour ses propres idées : la *Défense des Fables dans la Poésie* renferme des passages entiers ajoutés au texte latin par l'illustre traducteur.

Le poète de *Polyeucte* et de *Théodore*, qui avait mis en vers l'*Imitation* et les *Psaumes*, regrette le tort, que dis-je? la ruine que causerait à la poésie française la perte des souvenirs mythologiques :

> Qu'on fait d'injure à l'art de lui voler la Fable!
> C'est interdire aux vers ce qu'ils ont d'agréable,
> Anéantir leur pompe, éteindre leur vigueur,
> Et hasarder la Muse à sécher de langueur.

Corneille traite de « nouveaux caprices » les essais de Merveilleux chrétien, et se plaint de ce qu'on ose qualifier d'*antiquailles* les « vieux ornemens » renouvelés des Latins. Il appelle ironiquement les novateurs « troupe docte et choisie »! et souhaite, par une sorte d'imprécation, aux adversaires de la Fable de ne traîner chez nos neveux « qu'un vers décrédité ». Que deviendra la langue poétique, si l'on retranche de son vocabulaire les noms des dieux!

> Quoi bannir des enfers Proserpine et Pluton!
> Dire toujours le diable et jamais Alecton!
> Sacrifier Hécate et Diane à la Lune,
> Et dans son propre sein noyer le vieux Neptune!

Lui objectera-t-on que ce sont là des noms antichrétiens et de démons; mais, répond-il, « l'Église... que l'Esprit-Saint gouverne », se sert, dans sa liturgie, des mots *Averne* et *Tartare* [2] :

---

1. Cf. Édit. de 1698, page 184. — Nommons Costar parmi les champions de la littérature païenne, bien que l'avis de Costar ne tire pas beaucoup à conséquence; du reste il est modéré : « Les Poëtes ne sont pas toûjours obligez de parler en Chrestiens, et.... ils se sont réservez la liberté de s'exprimer selon les sentimens de la Théologie payenne. » (*Lettres*, Lettre cci.)

2. Il aurait pu aussi ajouter le nom de l'*Olympe* et même du *Styx*.

> Ces rigides censeurs ont-ils plus d'esprit qu'elle,
> Et font-ils dans l'Église une Église nouvelle?

Pour lui, il voit et il veut voir « à Saint-Germain » et « à Versailles » les « Nymphes dansantes » et « cent demy-dieux folets » et le « Satyre caché », et les sylvains et les napées.

Au ton où il s'élève, quand il s'autorise de la liturgie catholique, on peut regarder comme sincère la conviction de Corneille; il semble redouter sérieusement un désastre pour les poèmes français, au cas où on leur ôterait la ressource des dieux et déesses. Il est probable, sinon certain, que Boileau connut cette brillante imitation des vers latins du « moine au regard fanatique »; l'*Art poétique* reproduit les idées de Corneille; et quand on compare les deux pièces dans le détail, on y saisit des ressemblances qui ne sauraient être l'effet d'une pure rencontre. Admirons-y tout au moins une entière conformité de vues. Pour Corneille, « voler » la Fable à la poésie, c'est lui ôter tout ce qu'elle a d' « agréable »; pour Boileau, c'est vouloir « plaire sans agrément »; pour Corneille et pour Boileau, ces figures antiques sont des « ornemens ». Les refuser aux « vers » c'est, suivant Corneille,

> Anéantir leur pompe, éteindre leur vigueur,
> Et hasarder la Muse à sécher de langueur;

suivant Boileau :

> Sans tous ces ornemens, le vers tombe en langueur;
> La poësie est morte ou rampe sans vigueur.

Corneille ne veut pas qu'on « bannisse des enfers Proserpine, Pluton,... Alecton »; de l'océan, Neptune. Boileau ne veut pas qu'on enlève « aux Parques leurs ciseaux », à Caron sa « fatale barque », aux tritons « l'empire des eaux ». — « Otez Pan et sa flûte! » adieu la poésie champêtre, dit Corneille. N'allez pas, dit Boileau, « ôter à Pan sa flûte »!

Pour le premier, toute la nature doit demeurer le domaine des divinités rustiques et « la triste Écho » répéter « les regrets » d'un berger; chez le second, Écho est « une nymphe en pleurs qui se plaint de Narcisse ». L'un nomme les tentatives de réforme une « erreur »; l'autre une « pieuse erreur ». Tous deux, répondant à l'accusation d'idolâtrie, traitent cet excès de scrupule. Corneille défend le style mythologique et le « vieil usage », au nom même de l'Église ; et Boileau, au nom de « la foi d'un chrétien », soutient ces « ornemens reçus ». Mais ici Boileau s'écarte beaucoup de Corneille ; et par un excès de zèle contre des exagérés, il se lance dans les exagérations que l'on sait :

> De la foi d'un chrétien les mystères terribles
> D'ornemens égayés ne sont point susceptibles ;
> L'Évangile à l'esprit n'offre de tous côtés
> Que pénitence à faire et tourmens mérités.

Comme si l'Évangile ne présentait pas, auprès d'images sombres, les tableaux les plus touchants, avec les enseignements pleins des consolations les plus douces et d'espérances immortelles! Boileau, il faut le dire à sa décharge, avait en vue les maladresses épiques du vieux Saint-Sorlin ; sa tirade renferme une satire en même temps qu'une théorie ; mais il est fâcheux que, par réaction et par amour de la satire, le poète de la raison ait prêché de tels dogmes poétiques.

Au surplus, les deux poètes ne veulent voir dans ces emprunts aux Fables antiques rien autre chose que des symboles et des figures. Mais Corneille fait mieux sentir qu'il les accepte comme de pures formules ; tout en les adoptant comme poète, il en plaisante comme chrétien. Ce sont pour lui de « profanes appas » et de « vieux ornemens », introduits chez nous par le « vieil abus ». Il invoque Apollon, mais en souriant ; il sait qu'Apollon, fantôme créateur de dieux chimériques, fit « Jupiter même » ; et Corneille lui demande de sauver les autres habitants de l'Olympe, qui sont ses « créatures ».

Le ton, assez peu solennel, que Corneille garde d'un bout à l'autre, est, croyons-nous, celui qu'aurait pris La Fontaine, si La Fontaine avait songé à défendre la mythologie *ex professo*. Le bonhomme avoua du moins une fois ses préférences pour l'antique vocabulaire et pour les réminiscences païennes. A l'avènement du pape Alexandre VIII (1689), il adressa au prince de Conti une épître en vers et en prose, tout émaillée, selon son usage, d'allusions aux dieux classiques. Vers le milieu de l'épître, il suppliait la Paix de renvoyer « au Nord les Aquilons ;

> Fais qu'avec eux Mars se retire,
> Faisant place à Flore, à Zéphire ».

Mais tout d'un coup le joyeux poète est saisi d'un semblant de scrupule, qui lui fournit l'occasion d'affirmer son goût pour la Fable :

> Citer ces dieux, me va-t-on dire,
> En parlant du Pape, est il bien?
> Non; mais l'art des poëtes n'est rien,
> Leurs discours n'ont beauté ni grâce,
> Sans ce langage du Parnasse.
> Qu'Apollon s'exprime en païen,
> Trouve-t-on cela fort étrange ...

Un écrivain aimable et spirituel, reçu à l'Académie française l'année où cette lettre fut rimée, François de Callières, venait aussi de se prononcer pour ce paganisme inoffensif, cultivé par les deux tiers et demi des académiciens. A la fin de sa *Guerre poétique*, il faisait contresigner ce décret par Apollon, qui se montrait là « païen » obstiné : « Il (Apollon) défend à tous Poëtes d'employer d'autres fictions que celles qui seront tirées ou imitées des Fables anciennes; sur peine d'estre déclarez Poëtes Visionnaires, et d'estres exclus pour jamais de monter au Parnasse[1]. »

Callières prétendait-il par cette sévérité intolérante se concilier les bonnes grâces d'académiciens influents, de Boileau, par exemple? Je serais tenté de le soupçonner; la mythologie était à l'ordre du jour; Boileau était un vétéran des luttes pour la mythologie; et Callières était candidat. On se fait si aisément aux manières de voir de ses juges, quand on va solliciter leurs suffrages.

Nombre d'autres beaux esprits se rangeaient à cette opinion vers la fin du dix-septième siècle; sans toutefois s'en expliquer avec la même rigueur de forme. La marquise de Lambert écrivait : « *Au R. P. B**** : Je suis persuadée que, pour la Poësie, on ne peut se passer des idées de l'Antiquité, des Muses, d'Apollon, de Vénus et de toute sa famille. » C'est que, suivant la même, « les dieux du Paganisme » sont faits « pour réjouir notre imagination et pour embellir la Poë-

---

[1]. *La Guerre poétique*, etc., 1688; liv. XII, page 283.

sie[1] ». La marquise de Lambert n'était-elle pas en cela l'écho de ses *mardis?* Fontenelle, qui fut l'un des plus illustres habitués de ces réunions, n'exprimait-il pas un sentiment de tout point conforme à celui de la marquise, quand il écrivait : « Il n'y a que les idées du culte payen qui soient galantes. Le vrai est trop sérieux[2]. »

Le P. Bouhours, confrère du P. Buffier, auquel s'adresse la lettre de la marquise de Lambert, permettait aux poètes d'employer les noms des divinités païennes, et cela « sans scrupule », alors même que les poètes ont « une autre religion qu'Homère[3] ». Bouhours n'y voyait pas « grand mal »; non plus que son confrère Rapin; pour lequel « ce n'est pas faire tort à la Religion ni aux mœurs que de se livrer aux jeux de son imagination, et de recourir à la Fable, pour arriver à la vérité par une route moins ennuyeuse[4] ». Resterait à établir que ce sont là des jeux de l'imagination et non de la mémoire, et que ce Merveilleux factice mène tout droit, sans ennui, à la vérité. Mais on se le persuadait aux dix-septième et dix-huitième siècles; et Corneille résumait ainsi, d'après le chanoine de Saint-Victor, l'opinion commune à cet égard :

> L'œil se peut-il fixer sur la Vérité nue ?...
> La Fable, qui la couvre, allume, presse, irrite,
> L'ingénieuse ardeur d'en voir tout le mérite :
> L'art d'en montrer le prix consiste à le cacher[5]...

Quelque cent ans plus tard, Marmontel devait encore affirmer que la mythologie est la chose du monde la « plus favorable aux Arts et surtout à la Poésie..., l'invention la plus ingénieuse de l'esprit humain[6] »; au commencement du dix-huitième siècle, le lyrique Rousseau y découvrait « des images plus vives et plus sensibles » que toutes autres[7]; et Louis Racine, des figures aussi heureuses qu'innocentes[8].

---

1. *Œuvres* de Mme la marquise de Lambert; nouvelle édition, page 375.
2. *Histoire du Théâtre françois*; édition de 1742, t. III, page 77.
3. *Manière de bien penser*, édit. de 1687, 3e dial., pages 258 et 259.
4. Préface du poème des *Jardins*.
5. *Défense des Fables*.
6. *Poétique*, 1763, t. Ier, chap. x, page 361.
7. Lettre à Rollin, 16 septembre 1735.
8. *Réflexions sur la Poésie*, chap. Ier, art. 2.

En somme, vers la fin du règne de Louis XIV, la cause de la Fable était décidément gagnée pour longtemps. Il ne lui restait que des adversaires isolés, parmi les prosateurs ; tous nos poètes avaient fait leur soumission aux doctrines de *l'Art poétique*. Un compilateur de cette époque, Duval de Tours, le constate, en réponse à ces « gens austères ou plutost outrez », à ces « quelques personnes » qui « tous les jours encore » reprochaient aux « Poëtes modernes » leur entêtement pour cette routine païenne. Duval croit qu'il est de son devoir de s'expliquer là-dessus et il fait de son mieux ; malgré le peu d'autorité du lettré tourangeau, ses remarques sont instructives à plus d'un égard. La Préface de son *Nouveau choix de Pièces de Poësie*[1] reproduit à peu près complètement les objections qui avaient cours à propos du paganisme poétique, comme aussi les arguments que les intéressés faisaient valoir. Duval s'appuie sur « nos Poëtes les plus sages et nos Critiques les plus sûrs », pour défendre ces « Fables ingénieuses, devenues indifférentes du côté de la morale, à cause de la persuasion établie de leur fausseté ». De là il suit que :

1° Ces « sortes de parures » sont « ordinairement des secours pour les vers » ;

2° Que tout cela est « un amusement innocent » et « sans danger » ;

3° Que ce style convient aux « sujets qu'il faut seulement embellir et égayer » ; car alors quel besoin a-t-on de « montrer quelle est nostre Religion » ?

4° Que la Religion chrétienne, dans les sujets où l'on traite de ses mystères, ne saurait « s'accommoder de tout ce qui faisoit les principales beautez de la Poësie des Payens ».

5° Après tout « quelques Poëtes éclairez du Paganisme s'en servoient » uniquement, comme font les nôtres, en guise de symboles, et pour « donner davantage de relief à leurs ouvrages, que ces fictions rendoient d'ailleurs moins secs et plus capables de plaire ». — « Les Fables dans les poëmes » servent à « dépouiller les préceptes de leur sévérité naturelle, et la vérité d'une certaine amertume ».

Duval répète à sa manière ce qu'il a entendu, ou ce qu'il a

---

1. La Haye, 1715, t. I*er*, pages xxxv-xxxviii.

lu chez ses contemporains. Il n'y ajoute guère qu'une ou deux
réflexions personnelles ; mais l'une de ces réflexions mérite
mention. Le critique de Touraine pense et dit qu'à tout prendre il peut y avoir quelque poésie sans réminiscences mythologiques : « Il ne faut pourtant pas compter pour un agrément
essentiel à la Poësie l'usage de ces fictions. » — Les autres
avocats du Merveilleux classique oublient ce principe élémentaire ; quelques-uns le nient ouvertement ; et ici Duval
de Tours est un novateur. Il est un peu moins heureux, lorsqu'il prétend « châtier et perfectionner les mœurs, par l'usage
réglé des Fables des Payens [1] ». Probablement il aura déduit
cette rêverie d'un chapitre du P. Le Bossu, qui demande au
poète d' « instruire ses Lecteurs à la piété et à la vertu », en
faisant appel aux dieux et déesses [2] ; ou bien il aura condensé
en une phrase les manies singulières de Thomassin, pour
qui la mythologie n'est pas ce qu'un vain peuple s'imagine ;
puisque Jupiter, Neptune, les Nymphes et autres citoyens de
l'Olympe sont, ni plus ni moins, des « Anges », des « intelligences angéliques », des « Anges tutélaires [3] ».

Pour être complète, la liste des deux partis devrait enregistrer beaucoup d'autres noms plus ou moins fameux. Tous
les gens de lettres qui prirent part à la querelle des Anciens
et des Modernes, ou à la querelle d'Homère, se déclarèrent
ouvertement ou implicitement pour ou contre le Merveilleux
chrétien. Les champions des Anciens et d'Homère, comme
Mme Dacier, sont naturellement acquis au parti de la Fable ;
les partisans des Modernes et les ennemis d'Homère sont
plus portés vers le Merveilleux chrétien. Bayle et Basnage
étaient pour Perrault [4].

Toutefois cette distinction n'est pas absolue. Racine était
ami des Anciens ; et pendant la guerre où son cher Despréaux
payait de sa personne, Racine écrivait ses Tragédies sacrées.
La Motte s'acharnait contre Homère, contre les divinités ho-

---

1. Dans l'apologue, soit ; mais ailleurs ? quel rapport la mythologie a-t-elle avec la morale et la vertu ? Duval ferait bien de nous l'apprendre.
2. *Traité du Poëme épique*, page 370.
3. *La Méthode d'étudier*, etc., 1684 ; 1re partie, pages 249, 415 et passim.
— Ainsi parlait Mme Dacier (*L'Iliade*, t. Ier, page XVII, etc.).
4. Cf. Goujet, *Bibliothèque françoise*, t. XVII, page 435.

mériques; et pendant ce temps-là, il donnait asile à toutes ces divinités en ses strophes. Nous avons surtout voulu nommer des auteurs qui ont d'une façon authentique manifesté leurs préférences, voire même soutenu leur système en quelque sorte *ex professo*.

Par ailleurs les théoriciens des deux camps se trouvaient d'accord sur plus d'un point. Pour certains cas de détail, il y a entre tous conformité de vues, unanimité parfaite de principes.

C'est ce que nous ferons ressortir, dans le chapitre qui suit; en notant aussi, pour ces points de détail, les divergences.

Nommons auparavant un lettré, un poète même, qui est de tous les partis, ou mieux qui n'est d'aucun; un éclectique, admettant le Merveilleux qui ne choque ni la raison ni la foi; appelant nos poètes épiques chrétiens de « grands hommes »; mais avouant qu'ils n'ont pas assez réussi, pour que leur Merveilleux soit regardé comme le point culminant du genre. Écoutons le sage Segrais : « Nos Poëtes Chrétiens ont établi leurs fictions sur la base de nôtre Foi : peut-être auroient-ils mieux fait d'examiner si nôtre Religion n'est point trop sainte, pour employer ses Mystères en des choses qui ne peuvent répondre à leur sublimité.

« Mais... je ne suis pas assez téméraire pour m'opposer au sentiment de tant de grands hommes qui ont crû sanctifier la Poésie, en la détachant d'une Religion profane, pour l'unir à la véritable Religion.

« Je voi néanmoins par l'opinion la plus générale que les imaginations qui sont appuyées sur la Fable, plaisent et touchent davantage, que celles où nous faisons agir les Anges et les Saints [1]. »

Segrais ne se compromet point; il fait acte de prudence et acte de goût; dans la pratique, Segrais le bucolique resta fidèle aux déités de Virgile.

---

1. Préface de la *Traduction de l'Énéide*; article du *Merveilleux*.

ARTICLE II. — **THÉORIES**

CHAPITRE PREMIER

DU MERVEILLEUX DANS LA POÉSIE LÉGÈRE

Par poésie *légère*, nous entendons tous les genres poétiques qui n'appartiennent ni au drame ni à l'épopée.

Les petits poèmes, de l'épigramme jusqu'à l'églogue ou à l'élégie, du sonnet jusqu'à l'ode, admettent-ils le Merveilleux ? et quelle espèce de Merveilleux ? D'abord, notons ceci : aux yeux des critiques du dix-septième siècle, un abîme sépare ces menues productions, des œuvres dites de longue haleine ; surtout du poème épique, ce dernier effort de l'esprit humain, ce *nec plus ultra* du génie, comme l'estiment tous ceux qui s'y sont essayés. Aussi, même les plus chauds défenseurs du Merveilleux chrétien font-ils généralement bon marché de leurs principes, quand il s'agit des petits sujets. Qu'on y chante, qu'on y amène tous les dieux, cela ne tire pas à conséquence. Ils abandonnent, de gaieté de cœur, aux nymphes, dryades, napées, faunes, et autres divinités de tout ordre, les vallées, les bosquets, les ruisseaux, les fleuves et les fleurs éternellement célébrés par les descriptifs ou les élégiaques ; ne réservant à Dieu et aux Anges que les hauteurs incomparables du poème épique, héroïque, sacré.

Godeau, qui laisse, dit-il, sans aucune espèce de regret, « tous les lauriers du Parnasse à ceux qui se contentent d'une récompense si fresle[1] », ne proscrit la Fable que des sujets sacrés ; il avoue sans ambages que « la Fable... est un des plus riches ornemens d'une Pièce, quand elle y est adroitement meslée[2] ». Desmarets, qui se raille des rimeurs toujours en quête d'un dieu quelconque et dont

---

1. *Poésies chrétiennes*, 1660, page 16.
2. *Ibid.*, page 19. — En 1665, le traducteur du *Poème sur la Naissance de J.-C.* permettait l' « imitation du Paganisme dans les matières profa-

Apollon et la Muse est *le* plus grand mystère [1];

Desmarets qui conjure les poètes chrétiens de « ne traiter que des matières divines [2] »; Desmarets, le chef de la croisade littéraire, s'adoucit en son *Discours pour prouver que les sujets chrestiens sont les seuls propres à la Poésie héroïque*. — « Que l'on ne m'accuse pas de vouloir bannir de toute Poësie les dieux et les déesses des Payens. » D'abord il les admet dans les œuvres d'autrui, dans les siennes même, quand il fait « parler des Payens selon leur croyance ». Ensuite il tolère ces « fausses divinitez » dans toute poésie de mince importance : « elles peuvent estre employées en des poësies non sérieuses », par exemple dans les madrigaux de galanterie. Les motifs de cette tolérance, Desmarets les demande aux us et coutumes de son époque : ces divinités amusent le public, dans les ballets et à l'Opéra; leurs statues décorent les jardins; des tableaux qui les représentent s'étalent aux murs des salons et des antichambres; puis donc que la peinture, la sculpture, la tragédie ou la comédie les font servir au « divertissement », que les vers plaisants les reçoivent au même titre [3]. Fera-t-on un crime aux versificateurs qui chantent leurs amours d'appeler à leur aide les « divinitez fabuleuses » ? Non : « ils peuvent suivre la coûtume qui en est établie ». Mais, ajoute Desmarets, avec une pointe de malice, ils prouvent bien par là que leurs sentiments sont comme leurs Fables, sans réalité, de pures « choses en l'air ».

Perrault n'est pas plus sévère que Desmarets. Après avoir témoigné sa compassion pour les pauvres génies, réduits à ces « vieux matériaux », Perrault fait des concessions : « Ce n'est pas, Monsieur, qu'à parler bien sérieusement, je ne sois très persuadé qu'on peut se servir encore heureusement

---

nes ». On ne la « souffre plus » que là, disait Pérachon; mais enfin, il l'y souffrait lui aussi, comme tout le monde.

1. *Epistre au Roy*, 1673.
2. *Marie-Madelaine*, 1669. Préface.
3. « ... Comme aussi l'on voit que leurs figures sont représentées dans les ballets et en d'autres spectacles publics et dans les superbes jardins, pour servir de décoration aux fontaines, et en d'autres lieux, et pour signifier les plus hautes puissances de la Terre, que la Sainte Écriture mesme appelle des dieux. » (*Discours*, etc., page 23.)

des fictions de la Fable ancienne dans la Poësie françoise, quand la matière s'y trouve disposée. » Perrault y apporte seulement deux conditions : que le poète en use « sobrement »; puis, que l'on n'aille point se mettre en tête « qu'un ouvrage n'est pas poétique, quand la Fable ancienne n'y est pas employée[1] ». — Dans le tome troisième du *Parallèle*, Perrault est plus libéral encore, ou plus explicite. L'Abbé, c'est-à-dire le prête-nom de Perrault, blâme la copie « servile des ornemens de la Fable », qui n'ont plus alors « la grâce de la nouveauté »; mais en leur donnant « un tour nouveau », on les rajeunira, et qui plus est, on surpassera en cela même les Anciens. Quelle gloire! Non seulement cela est possible, mais cela s'est vu sous le règne de Louis XIII et de Louis XIV : « Nous en avons une infinité d'exemples, dans les ouvrages des Modernes, où l'Amour, l'Hyménée, Vénus, Mars, Apollon, les Muses, et les autres divinités payennes, sont employées d'une manière plus spirituelle qu'elles ne l'ont été dans les ouvrages de ceux qui les ont inventées, ou qui les premiers les y ont introduites.

« Il n'y a qu'à lire les Odes de Malherbe, les Poësies de Racan, de Voiture, de Sarrasin, de l'un et l'autre Habert, de Malleville et de ceux qui ont écrit depuis, sans oublier le père Rapin, qui en a embelli si agréablement tous ses *Jardins*[2]. »

Dans le camp des lettrés qui visent à christianiser la poésie, tout le monde n'est pas aussi accommodant. Baillet, par exemple, se sent obligé « d'avouer que la Poësie se trouve plus corrompuë parmi ces demi-chrétiens et ces demi-payens, qu'elle ne l'étoit chez les Anciens, sur lesquels ils ont cru devoir au moins rafiner en galanterie[3] ». Mais Baillet n'est pas tendre à l'endroit des versificateurs, et il se montre plus austère que Bossuet. Bossuet « se sent forcé de faire grâce au Poëte chrétien » lequel use des fictions *creuses*, pour suivre la coutume[4]. C'est où se borne la condescen-

---

1. *Response* à un ami; fin du t. IV du *Parallèle*, page 321.
2. *Parallèle*, etc.; t. III, pages 16-18.
3. *Jug. des Savans*, t. III, Préface, sur les Poëtes; pages 242 et 243.
4. Lettre à J.-B. Santeul.

dance de Bossuet, qui préférerait voir le poète chrétien imiter la *grande et suave* poésie des Psaumes ; le Merveilleux classique, fût-il rêvé et exprimé par Virgile, lui semble puéril auprès des images de David. Comme la tempête soulevée par Éole et par Junon, et apaisée par le monologue de Neptune, lui paraît mesquine, en regard du texte sacré : « *Il dit; et le souffle de la tempête a obéi; les flots se sont gonflés; ils montent jusqu'aux cieux, ils descendent jusqu'aux abîmes...* Ce n'est pas ici Junon qui va supplier Éole; ce n'est pas Neptune qui gourmande les flots par des reproches pleins de courroux, et qui néanmoins peut à peine comprimer lui-même les flots de sa colère[1] ! »

Mais n'y aurait-il point irrévérence, ou témérité, à rabaisser le Merveilleux des Livres Saints jusqu'aux minces productions qui se nomment une ode, une élégie? Oui, répondait Saint-Évremond, ne voulant point que l'on fît « entrer en toutes choses la Majesté adorable de Dieu, dont il n'est pas permis de prendre le nom en vain[2] ». L'objection avait sa gravité, dans un siècle où la poésie passait pour un jeu d'esprit, traduisant en style *égayé* des idées agréables, mais généralement banales et assez peu personnelles.

Perrault se fait poser la question par le Président de son *Parallèle*; et lui-même répond par la bouche de l'Abbé.

Le Président. « Vous m'avouërez... que, la Poësie n'étant autre chose qu'un jeu d'esprit, il y a quelque sorte d'irrévérence à y mêler des Anges et des démons; et que ces personnages-là sont un peu trop sérieux pour en vouloir égayer de la Poësie.

L'Abbé. « La Poësie est un jeu d'esprit, quand on s'en sert pour se joüer, comme dans des épigrammes et dans des madrigaux; mais dans des Odes sérieuses et dans des Poëmes sur des matières importantes, la Poësie n'est pas plus un jeu d'esprit, que la grande éloquence dans des harangues, dans des Panégyriques et des sermons. On ne peut pas dire que les Poësies de David et de Salomon soient un pur jeu d'esprit. »

---

1. *De Grandiloquentia et Suavitate Psalmorum.*
2. *Œuvres meslées*, t. II, page 167.

Donc, selon Perrault, « il y a des ouvrages de Poësie très sérieux » (autres que l'épopée), où « par conséquent l'entremise des Anges et des démons n'a aucune indécence[1] ». Mais ni Perrault, ni ses confrères, n'en viennent à l'application; ils laissent la chose dans ce vague et leur théorie est moins positive que négative.

Ce que des critiques raisonnables disent à la fois de plus hardi et de plus sage en cette matière, revient à ceci : Laissez de côté la mythologie; vous avez à écrire des stances, une élégie, une ode; n'écoutez point votre mémoire, mais frappez votre cœur : *fecundum concute pectus!* regardez la nature, voyez-la, étudiez-la, comprenez-la :

O si Naturæ nossent mysteria vates !

C'était le vœu de Claude Santeul et de Saint-Évremond : « La nature, dit ce dernier, est admirable partout; et quand on a recours à cet éclat étranger (des Fables) dont on pense embellir les objets, c'est souvent une confession tacite qu'on n'en connoît pas la propriété[2]. »

Chateaubriand établit, en un chapitre de son *Génie du Christianisme*, cette sorte d'axiome, que *la mythologie rapetissait la nature;* mais déjà, au dix-septième siècle, on avait soutenu que les Fables, avec leurs divinités, la défiguraient.

---

1. *Parallèle*, etc.; 1692; t. III, pages 19 et 20.
2. *Œuvres meslées*, t. II, page 242.

CHAPITRE II

DES DIEUX. — QUELLE IDÉE ON S'EN FAISAIT
AU DIX-SEPTIÈME SIÈCLE

Posons d'abord ce principe indiscuté. Quand les partisans de la poésie chrétienne tolèrent les dieux et déesses, et que les partisans de la mythologie les réclament, ni les uns ni les autres n'entendent parler de vrais dieux ou de véritables déesses, tels que le peuple d'Italie ou de Grèce les rêvait, au temps d'Hésiode et au siècle d'Ovide. Sur ce point, l'accord est complet[1]. Ce serait grand'honte à nos beaux esprits d'accepter un Jupiter, une Junon, un Mars, comme les petites gens du Latium pouvaient les imaginer; le dix-septième siècle se fait des dieux à ses goûts et à sa taille; il veut des dieux présentables, honnêtes, des dieux gentilshommes.

Racine, qui devait être par excellence le poète du bon ton et du bon goût français, l'avait compris et dit à l'un de ses amis, dès l'âge de vingt et un ans : « Quand les poëtes parlent des dieux, ils les traitent en divinités et par conséquent comme des êtres parfaits; » ils s'occupent fort peu des personnages de l'histoire fabuleuse, nullement recommandables et n'ayant guère à leur actif que des « crimes ». Si on les considérait suivant les documents de leurs dossiers, « il ne faudroit plus introduire les dieux dans la Poësie; vu qu'à regarder leurs actions, il n'y en a pas un qui ne méritât d'être brûlé, si on leur faisoit bonne justice[2] ».

Tout le monde est de cet avis; et si les habitants de l'Olympe eussent été des êtres réels et vivants, on les eût envoyés tout droit en place de Grève ou aux galères. Saint-Évremond, accordant aux poètes modernes le privilège du

---

1. J'entends parmi les écrivains d'imagination ; car certains critiques comme Baillet, après Desmarets, relèguent les dieux en enfer, comme démons ou damnés.
2. Lettre à M. Le Vasseur; Paris, 13 septembre 1660.

Merveilleux païen, leur refuse le « privilège d'extravagance »; or ce serait, selon lui, « extravagance, exclusion du bon sens, impiété et folie » que de représenter les dieux tels quels, c'est-à-dire « fourbes et assassins ». Les Anciens se le permirent ; mais « leur espèce de théologie fabuleuse et ridicule est également contraire à tout sentiment de religion et à toute lumière du bon sens ». Quand ils prêtaient aux divinités toute « foiblesse, folie et méchanceté », les poètes classiques parlaient bien « le langage des dieux » ; mais, ajoute le malin critique, « il n'y a rien de plus fou que les Poëtes [1] ».

Mme Dacier, malgré tout son enthousiasme et sa passion pour l'antiquité, était — elle l'avoue — « bien loin d'avoir une haute idée de ces dieux », même de ceux que chanta le divin Homère [2]. On sait comment Fénelon, le plus gracieux peintre de divinités païennes, appréciait au point de vue moral les dieux de l'*Iliade*, qui ne valent pas les héros homériques; lesquels, de leur côté, « ne ressemblent point à d'honnestes gens... Personne ne voudroit avoir un père aussi vicieux que Jupiter, ni une femme aussi insupportable que Junon, encore moins aussi infâme que Vénus. Qui voudroit avoir un ami aussi brutal que Mars, ou un domestique aussi larron que Mercure [3] » ? Assurément ce ne sont point là les dieux du *Télémaque*.

Pas plus que de dieux infâmes, on n'admet de dieux ridicules; le ridicule étant une infirmité bien grave, en un siècle où l' « on veut bien être méchant », mais où l' « on ne veut point être ridicule [4] ». De là, ennemis et amis du Merveilleux païen relèvent à l'envi toutes les sottises que les Anciens font faire à ces hôtes du vieil Olympe. Le P. Rapin est fâché de voir qu' « Homère met ses dieux à tous les jours ; ce sont, dit-il, autant de forçats qu'il emploie à tout ». La marquise de Sévigné rit de ce mélange d'hommes et de dieux; et M. de Cambrai en hausse les épaules. Mme Dacier reconnaît que

---

1. *OEuvres meslées*, t. III, pages 71-73.
2. Cf. La Motte, *Réflexions sur la Critique*.
3. *Lettre à l'Académie*, chap. x.
4. Molière; Préface du *Tartufe*.

« si Scarron avoit voulu faire une *Iliade* burlesque, il auroit souvent trouvé les choses toutes faites[1] ». Despréaux, si l'on en croit La Motte, aurait, un jour de belle humeur, confessé qu'Homère égayait son sujet « aux dépens des dieux mêmes », en leur faisant « jouer la comédie dans les entr'actes de son action[2] ».

Chapelain se sentait tout fier d'avoir « estrillé » ces divinités homériques, dont l'absurdité offense la raison[3]; Desmarets se divertissait et en prenait à cœur joie de voir Apollon « tuer avec ses flèches les chiens des Grecs », et Thétis « chasser les mouches[4] »; il se moquait de ce « Jupiter ridicule, qui batoit sa femme, qui mangeoit, qui beuvoit, qui dormoit pour soûtenir sa vie immortelle, et qui ne pouvoit dormir quand il avoit quelque souci dans la teste[5] ».

La Motte s'étend à plaisir, pour molester Mme Dacier et pour rapetisser Homère, sur les *bizarreries* de ce Merveilleux absurde, qui nous montre « les pluies de sang, les inondations subites suivies d'embrasements aussi prompts, des chevaux parlans, des trépieds qui vont seuls aux assemblées des dieux, des statuës d'or qui agissent et qui pensent ». Tout cela, ajoute dédaigneusement l'abréviateur de l'*Iliade*, « ne coûte rien à Homère »! et dans l'ode qu'il intitule *l'Ombre d'Homère*, La Motte, prêtant au chantre d'Hector ses propres sentiments et son style, lui fait dire :

> Mon siècle eut des dieux trop bizarres;

si j'étais revenu parmi les humains, sous le règne de Louis le Grand,

> Du faux Merveilleux de la Fable,
> Mes vers se seroient garantis;
> Et j'y tiendrois au vrai-semblable
> Les dieux mesmes assujettis.

Pour toutes ces causes, l'on se gardait bien d'imiter ces vieil-

---

1. Cf. La Motte, *Réflexions sur la critique*.
2. Id., *Discours sur Homère*.
3. *De la Lecture des vieux Romans*; page 11.
4. *Discours pour prouver que les sujets Chrétiens*, etc.; page 10.
5. *Traité pour juger des Poëtes*, etc.; page 87. — « Virgile l'a fait de mesme volage, parjure, sans justice et sans mémoire. » Page 89.

leries déraisonnables : on se faisait un Jupiter très grand et très sage, un Mercure très disert et nullement larron ; et ainsi des autres. Ce n'étaient plus les dieux de la mythologie ; mais, comme l'écrivait Rousseau à Rollin, « des êtres poétiques ». Au sentiment du même lyrique, « un poëte chrétien les employoit comme de simples expressions synonymes des idées vulgaires, et des figures inventées à dessein de les relever [1] ».

Mais alors comment des poètes sensés, persuadés que « le vrai seul est beau », prétendaient-ils *relever*, ou comme dit Boileau « agrandir, embellir toutes choses [2] », par des fictions sans fondement, ni vérité ? Le sage Rollin nous semble avoir le mieux du monde saisi, marqué, et en fin de compte censuré cette contradiction. Voici en quelques mots son argumentation. L'homme « qui parle, doit avoir une idée nette de ce qu'il veut dire » et faire entendre à autrui « ce qui se passe dans son âme ». Mais le poète chrétien atteint-il ce « premier but du langage », quand, par exemple, au milieu d'une tempête il invoque Éole et Neptune ? Non ; et » il n'y a rien de plus absurde, de plus badin et de plus insipide, que d'apostropher d'un ton pathétique des noms sans vertu et sans réalité » ; de conjurer par les « figures les plus vives » un « pur néant de nous secourir ».

A quoi donc pense un poète moderne qui « de sang-froid s'adresse à Apollon et aux Muses, pour le prier de l'inspirer », ou qui « rend grâces à Cérès, à Bacchus, à Pomone » ? Assurément il n'entend pas « ce que les païens entendoient » ; en quoi il y aurait « impiété et irréligion ». — La plus « raisonnable » hypothèse serait que le poète a voulu signifier, par ces « noms de dieux, les différents attributs du Dieu suprême, du Dieu véritable » ; mais s'il en était ainsi, le poète aurait commis une « profanation », vu que les porteurs de ces noms, tels que la Fable nous les propose, ne sont rien moins que des images de la divinité.

D'objection en objection, Rollin arrive à cette conclusion : Si l'on ne peut entendre par ces noms mythologiques ni « les

---

1. Lettre du 16 décembre 1735.
2. *Art poétique*, ch. III.

faux dieux, ni le véritable Dieu », il ne reste qu'un milieu, « absolument insensé et extravagant : c'est de ne rien entendre ».

Et sondant sa propre conscience, Rollin déclare qu'il en était réellement ainsi pour lui, quand, aux années de sa jeunesse folle, il parlait en l'air de ces tristes Immortels : il le faisait, comme tout le monde, sans réflexion, pour ne rien dire : dont il a regret et remords. L'exemple d'autrui était alors pour lui « une loi », sans être « une justification [1] ».

Pourquoi donc cet exemple avait-il tant de force, voire même force de loi ? Comment cet usage s'était-il maintenu et fortifié ? On se le demanda au dix-septième siècle : les uns par un simple motif de curiosité ; d'autres avec une sorte de stupéfaction.

Quelles furent les diverses réponses ?

---

1. *Traité des Études*; l. II, *De la Poésie*, chap. 1ᵉʳ, art. IV.

CHAPITRE III

QUELQUES RAISONS DU MAINTIEN DES DIEUX
DANS LA POÉSIE

Une réponse générale et toute simple est consignée par Rollin au chapitre que nous venons d'analyser; savoir, la manie « d'étudier et de copier *uniquement* » les Grecs et les Latins. Mais dans cette manie même, d'où venait la servilité étrange, par laquelle des lettrés chrétiens acceptaient tout du paganisme, jusqu'à ces divinités fabuleuses et fort peu honorables?

Les défenseurs de la poésie chrétienne en signalaient une raison à laquelle nous nous arrêterions à peine, si eux-mêmes ne s'y étaient arrêtés avec insistance, et si on ne la rencontrait chez des écrivains modérés. La voici. Lorsque nos poètes, sous le règne d'un roi très chrétien, chantent et invoquent ces dieux « méchants, ignorants[1] », dont la légende est si peu édifiante, n'en cherchez la cause que dans la corruption des mœurs. C'est que, suivant le grave Baillet, « le génie poétique est accoutumé au libertinage[2] »; et il s'attriste en songeant au peu de succès de M. de Saint-Sorlin qui avait essayé de « restituer à Dieu... cette poésie profane », où se fait voir « la corruption de l'esprit et celle du cœur[3] ».

Pourquoi, s'écriait Desmarets, en 1670, les poètes païens ont-ils « trouvé tant d'applaudissements pour leurs fables » absurdes, tandis que nous, poètes chrétiens, nous avons tant de difficulté à obtenir un regard de bienveillance pour nos « fictions, quoique ingénieuses, raisonnables, riches et fondées sur la vérité »? C'est que les païens, inventeurs de ces folies avaient pour eux, et que nous avons contre nous,

---

1. Desmarets.
2. *Jugemens des Savans*, t. III, Préface *Sur les Poëtes*, pages 242 et 243.
3. *Ibid.*, *De l'Art poétique*, pages 307 et 308.

les passions et les vices de l'humanité[1]. Certes Desmarets se flatte et s'aveugle sur son propre mérite, et il serait mal venu à conclure de la sorte, s'il était le premier et le seul à tenir ce langage. Mais avant lui, l'avocat Guéret accusait les poètes d'avoir mis les Fables de la mythologie au service de leurs propres débauches ; par suite de leur immoralité « leur plume... a noircy de ses traits infâmes toutes les divinitez » et par là « ces esprits libertins ont profané la poësie[2] ».

Bernard Lamy est aussi sévère ; il l'est plus encore. On n'aime pas, écrit-il, à entendre parler du vrai Dieu, parce que ce Dieu grand et saint hait les pécheurs. Les poètes le savent ; et les poètes veulent plaire. Alors ils entretiennent les lecteurs de divinités qui « n'éblouissent point » ; ils rabaissent leur génie au niveau des gens qui « s'accommodent bien mieux des dieux du paganisme, d'un Jupiter adultère, d'un Mars cruel, d'un Bacchus yvrogne, et d'un Mercure voleur[3] ».

Accusations vigoureusement poussées ; mais les preuves ?... Des juges moins prévenus se prononçaient avec moins de fougue et plus de vérité : La faute, disaient-ils, en est simplement à la routine, et cette routine est, en dernière analyse, un héritage de la Renaissance, de ce Ronsard si décrié, trébuché de si haut, mais toujours régnant par son influence. C'est à lui et à la Pléiade que Perrault fait remonter cette fureur de mythologie, mise à la mode par ces auteurs « enyvrez de la Poësie des Grecs et des Latins, jusqu'à croire qu'il n'y en a point d'autre[4] ». Et Perrault critique, non sans esprit, l'enthousiasme sincère mais indiscret de Ronsard et de « tous ceux qui ont travaillé comme luy ». — Ainsi voilà Boileau convaincu par un de ses contemporains d'être, lui et les siens, disciples trop fidèles de Ronsard.

D'autres vont plus avant que Perrault dans cette recherche des origines du paganisme littéraire. Si notre poésie est

---

1. *Traité pour juger des Poëtes*, etc. ; 1670, chap. xxxi ; page 90.
2. *Le Parnasse réformé*, 2ᵉ édit., 1669, page 53.
3. *Nouvelles Réflexions sur l'Art poétique*, 1678 ; 2ᵉ part., chap. ii.
4. *Réponse à la Lettre d'un ami*, etc., t. IV du *Parallèle*, page 316.

païenne au dix-septième siècle, on le doit en partie aux scrupules exagérés des latinistes du seizième siècle, qui « se crurent obligés... de n'employer que les mots autorisés par les auteurs du siècle d'Auguste » et qui même « pour désigner les mystères de notre Religion,... se servoient de termes consacrés aux mystères du paganisme... Tous ces noms parurent aux poëtes les termes de leur langue. *Mars* fut toujours pour eux le dieu de la guerre ; *Vénus*, la déesse des amours, et *Minerve* celle de leur art [1] ».

Ainsi pensait et s'exprimait, en 1683, l'académicien Charpentier. Dans son ouvrage *De l'Excellence de la langue françoise*, Charpentier rappelle comment nos érudits du temps passé s'éprirent à l'excès de la langue romaine et déterminèrent parmi des esprits exaltés une sorte de renaissance de culte païen [2]. Certains latinistes, sans se rendre coupables d'idolâtrie, eurent le tort de pousser « jusqu'au sacrilége » l'affectation païenne de leur style ; témoin le *Virgilius evangelizans* d'Alexandre Rosa, « où l'Histoire de Jésus-Christ est décrite avec les Expressions et les Inventions mesmes de Virgile... Rosa, parlant de l'Institution du Saint Sacrement, n'a point fait scrupule de s'expliquer en ces termes :

> Jamque dies cœlo concesserat, almaque *Phœbe*
> Noctivago curru celsum pulsabat *Olympum*,
> Cum Christus *Cererem* sociis *Bacchumque* ministrat...

Il faut, s'écrie Charpentier, être fou à lier, pour concevoir le plus adorable de nos Mystères, sous les noms de ces prophanes divinitez du paganisme. » Et par la même occasion, il se plaint du « celebre Evesque d'Albe » Vida ; « il seroit à souhaiter que (Vida)... n'eust point autorisé cette mauvaise coustume par son exemple, et qu'en parlant de ce mesme Mystère adorable, qui se fait tous les jours sur nos Autels, il n'eust point dit :

> Arisque sacramus
> Sinceram *Cererem*, et dulcem de vite liquorem;

---

1. Louis Racine, *Réflexions sur la Poësie*, chap. 1ᵉʳ, art. 2.
2. Comme il arriva pour Pomponius Lætus, qui « en de certains jours... sacrifioit secrètement à Romulus avec les plus particuliers de ses amis qu'il avoit desbauchés ». (T. II, pages 741 et 742.)

ou bien qu'en faisant raconter à saint Jean, en présence de Pilate, le miracle de Jésus-Christ, où cinq mille personnes furent nourries de cinq pains d'orge, et de deux poissons, il n'eust point dit encore :

> Eos jam tertia namque
> Muneris expertes *Cereris* lux acta videbat. »

Je sais bien, ajoute Charpentier, que ce style est autorisé par Cicéron dans le *De Oratore* (liv. III); mais sommes-nous donc les contemporains de Cicéron? Alors « on estoit persuadé que *Cérès* presidoit aux Bleds, *Bacchus* aux Vins, *Mars* à la Guerre. Mais maintenant que ces opinions ont esté détruites avec l'Idolâtrie, nous ne pouvons plus employer ces mots dans le mesme sens des Payens, et surtout en matière de Religion, à moins que de faire un meslange monstrueux de la doctrine de la Vérité avec la langue du mensonge [1]. »

---

1. *De l'Excellence de la Langue françoise*, 1683. T. II, pages 734-738.

CHAPITRE IV

DE L'EMPLOI DE CERTAINES EXPRESSIONS
PAÏENNES

La question du Merveilleux réduite à une simple affaire de style et de mots agita et divisa les esprits au dix-septième siècle. Un auteur chrétien pouvait-il en conscience user d'un terme qui, de près ou de loin, touchait à une idée païenne?

Charpentier, qu'on vient d'entendre, s'y opposait formellement, traitant ce langage de « monstrueux ». Ménage, tout au rebours : « Les Poëtes Chrétiens, je veux dire les Poëtes qui traitent un sujet chrétien, peuvent sans impiété appeler le pain *Cérès* et le vin *Bacchus*[1]. » Ménage va même jusqu'à soutenir qu'il est « bienséant aux Poëtes chrétiens d'employer dans leurs vers les noms des divinitez payennes ». Mais par un correctif qui ressemble fort à une inconséquence, Ménage, au même endroit, défend « d'introduire ces divinitez dans des sujets chrétiens ou Juifs », et il condamne Malherbe d'avoir nommé *Amours* les saints Innocents, attendu qu'il devait les nommer *Anges*[2]. Quelle est au fond la pensée du docte Angevin? S'il est permis et bienséant d'appeler le pain *Cérès*, même dans un sujet chrétien, quel crime a donc commis Malherbe?

Le P. Bouhours s'était-il aussi rendu coupable d'une faute bien lourde en parlant de « l'Estoile de nostre grand Monarque[3] »? Barbier d'Aucour l'affirmait; et dans ses *Sentimens de Cléanthe*, il releva ce terme avec force ironie; sous couleur que cette expression « n'est pas le fait d'un bon chrestien », mais plutôt d'un homme qui croit à l'influence des astres. Charles Sorel, sieur de Souvigny, prit parti pour le grammairien jésuite, ne voyant là ni paganisme ni trace de

---

1. Ménage, *Anti-Baillet*, 2ᵉ partie, 1ᵉʳ article, cɪ.
2. *Id., ibid.*
3. *Entretiens d'Ariste et d'Eugène*, 1671.

croyance à l'astrologie : « C'est, ajoute Sorel, comme de dire la *Fortune*, le *Sort*, le *Destin* ou la *Destinée*; les payens faisoient des Divinitez de cecy, lesquelles ils adoroient et ils en croyoient dépendre; mais pour les Chrestiens, quand ils en parlent, ils entendent par là ce qui leur arrive et ce qui a esté réglé par la Souveraine Providence [1]. »

Brébeuf n'était pas, pour son propre compte, plus scrupuleux que Bouhours et que Sorel; mais en tolérant ces « façons de parler... un peu libres » dans ses poésies chrétiennes, il craignait de scandaliser les oreilles pieuses; aussi prenait-il soin de les expliquer aux lecteurs de ses *Entretiens solitaires* : « Dans tous les endroits où je me sers des mots de *Sort*, de *Fortune*, ou de *Destin*, il les faut prendre dans leur signification commune, et non pas dans celles que les Philosophes payens, ou que les Libertins leur ont données [2]. »

Tristan Lhermite, publiant ses *Vers héroïques*, fait de même profession de foi, vers la fin de son *Advertissement à qui lit* : « Sur tout je vous advertis que, lorsque je parle icy de *Divinitez*, *Cieux*, *Destin*, *Fortune*, et autres termes profanes, pour l'ornement de la Poësie, à la façon des Escrivains passez, ce n'est pas que je ne croye fidèlement toutes les véritès Chrestiennes... »

Mêmes précautions de la part de Saint-Amant, quand il offre au public son *Moyse sauvé* : « Pour ce qui est des noms fabuleux dont je me suis servy, comme de l'*Olimpe* au lieu de Ciel, de l'*Érèbe* ou de l'*Averne* au lieu de l'Enfer..., de *Nimphe* au lieu de Reine ou de Princesse, de *Génie* au lieu d'Ange, et de plusieurs autres noms de mesme sorte; ce n'est que pour rendre les choses plus poétiques... Il n'y a pas plus d'inconvénient d'user de ces termes, que de ceux du *Sort*, de *Destin* et de *Fortune* au lieu de Providence divine [3]. »

D'autres auteurs, au nombre et en tête desquels se trouve

---

1. *De la Connoissance des bons livres*, 1671; chap. IV, pages 391 et 392.
2. *Entretiens solitaires*, ou Prières et Méditations pieuses en vers françois. Édit. de 1660. Brébeuf fait suivre l'Avertissement, de l'*Explication de quelques façons de parler qui paroissent un peu libres, et qui pourroient se prendre en divers sens*.
3. *Moyse sauvé*, Idile héroïque du sieur de Saint-Amant, 1660, Préface.

La Bruyère, ne virent pas non plus d'inconvénient à écrire *Destin* et *Destinée*. La Bruyère en fut vivement tancé par Vigneul-Marville, lequel eût souhaité « que le mot de *Destin* fût retranché de tous les livres et même de nôtre Langue[1] ».

D'Assoucy, malgré ses hardiesses, osait à peine hasarder cette locution : *Chef-d'œuvre de la Nature!* Il est vrai que l'empereur du burlesque éprouvait ces inquiétudes de conscience lorsque, pour d'autres motifs, il était logé dans la prison du Saint-Office[2].

Un écrivain, dont M. Chevreau n'écrit que la moitié du nom « M. Gel*** », avait désiré que « pour l'honneur du Christianisme... on *étouffât* tous les noms des Divinités anciennes »; ce zèle parut exorbitant à Chevreau, et il composa toute une réfutation contre ce M. Gel***; il l'adressa à M. de La Mesnardière. Voici quelques échos de son éloquence :

Étouffer absolument toute locution et dénomination païenne, ce serait en premier lieu condamner les apologistes et les historiens du christianisme : « Justin le Martyr, Théophile et Théodoret, Minucius Félix, Arnobe et Lactance », qui ont parlé des idoles. Ce serait ensuite prohiber les noms de toutes les passions et de « toutes les Vertus intellectuelles et morales, parce qu'elles ont été déifiées ». Ce serait bouleverser les nomenclatures astronomiques et chimiques où se lisent les noms de Jupiter et de Saturne.

Il est manifeste que cette argumentation n'a rien de très concluant; notamment en ce qui concerne les apologistes de la foi, qui parlent des dieux précisément pour réfuter leurs adorateurs. Chevreau poursuit sur le ton de la plaisanterie : « Et que deviendront les Chats, les Oignons, etc., qui ont été le premier objet du culte et de la Religion de certains peuples? N'est-il plus permis de nommer les Pâles-Couleurs ou

---

[1]. *Sentimens critiques* des *Caractères*. Lettre xx, p. 340 : « Ce terme (*Destin*) est poétique; et ne peut s'admettre que dans les ouvrages où l'on admet le sistème des divinitez fabuleuses. » — Lettre xxxi, pages 503 et 504 : « ... Si par *Destin* on entend la Providence, que ne l'exprime-t-on? N'est-ce pas un beau mot? Est-il moins françois? Non, il est plus chrétien, seule cause de son rare usage. »

[2]. *Les Pensées de M. d'Assoucy*, dans le *Saint-Office de Rome* : « Ces façons de parler sont des restes de l'ignorance du Paganisme... »

la Fièvre, parce que ces maladies ont été déifiées aussi bien que la Santé? Serons-nous ennemis par cette raison du Ris, de la Paix, de la Piété, de la Concorde, de la Foi, de la Jeunesse, du Repos, de l'Abondance et de la Victoire[1]? »

Venons à quelque chose de plus pratique. Jacques de Coras, l'auteur du *Jonas*, réglait comme il suit l'usage licite des noms païens :

1° Un chrétien ne peut nommer les « divinitez payennes », à moins de les traiter comme elles le méritent, c'est-à-dire comme « des faux dieux et des idoles »; tout ainsi que le fait Polyeucte dans le temple de Nicomédie;

2° Défense de prononcer les « noms de *Neptune*, de *Vulcain* et de *Cybèle* pour exprimer la mer, le feu et la terre », sauf le cas où l'on mettrait ces mots dans la bouche d'un païen;

3° Quant à *Saturne*, *Jupiter*, *Mars*, *Mercure* et *Vénus*, Coras ne leur accorderait d'autre signification que celle dont les honore l'astronomie; et partant il les renverrait aux « Almanachs[2] ».

---

1. *OEuvres mêlées* de Chevreau; édit. de 1697; pages 346 et 347.
2. *Jonas*, 1663; Dédicace à Turenne; page 4.

CHAPITRE V

DE L'ALLIANCE DU *SACRÉ* ET DU *PROFANE*

« Les Peintres et les Poètes, devenus plus sages, ont renoncé à cette alliance monstrueuse du *Sacré* et du *Profane*. »

Cette phrase, qui signale un progrès et une conquête, est de Louis Racine ; elle ne date que de la première moitié du dix-huitième siècle [1]. Cent ans auparavant, quelques peintres et poètes usaient encore assez largement du privilège qu'Horace leur octroyait ; ils s'accordaient sans remords, peut-être même sans attention, le mélange du Merveilleux de la Fable avec les merveilles de l'Évangile ; comme les prédicateurs se permettaient de faire parler « alternativement... Saint Cyrille, Horace, Saint Cyprien, Lucrèce » ; alors, dit La Bruyère, « le Sacré et le Profane ne se quittoient point [2] ».

Fléchier, pendant les grands jours d'Auvergne, en 1665, visita, dans je ne sais quel couvent, une galerie peinte par un moine auvergnat ; l'une des scènes de la galerie représentait « le Pape environné de plusieurs Cardinaux, à qui Saint Dominique » adressait une supplique ; au bas du tableau « on voyoit le cheval de Troie traîné par Priam et par des messieurs et des dames de la ville, qui croyoient rendre un grand service à leur déesse Minerve ». Et comme Fléchier s'étonnait d'un rapprochement si singulier, il lui fut répondu que l'artiste « entendoit Virgile et Homère comme son bréviaire » et qu'il appliquait le fruit de ses lectures « avec beaucoup d'esprit et de piété à Dieu et aux Saints [3] ».

Avec esprit, c'est douteux ; avec piété, plus douteux encore ; mais ce n'était certes point avec discernement, ni avec discrétion. Du reste, au seizième siècle et jusque vers le milieu du dix-septième, on n'y faisait pas tant de façons. En France

---

1. *Réflexions sur la Poésie* ; chap. 1er, § 2.
2. *Caractères* ; chapitre De la Chaire.
3. *Les Grands Jours d'Auvergne* ; édit. Chéruel, page 189.

et dans les autres nations lettrées, les poètes avaient, dit Baillet, le défaut ou la manie (on pourrait ajouter et la distraction) de mêler le profane au sacré en des poèmes roulant sur un thème chrétien. Ainsi faisaient l'Écossais Buchanan, le Hollandais P. Heinsius, les Italiens Sannazar, le Tasse, Arioste, le Français Malherbe, et combien d'autres [1].

Au milieu du dix-septième siècle, nos versificateurs épiques ou héroïques, Chapelain, Le Moyne, Saint-Amant, parsèment leurs descriptions chrétiennes de fleurs mythologiques. Saint-Amant le reconnaît en toute franchise par-devant ses lecteurs et s'excuse sur l'exemple de Sannazar, « qui n'en a point esté censuré par l'Église jusqu'à présent ». A ses yeux, les Fables sont « certaines Estoffes, qui... pour avoir esté tissuës par des mains payennes, ne laissent pas d'estre employées à l'embellissement des Autels chrétiens ». Lorsqu'il en use de la sorte, Saint-Amant se persuade qu'il fait « du Panthéon et de tant d'autres Temples dédiés aux faux dieux, des Églises consacrées au Dieu éternel et véritable [2] ». La modestie n'est pas le défaut de Saint-Amant.

Le P. Pierre de Saint-Louis, dans son incroyable poème de *la Madeleine au Désert*, dépassait en ce point les limites de l'absurde; par exemple lorsqu'il écrivait de la sainte pénitente des sottises pareilles à celles-ci :

>   ... Les Cieux
> Ont changé, pour la voir, tous les Astres en yeux,
> Comme une Anachorette, *Oréade* ou *Napée*,
> A pleurer ses pechez nuit et jour occupée,
> Qui vécut au désert l'espace de trente ans,
> Pour ne jamais mourir dans l'histoire des temps.
> Ces bois la font passer pour une *Hamadryade*,
> Ses larmes font penser que c'est une *Naïade* :
> Venez donc, curieux, et vous rencontrerez
> Une *Nymphe* aquatique au milieu des forests [3].

Racine lui-même, dans sa *Bérénice*, avait fait implorer les « dieux », les « Immortels » par Bérénice, « sans prendre garde qu'elle étoit Juive ». L'abbé de Villars releva vivement

---

1. *Jugemens des Savans*, t. V, page 409.
2. Préface de *Moyse sauvé*.
3. Édit. de 1667; liv. Ier, page 4.

cette distraction du grand tragique, et Racine s'empressa de la corriger[1]. Alors, c'est-à-dire en 1670, tout le monde, ou peu s'en faut, était unanime à proscrire cet oubli des convenances religieuses et littéraires.

Boileau pensait et parlait comme ses adversaires en 1674, quand il défendait au poète d'être « en un sujet chrétien,... follement idolâtre et payen ». C'eût été, de l'avis commun, allier « Jésus-Christ à Bélial, mettre les faux dieux dans le sanctuaire, et l'enfer, pour ainsi dire, dans le paradis[2] »; c'eût été « faire comme cet Empereur qui mettoit dans un mesme oratoire Orphée et Abraham, Apollon et Jésus-Christ[3] ». — « Je ne puis souffrir, s'écrie Jacques de Coras, qu'on mesle Jupiter avec le Dieu d'Abraham, d'Isaac et Jacob, ni Orphée avec Jésus-Christ, ni Hercule avec Samson. » Aussi s'est-il bien gardé en son poème, au moment où « Jonas fut tiré du ventre de la Baleine », de faire prendre le prophète par « Neptune, Nérée, Triton et toute leur famille[4] ».

En 1662, l'abbé de Marolles conjurait nos poètes de ne plus laisser courir et fleurir en leurs vers chrétiens les « eaux de l'Hippocrène... et les lauriers du Parnasse[5] »; vu que ce n'est pas le lieu.

Une fois que l'on eut bien constaté en France la *monstruosité* de cette alliance, et que l'on fut bien résolu à la proscrire, on en rejeta comme à l'envi la faute et le blâme sur les littératures étrangères. On en accusa l'Italie; on fit en règle le procès des écrivains d'au-delà des monts, coupables d'un tel manque de goût. Les critiques remontèrent jusqu'à Pétrarque (1304-1374), qui avait appelé Jésus-

---

1. « La Reine Bérénice... devient payenne; et la Juive ne parle que des *dieux* et des *Immortels*; ayant oublié Dieu, elle en oublie la loi. » (Villars, *Critique de Bérénice*, 17 novembre 1670. V. FF. Parfait, t. XI, p. 70. — Louis Racine raconte comment son père, dans la seconde édition de *Bérénice*, « changea ces expressions, qu'il avoit mises dans la bouche de Bérénice, sans faire attention qu'elle étoit Juive ». (*Mémoires sur la Vie de J. Racine*, 1re partie.)
2. Préface du *Poème sur la Naissance de J.-C.*; 1665, traduit par Pérachon.
3. Balzac, *Discours* VIII.
4. Préface de *Jonas*, 1663; pages 4 et 5.
5. *Traité du Poëme épique*; chap. VI, pages 47 et 48.

Christ *immortale Apollo*, et Dieu le Père *vivo Giove*; et l'on reprocha à Castelvetro, pour avoir tâché de justifier ces expressions, une « indulgence » qui « n'est pas excusable [1] ». On censura les églogues sacrées du Mantouan (Battista Spagnuoli, 1436-1516), où l'on voit le ciel peuplé de « *Dryades* et d'*Hamadryades*, nouvelles Saintes que nous ne connaissions pas encore dans le paradis [2] ».

Sannazar (1458-1530) fut vertement blâmé, et son poème *De partu Virginis* qualifié de « sacrilège ». Baillet résume et transcrit en ces termes les critiques de Sannazar et celle en particulier qu'en avait faite Balzac : « Sannazar n'a point eu honte de remplir un poëme chrétien de Dryades et de Néréides; d'ôter d'entre les mains de la Sainte Vierge les livres des Prophètes et des Pseaumes pour y mettre les vers des Sibylles; d'introduire au lieu d'Isaïe, de David, ou de quelque autre Prophète, le Protée de la Fable à l'antre du Jourdain, prédisant le Mystère de l'Incarnation » ; — de n'oser écrire le nom de Jésus, comme n'étant pas d'une assez bonne latinité, et d'oser par contre appeler « la Sainte Vierge *l'espoir des dieux* [3] ».

Arioste fut sévèrement repris pour avoir « de nos Mystères... fait partie de ses fables » et s'être joué « de ce que nous adorons » ; pour avoir, « dans son chant vingt-neufiesme, fait jurer le vray Dieu par l'eau du Styx » ; pour avoir attribué à « l'Ange Gabriel... l'office de Mercure », qui s'en va « de la part de Dieu, chercher le Silence dans la maison du Sommeil [4] ».

---

1. V. Chevreau, *OEuvres mêlées*, page 378. — S'il arrivait encore à des rimeurs modernes d'unir le sacré au profane, l'on s'en moquait comme d'une balourdise. Le Pays, ce *bouffon plaisant*, s'aperçut un jour que je ne sais quel faiseur de sonnets avait placé *des auréoles* sur des fronts profanes; il s'en plaignit : « Ce sont, dit-il à l'auteur, des miracles de la Religion chrétienne, qu'on ne doit point attribuer aux dieux du Paganisme, dont vous avez rempli votre sonnet. » (*Nouvelles OEuvres* de M. Le Pays; Amsterdam, 1674, 1re part., page 175.)

2. Fontenelle, *Églogues*. Fontenelle traite cela de « ridicules sensibles et pour ainsi dire, palpables ».

3. Baillet, *Jugemens des Savans*, t. IV; *Poëtes modernes*, page 341.

4. Balzac, *Herodes infanticida*. — Balzac fut un des premiers à proscrire ce mélange, et même il en fut l'un des plus sévères proscripteurs. Après sa cri-

Mais la *Jérusalem délivrée* devint, de ce chef, le point de mire de toutes les attaques. On jugea que le Tasse avait profané la Terre Sainte, ce « théâtre des Mystères de nôtre Religion[1] », et outragé la vérité alors qu' « il employe Pluton et Alecton d'un costé et Gabriel et Michel de l'autre » ; qu'il « se sert d'une déesse fabuleuse pour conduire Charles et Ubalde où Pierre l'Hermite les envoyoit[2] » ; qu'il invoque la Mère de Dieu sous le titre de Muse[3] ; qu'il « fait agir Tisiphone et Mégère avec les Anges » ; qu'il « parle de Neptune, de Pluton et de Proserpine, comme de divinitez adorées par Aladin et Argant, quoy qu'ils fussent mahométans » ; qu'il semble, comme « Sanazare et quelques autres Italiens, admettre dans la vérité de la creance et le Cerbere et la Chimere, et les Centaures, et des Grenouilles noires dans le marais stygien, et une Barque qui serve à tant de milliers d'âmes pour traverser une rivière fatale[4] ».

---

tique d'*Herodes infanticida*, il faut lire son *Entretien XXXV*, dirigé contre le même Heinsius et contre « ses Maximes qui permettent de mesler les deux Religions. Comme dans sa Tragédie, il est Juif et Payen, il croit que dans sa Dissertation il peut estre Catholique et Huguenot. Il se fonde sans doute sur cette vieille sentence que le sage est le prestre de tous les dieux et le citoyen de toutes les Republiques. Mais les sages de ce temps-là ne sont pas les sages de celuy-cy ».

1. Baillet, *l. c.*, t. V, page 9.
2. Balzac, *Herodes infanticida*.
3. Chevreau, *OEuvres mêlées*, édition de 1697. — Dans la même lettre, Chevreau se plaint d'un poète français qui dans une pièce chrétienne, sur la *Conception de la sainte Vierge*, fait cette invocation :

      Vierge, Reine du Ciel, immortelle Uranie :

et il ajoute que les poètes italiens n'invoquent presque jamais Marie, sans l'appeler *Muse* ; il cite, après le Tasse :

1° Ascanio Grandi :

      Delle Muse del Ciel Musa reina...
                              (Poëme de *Tancrède*.)

2° Crisostomo Talenti :

      Inclita Musa, il cui sovran valore
      Su l'angeliche trombe in Ciel risuona...
                              (Chanson.)

3° Chiabrera :

      Musa ch' alma corona al crine adorno
      Tessi di stelle...
                              (Amadeïde.)

4. De Marolles, *Traité du Poëme épique*, 1662 ; chap. VI, pages 47 et 48.

Au Livre IX° de la *Guerre poétique*, racontée par l'académicien François de Callières, Virgile adresse une rude semonce au Tasse à propos de cette bigarrure : « Vous avez, lui dit-il, fait de votre Poëme un cahos (*sic*) informe [1]. »

Callières raille encore, par une fiction assez curieuse, le même défaut de goût et de mesure dans l'épopée portugaise de Camoëns. Camoëns, après avoir « mêlé impudemment dans son poëme les faux dieux avec les Anges et les démons », est censé amener ses bataillons épiques au secours des Modernes contre les Anciens. Mais ses divinités païennes, Mars et Vénus, prennent peur en apercevant parmi les rangs opposés le héros Diomède « surnommé *Blesse-Dieux* »; ils se sauvent et « tous les autres dieux des *Luziades* » lâchent pied [2].

Dès que le *Paradis perdu* fut connu en France, on ne manqua pas d'être aussi « généralement blessé d'un pareil mélange du Sacré et du Profane qui s'y rencontre ». Rollin, en signalant ce fait, excuse un peu cet « assortiment bizarre », par la raison que Milton s'est laissé entraîner au « torrent de la coutume [3] ».

Le torrent passa. Selon Louis Racine, une part de la gloire en revient à Boileau, pour avoir promulgué la séparation définitive des genres et pour avoir appuyé sa loi de son exemple. Quand Boileau décrit pour Lamoignon les plaisirs de la campagne, son sujet n'ayant « aucun rapport à la Religion », le législateur a droit d'appeler le blé, les fruits, le vin, *Cérès, Pomone, Bacchus*; mais traite-t-il de « la Honte du bien », en l'honneur d'Antoine Arnauld, alors il dit « le Bled, la Vigne », à cause du ton moral et chrétien de toute l'épître. Entreprend-il un poème héroï-comique, dont les principaux personnages sont des gens d'église, Boileau en écarte les dieux mythologiques et les remplace par les allégories de Vices et de Vertus, tolérées par le Merveilleux

---

1. *Histoire poétique*, etc., 1688, page 222.
2. *Ibid.*; liv. V, page 117. — « Sannazar a mêlé d'une manière... peu judicieuse les Fables du paganisme avec les Mystères de nostre Religion; aussibien que le Camoens qui parle sans discrétion de Venus, de Bacchus et des autres divinitez profanes dans un Poëme Chrestien. » (P. Rapin, *Réflexions sur la Poétique*, 1684, pages 135-136.)
3. *Traité des Études*, l. II, chap. 1er, art. 4.

chrétien, « la Discorde, la Mollesse, la Volupté, la Charité [1] ».

Vers 1674, à l'apparition du *Lutrin* et de *l'Art poétique*, personne n'alliait plus le sacré au profane ; le sens religieux et le goût littéraire avaient fait justice du « mélange coupable » qui

Même à la Vérité donne l'air de la Fable [2].

Avant cette date, l'unanimité complète existait aussi sur la question complexe du Merveilleux au théâtre ; nous allons voir comment et dans quel sens.

---

1. Louis Racine; V. *Mémoires de l'Académie des Inscriptions et Belles-Lettres*, 1722, page 235.
2. Boileau, *Art poétique*, Chant III. — M. G. Doncieux fait observer, à propos du premier dialogue de Bouhours dans sa *Manière de bien penser*, que Bouhours dit : « C'est pécher contre la vérité » que de mêler dans un sujet chrétien les fictions de la Fable païenne. M. Doncieux ajoute que c'était alors une vue « assez peu commune ». En 1687, cette vue était assez générale.

CHAPITRE VI

DU MERVEILLEUX AU THÉATRE

Nous venons de donner à cette question l'épithète de *complexe*; on ne peut l'exposer qu'en la divisant. Le dix-septième siècle inventa et suivit des règles différentes, selon la différence des sujets mis en scène.

En thèse générale, le dix-septième siècle tendit à exclure de tout sujet dramatique sérieux toute espèce de Merveilleux *visible*; l'art « judicieux », pour parler avec Boileau, pouvait « offrir à l'oreille » le récit de manifestations merveilleuses, mais il devait autant que possible les « reculer des yeux ».

C'est que les pièces tragiques, telles que nos maîtres les comprirent, s'adressaient avant tout à l'âme du spectateur, par le développement d'une « scène savante » et de passions « finement maniées »; non point par des spectacles surprenants. Tout au rebours, dans les représentations qui ont pour premier but le charme des yeux et des oreilles, ou plutôt « dont le propre est, suivant La Bruyère, de tenir les esprits, les yeux et les oreilles dans un égal enchantement[1] », le Merveilleux était admis comme un puissant et agréable moyen d'illusion. Entrons dans le détail.

I

DU MERVEILLEUX DANS LES TRAGÉDIES CHRÉTIENNES
OU BIBLIQUES

Durant les dernières années de Richelieu et les premières années de Louis XIV, il se fit une tentative de retour à la tragédie chrétienne. De 1618 à 1639, le catalogue des frères Parfait ne porte le titre d'aucune pièce sacrée[2]; mais de 1639 à 1646 il en compte près d'une quinzaine :

---

1. *Caractères*, chap. 1er.
2. Avant 1618, il y avait eu plusieurs essais de ce genre, au dix-septième siècle :

1639. *Saint Eustache*, de Baro ;
1639. *Saül*, de du Ryer ;
1640. *Polyeucte*, de P. Corneille [1] ;
1641. *Thomas Morus, ou le Triomphe de la Foy*, de Puget de la Serre ;
1642. *Saint Eustache*, de Desfontaines ;
1642. *La Pucelle d'Orléans*, de l'abbé d'Aubignac ;
1643. *Esther*, de du Ryer ;
1643. *Herménégilde*, de La Calprenède ;
1643. *Sainte Catherine*, de Puget de La Serre ;
1644. *Saint Alexis*, de Desfontaines ;
1644. *Sainte Catherine*, de Saint-Germain ;
1645. *Saint Genest*, de Desfontaines ;
1645. *Théodore, vierge et martyre*, de P. Corneille ;
1646. *Le Véritable Saint Genest*, de Rotrou.

Le premier auteur qui donna le signal de cette renaissance fut l'académicien Balthasar Baro, qui, dans son *Saint Eustache*, renferma « des événements merveilleux et des vers remplis de galimathias [2] » ; du Ryer le suivit de près, essayant « de faire voir sur notre Théâtre la majesté des Histoires Saintes [3] » ; et les frères Parfait semblent croire, d'après du Ryer lui-même, que *Saül* « fut la première pièce Sainte traitée avec décence qu'on ait mise au Théâtre [4] ». Enfin

---

1602. *Aman*, d'Antoine de Monchrétien ;
1606. *Dina, tragédie sacrée*, de Pierre de Nancel ;
1606. *Josué*, par le même ;
1606. *Débora*, par le même ;
1608. *Saül*, de Claude Billard de Courgenay ;
1613. *Saint Jean-Baptiste* et *Jephté*, traduits de Buchanan par Pierre Brinon ;
1614. *Sainte Clotilde* (?) ;
1615. *Sainte Agnès*, par Pierre Trotterel, sieur d'Aves ;
1617. *La Perfidie d'Aman* (allusion à la fortune et à la mort du maréchal d'Ancre) ; auteur anonyme ;
1618. *Le Martyre de saint Vincent*, par Jean de Boissin de Galardon ;
1618. *Le Martyre de sainte Catherine*, par le même.
1. Nous mettons ici *Polyeucte*, à la date donnée par les FF. Parfait.
2. Cf. FF. Parfait, t. VI, page 20 ;
3. *Avertissement* de Saül.
4. Cf., t. VI, page 74.

Corneille vint, puis Rotrou ; et la tragédie sainte fut reléguée dans les théâtres de collèges et de couvents ; la *Sainte Catherine* de Saint-Germain était encore jouée en 1746 « dans les couvens de filles [1] ». Pendant près d'un demi-siècle, on ne vit en France aucun essai nouveau de drame chrétien ; toute la scène appartenait, comme dit Boileau, à Andromaque, Hector, Ilion, à la malheureuse famille d'Atrée et à tous les héros grecs et romains.

En 1689 seulement, *Esther* rouvrit pour un temps la carrière dramatique aux auteurs bibliques ou chrétiens. En 1690, Campistron faisait jouer *Adrien, tragédie chrétienne*. En 1691, les représentations intimes d'*Athalie* furent applaudies du roi et de la cour. Duché, continuant les traditions de Racine, composa pour Saint-Cyr *Débora*, *Jonathas* et *Absalon* ; et Boyer écrivit *Jephté* pour le même public restreint. En 1695, le même Boyer eut un succès prodigieux dans sa *Judith* ; cette tragédie sainte venait fort à propos [2] après la foudroyante censure des théâtres par M. de Meaux ; l'« héroïne sacrée, de Boyer, attira le concours de tout Paris [3] », et fut suivie « avec une espèce de fureur [4] ». *Judith* compta dix-sept représentations, et les dames y versèrent tant de larmes, qu'une scène en garda le nom de *scène des mouchoirs*. Boyer se croyait vraiment appelé à faire voir « la Piété florissante au milieu des plaisirs, les Spectacles consacrés, le Théâtre sanctifié [5] » ; c'était trop d'espérances pour un succès de quelques semaines ; la *Judith*, qui avait fait pleurer pendant le carême, fit rire après Pâques. Et Boyer, pour se consoler, se remit aux sujets antiques ; en 1697, à l'âge de près de quatre-vingts ans, il rimait une *Méduse*.

Du Merveilleux mis en jeu dans ces pièces tirées de l'Écriture ou de l'Histoire ecclésiastique, nous avons assez peu de

---

1. FF. Parfait, t. VI, page 306. — Cf. Petit de Julleville, *Les Mystères*, t. Ier, fin.

2. *Id.*, t. XIII, page 405. — Nous trouvons encore, à la date de 1650, *Les Chastes Martirs, tragedie chrestienne*, par Mlle Cosnard, Rouen.

3. *Éloge de Boyer*, à l'Académie française, par l'abbé Genest ; 7 septembre 1698.

4. FF. Parfait, *l. c.*

5. *Préface* de Judith.

chose à dire. Les auteurs qui essayèrent la reprise des *Mystères* n'avaient point la pieuse audace de leurs devanciers; et cette audace, chère à « nos dévots aïeux », eût grandement choqué une société que le seul « christianisme » de *Polyeucte* scandalisa « extrêmement [1] ». On ne pouvait plus jeter sur le théâtre des légions d'anges et de démons, ouvrir le ciel et l'enfer, jouer « les Saints, la Vierge et Dieu par piété »; la piété se fût alarmée de cette « dévote imprudence ». Aussi bien les auteurs usèrent-ils très sobrement de prodiges et d'apparitions célestes; les prodiges qu'ils hasardent sont invisibles, s'accomplissent dans l'âme des acteurs, et se bornent presque à ces « conversions miraculeuses ordinaires dans les martyres », comme s'exprime Corneille [2].

Dans le *Saint Genest* de Desfontaines, un ange se manifeste au comédien qui confesse sa foi, mais seulement à lui. Dans le *Véritable Saint Genest* de Rotrou, une voix du ciel se fait entendre à Genest, tandis qu'il étudie son rôle. Puis un ange, invisible aux spectateurs, se découvre à lui, apportant l'eau du baptême. Genest, dans une sorte d'extase, révèle l'apparition miraculeuse :

> Un Ministre céleste, avec une eau sacrée,
> Pour laver mes forfaits fend la voûte azurée ;
> Sa clarté m'environne et l'air de toutes parts
> Résonne de concerts et brille à mes regards.
> Descends, céleste acteur ; tu m'attends, tu m'appelles...

Et le futur martyr s'élance au-devant de la vision.

En sa tragédie de *Saint Alexis*, Desfontaines (il avait quelque imagination) se montre beaucoup plus hardi et multiplie les scènes merveilleuses ; son cinquième acte en est rempli. D'abord une voix mystérieuse épouvante l'empereur :

> Arrête, Honorius ! c'est le Ciel qui l'ordonne...

Puis, au moment de la mort d'Alexis, les anges entonnent « un concert de musique autour de lui » ; vers la fin du concert « un nuage descend, qui enveloppe les Anges et les fait disparoître » ; mais du milieu de leur nuage, ils répondent

---

1. Fontenelle, *Histoire du Théâtre françois*; Corneille.
2. *Examen de Polyeucte.*

encore à un acteur qui les interroge. Enfin, saint Alexis, même après sa mort, « ouvre la main » devant la foule qui environne sa couche funèbre. Il est regrettable que l'auteur, après nous avoir ainsi lui-même étalé les miracles de sa pièce [1], ne nous ait pas dit de quel accueil et de quels applaudissements elle fut honorée.

Mais le succès de *Polyeucte* (réel auprès des « personnes pieuses [2] »), avait été assez médiocre auprès des beaux esprits, arbitres de l'opinion [3]. L'*Esther* de du Ryer ne trouva, paraît-il, d'auditeurs bien disposés que parmi les juifs de Rouen [4].

Tous les critiques, Corneille y compris, affirmèrent la difficulté, sinon l'impossibilité, de mettre sur notre scène une tragédie conforme aux croyances religieuses du parterre. Corneille, dans l'examen de *Théodore*, avoue « qu'une Vierge et une Martyre sur un théâtre n'est autre chose qu'un terme, qui n'a ni jambes ni bras »; lui, le sublime créateur de *Polyeucte*, obéissant à une maxime d'Aristote, bannit « les Martyrs de notre théâtre [5] »; de plus, il craint de rendre une tragédie « ridicule » par l'apparition d'un ange, attendu que « ces apparitions... choquent notre Religion [6] ». En cela, Cor-

---

1. *Argument de l'auteur*, en tête de *Saint Alexis*. — Cf. FF. Parfait, t. VI, pages 291 et 292.
2. FF. Parfait, t. VI, p. 122.
3. « ... L'hôtel de Rambouillet, souverain tribunal des affaires d'esprit en ce tems-là. » (Fontenelle, *Vie de Corneille*.)
4. L'*Esther* de du Ryer eut beaucoup de succès à Rouen, et peu à Paris. D'Aubignac s'en explique en ces termes : « J'estime que la ville de Rouen, étant presque toute dans le trafic, est remplie d'un grand nombre de Juifs; et qu'ainsi les spectateurs prenoient plus de part dans les intérêts de cette pièce toute judaïsante, par la conformité de leurs mœurs et de leurs sentimens. » (L. II., chap. 1er, page 89. — Cf. Baillet, t. V, page 235.)
5. *Deuxième Discours*, de la Tragédie. — C'était *Polyeucte* que citaient les rares partisans des « Comédies saintes »; le prince de Conti leur répondait : « Y a-t-il rien de plus sec et de moins agréable que ce qui est de saint dans cet ouvrage ? » — Et le prince, ennemi du théâtre, concluait par cet axiome : « Aussi Dieu n'a pas choisi le théâtre pour y faire esclater la gloire de ses Martyrs. » (*Traité de la Comédie et des Spectacles*, page 18.)
6. *Deuxième Discours*, de la Tragédie. — « Qu'auroit-on dit, si, pour démêler Héraclius d'avec Martian, après la mort de Phocas, je me fusse servi d'un Ange? Ce poème est entre Chrétiens, et cette apparition y auroit eu autant de justesse que celle des dieux de l'Antiquité dans ceux des Grecs;

neille pense comme l'abbé d'Aubignac, mais non point pour le même motif. D'Aubignac avait été malheureux dans une tentative de Merveilleux chrétien et tragique ; il avait ménagé l'apparition d'un ange pour sa *Pucelle d'Orléans ;* mais l'ange joua son rôle d'une façon lamentable, grâce à la maladresse de l'impresario et des comédiens : « Au lieu de faire paroître un Ange dans un grand Ciel, dont l'ouverture eût fait celle du théâtre, ils l'ont fait venir quelquefois à pied (un Ange à pied !) et quelquefois dans une machine impertinemment faite et impertinemment conduite [1]. » A partir d'un tel échec, l'abbé d'Aubignac ne souffrira plus les anges de tragédie. Il va même jusqu'à proscrire toute tragédie chrétienne et désapprouve fort, ainsi que « feu M. le Cardinal de Richelieu » : 1° celles où l'on met le paganisme en lutte avec la foi ; 2° celles où l'on mêle aux idées chrétiennes « les galanteries de théâtre [2] ».

Vers la fin du siècle, le docte Dacier s'opposait encore aux pièces de martyres, et s'étonnait de ce que *Polyeucte* eût obtenu quelque succès ; ce ne pouvait être qu'une preuve d'ignorance chez les contemporains de Corneille ; leurs applaudissements à cette tragédie étaient *injustifiables.* Pourquoi ? Par la raison que « ce sujet (d'un martyr) n'est nullement propre au théâtre » ; il est de tout point contraire à Aristote, et « ne purge pas les passions [3] ».

Saint-Évremond expliquait, avec moins d'érudition et plus de vraisemblance, la répugnance quasi universelle pour le Merveilleux chrétien au théâtre : « Si, voulant imiter les Anciens en quelque façon, un Auteur introduisoit des Anges et des Saints sur nôtre Scène, il scandaliseroit les dévots comme profane, et paroîtroit imbécile aux libertins. » D'autre part, dit-il, les prédicateurs réclameraient contre une semblable témérité ; le théâtre, devenant trop sérieux, y per-

---

c'eût été néanmoins un secret infaillible de rendre celui-là ridicule ; et il ne faut qu'avoir un peu de bon sens pour en demeurer d'accord. » (*Ibid.*)

1. *La Pucelle*, Avis au Lecteur.
2. *Pratique du théâtre.* — D'Aubignac semble, en ces deux cas, viser directement *Polyeucte.*
3. *La Poétique d'Aristote*, traduite en françois par M. Dacier. — *Remarques sur le chapitre* XIII.

drait « de son agrément..., et les choses saintes, de la religieuse opinion qu'on leur doit ». Saint-Évremond fait pourtant une exception en faveur des « Histoires du Vieux Testament ». D'après lui, « Moïse, Samson, Josué » produiraient sur la scène « un tout autre effet que Polyeucte et Néarque »; mais, se hâte-t-il d'ajouter, les orateurs chrétiens « ne manqueroient pas de crier contre la profanation de ces Histoires sacrées [1] ».

C'est ce que Baillet ne manqua pas de faire en s'attaquant, avec un véritable acharnement, à *Polyeucte*. A l'entendre, Corneille était un impie, un audacieux révolté, un homme qui méprisait l'Église et les conciles, comme le P. Le Moyne avait méprisé la Sorbonne. Baillet pense que personne ne voudrait en cela défendre Corneille, ni « se rendre l'apologiste de la liberté qu'il a prise de représenter sur son théâtre les Saints et les Saintes du Christianisme, et de jouer les choses dont il nous est expressément défendu de faire un jeu ». Évidemment Baillet *joue* lui-même sur les mots; Corneille n'a point *fait un jeu* des saints et des saintes. Baillet s'élève ensuite à l'éloquence de l'ironie : « Il (Corneille) croyoit sans doute qu'en qualité de Poëte il n'était point obligé de reconnoître d'autre autorité que celle d'Apollon [2]. »

Malgré l'autorité d'Apollon et les exemples de l'antiquité, le Merveilleux, chez Corneille, est très modéré et très timide; dans *Polyeucte*, il est tout intérieur; pas un ange, pas une voix; à peine un songe, et encore c'est le songe d'une païenne, Pauline. Jamais Corneille n'eût hasardé pour le *Cid* français tel spectacle miraculeux des *Mocedades*, le lépreux saint Lazare se transfigurant et rayonnant de lumière aux yeux du Campéador. Ces audaces castillanes eussent été fort mal venues en-deçà des Pyrénées, où les merveilles des

---

1. *OEuvres meslées*, t. III, page 57.
2. *Jugemens des Savans*, t. V, pages 333 et 334. — Le Concile auquel Baillet fait allusion est sans doute le concile provincial tenu à Milan en 1565, qui restreignait la liberté des comédiens. Mais même après ce Concile, dont les décrets n'étaient obligatoires que pour Milan, de très saints personnages, saint François de Sales par exemple, avaient autorisé les *Comédies sacrées*.

Autos étaient jugées de purs scandales et des profanations de choses saintes appliquées « à des usages ridicules [1] ». Il faut là-dessus entendre La Mesnardière, qui écrivait sa *Poétique* en 1640, par ordre du cardinal de Richelieu. La Mesnardière n'hésite pas à prononcer que la religion des Français est grandement plus éclairée que celle des Espagnols ; la preuve s'en voit au théâtre, d'où les Français écartent, par respect, les choses saintes, et où les Espagnols ont le mauvais goût et l'irrévérence de les mêler à tout. « Certes, il faut reconnoître que les Poëtes de ce Royaume (la France) méritent beaucoup de loüange, en s'abstenant d'échaffauder les mystères de la Religion comme font les Étrangers ; et que cette Piété qui les empesche d'employer des choses si vénérables parmi les divertissements, n'est pas une petite marque de la bonté de leurs âmes...

« Sans mentir, c'est une merveille que les deux Nations de l'Europe (Espagne et Italie) qui désirent davantage de paroître scrupuleuses et tendres par la conscience, soient pourtant les plus infectées de ces horribles profanations...

« Les Espagnols, ces Catholiques qui ne font jamais d'entreprises dont les intérests de la Foy ne soient le spécieux prétexte, ont-ils aucune Comédie où les Saints ne soient nommez ? Où le Nom trois fois adorable ne soit prononcé à toute heure parmi des contes ridicules ?... »

Et La Mesnardière cite un *Auto sacramental* de Jean Perez de Montalvan, dont les « Entre-parleurs » sont :

Cyclope primero,
Cyclope segundo,
El Judaïsmo,
Cyclope tercero,
Alphesibea,
El Niño Jesus. (*La Poétique*, pages 274-276.)

La pruderie des auteurs et des critiques à l'égard des sujets religieux mis en scène ne diminua pas même après le succès des drames bibliques de Racine [2] ; et Racine craignit

---

1. Prince de Conti, *Traité de la Comédie*, etc., page 12.
2. Cf. Vigneul-Marville, *Sentimens critiques sur les* Caractères *de M. de La Bruyère*, 1701, page 563.

qu'on ne le trouvât « un peu hardi » d'avoir, au troisième acte d'*Athalie*, « osé mettre sur la scène un Prophète inspiré de Dieu et qui prédit l'avenir » ; il se crut obligé de rendre compte au public et du motif qui l'avait fait agir et des précautions qu'il avait prises[1]. Il ne fallut pas moins que l'exemple de Racine pour encourager La Motte — pourtant si brave — à entreprendre une tragédie des *Machabées*; et malgré une si imposante autorité, La Motte se demandait encore s'il n'y avait point « quelque chose d'irréligieux à mêler ainsi nos imaginations avec ces monuments sacrés[2] »; enfin, malgré La Motte, Boyer, Campistron, Racine, Corneille, la tragédie sainte ne passa point dans les mœurs ; on continua, selon le mot de Voltaire, d'être « chrétien à la messe et payen à l'Opéra[3] ».

Comme Boileau, l'on se moqua de nos dévots aïeux, bonnes gens qui avaient joué avec componction, enthousiasme, grand intérêt et souvent grands frais[4] les légendes des saints, les miracles de l'Évangile et la Passion de Jésus-Christ. Assurément aucun des contemporains de Boileau, même le plus dévot, n'eût songé à un drame de la Passion. Je me trompe. Il se trouva, quelque temps après la Fronde, un poète français qui se persuada, comme nos aïeux, que la Passion fournirait une matière digne du théâtre chez des chrétiens, et digne aussi de tenter le génie du grand Corneille. En 1655, après la lecture des vingt premiers chapitres de l'*Imitation*, traduits par l'auteur de *Polyeucte*, Saint-Amant écrivait à son « noble et cher Corneille » :

> En l'adorable Tragédie,
> Au supplice amoureux que le Christ a souffert,

---

1. Préface d'*Athalie*.
2. *Discours de la Tragédie*, à l'occasion des *Machabées*.
3. Ce fut par ce mot de Voltaire et par l'autorité de *l'Art poétique* que Geoffroy essaya de s'opposer aux tendances novatrices du romantisme à ses débuts : « Boileau parloit alors, non pas en janséniste rigide, mais en vrai sage, et même en vrai chrétien. Suivons l'avis d'un poète religieux, qui vouloit maintenir le respect dû à la Religion, sans faire aucun tort aux intérêts de la poésie; et pour être bons chrétiens à l'église, soyons payens à l'opéra. » (*Le Spectateur françois*, septième année, 1810, XLVIII, page 316.)
4. Cf. *Les Mystères*, de M. Petit de Julleville, *passim*.

> Ce Fils unique au Père offert
> Veut que d'un soin dévot ta plume s'estudie :
> Et luy-mesme à ta veuë, en acteur immortel,
> Se représente encor tous les jours sur l'Autel.
>   De ce cothurne elle est capable ;
> C'est aussi le sujet à la Scène accordé,
>   C'est le vray Heros demandé :
> Il est tout à la fois innocent et coupable ;
> Il est, dis-je, en soy-mesme, il est, dis-je, en autruy,
> Coupable, mais pour nous, innocent, mais pour luy [1].

Saint-Amant doute avec raison que « le respect et la crainte » permettent au grand tragique de « porter le théâtre si haut ». Et nous n'avons prétendu, en transcrivant ce passage, que remettre en lumière une douzaine de beaux vers et une belle pensée ; non point une innovation pratique, ni une théorie aisément réalisable — bien que la Passion soit, historiquement, le drame par excellence, et le Christ crucifié l'idéal incomparable du héros tragique.

II

DU MERVEILLEUX PAÏEN AU THÉATRE

PIÈCES DE *MACHINES* — OPÉRA — BALLETS — COMÉDIE
LE *FESTIN DE PIERRE*

Boileau s'applaudissait, en 1674, de ce que l'on avait vu renaître chez nous « Hector, Andromaque, Ilion » ; mais dans la tragédie française, l'histoire et la légende grecques renaissaient, sans ce cortège de manifestations surhumaines, sans cette atmosphère de Merveilleux, dont Eschyle, Sophocle et Euripide entouraient leurs héros. L'ombre de Darius, les diverses apparitions d'Hercule, la mystérieuse figure d'Alceste ramenée de la tombe, les Furies et leur réveil épouvantable, tout cet appareil fantastique du théâtre grec, ces divinités qui, comme s'exprime Corneille, viennent « dans une machine » dire le prologue des pièces sérieuses, auraient « fait révolter tout l'auditoire ». Selon le même Corneille, les dieux ne pouvaient débiter un prologue que dans les « pièces

---

1. *Stances à M. Corneille sur son* Imitation *de J.-C.* (Édition Livet, t. II, pages 103 et 104.)

de machines », comme *Andromède* ou *la Toison d'or* [1]. Molière, un peu plus large, en admet au prologue des *Fâcheux*: mais ce prologue est à lui seul une petite pièce de machines, où l'on voit une Naïade sortir d'une coquille, « au milieu de vingt jets d'eau naturels », complimenter Louis XIV et appeler à son aide « plusieurs Driades accompagnées de Faunes et de Satires » :

> Ces Termes marcheront et si Louis l'ordonne,
> Ces Arbres parleront mieux que ceux de Dodone.
> Hôtesses de leurs troncs, moindres Divinités,
> C'est Louis qui le veut ; sortez, Nimphes, sortez [2].

Merveilles tolérables au début ou à la fin d'une pièce peu grave ; la majesté de la tragédie française ne les saurait admettre. Corneille s'étonne presque de voir que les Grecs aient souffert les dénouements tragiques accomplis « par des dieux de machine [3] ». Le parterre français y met plus de façons : il réclame des dénouements amenés par des caractères et des situations, non par des chars et des poulies ; il lui faut de la psychologie, non des spectacles. Faites venir un dieu ; les spectateurs en concluront que l'auteur « ne savoit plus comment terminer » sa tragédie [4]. Passe encore pour *Médée*, la magicienne, laquelle du reste a fait prévoir son départ aérien [5] ; mais ailleurs ce serait enfantillage, ou signe d'impuissance.

L'abbé d'Aubignac ne pense pas autrement ; mais il appuie son sentiment sur d'autres considérations. Il loue les poètes anciens d'avoir amené sur la scène « toutes leurs divinités

---

1. *Premier Discours, Du poème dramatique.*
2. Les vers du prologue des *Fâcheux* étaient de Pellisson, comme Molière le déclare à la fin de son *Avis*.
3. *Second Discours.*
4. *Troisième Discours.*
5. *Ibid.* — Médée, comme magicienne, pourrait être comparée aux sorcières de *Macbeth*. Les ingrédients dont elle compose son charme (acte IV, sc. 2), ces herbes cueillies aux clartés de la lune, ce sang de l'hydre, ce plumage noir de harpie, ressemblent assez à l'horrible mélange que font les trois Witches écossaises. Mais le charme de Médée se prépare dans la coulisse, tandis que les sorcières de Shakespeare travaillent sur la scène, chantant et dansant autour de leur chaudron qui fume.

imaginaires…, des Monstres, des Furies, et tous les prodiges de l'Enfer des Fables ». Mais le temps est passé de ces merveilles. Sans doute (aveu curieux), « la Cour ne les a pas désagréables » et « le peuple fait foule à toutes les occasions de voir quelque chose de semblable ». Mais d'abord « nos Comédiens ne sont ni assez opulents, ni assez généreux pour en faire la dépense »; deuxièmement « les Décorateurs ne sont pas assez habiles pour y réussir »; troisièmement ces spectacles ne témoignent pas assez en faveur du dramaturge; parce qu' « il ne faut pas beaucoup d'esprit pour les inventer ». Après tout, l'abbé d'Aubignac ne s'oppose pas d'une manière absolue à ces représentations, quand on montre « assez d'adresse » à bien employer les machines. Mais « il faut prendre garde qu'elles joüent facilement : car quand il y a quelque désordre, aussitôt le peuple se raille de ces dieux et de ces diables qui font si mal leur devoir [1] ».

Racine est de l'avis de Corneille; de là vient qu'il a changé pour le parterre français le dénouement de l'*Iphigénie* d'Euripide : « Quelle apparence… de dénouer ma tragédie par le secours d'une Déesse et d'une machine, et par une métamorphose, qui pouvoit bien trouver quelque créance du temps d'Euripide, mais qui seroit trop absurde et trop incroyable parmi nous [2] ». C'est que, d'après Aristote, Horace et Boileau,

Une merveille absurde est pour *tous* sans appas,

et que

L'esprit n'est point ému de ce qu'il ne croit pas [3].

Racine, s'appuyant sur ce principe, épargna aux spectateurs d'*Iphigénie* un miracle « trop absurde », et s'en tira par un *on dit* :

Le soldat étonné dit que dans une nue
Jusques sur le bûcher Diane est descendue [4].

Critiques, poètes, érudits, constatent la répugnance de leurs contemporains pour ces apparitions inutiles et ridi-

---

1. *La Pratique du théâtre*, 1715, liv. IV, chap. VIII, t. Ier, pages 320-322.
2. Préface d'*Iphigénie*.
3. *Art poétique*, chap. III.
4. Cf. Louis Racine, *Mémoires* et les FF. Parfait, t. XI, p. 385.

cules. Parmi les éloges décernés à Corneille et aux réformes qu'il introduisit dans les pièces sérieuses, on lit celui-ci : « Grâce à lui, la Tragédie

> N'eut plus besoin d'un dieu sorti de sa machine [1]. »

Le grave Le Bossu affirme qu'on n'aime pas à voir « dans les poëmes dramatiques... des miracles ni des Dieux [2] ». Malgré tout le respect que l'on porte à l'antiquité grecque, on plaint sincèrement les tragiques d'Athènes de ce qu'ils ont semé sans mesure le Merveilleux dans leurs poèmes et de ce qu'ils en ont confié le dénouement à des personnages surhumains : Ces « dénoüemens ne sont pas naturels, ce sont des machines perpétuelles : Diane fait le dénoüement de la Tragédie d'Hippolyte ; Minerve celuy d'Iphigénie dans la Taurique ; Thetys celuy d'Andromaque ; Castor et Pollux celuy d'Helene, et celuy d'Electre ; et ainsi des autres [3] ».

Dacier, traducteur de *la Poétique*, déclare, en se fondant sur la doctrine d'Aristote, que la tragédie doit laisser « les Miracles et les Dieux » au poème épique [4]. Saint-Évremond va plus loin. Il prétend que « la Tragédie des Anciens auroit fait une perte heureuse, en perdant ses Dieux avec leurs oracles et leurs devins ». A plus forte raison, selon lui, le « Merveilleux des Anciens » est-il « fort peu du goût de nôtre Siècle »; il se réjouit de voir que « les Dieux nous manquent et que nous leur manquons [5] ».

Du reste le Merveilleux, dans nos tragédies imitées des Anciens, se borne-t-il généralement à des récits de songes, d'oracles, ou de prodiges accomplis loin de la scène et ra-

---

1. De Villiers, *Épîtres*, liv. Ier, ép. III.
2. *Traité du Poëme épique*, liv. V, chap. III.
3. P. Rapin, *Réflexions sur la Poétique*, § XXII.
4. *La Poétique d'Aristote*, etc. Remarques sur le chapitre XVI. — Dacier explique au même endroit comment « l'usage des Machines qui font paroître les Dieux sur le Théâtre » est fondé sur la philosophie stoïcienne ; et comment dans le monde rêvé par les Épicuriens, « les Machines seroient ridicules ».
5. *OEuvres meslées*, t. III, page 60. — Saint-Évremond n'ignore pas que ce Merveilleux des Anciens faisait partie de leur culte : « De tant de choses surnaturelles, rien ne paraissoit fabuleux au peuple, dans l'opinion qu'il avoit d'une société familière entre les dieux et les hommes. » (Page 55.)

contés par un Théramène. Sans doute les héros antiques, chez Racine tout comme chez Pradon et Campistron, disent : *les Dieux, la colère des Dieux, la bonté des Dieux, Ah! Dieux!... J'en atteste les Dieux*[1]*!...* mais ces personnages « issus des Dieux de tous côtés » s'inquiètent assez peu de ce qui se passe dans l'Olympe et de leur parenté divine ; ils vivent, agissent, souffrent, meurent, sans avoir sérieusement recours à leurs ancêtres célestes ; et à tout prendre, ces « Héros valent des Dieux [2] ». Corneille, au début de sa carrière, mettait en scène la magicienne Médée qui pétrifie Theudas (acte V, scène 1re) d'un coup de baguette et qui s'envole « en l'air dans un char tiré par deux dragons » (acte V, scène 7). Mais après avoir fait *le Cid*, Corneille renonce à ces miracles renouvelés d'Euripide et de Sénèque et « ne va point chercher dans les cieux de quoy faire valoir ce qui est assez considérable sur la terre [3] ».

Nos poètes dramatiques renvoyaient les apparitions de dieux et de déesses d'abord aux pièces dites *de machines* et à l'Opéra, où ils travaillaient de concert avec quelque machiniste émérite, Torrelli par exemple, surnommé le « grand Sorcier ». Voici quelques-unes des pièces de machines les plus fameuses :

1640. *Le Mariage d'Orphée et d'Euridice* ou *la Grande Journée des Machines*, par Chappoton ; elle fut reprise en 1648 et 1662 ;

---

1. Dans la *Critique de l'École des femmes* (scène 6), Dorante fait une curieuse définition de la tragédie classique. Est-ce une satire? Oui, en partie du moins ; mais c'est aussi, en partie, une image fidèle de la tragédie telle qu'on la concevait alors. Le Chevalier résume en ces termes le travail du poète dramatique : « ... Se guinder sur de grands sentimens, braver en vers la *Fortune*, accuser les *Destins* et dire des injures aux Dieux. » — Jean de la Chapelle, seigneur de Saint-Port, qui devint académicien, croyant « qu'il n'étoit pas permis de faire des vers, sans y faire entrer leurs faux Dieux » (Préface de la tragédie de *Zaïde*, 1681), introduisait des dieux dans une pièce qui se passe chez les Maures d'Espagne. (Cf. FF. Parfait, t. XII, page 214.)

2. Saint-Évremond, *Œuvres meslées*, t. III. « Or, ne craignons pas que, faute de Dieux, de Déesses, d'oracles et de devins, nous ne puissions parvenir à la sublimité de l'ancienne Tragédie... » (Pages 58 et 59.)

3. *Id., Ibid.*, t. II, page 241.

1648. *Ulysse dans l'Isle de Circé*, par Boyer, avec le concours du machiniste Buffequin;

1650. *Andromède*, de Corneille. On y voyait « l'arrivée de Junon sur son char, qui faisait plusieurs tours en l'air, à droite, à gauche, en avant et en arrière » (acte IV, scène 5); « Persée monté sur Pégase » y paraissait aussi « au milieu des airs[1] »;

1657. Reprise du *Jugement de Pâris*, par Sallebray, pièce jouée déjà en 1639. Selon la *Muze historique* du 22 décembre 1657, on y admira, outre des « Dragons, démons, esprits folets »,

> Plusieurs perspectives changeantes,
> Plus de vingt Machines volantes;

1661. *La Toison d'or*, de Corneille; « la plus belle pièce en Machines que nous ayons », au dire de Fontenelle, et dans laquelle éclate « dans toute sa pompe... tout le Merveilleux que la Fable peut fournir ». Elle fut d'abord représentée chez le marquis de Sourdéac, au château de Neubourg en Normandie; puis au théâtre du Marais, où elle fut, suivant Loret,

> La Merveille de la Cité,
> Par ses scènes toutes divines,
> Par ses surprenantes Machines,
> Par ses concerts délicieux,
> Par le brillant aspect des Dieux[2].

---

1. V. FF. Parfait, t. VII, page 292. — Le Pégase qui servit à une reprise d'*Andromède*, en 1682, était un véritable cheval : « Il jouoit admirablement son rôle, et faisoit en l'air tous les mouvements qu'il pouvoit faire sur terre. » (*Anecdotes dramatiques*, t. Ier, page 78. V. Taschereau, *Vie de Corneille*, Notes du livre II.)

Corneille dit, à propos d'*Andromède* : « Il n'est ni vrai ni vraisemblable qu'Andromède, exposée à un monstre marin, ait été garantie de ce péril par un Cavalier volant, qui avoit des ailes aux pieds : mais c'est une fiction que l'antiquité a reçue; et, comme elle l'a transmise jusqu'à nous, personne ne s'en offense quand on la voit sur le théâtre. » (*Premier Discours, Du Poème dramatique*. Évidemment Corneille entend parler de sa propre pièce de machines. Dans son *Second Discours, De la Tragédie*, revenant encore sur cette pièce, il écrit : « Les apparitions de Vénus et d'Éole ont eu bonne grâce dans *Andromède*; — *pas si bonne grâce*, souligne Voltaire; — mais si j'avois fait descendre Jupiter pour réconcilier Nicomède avec son père, ou Mercure pour révéler à Auguste la conspiration de Cinna, j'aurois fait révolter tout mon parterre. »

2. *La Muze historique*, 19 février 1661.

En 1675, on vit encore cette « superbe pièce de Machines de *Circé* », comme s'exprime de Visé dans le *Mercure galant*. Dans les opéras, mêmes prodiges. Les opéras, dit Ch. Perrault, étaient « peuplés de mille dieux[1] »; dont le rôle est aussi de descendre des cieux, de fendre les airs, de s'envoler. Les dieux allégoriques y ont droit de cité comme les habitants de l'Olympe ou du Tartare; dans le *Méléagre* de Boursault (acte IV, scène 4), « l'Envie passe en l'air et secoue son flambeau sur Toxée ». Là aussi figurent, comme dans les *Pastorales*[2], les sorciers et leur cortège de démons:

> Si l'on veut des Sorciers, sans peine on les aura;
> On sçait que sans Sorciers il n'est point d'Opéra,
> Et que le merveilleux n'y paroît vrai-semblable,
> Que parce qu'au besoin on fait agir le diable!
> L'Eglogue fournira des diables à milliers,
> On est à la campagne à même de Sorciers :
> Là sont les Loups-garoux, là ces monstres horribles
> Dont on fait aux enfants tant de contes terribles.
> Tout cela mis en œuvre et conduit avec choix
> Vaudra bien le *Démon du Chevalier Danois*[3].

Les opéras, comme les définissait Charles Sorel, en 1671, se composaient de personnages humains qui déclamaient leurs rôles et de dieux qui chantaient les leurs : « plaisante méthode, ajoute Sorel, comme n'y ayant qu'eux (les dieux) de parfaitement contens et de bien joyeux dans le monde[4] ».

Nous n'avons point à dresser le catalogue de ces prodiges

---

1. *Griselidis*.
2. Dans les *Bergeries* de Racan, arrangées par M. de Meziriac pour un théâtre choisi, de Bourg en Bresse, apparaissait « un certain Dragon enflammé »; ce dragon remplit si bien son rôle qu' « une des actrices faillit à pâmer de peur ». (Pellisson, *Histoire de l'Académie françoise*, M. de Méziriac.)
3. Épisode de l'Opéra d'*Armide*. De Villiers, *Épîtres*, liv. Ier, ép. III. — Ailleurs le même de Villiers dit de l'Opéra que, sur cette scène,

> ... Le Capitaine Pathos
> A perdu sa force divine
> Et ne fait plus que par Machine
> Agir les Dieux et les Héros.
>   (*Lettre sur l'Éloquence et la Poësie*.)

4. *De la Connoissance des bons Livres*, page 214.

opérés dans ces « comédies en musique [1] », où l'on voyait

> Et des machines et des vols;
> Où les Dieux font des caracols [2].

Pour en avoir une idée complète il suffirait de feuilleter les *Œuvres* de Quinault. Disons seulement ici comment et pourquoi les gens de lettres du dix-septième siècle renvoyaient à l'Opéra ces dieux et leurs miracles. — « Il ne faut point, dit La Bruyère, de vols, ni de chars, ni de changemens aux *Bérénices* et à *Pénélope*; il en faut aux Opéras. » La raison, c'est que « la Machine augmente et embellit la fiction » et « soutient la douce illusion qui est tout le plaisir du théâtre, où elle jette encore le merveilleux ». L'opéra n'est point, comme la tragédie ou la comédie, une étude profonde de caractères, un spectacle où s'étale l'âme humaine; c'est un divertissement où il s'agit, selon le même La Bruyère, « de tenir les esprits, les yeux et les oreilles dans un égal enchantement [3] »; les chars, les vols, les apparitions de divinités enchantent les yeux, tandis que la musique charme les oreilles.

Perrault s'appuie aussi sur la nature même de la poésie dramatique, pour établir que l'opéra est un genre nécessaire et que les « Dieux de machines » sont nécessaires à l'opéra. Voici comme il raisonne : « Le vray-semblable et le merveilleux sont comme les deux pivots de cette poësie (dramatique). La Comédie roule toute sur le vray-semblable et n'admet point le merveilleux et la Tragédie est mêlée de merveilleux et de vray-semblable; » donc il fallait un genre dramatique tout composé « de merveilleux, comme le sont les Opéra ». Donc, « dans un Opéra tout doit estre extraordinaire et au-dessus de la nature. Rien ne peut estre *fabuleux* dans ce genre de poësie [4] ».

---

1. Sorel, *l. c.*, page 213.
2. Robinet, *Lettre* du 8 mars 1670.
3. *Caractères*, chap. i^{er}. — La Bruyère s'était ennuyé à l'Opéra, il l'avoue sans peine, « faute de théâtre, d'action et de choses qui intéressent »; malgré cela, il accuse de mauvais goût ceux qui prétendent que « la Machine n'est qu'un amusement d'enfants et qui ne convient qu'aux marionnettes ».
4. *Parallèle*, etc., t. III, p. 283.

Quoi qu'il en soit de cette argumentation *à priori*, il est certain que l'on aimait généralement à voir dans les opéras « ces apparitions continuelles de Divinitez qui descendent du Ciel, qui sortent de la Mer et même des Enfers [1] ».

Mais il y avait des exceptions ; les dieux de l'opéra rencontraient des ennemis. La Bruyère le constate en réfutant les dédaigneux qui rangeaient ces prodiges dans la catégorie des vulgaires marionnettes. Citons au moins Charles Sorel, La Fontaine et Saint-Évremond. Sorel ne témoigne qu'une estime médiocre pour ce mélange de dieux « qui chantent leur rôle » et de « pauvres mortels » qui « prononcent leurs paroles d'un ton bas et simple [2] ». La Fontaine rime toute une thèse moitié plaisante, moitié sérieuse, contre ces spectacles, que Sorel nomme des « ragousts de passe-temps » ; il rit à cœur joie des mésaventures qui arrivent aux dieux et à leurs chars mal agencés ou mal dirigés dans l'espace :

> Un Dieu pend à la corde et crie au Machiniste ;
> Un reste de forest demeure dans la Mer,
> Ou la moitié du Ciel au milieu de l'Enfer [3].

Saint-Évremond (1677) se plaint des Italiens qui « ont rétably en leur Opéra les Dieux payens dans le monde » et qui ont occupé « les hommes de ces vanitez ridicules », de cet « éblouissant et faux merveilleux ». Les Italiens eux-mêmes, dit-il, y renoncent, tandis que les Français adoptent ces sottises, comme les Allemands font pour nos modes quand elles sont passées chez nous. Mais nous avons encore exagéré cette manie extravagante que l'Italie nous abandonne : les Italiens « faisoient descendre avec quelque sorte de ménagement » les êtres mythologiques, mais nous, « nous couvrons la terre de Divinitez et les faisons danser et descendre par troupes [4] ».

---

1. *Parallèle. Ibid.*, page 281.
2. *L. c.*, page 214.
3. *Epître à M. de Niert sur l'Opéra.* Nouveau choix de Pièces, t. II, page 5.
4. *OEuvres meslées*, t. II, pages 278 et 279. — « ... Comme l'Arioste avoit outré le merveilleux des Poëtes par le fabuleux incroyable, nous outrons le fabuleux par un assemblage confus de Dieux, de Bergers, de Héros, d'Enchanteurs, de Fantômes, de Furies et de Démons.

« J'admire Baptiste, aussi bien pour la direction des danses, qu'en ce qui

On les faisait danser surtout dans les ballets; c'est là que Corneille souhaitait de voir « baller » et « trépigner tous les Dieux[1] ». Du reste, à part le Merveilleux chrétien que l'on n'introduisait jamais en ces spectacles profanes, toutes les sortes de Merveilleux se donnaient rendez-vous dans les ballets dansés aux entr'actes ou occupant toute la scène[2]. Qu'on prenne par exemple la *Tragi-comédie-ballet* de Psyché « de Messieurs Corneille l'aîné, Molière et Quinault », on y voit, soit au prologue, soit dans le corps de la pièce, soit dans les intermèdes, d'abord les dieux de l'Olympe, depuis Jupiter jusqu'aux Amours, les dieux des eaux, fleuves[3] et naïades; les dieux des bois, dryades, sylvains; les dieux des jardins, Flore et Vertumne ; puis des cyclopes dansants, des fées dansantes et des « Lutins faisant des sauts périlleux ». On y voyait aussi, c'est Bensserade qui l'affirme en témoin bien renseigné,

> Tout ce que la Magie aussi blanche que neige
> A de force et de privilège.
>
> (Ballet royal de Psyché, 1656.)

Si Bensserade et ses collègues se hasardent à y introduire des démons et des sorciers, ce ne sont que des sorciers et des démons pour rire, comme dans le *Ballet royal de la Nuit*, dansé en 1653. Là « un grand Homme monté sur un Bouc,

---

touche les voix et les instruments ; mais la constitution de nos Opera doit paroitre bien extravagante à ceux qui ont le bon goust du vray-semblable et du merveilleux. » (*Ibid.*, pages 279 et 280.)

1. *Défense des Fables.*
2. L'Opéra aussi admettait toute espèce de Merveilleux. L'un des plus fameux coups de théâtre en ce genre est celui du V° acte d'*Armide*, quand l'enchanteresse commande à ses démons de faire disparaître son palais : « Démons, détruisez le palais. » — Avec le Merveilleux épique de la *Jérusalem délivrée*, on met en scène celui de l'Arioste, comme dans le *Roland* de Quinault, celui des *Amadis* des Gaules, ou de Grèce, comme dans l'*Amadis* de La Motte, spectacles vraiment enchantés, où les personnages, assoupis par la magie, se réveillent, comme l'Urgande et l'Alquif de Quinault, à la lueur des éclairs et aux roulements du tonnerre.
3. Addison dit dans le *Spectator* (1711, xxiii° Discours) qu'il a vu sur un théâtre, en France, « deux Fleuves chaussés en bas rouges et Alphée portant un plumet sur l'oreille, au lieu de sa traditionnelle coiffure de joncs ». — « I have seen a couple of Rivers appear in red stockings, etc. » (april 3.)

commande à huit petits démons de sa suite d'avertir les Sorciers du Sabat :

> Voici le rendez-vous et l'heure du Sabat :
> Courez, démons légers, d'une vitesse étrange,
> Avertir les Sorciers de quitter leur grabat,
> Et que la noire Troupe à son devoir se range! »

Le devoir de la noire troupe est d'exécuter un joyeux pas de danse.

La comédie, à moins d'être comme *Amphitryon*, imitée du théâtre antique, ou de rouler sur une donnée mythologique, comme *les Yeux de Philis changés en astres* de Boursault (1665), n'admettait point le Merveilleux : « Dans une Comédie, tout doit estre ordinaire et naturel[1]. » Mais aussi, la comédie étant une représentation de la vie *ordinaire*, les poètes du dix-septième siècle ne lui refusaient pas toujours le Merveilleux admis par les traditions ou croyances populaires.

Ainsi nous relevons des titres comme ceux-ci :

1641. *L'Esprit follet*, par d'Ouville;

1646. *Jodelet astrologue*, du même;

1679. *La Devineresse*, comédie de Thomas Corneille et de Visé, composée à propos du procès de la Voisin;

1681. *La Pierre philosophale*, des deux mêmes auteurs; pièce où « il s'agit de la Pierre philosophale et de l'histoire des Chevaliers de la Rose-Croix, et de ce qu'on appelle *Cabale* ou science secrète » (Au Lecteur);

1684. *La Dame invisible* ou *l'Esprit follet*, par d'Hauteroche;

1693. *La Baguette*, de Dancourt, « pièce faite sur Jacques Aymard[2] ».

Mais tout le Merveilleux de ces comédies ne consiste que dans des déguisements et autres inventions très simples où se laissent duper certains personnages crédules. A la fin, l'artifice est découvert et l'on rit des dupes. De l'aveu des auteurs, leur but est précisément de corriger la sottise publique; tout comme Molière introduit dans *les Amans magni-*

---

1. Ch. Perrault, *Parallèle*, T. III, page 283.
2. Cf. les FF. Parfait, t. XIII, page 284.

fiques un astrologue, « dont l'artifice démasqué sert à détromper les Grands de leur croyance à l'Astrologie [1] ».

Il y eut cependant, en plein dix-septième siècle, un sujet de comédie où le Merveilleux dut entrer comme élément essentiel ; ce fut, pour parler avec Loret,

> L'effroyable *Festin de Pierre*,
> Si fameux par toute la terre [2].

A l'exemple des Espagnols et des Italiens qu'ils traduisent et arrangent à la française, de Villiers dans son *Festin de Pierre, ou le Fils criminel,* et Dumesnil (dit Rosimon) dans *le Festin de Pierre, ou l'Athée foudroyé,* admettent les scènes fantastiques. De Villiers les multiplie [3]. Dans sa pièce, l'ombre de don Pèdre, à cheval sur sa sépulture, s'agite, fait signe de l'œil et parle (acte IV, scène 8). L'ombre assiste au repas de don Juan, débite de longues tirades et converse familièrement avec don Juan et avec son valet Philipin (acte V, scène 2). Enfin, tandis que « la sépulture s'ouvre » et que

---

1. *Mémoires sur la Vie et les ouvrages de Molière;* v. FF. Parfait, t. XI, page 43.
2. *La Muze historique,* 14 février 1665.
3. Il y admet jusqu'à des réminiscences mythologiques. Don Juan et Philipin, sortant « de mille écueils au plus fort de l'orage », racontent en style burlesque qu'ils viennent de voir, de leurs yeux, Neptune et ses tritons :

PHILIPIN.
... Mais dites-moi comment
Vous nommez ce monsieur.

D. JUAN.
Qui?

PHILIPIN.
Celui qui préside,
Avec sa grande barbe, à l'Élément liquide?

D. JUAN.
C'est Neptune.

PHILIPIN.
Neptune ! Et tous ces mirmidons,
Qui cornent devant lui, qui sont-ils ?

D. JUAN.
Des Tritons.

PHILIPIN.
La peste les étouffe avec leur cornemuse :
Ils m'ont fait enrager ; mais si je ne m'abuse,
Ces petits fripons-là sçavent très-bien nager.

(Acte IV, sc. 2.)

« l'on voit la table garnie de crapaux, de serpens et tout le service noir », l'ombre joue encore un rôle d'acteur ordinaire en chair et en os, et attend le « grand coup de tonnerre » final (acte V, scène 6 et scène 7). Ces longueurs et ces maladresses triviales révoltaient les gens de goût ; Saint-Évremond croyait que *le Festin de Pierre* des Italiens (celui que de Villiers avait traduit) suffisait à faire mourir de langueur un homme patient ; et chaque fois qu'il l'avait vu jouer, Saint-Évremond avait souhaité, dit-il, que l'auteur de la pièce fût foudroyé avec son héros [1].

Molière comprenait trop bien la scène pour prolonger outre mesure ces apparitions. Dans son *Don Juan*, la statue qui « baisse la tête » (acte III, scène 5), le spectre « en femme voilée », qui prend la figure du « Temps avec la faux à la main » et s'envole, n'occupent qu'un moment le spectacle ; assez toutefois pour saisir l'imagination. Le spectre ne prononce qu'une phrase (acte V, scène 5) ; la statue en dit trois (scène 6) un instant avant que « la terre s'ouvre et l'abîme [2] ». Molière a su être sobre ; mais comme ces quelques mots et ces apparitions d'un instant produisent un autre effet que les familiarités funèbres de l'ombre, empruntées au *Convive de pierre* !

Ce Merveilleux avait un caractère un peu trop sérieux pour ne pas soulever quelques réclamations. Le prince de Conti réclama contre cette « comédie pleine de blasphèmes » et contre le dénouement où, dit-il, Molière fait d'une *fusée* « le Ministre ridicule de la vengeance Divine ». Le public jugea par trop téméraire ce mélange du sacré et du profane dans une comédie. Les audaces impies du libertin don Juan ne parurent pas suffisamment compensées par le « foudroyement » final ; et le *Don Juan* ne put se maintenir à la scène [3].

---

1. *OEuvres meslées*, t. II, page 245.

2. Thomas Corneille, dans sa traduction, en vers, de la prose de Molière, n'a pas imité la sobriété de son modèle. V. acte IV, scène 8, et acte V, scène 4.

3. ... « Il prétend justifier à la fin sa Comédie si pleine de blasphèmes, à la faveur d'une fusée, qu'il fait le Ministre ridicule de la vengeance Divine ; mesme pour mieux accompagner la forte impression d'horreur qu'un foudroyement si fidellement représenté doit faire dans les esprits des specta-

Rien de ce qui touchait directement à la foi ne pouvait se produire au théâtre, surtout dans une pièce plaisante, sans alarmer les consciences chrétiennes. On ne souffrait point que la religion fût mêlée aux divertissements mondains.

C'était un principe de respect; on y était fidèle : cette fidélité et ce respect sont dignes de louanges.

---

teurs, il fait dire en mesme temps au valet toutes les sottises imaginables sur cette avanture. » (*Traité de la Comédie et des Spectacles.* Neue Ausgabe, von Karl Vollmöller, 1881, page 32.)

CHAPITRE VII

DU MERVEILLEUX DANS LE POÈME ÉPIQUE

Des *Machines*; de la magie. — Quand et comment user de *Machines*?

Le Merveilleux est-il un élément essentiel du poème épique? A première vue, il semblerait qu'au dix-septième siècle personne n'en doutât, et que tout le monde dût souscrire sans examen à la loi promulguée par Le Bossu : Que l'action épique soit « racontée en vers, d'une manière vrai-semblable et *merveilleuse* [1] ». Les théories et les discussions avaient pour objet ordinaire la nature du Merveilleux à employer dans l'épopée; c'était, par le fait, supposer comme admise de tous la nécessité du Merveilleux dans la poésie épique.

Néanmoins, au témoignage de Desmarets, tous les esprits n'étaient pas convaincus de cette nécessité ; il y avait des récalcitrants; mais, selon le même Desmarets, les récalcitrants étaient « quelques esprits médiocres », passionnés pour les romans, « où rien ne paroist de surnaturel ». Ils osaient ravaler la « poésie héroïque » au niveau de ces histoires bourgeoises en plusieurs tomes, s'imaginant « que la Poësie Héroïque doit traiter son sujet de la mesme sorte, sans y apporter des Machines de causes surnaturelles et ne doit estre qu'un roman [2] ». Grave méprise aux yeux du poète de *Clovis*, qui s'applique de son mieux à réfuter les partisans peu nombreux et « médiocres » de ce système. — Rollin, qui devait l'adopter, n'avait pas encore dix ans, et Desmarets ne juge même pas à propos de nommer les gens de petite marque auxquels il s'en prend. Tout ce qui comptait parmi les lettrés était pour le Merveilleux dans l'épopée : « Les Dieux, aussi bien que les hommes, sont les personnages de l'Épopée, » déclare Le Bossu [3]; les défenseurs du Merveilleux chrétien

---

1. *Traité du Poëme épique*, liv. Ier, chap. III, fin; édit. de 1693, page 12.
2. *Traité pour juger des Poëtes*, etc., chap. XXXV, page 100.
3. Liv. V, chap. Ier; édit. de 1693, page 348.

remplacent les *dieux* par les *anges* et les *saints*, et la définition subsiste ; il serait superflu de démontrer l'évidence et de fournir des textes à l'appui [1].

Les seuls points qui occupent et divisent les habiles sont les suivants : Quelles doivent être les *Machines* dans l'épopée ? Quand faut-il user de Machines, et comment ?

A la première question, deux réponses, conformes aux deux doctrines opposées. Notons cependant que, si les défenseurs du christianisme poétique bannissent absolument de l'épopée moderne le Merveilleux mythologique, les partisans de la Fable ne se prononcent pas d'une façon aussi catégorique [2]. Quand Boileau admet qu'il peut y avoir « un sujet chrétien » et qu'il défend au poète de s'y montrer « follement idolâtre et payen », n'autorise-t-il pas implicitement et logiquement un Merveilleux chrétien, à la condition que Dieu, les saints et les prophètes n'y agissent point comme les dieux éclos du cerveau des poètes antiques ? Il ne le dit pas expressément ; mais de ce qu'il dit on est en droit de le conclure.

Le système dit chrétien se permet de faire agir Dieu, les saints, les prophètes, les anges, les démons et les magiciens. Ce « bel art », c'est Desmarets qui parle,

> Fait descendre du Ciel les Anges bienheureux,
> Fait parler les démons [3]...

---

1. Segrais donne aussi à entendre que certains beaux esprits étaient disposés à rejeter de l'épopée toute espèce de Merveilleux : « Quelques modernes ont voulu mettre les enchantemens en sa place (de la mythologie) : et il faut du moins avouer qu'ils ont été plus raisonnables que ceux qui n'ont voulu ni Dieu, ni Anges, ni Saints, ni enchantemens. » (Préface de la *Traduction de l'Énéide*.)

2. Même au dix-neuvième siècle et même après la publication du *Génie du christianisme*, il s'est trouvé un poète pour réclamer des épopées mythologiques avec dieux et déesses suivant l'antique formule : « Je regrette plus que personne que nos grands poètes ne se soient pas exercés ; mais pour les encourager à travailler dans ce genre, il faudrait avant tout leur rendre leurs dieux, leur Olympe, leur enfer et toutes les machines merveilleuses, sans lesquelles la poésie héroïque ne peut vivre. Le génie de la poésie est comme un aigle superbe à qui on a coupé les [ailes... » (Michaud, *Le Printemps d'un proscrit*, 6e édit ; notes, page 21.)

3. *De l'Excellence et des Plaintes de la poésie héroïque.*

> Tantôt Dieu même parle ; et tantôt par un Ange
> Il console, il instruit ; par d'autres il se venge [1]...

Ailleurs Desmarets énumère ainsi les acteurs du Merveilleux chrétien, tel qu'il le conçoit : « Les Personnes divines et les Saints, et les Anges... et les démons [2]. »

Desmarets oublie la magie, dans les passages où il expose ses principes ; mais il s'en sert dans son *Clovis*, tout heureux d'avoir rencontré « un enchanteur que l'Histoire fournit [3] » ; et dans l'*Advis* au lecteur de son poème, il soutient que « les Enchanteurs sont choses non seulement aussi ingénieuses que merveilleuses, mais encore vray-semblables ».

L'opinon de Desmarets est l'opinion de tous nos autres épiques du dix-septième siècle, à l'exception d'un seul, Chapelain. Chapelain ne daigna point employer « la machine de la magie, dont les autres poètes épiques de son temps semblent avoir voulu faire leurs délices » ; et Baillet, qui remarque cette divergence, juge qu'en cela Chapelain fut « sage [4] ».

Est-ce que Chapelain condamnerait cette *Machine?* Sur ce chapitre l'auteur de *la Pucelle* hésita et varia. Au temps de sa jeunesse, avant d'avoir mis au jour son épopée, il tenait « la magie aussi plausible pour machine épique que les divinités d'Homère » ; il admirait avec quel « succès » son devancier le Tasse en avait fait usage. Pourquoi lui même n'en a-t-il pas enrichi sa *Pucelle?* Il se faisait poser cette question par Sarrasin et Ménage, dans son dialogue *De la Lecture des vieux Romans;* et il y répondait : 1° que cette difficulté est très grave ; 2° qu'il l'avait étudiée à fond ; 3° que s'il n'avait pas eu recours à la magie, « ce ne fut pas, disait-il, pour l'estimer mauvaise, mais pour ne la trouver pas naturelle à mon sujet, par les circonstances du temps, du lieu, des personnes, et de la trop grande lumière de l'histoire » ; 4° enfin Chapelain venant « après tant d'autres » avait voulu être lui-même, avoir une « gloire d'invention, se tirer du commun », et « montrer qu'on peut poétiser à la chrestienne, sans passer

---

1. *Défense du Poëme héroïque*, Dialogue II, page 17.
2. *Discours pour prouver que les sujets chrétiens*, etc., page 14.
3. *Ibid.*, page 11.
4. *Jugemens des Savans*, t. V, page 280.

par ce chemin battu de la magie ». Bref, Chapelain visait à être neuf; il craignait d'être ennuyeux, comme l'auteur du *Lancelot*, lequel, « pour tout recours en ses embarras n'a que la seule magie », en un poème dont on ne « sçauroit lire une page sans bâiller et sans avoir mal à la tête » ! — Comme si *la Pucelle* était une œuvre si divertissante ! et comme si l'ennui de *la Pucelle* ne devait pas devenir un des meilleurs arguments contre le Merveilleux « à la chrestienne[1] ! »

Plus tard, Chapelain confirmé poète épique ne fut plus à beaucoup près aussi accommodant à l'égard du Merveilleux chevaleresque. En 1667, le Tasse ne lui semblait plus guère qu'un apprenti, et son poème chose fort invraisemblable, vu « la magie dont il est plein *ad nauseam usque*[2]. » En 1669, Chapelain affirmait plus nettement encore son dédain pour les « épisodes fondés sur la magie »; les modernes qui avaient emprunté ces fantaisies aux épopées du moyen âge, s'étaient rendus coupables d'une bévue et d'une grave infraction à toutes les règles[3].

Les collègues de Chapelain, moins difficiles que lui, ou moins sages, estiment, avons-nous dit, que « la Magie peut estre employée et contribuer au Merveilleux ». Mais tout en formulant cet axiome, Le Moyne y pose une restriction : la magie ne doit point « mettre la main à tout et se mesler de toutes choses. Ajouster enchantemens à enchantemens et il-

---

1. Perrault, plaidant la cause des anges et des démons épiques, avouait que l'argument le plus fort contre sa thèse venait précisément du prodigieux ennui répandu à travers cette formidable épopée.
« *Le Chevalier*. Ce que vous dites est le plus beau du monde; cependant tous les Anges et tous les diables que M. Chappelain a introduits dans *la Pucelle* n'ont gueres diverti le lecteur.
« *L'Abbé*. Cela vient de ce que M. Chappelain n'avoit pas le don d'être fort divertissant; mais il n'est nullement blâmable d'avoir mêlé des Anges et des démons dans son ouvrage... » (*Parallèle des Anciens et des Modernes*, t. III, page 22.)
2. Lettre du xxiii juillet 1667. Édit. Tamizey de Larroque, t. II, page 521. — Le Tasse n'est excusable sur le chef de « ces magies » que parce qu'il écrivait « dans ce commencement de Poésie épique ».
3. Lettre du viii février 1669, à Ferrari, premier professeur d'éloquence à Padoue. T. II, page 617, note. — Ces épisodes magiques ont été « introduits dans l'épopée contre les regles par une mesprise des plus grands poëtes modernes ».

lusions à illusions, comme a fait l'Arioste, ce n'est pas faire un Poëme, c'est faire une Rapsodie de Sortilèges pareille à la Vie d'Apulée, ou à celle du Docteur Fauste[1] ».

Les poètes, créateurs de magiciens épiques, croyaient à l'utilité de la magie dans l'épopée : cela va de soi. Tel critique, n'ayant pas les mêmes motifs de s'y montrer favorable, ne cachait point sa répugnance. Ch. Sorel voit dans cette mode romanesque ou chevaleresque une réminiscense outrée de « Circé et de Médée, deux fameuses Sorcières », et une imitation de « la vie d'Apollonius philosophe et magicien »; tout cela, pour lui, est absurde, et il condamne ces imaginations, se rangeant à l'avis du Sieur de la Nouë et de « Michel de Montagne, gentil-homme de bon sens et de grande érudition[2] ». Sorel a surtout en vue la magie, peu édifiante en effet, des romans du moyen âge. Saint-Évremond, gentilhomme, lui aussi, de bon sens et d'érudition, se place à un tout autre point pour juger de la magie poétique et pour la défendre; car il la défend, par comparaison avec les dieux d'Homère et de Virgile. Le Merveilleux chevaleresque est, à son gré, grandement supérieur à celui des « poèmes de l'antiquité »; par cette raison que le Merveilleux chevaleresque attribue « aux diables et aux magiciens toutes les choses pernicieuses », tandis que « les poètes (anciens) ont remis tout ce qu'il y de plus méchant et de plus infâme au ministère de leurs déesses et de leurs dieux[3] ». Soit; cela justifie quelque peu les poètes du moyen âge et ceux du dix-septième siècle au regard de la morale; mais en sont-ils moins déraisonnables, littérairement parlant? Saint-Évremond aurait pu se prononcer plus nettement; et pour cette question la palme du bon sens est acquise à Chapelain.

---

1. *Traité du Poëme héroïque.*
2. « Le sieur de la Nouë doit estre autant escouté qu'aucun autre. Entre ses Discours politiques et militaires, il y en a un exprez contre ces sortes d'escrits, pour montrer que leur lecture est pernicieuse à la jeunesse, comme estant pleins d'impiété dans leurs récits d'enchantemens, où l'on void des Hommes qui, quoy qu'ils se disent bons Chrétiens, ont plustost recours à l'assistance des démons qu'à celle du vray Dieu. » (*De la Connoissance des bons Livres*, chap. II, *Censure des Romans*.)
3. *OEuvres meslées*, t. III, pages 68 et 69.

Quand faut-il user de *Machines* dans l'épopée? Les avis se partagent et se multiplient. Desmarets, tout opposé qu'il est aux Anciens, se garderait bien de contrevenir, dans le poème épique, au « précepte : *Nec deus intersit* », imposé par Horace à l'action dramatique [1]. Le Bossu, tout au rebours, croit que ce précepte n'a rien à faire avec l'épopée ; il pose en principe « qu'il faut user de Machines par tout, puisqu'Homère et Virgile ne font rien sans cela » ; autrement — c'est aussi la théorie de Boileau — le poète n'est plus qu'un « froid historien » ; d'où il suit que Le Bossu réclame « des Machines en tous les endroits » ; non seulement dans la *proposition* des poèmes, dans l'*invocation* et la *narration*, mais « dans les nœuds et dans les dénouemens [2] ».

D'autre part, Le Moyne ne veut faire « jouer » la Machine qu'en certaines rencontres, « dans une Tempeste, dans un embrasement, dans un déluge, contre les charmes [3] ». Un confrère de Le Moyne, le P. Laurent Lebrun, décrète de son côté : 1° que l'on peut user de Merveilleux partout, excepté dans le fond même de l'action et dans le dénouement ; 2° que l'emploi du Merveilleux est nécessaire pour apprendre le passé qu'on ignore et pour s'informer de l'avenir [4].

Ainsi donc, autant de traités, autant de systèmes. Toutefois la thèse générale de ceux qui tiennent pour la mythologie est que l'on peut prodiguer à volonté « l'action surnaturelle et extraordinaire » et la mêler à « presque tous les incidens » épiques, sans aucune « nécessité [5] » ; que le poète peut se permettre un « amas de nobles fictions » et « mille inventions » merveilleuses [6].

Les avocats du Merveilleux chrétien, ou simplement ceux qui ne le repoussent pas, sont d'accord pour demander la discrétion, la réserve. Arnaud d'Andilly écrivait à Chapelain, quelque temps avant la publication de *la Pucelle* qu'il avait trop multiplié l'action des anges et des démons, « ces

---

1. *Discours pour prouver que les sujets*, etc., page 11.
2. *Traité du Poëme épique*, liv. V, chap. iv et chap. v.
3. *Traité du Poëme héroïque*.
4. *De Epico carmine*, 1661 ; cap. viii.
5. Le Bossu, *Traité du Poëme épique*, liv. V, chap. v.
6. Boileau, *Art poétique*, chant iii.

grandes machines qui ne devroient jouer que rarement ». Le Moyne n'autorise la *Machine* que là « où la valeur et la prudence ne servent de rien », et pourvu que les auxiliaires célestes ne fassent jamais « ce que l'épée et la lance pourront faire [1] ». Coras lui-même prie le poète d'être sobre dans l'usage de ces fictions, de les « semer avec jugement », sans les « jetter à pleines mains [2] ».

Surtout — autre règle importante — que dans un poème chrétien l'auteur prenne bien garde de ne point prêter aux personnages divins des actes en contradiction avec le dogme. Charpentier explique ce précepte par un exemple. Les poètes païens ont imaginé une assemblée délibérante des dieux de l'Olympe; mais « qu'un poëte Chrestien se serve de la mesme invention; qu'il suppose que le Père Éternel assemble les Anges et les Saints, pour consulter avec eux ce qu'il doit faire, cela paroistra puérile [3] ». — « Que les fausses divinitez soient mêlées en toutes sortes de fictions », Saint-Évremond n'y voit aucun inconvénient, parce que cela ne tire nullement à conséquence; « mais, dit-il, pour les Chrestiens, ils ne donneront que des véritez à celui qui est la vérité pure [4] ». Partout et chez tous c'est le même principe de respect et d'une circonspection très louable, dès là qu'il s'agit de Dieu et des choses saintes. Nous l'avons constaté maintes fois, par la raison que les écrivains dont nous analysons les idées y reviennent sans cesse.

Saint-Évremond tranche, en ce même endroit, une question débattue entre les théoriciens du poème épique, et dont Le Bossu fournit un chapitre intitulé : *Si la présence des dieux déshonore les Héros*. Oui, affirme Saint-Évremond; il en est ainsi de la présence, non point des anges et des saints, mais des dieux homériques; dans le système d'Homère, chaque guerrier de marque a « son dieu sur son cha-

---

1. *Traité du Poëme héroïque.*
2. *Jonas*, 1663; Préface, page 3.
3. *De l'Excellence de la Langue françoise*, t. II, pages 738 et 739. — « Nous sçavons que cela est faux et que Dieu agit indépendamment du Conseil des Créatures. Or tout ce qui est reconnu faux, et que l'on nous veut donner pour vray, est plus propre à faire rire qu'à exciter l'admiration. » (*Ibid.*)
4. *OEuvres meslées*, t. II, page 167.

riot aussi-bien que son Escuyer »; l'homme est « une pure machine », au sens vulgaire du mot : machine dont les dieux et déesses font mouvoir les ressorts. — Loin de là, dit Le Bossu, la gloire d'un héros consiste précisément à agir avec l'aide d'un dieu; et Le Bossu appuie son argumentation d'une tirade de l'*Andromède* de M. de Corneille [1].

Le P. Le Moyne résout à peu près la difficulté, ou du moins il ramène l'affaire au conseil raisonnable d'Horace : *Nisi dignus vindice nodus inciderit* : autrement, « de faire descendre du Ciel des Troupes auxiliaires, et de les envoyer par Escadrons dans la meslée, ce n'est rien faire à l'honneur de ceux que l'on fait vaincre de la sorte. Des Lièvres pourroient bien ainsi vaincre des Lions; et une demy-douzaine de Nains estropiez et malades, avec un pareil secours, deferoient fort aisément toute une Armée de Géans...

« Qu'on n'appelle point les Anges, qu'on n'évoque point les démons où il ne faudra que de la conduite, que du courage et de la force. Homere pouvoit épargner à son Apollon la peine de venir de si loin pour détacher la cuirasse de Patrocle [2]... »

Donc, en définitive, pour les poèmes épiques, soit chrétiens, soit autres, modération dans l'usage du Merveilleux, discrétion, sobriété; voilà ce que Le Moyne et ses collègues épiques réclament, en principe; dans la pratique, aucun n'y songe.

Nos poètes ne manquaient point de règles; outre celles

---

1. Cf. liv. V, chap. vi. — M. de Ramsai établissait la supériorité du Merveilleux dans le *Télémaque* sur celui des Anciens, de ce chef que Fénelon avait su ménager l'intervention des divinités d'une façon opportune, et même en la voilant : « Dans notre Poëme, Minerve conduit sans cesse Télémaque; par là le Poëte rend tout possible à son Héros...

« Mais ce n'est pas là tout son art. Le sublime est d'avoir caché la Déesse sous une forme humaine. C'est non-seulement le vraisemblable, mais le naturel qui s'unit ici au Merveilleux. Tout est divin et tout paroist humain. Ce n'est pas encore tout. Si Télémaque avoit sçu qu'il étoit conduit par une Divinité, son mérite n'auroit pas été si grand; il en auroit été trop soutenu. Les Héros d'Homère sçavent presque toûjours ce que les Immortels font pour eux. » (*Discours de la Poésie épique et de l'Excellence du poème de Télémaque*, 1716, page xiv.)

2. *Traité du Poëme héroïque.*

qu'ils allaient chercher auprès des Anciens, ils en créaient pour eux-mêmes et pour autrui, surtout pour leurs lecteurs; mais le cas échéant, ils s'en tenaient à l'axiome plus commode de la *Lettre aux Pisons* : *Quidlibet audendi...*

Achevons l'examen de leurs théories sur l'épopée chrétienne, en étudiant les sources où ils veulent que l'on puise le Merveilleux chrétien.

Vu l'importance de ce dernier point, nous en faisons un chapitre à part.

CHAPITRE VIII

DES SOURCES DU MERVEILLEUX ÉPIQUE

Écriture sainte. — Histoire.

Le Merveilleux de la Bible peut-il se prêter à la poésie épique ? Un poète a-t-il le droit d'essayer son génie sur une matière biblique ? Autre point controversé au dix-septième siècle.

Les auteurs de poèmes épiques, héroïques ou sacrés, se croient obligés d'en ouvrir leur sentiment aux lecteurs de leurs ouvrages ; et ils le font dans leurs « Préfaces discourues », comme parle Chapelain [1]. Voici en quelques mots les principales solutions.

Scudéry commence par exclure de « l'illustre sujet du poëme Épique les Histoires du paganisme » ; un poète moderne et chrétien ne devant plus occuper son esprit de ces sottises. Scudéry ne permet pas davantage de choisir l'argument d'un poème épique dans l' « Histoire Sainte » : vu que le poète serait par trop exposé à « en altérer la vérité », grâce à ses propres fictions, car le poète est tenu de *feindre*. Néanmoins, par une inconséquence due à sa courtoisie, Scudéry n'ose appliquer sa règle au *Moyse sauvé* de son « illustre amy M. de Saint-Amant » ; mais après cette concession faite à l'amitié, l'auteur d'*Alaric* conclut catégoriquement que l' « histoire chrestienne prophane toute seule, en notre temps, nous peut donner ce Merveilleux et ce vray-semblable », qui sont « l'âme, pour ainsi dire » d'une œuvre épique [2]. Évidemment l'auteur d'*Alaric* est sincère et convaincu, mais il n'est pas absolument désintéressé.

Saint-Amant, si gracieusement excepté de la règle, par son confrère et compatriote, s'occupe un peu moins de délimiter

---

1. Lettre du 10 septembre 1659, à Lancelot. Édit. Tamizey de Larroque, t. II, page 57.
2. Préface d'*Alaric*.

le domaine du génie, et s'applique à défendre son bien ; mais chemin faisant il développe ses idées sur les emprunts faits à la Bible. Il prévoit le reproche que peut-être on lui adressera, « d'avoir inventé dans une histoire Sainte » ; mais Saint-Amant a une excuse toute prête. Parmi « les choses de la Bible », il en est de dogmatiques, « qui contiennent autant de sacremens que de mots et où il est bien délicat de porter la main » ; le poète du *Moyse sauvé* n'a pas eu l'audace d'y toucher. Il en est d'autres, « purement historiques », que l'on peut « manier avec plus de hardiesse, pourveu que l'on ne change rien au principal ». Aussi bien ne se fait-il pas scrupule d'ajouter à l'histoire de Moïse : ce qu'il ajoute est « une menterie », il en convient, mais une menterie poétique, que lui, Saint-Amant, ne prétend aucunement « faire passer pour une vérité [1] ».

Le Moyne juge comme Saint-Amant, en délayant son opinion dans des périphrases fleuries. Il autorise les « Muses Saintes » à embellir l'arche et le sanctuaire. Qu'elles y apportent « de l'or, des pierreries, de la Broderie, de la Pourpre ;... mais point d'Images taillées, point de figures faites à phantaisie ; les Chérubins y suffisent et ils n'en souffriroient point d'autres ». Le Moyne se commente lui-même et permet, sans circonlocution, « d'escrire même en vers les actions des Héros du peuple de Dieu » ; donc, que le poète choisisse, s'il veut, « Gédéon, Josué, David », à la condition de leur garder leur physionomie et leur caractère bibliques [2].

Voilà ce que répètent, pour le fond, les préfaces des poèmes sacrés ; ce que redit en particulier le trop fécond versificateur de *Jonas, Josué, Samson, David*. Coras demande et accorde la liberté « d'enrichir la Montagne de Sion des dépoüilles du Parnasse », à l'exemple des Hébreux qui firent servir « l'or d'Égypte à l'embellissement des Lieux Saints ». Pourtant Coras défend d'ajouter « toutes sortes d'inventions aux Matières saintes [3] ». Ce programme un peu vague est aussi celui du poète, peu fameux, de *Job*, pour lequel l'Écriture Sainte

---

1. Préface d'*Alaric*.
2. *Traité du Poëme héroïque.*
3. *Jonas,* Épître, page III.

est « une Arche d'alliance »; on ne la « manie pas... comme l'on voudroit[1] ».

L'abbé de Marolles était plus précis; non seulement il ne refusait point aux auteurs épiques les sujets pris dans l'Écriture, mais il leur recommandait nommément comme héros « Abraham, Joseph, Moyse, Josué, Samson, Gédéon, Jephté, David, Salomon, les Machabées »; puis il leur signalait plusieurs héros du christianisme et de l'histoire de France, dignes de figurer dans une épopée : « N'avons-nous pas des Constantins, des Clovis, des Charles, des Louys et des Henrys[2] ? » — Voici quelque chose de plus net encore, et des indications curieuses de sujets à prendre dans l'histoire de France ou dans l'Ancien Testament : après lecture du commencement de la *Pharsale*, le marquis de Chamvalon écrit à Brébeuf, l'invitant à ne plus faire des copies, mais à entreprendre un poème véritable pour son propre compte : « Vous avez dans nostre Siécle et dans nostre Patrie le plus beau sujet du monde : ou la description des Guerres de la Ligue sous Henry-le-Grand (une *Henriade!*), ou de celles des Huguenots sous Louis-le-Juste. La matière des unes et des autres est très belle, et les deux Héros sont dignes d'une excellente plume comme la vostre.

« Si elle veut s'élever plus haut dans les choses sacrées, la sortie du peuple de Dieu de l'Égypte et l'entrée dans la Terre promise vous fourniront dans la vérité des avantures plus grandes que tout ce que la Poësie a puisé dans les inventions fabuleuses. » (*Lettres de Brébeuf*, t. Ier, lettre xxv.)

A quelques jours de là, Brébeuf répond qu'il achève la *Pharsale*, et « après cela, Monsieur, je me donneray tout entier aux beaux sujets que vous me marquez dans votre lettre ». (Lettre xxvi.) Vers la même époque, Gomberville revient à la charge auprès du traducteur de Lucain et l'exhorte à choisir un sujet d'épopée « Saint et héroïque ». Cherchez-le, dit-il, dans l'Écriture Sainte : il l'en prie, en son nom et au nom des solitaires de Port-Royal. Derechef, Brébeuf promet

---

1. *L'Illustre Souffrant, ou Job*, par H. Le Cordier, 1667, page vi.
2. *Traité du Poëme épique*, par M. de Marolles, abbé de Villeloin, 1662, chap. vi, pages 47 et 48.

d'entreprendre l'œuvre proposée sur le sujet conseillé par Gomberville et par les « illustres du désert ». (Lettres XXIX et XXX).

Quoi qu'il en soit des idées particulières et des vues de détail, nos auteurs épiques s'accordent à eux-mêmes, et par suite à leurs émules, le droit de transformer en poèmes les faits bibliques; ils jugent, comme Godeau, que les sujets pris de l'Écriture Sainte sont pour le moins aussi *agréables* que les sujets profanes[1]; ils vont même jusqu'à établir ce principe : « Il n'y a que des sujets de l'Ancien et du Nouveau Testament qui puissent estre propres pour la dignité de la Poësie Héroïque[2]. »

Quant à la forme, il y a une condition essentielle et *sine qua non* : il est interdit à quiconque emploie le Merveilleux de la Bible et de l'Évangile, ou de l'histoire de France, de s'écarter par trop des règles du Merveilleux homérique et virgilien. C'est une clause des codes poétiques. Ainsi Desmarets, qui regimbe avec tant de hauteur contre le joug de Virgile et d'Homère, avoue cependant que « les exemples des poëtes anciens étant les meilleures règles que nous ayons de la Poësie Héroïque », il veut et doit justifier son Merveilleux par le leur. Il a feint « quelque malice des démons », comme les Anciens ont feint les « malices de leurs divinitez envieuses et cruelles »; il a débuté, dans son *Clovis*, par un « orage que les démons excitent », comme Virgile a commencé l'*Énéide* « par la tempeste que Junon excite avec le secours d'Éole[3] ».

---

1. « Ceux qui prononcent qu'il n'y a point de sujets si agréables dans l'Écriture, parlent d'un païs dont ils n'entendent pas la langue, et où ils n'ont jamais abordé. Ils veulent faire des règles de leur ignorance... » (*Poësies chrétiennes* d'Ant. Godeau, év. de Grasse, 1660, page 14.

2. *Traité pour juger des Poëtes*, chap. XXXII, page 95. — Desmarets, à l'âge de soixante-dix-huit ans, rêvait « la plus grande et la plus hardie entreprise qui se fera jamais en vers », qui était de réduire tout l'Ancien Testament en poèmes épiques ou héroïques. Il avait déjà versifié *le Combat des Anges, Abel, Abraham, Joseph, Esther*, et il avait encore trois autres poèmes sur le métier. Ce courage du vieux poète est digne d'admiration : mais plus admirable eût été la patience du lecteur de ces soi-disant poèmes bibliques. Par bonheur pour Desmarets et pour l'Écriture Sainte, cette belle entreprise en demeura là. (V. *Esther*, 1673, 2ᵉ édition, Préface.)

3. *Clovis*, Épître au Roy.

— Chapelain, dans la préface de ses douze derniers chants, déclare, lui aussi, qu'il a façonné ses anges et ses démons sur le modèle des dieux mythologiques; et il prie humblement ses « juges » d'examiner « si, dans l'employ des Anges, des Saints et des démons, on (l'auteur de *la Pucelle*) a montré une raisonnable émulation de l'employ des divinitez payennes [1] ». Singulière recommandation pour ces anges et ces saints épiques !

Les émules de Chapelain ne visent pas plus loin ; et selon Scudéry, tout le Merveilleux des épopées modernes a été calqué sur le Merveilleux des Anciens; sans quoi il n'eût pas été viable : « L'Alcine et l'Armide d'Arioste et du Tasse sont des portraits de la Circé... Le Persée et le Pégase de l'ancienne Fable ont fait l'Astolphe et l'Hypogriphe de la nouvelle ; la teste de la Méduse a fait le fatal bouclier d'Atlante... » Et Scudéry conclut que de son temps, comme du temps de Salomon, « il n'y avoit rien de nouveau sous le soleil [2] »; rien de nouveau du moins dans les conceptions, imaginations, créations merveilleuses; ce qui était un premier défaut et passablement considérable.

Si Le Moyne a « fait descendre du Ciel des Héros françois pour redoubler l'effroy des Sarrasins de Damiette », c'est pour être à la hauteur de Virgile, lequel avait fait voir à Énée « les dieux en armes qui travaillent à la ruine » de Troie [3]. Et ainsi du reste. De là vient que, de tous les griefs de Boileau contre le Merveilleux chrétien, je n'en sais pas de plus juste que ses plaintes contre ces anges et ces saints jouant un rôle imité des dieux.

Boileau n'était pas seul parmi les gens d'esprit à blâmer ces contrefaçons malavisées. Marolles souriait, en reconnaissant dans les longs poèmes de ses contemporains « Virgile sous des noms empruntez ou sous d'autres habits », *Iris* qui donne le ton aux anges, et les « Divinitez profanes » devenant « plusieurs Saints personnages [4] ».

---

1. *La Pucelle*, seconde partie; édit. Herluison, Orléans, 1882; page LXXXV.
2. *Alaric*, Préface.
3. *Traité du Poëme héroïque*.
4. ... « Et plusieurs Saints personnages qui sont dans la gloire, tiennent

Saint-Évremond, à son tour, jugeait bien pauvrement inspirés ces ouvrages prétendus chrétiens et modernes, mais simplement « ajustez » au goût des Anciens[1].

Curieux mélange d'audace chrétienne et de superstition classique. Tandis que nos poètes se font une loi inviolable et un mérite de choisir leurs sujets soit dans la Bible, soit dans l'histoire nationale, ils sont assez inconséquents pour modeler leur surnaturel sur celui d'une mythologie qu'ils ont le bon goût d'estimer absurde; et selon les principes qu'ils posent et développent, les anges, pour être épiques, devront se conformer aux usages des Immortels olympiens, et les démons prendre les mœurs du Tartare.

Dans un temps où les règles sont le critérium universel, indispensable et infaillible, nos auteurs se forgent des systèmes qui, dans leur pensée, seront le dernier mot de la question, fermeront la bouche aux critiques et indiqueront désormais l'unique voie à suivre; toutes les théories prennent implicitement pour épigraphe : *Sic itur ad astra*.

Elles sont minutieuses et affirmatives, dogmatiques, n'admettant point le doute, ne souffrant point la discussion : voilà comment nous entendons la chose, et c'est la seule manière de l'entendre. Le Merveilleux hybride, chrétien de nom et par le fond, mythologique d'allure, sans préoccupation de couleur historique ou locale, doit s'accommoder à notre formule, sous peine de n'être point; or il est nécessaire qu'il soit.

Pour peu qu'on y regarde de près, il est aisé de voir que toutes ces théories n'étendent guère leur horizon au-delà des poèmes qu'elles accompagnent. On se croyait obligé d'écrire toujours *selon les règles*. Quand les règles manquaient, chacun y suppléait de son mieux, *proprio marte*.

De là ces poétiques si nombreuses, si détaillées, si peu profondes, où le Merveilleux, comme tout le reste, se trouve expliqué et soumis à des préceptes qui sont un exposé de la

---

la place qu'on attribuoit aux divinitez profanes, et quelquesfois mesme, on fait agir le Grand Dieu qui assemble des Conseils », pour imiter les Anciens, surtout l'*Iliade*. (*Traité du Poême épique*, chap. IX, pages 74 et 75.)

1. *OEuvres meslées*, t. II, page 174.

méthode suivie par les auteurs. Les auteurs prouvent ainsi à leurs dépens, et sans y prétendre — tout comme l'abbé d'Aubignac dans sa tragédie de *Zénobie*, — que les règles n'ont jamais suffi à la création des chefs-d'œuvre; beaucoup moins y suffisent-elles lorsqu'elles sont imaginées pour se défendre contre les critiques, ou même pour les prévenir.

ARTICLE III. — QUERELLES

CHAPITRE PREMIER
PREMIÈRES HOSTILITÉS

Racine et Charles Perrault. — Nicole et le P. Rapin.

Dans une société comme celle du dix-septième siècle, où les choses d'esprit tenaient une large place, où l'on raisonnait de tout, où les habiles *raffinaient* à qui mieux mieux, les querelles naissaient vite et, pour ainsi dire, à tout propos. Un écrivain de ce temps-là faisait cette remarque piquante : « La République des Lettres est une Région toûjours remplie et agitée de séditions, de troubles et de guerres civiles ; le temple de *Janus*, s'il y en avoit un, ne seroit jamais fermé[1]. »

Divergence de jugement, jalousie d'auteurs, critiques trop sévères ou trop mal reçues, cabales de telle coterie, tout devenait un *casus belli* entre gens de lettres. Des adversaires entraient en lice ; des partis se formaient pour les soutenir et pour juger des coups. L'historien de l'Académie française, racontant la « guerre » survenue entre Balzac et Jean Goulu, fait cette remarque : « Du moment qu'un auteur célèbre a une guerre sur les bras, aussi-tôt il s'élève une nuée de combattans, qui veulent, à quelque prix que ce soit, paroître dans la mêlée[2]. » Et alors, de part et d'autre, on se décoche tous les traits usités en semblables rencontres, épigrammes et volumes, prose et vers ; une fois au moins, en 1677, on faillit en venir aux coups de bâton.

De 1636 à 1715, l'histoire littéraire est pleine de ces batailles qui coûtent peu de sang et beaucoup d'encre : querelle du

---

1. *Mémoires de littérature*, de Sallengre, 1715, tome Ier, page 116.
2. Seconde partie. *Balzac*. — D'Olivet ajoute cette observation : « Mais après la bataille, leur nom retombe dans l'oubli, et l'on ne se souvient que des Chefs. » — Nous aussi, nous nous souviendrons des chefs plutôt que des soldats obscurs.

Cid, querelle des *Jobelins* et des *Uranistes*, querelle de Girac et de Costar au sujet de Voiture, querelle du *Car*, querelle des *Phèdres*, querelle touchant les langues latine et française; puis querelle interminable des Anciens et des Modernes, qui eut pour épisodes la querelle d'Homère et les querelles du Merveilleux.

Ces dernières seules nous occuperont. Elles n'eurent ni l'éclat, ni les emportements de certains débats que nous venons de mentionner. Elles ne mirent pas aux prises d'un seul et même coup des « nuées de combattans »; ce fut plutôt une suite d'escarmouches, ou de duels, ou de tournois, où l'on se mesurait en champ clos et corps à corps.

Nous ne voulons point comprendre, sous le titre de *querelles* sur le fait du Merveilleux, de simples critiques, comme par exemple la plainte d'Arnauld à Chapelain sur ses anges, ou la leçon de Chapelain à Racine sur ses tritons.

Faut-il appeler *querelle* la dissension qui s'éleva, en 1660, entre Racine et Perrault? Racine avait vingt et un ans et Perrault trente-deux. Racine venait d'écrire son ode *la Nymphe de la Seine* et, selon l'usage, il y avait introduit les *ornements* de la Fable. L'ode fut soumise par M. Vitart à l'examen de Perrault, ennemi déjà déclaré de l'antiquité, ou pour le moins de la mythologie. Entre autres passages qui lui déplurent, Perrault souligna les comparaisons empruntées aux Fables de Vénus et de Mars, les jugeant bien peu honorables au couple royal célébré par Racine. Le jeune poète récusa l'autorité de Perrault, protesta fièrement qu'en cette matière il n'écouterait pas « Apollon lui-même », et en appela de Perrault à Malherbe: « J'ai pour moi Malherbe! » écrivait-il à son cousin M. Levasseur[1]. A quelque temps de là, Racine avait pour lui Despréaux, l'adversaire de Perrault et le censeur de ces *scrupules vains*.

Plus sérieuse fut la mésintelligence de Nicole et du P. Rapin, sur le chapitre du Merveilleux mythologique. Au milieu de débats beaucoup plus graves entre Port-Royal et les Jésuites, Nicole fut, paraît-il, consulté sur le poème des *Jardins*, auquel le P. Rapin *s'amusait*. Nicole refusa de se

---

1. Lettre du 13 septembre 1660.

commettre avec l'auteur des *Jardins*, et de s' « occuper à ces bagatelles ». Toutefois une lettre de Nicole, signée *Wendrock* (comme sa traduction latine des *Provinciales*), démontre qu'il lut la « pièce » et qu'elle lui parut « horrible », et qu'elle le mit en « mauvaise humeur ». Nicole s'étonne qu'un « Jésuite et un prêtre » invoque « les divinités païennes »; ce sont là, pour lui, des « profanations » qu'il ne saurait tolérer, malgré « l'autorité de Sannazar, de Sadolet et de Fracastor ».

Il se voit, dit-il, forcé « à oublier » que l'auteur « est chrétien » et à le prendre « tout d'un coup pour un prêtre de Flore, des Faunes et des Satyres [1] ».

Rapin ne répliqua point directement; mais tel paragraphe de sa Préface a tout l'air d'une réponse, assez dédaigneuse, au *Jugement de Wendrock*. Nicole s'accusait lui-même, dans sa lettre au sujet des *Jardins*, de « mauvaise humeur » ou d' « ignorance » : or, le P. Rapin taxe précisément d'*ignorance* ceux qui ne goûtent pas le charme des Fables, là où la religion n'est pas intéressée, ni les mœurs [2].

Plus tard, Baillet, ami de Nicole et de Rapin, prit à tâche de justifier les « opérations des divinités du paganisme », que les adversaires des *Jardins* regardent comme « peu conformes à la Religion Chrétienne et à la profession religieuse » de l'auteur. Baillet essaya de tout accommoder; regrettant néanmoins que le P. Rapin eût mêlé le nom de Jésus-Christ à celui de ces dieux peu respectables, et priant le poète de s'en expliquer, puisqu'il était « encore vivant ».

Remarquons, à titre de renseignement, que Nicole ne déploya pas toujours tant de zèle contre le paganisme poétique.

---

1. Cf. C. Dejob, *De Renato Rapino*, pages 175-177; Appendice C. 1881. — Nicole, à la fin de son *Jugement*, déplorait le temps perdu à ces *bagatelles* par des gens qui ne sont pas uniquement appliqués aux frivolités de la littérature : « Il faut laisser aux savants du monde ces disputes de littérature et de politesse, et nous occuper, si nous pouvons, à des choses plus sérieuses et plus utiles, sinon pour les autres, au moins pour nous. » *Ibid.*, page 177.

2. *Sed profanarum Numinum fieri mentionem per vatem non profanum, grave videbitur iis, qui non plane norunt ingenium poeticæ, quæ per deorum ministeria et fabulosum sententiarum tormentum, animos tollere debet interdum, ut inveniat admirationem. Quam potestatem per se faciat artis licentia, si Religionis non intersit, quæ nec lædi se putat, ne bonos mores violari...* »

Trente ans après cette lettre ou ce *Jugement de Wendrock*, il applaudit Santeul, moine de Saint-Victor, coupable pourtant d'un crime semblable à celui du jésuite Rapin ; il approuva le poème de *Pomone*, étant de ceux, disait-il au moine poète, « qui sentent les belles choses [1] ».

Quantum mutatus ab illo!

---

[1]. Édition complète des *OEuvres profanes* de Santeul, Barbou, 1725, t. II, page 205.

CHAPITRE II

SANTEUL ET SES PALINODIES

Les deux Santeul. — J.-B. Santeul et Pellisson. — Bossuet et J.-B. Santeul. Affaire de la *Pomone*.

La première querelle fameuse, causée par la question du Merveilleux, mit aux prises deux frères qui, tout en se combattant, demeurèrent les meilleurs amis du monde. Parmi les quinze enfants de Claude de Santeul, échevin de Paris, il y eut deux poètes, Claude l'aîné, pensionnaire du séminaire de Saint-Magloire, et Jean, le chanoine régulier de Saint-Victor. Aux premiers bruits de guerre touchant le Merveilleux païen, ou, pour parler comme l'éditeur du victorin, « la querelle sur les Fables s'étant élevée[1] », Claude avait pris rang parmi les ennemis de la mythologie. Usant de son droit d'aînesse, il essaya de convertir son frère à ses idées; peines perdues : le victorin ne se rendait pas, même lorsque Claude le rappelait au sérieux de sa profession religieuse[2]. — « Pourquoi, lui disait Claude, avoir recours à la Fable, au mensonge, quand on ne veut dire que la vérité ? — Sans la Fable, répondait Jean, on n'est qu'à demi poète. »

Pour couper court à une discussion sans résultat, « Claude gagea trente pistoles » qu'il ferait, en négligeant les vieilles déités, « une pièce en vers », meilleure qu'un poème où son cadet les appellerait à la rescousse. On choisit des juges parmi « Messieurs de l'Académie[3] »; les trente pistoles furent déposées entre les mains d'un tiers et l'on se mit à l'œuvre, de part et d'autre. Jean écrivit son plaidoyer *Pro defensione Fabularum*, qu'il dédia à M. de Bellièvre; Claude composa

---

1. *OEuvres profanes*, t. II., page 161. — J.-B. Santeul donne lui-même cette indication dans la préface de son *Elegia*.
2. *La Vie et les bons mots de Monsieur de Santeul*, par Dinouart, édition de 1742, pages 8 et 9.
3. H. Rigault dit « un comité d'Académiciens ». (Chap. x.)

son réquisitoire *In vanas poetarum Fabulas*, qu'il dédia à
« M. l'abbé de Chavigny, depuis évêque de Troyes », François Le Boutillier [1]. Après examen, les juges décernèrent à
Claude la palme et les pistoles. Le poème du vaincu fut traduit, augmenté et immortalisé par Corneille ; celui du vainqueur fut paraphrasé par « Monsieur L. BR. [2] ». Le victorin avoua de bonne grâce sa propre défaite ; mais sa défaite ne changea ni ses vues sur ce point, ni son style.

De là, nouvelles querelles de l'amitié, essayant de convertir cet « enfant en cheveux gris [3] ». Bossuet, le P. de Mouchy,
de l'Oratoire, et Pellisson entreprirent cette campagne; si
l'on peut en croire Santeul lui-même, ce fut l'oratorien qui
triompha le premier et qui lui fit *abjurer Apollon*. Santeul le
reconnaît dans une épître datée de 1678 [4]. Mais de son propre
aveu, il n'avait abjuré que des lèvres, ou de la plume, le
culte « du profane Parnasse et des Fables grossières [5] »; Pellisson revint à la charge et réprimanda Santeul de ce qu'il
s'attachait ainsi « à de vains sujets. — Mais, répliqua le
poète, j'en ai de l'argent.—Faites des hymnes, » reprit Pellisson, en joignant aux paroles un acompte de quelques
louis [6]. Santeul ne put tenir contre un argument de cette
force ; il oublia, pour un temps, « les fantômes funestes, les
fausses divinitez », et se mit à façonner des hymnes en
l'honneur des saints. Sur l'assurance qu'il donna, de ne plus
écrire d' « ouvrages profanes [7] », ses hymnes furent insérées
au bréviaire de Paris.

---

1. Il le lui envoya « le 24 août 1669 ». (*OEuvres profanes*, t. II, page 267.)
2. Ces initiales L. BR. seraient-elles celles de La Bruyère? Certains traits ajoutés au texte de Claude Santeul font songer à tel ou tel passage des *Caractères*; par exemple, quand le traducteur, s'adressant aux petits génies qui ne peuvent, de leur propre fonds, suppléer aux fictions païennes : « Qu'ils se taisent, dit-il, et qu'ils prennent une bêche ou une épée. » (*Ibid.*, page 175.) Cela ressemble à : « Prenez une scie », etc. (Chap. xvi.) — L'éditeur des *OEuvres profanes* de Santeul n'indique pas la date de cette traduction.
3. La Bruyère, chap. des *Jugements*.
4. Cf. *OEuvres profanes*, t. II, page 195 : *Phœbum ejuravimus*...
5. Traduction de l'*Épître* à Pellisson, par M. de la Fosse d'Aubigny.
6. Dinouart, page 112.
7. *Id.*, page 17.

Le succès avait converti l'ancien chantre de l'Olympe ; en 1683, il abjurait, pour la seconde fois, entre les mains de Pellisson :

> Jusqu'ici l'on m'a vû, par un abus coupable,
> Ne remplir mon esprit que des dieux de la Fable.

Abus provenant de l'amour de la gloire et de je ne sais quel entraînement de jeunesse ; mais l'Antiquité lui est apparue sous les traits d'une vieille ridée, chenue, en haillons, à demi insensée. Dorénavant, plus de « Muses ni d'Apollon », changement heureux, dont l'honneur revient à Pellisson :

> Je te dois, Pellisson, un sort si glorieux [1].

La joie enfantine qu'il éprouvait à entendre chanter ses hymnes dans les églises, sa parole donnée, et probablement aussi sa pension de 800 livres, garantirent quelques années le poète de Saint-Victor contre le paganisme poétique. Mais en 1689, lorsque M. de la Quintinie composa son *Instruction pour les jardins fruitiers et potagers*[2], Santeul adressa au célèbre jardinier un poème mythologique intitulé : *Pomona in agro Versaliensi*. Bossuet s'en émut, et à son tour il déclara la guerre à l'audacieux chantre de Pomone. L'évêque reprochait au moine d'avoir failli à sa promesse, en célébrant, lui, poète attitré des saints, une divinité païenne. Bossuet agissait-il en cela « sérieusement, ou plutôt pour s'égayer » ? L'éditeur des *Œuvres profanes* de Santeul admet la seconde hypothèse ; tandis que, selon Dinouart, les plaintes de Bossuet auraient été de « sanglans reproches », dont le victorin « fut touché jusqu'au vif » ; double affirmation sans preuves. Sur-le-champ, Santeul écrivit son *Amende honorable à l'Évêque de Meaux*[3]. Le poète s'excuse en protestant de son attachement à la religion ; il n'a voulu que jouer et se distraire ; *Pomone* n'est qu'une figure, une fiction, comme celle par laquelle les Livres Saints prêtent des ailes aux anges. Début solennel ; mais l'auteur change vite de ton ; il renouvelle ses

---

1. Traduction, par M. de la Fosse d'Aubigny.
2. Cet ouvrage ne parut qu'en 1690.
3. *Ad Meldensium episcopum Jac. Ben. Bossuetum, Religioni se excusat accusatus quod Pomonæ, cum de re hortensi scriberet, vocem usurpasset poeta Christianus.*

serments, jurant qu'il ne « boira plus aux eaux de Castalie ». Que si l'évêque de Meaux lui garde rancune, il brisera sa lyre, arrachera les lauriers de son front, et s'en ira au travers des rues, « en chemise, la corde au cou, les mains liées et tenant une torche allumée; puis, à genoux sur les marches de la cathédrale de Meaux, il demandera pardon, à force de larmes, de cris et de gémissements ». Une vignette jointe à la pièce représentait Santeul dans la posture décrite par ses vers. Les vers et la vignette firent sourire Bossuet, et l'abbé Fleury se hâta d'avertir le poète que sa cause était gagnée, puisque le juge avait ri[1].

« Ces deux ouvrages (la *Pomone* et *l'Amende honorable*) firent du bruit; on en écrivit de tous côtés à l'auteur[2] »; Nicole, nous l'avons dit, approuva les deux poèmes[3]; Fénelon rit, lui aussi, de bon cœur, en lisant le passage où Santeul consent à « être privé de Bacchus », si jamais il recommence à parler « des Divinitez fabuleuses[4] »; et il écrivit au victorin qu'il était « fort des amis » de la *Pomone* et de *l'Amende honorable*[5]. Mais déjà ces poèmes, si favorablement accueillis par des juges d'élite, avaient excité la verve, peut-être la ja-

---

1. « Vellem affuisses, cum Pontifici nostro, Meldensi dico, primum ostendi; vidisses ut miratus est, ut delectatus tabella fronti apposita, solemnique illa pompa, qua profanas Musas iterum abjurasti. Deinde, lectis versibus, serio gratulatus est... Versaliis, Id. aprilis, 1690. »

2. Cf. *OEuvres profanes* de Santeul, Dinouart, etc.

3. « Je n'ai jamais été assez fin, Monsieur, pour chercher des raisons de ne pas approuver des Pièces que l'on lit avec plaisir, comme votre poème de *Pomone* et votre *Pénitence*... » (*OEuvres profanes* de Santeul, t. II, page 204.)

4. « Vous êtes bienheureux que c'est aujourd'huy un jour de joye et de Victoire (la bataille de Fleurus avait été gagnée le 1er juillet); l'heureuse nouvelle de ce matin me fait tomber les armes des mains, et malgré vos sermens, je vous permets de nommer encore *Mars* et *Bellone* pour célébrer cette victoire; mais vous trouverez assez de matière en nommant seulement le Dieu des armées... *Post-scriptum*. M. l'abbé de Fénelon m'a chargé de vous faire ses complimens. Il a remarqué que vous voulez être privé de Bacchus, si jamais vous parlez des Divinitez fabuleuses. » Versailles. 3 juillet 1690.

5. « Quoique je sois fort des amis de votre *Pomone*, je suis ravi, Monsieur, que vous en ayez fait amende honorable; car ce dernier ouvrage est très beau... Faites donc des *Pomones* tant qu'il vous plaira, pourvû que vous

lousie, d'un ennemi des Fables. Un poète, connu de Bossuet et sans doute désireux de gagner ses bonnes grâces, essaya une satire contre la *Pomone*. Alors le rôle de Bossuet changea. Après avoir blâmé les écarts mythologiques de Santeul, le grand évêque se hâta de le consoler et même de le défendre. On lui avait lu cette satire ; il en avait retenu près de vingt vers ; dans une lettre datée de Versailles, 15 avril 1690, il citait de mémoire ces distiques ou « violents », ou « vigoureux », dans lesquels l'auteur reprochait à Santeul d'éviter « encore les noms d'Apôtres et de Martyrs... et d'avoir par la bouche les Fables et les faux Dieux ». — « J'ai, disait Bossuet en finissant, empêché la publication du Poème » et le satirique « n'y travaillera plus [1] ». Quoi de plus touchant que

---

en fassiez ensuite autant d'amendes honorables : ce sera double profit pour nous... » Versailles, 18 avril 1690.

1. « J'ai vu, Monsieur, un petit poëme sur votre *Pomone* : il commence ainsi : c'est la Religion qui parle :

En iterum Pomona meas male verberat aures,
  Santolide, cessit quo tibi cura mei ?
Ten mea templa canent fallacia sacra canentem ?

« Je ne me souviens pas du Pentamètre, mais il étoit violent et finissoit en répétant :

Ten mea templa canent ?
Opprobrium Vatum, ten mea templa canent ?

« Le poëte reprenoit ainsi :

Ergone cœlestos haustus duxisse juvabit,
  Ut sonet infandos vox mihi nota Deos ?

« Recherchant la cause de l'erreur, il remarque que ce poëte évite encore les noms d'Apôtres et de Martyrs, comme tous les autres qu'il ne trouve pas dans Virgile et dans Horace, et il conclut que celui qui craint d'employer les mots consacrez par la piété chrétienne mérite d'avoir par la bouche les Fables et les faux Dieux :

Martyrii pudet Infantum vox barbara *Petrus*,
  Aut *Lucas* refugit nomen apostolicum ;
Sanctorum quo choris pulsus *Confessor* abibit :
  Non Maro, non Flaccus talia quippe ferant.
Credo equidem et *Jesum* plus horreat atque *Mariam*,
  Et quod Cœlitibus Christicolis (?) que pium est.
... Cui sacra Vocabula sordeant,
  Huic placeant veteres, numina falsa, Joci.
Illo Jovem, Veneremque et divûm crimina narret,
  Jam repetant vatem sacra nefanda suum.

« J'ai empêché la publication du Poëme ; il est vigoureux. L'auteur l'auroit

cette sollicitude de l'illustre prélat à l'égard du *fabuleux* poète de Saint-Victor ! Santeul comprit tout de suite que « les reproches de M. Bossuet n'étoient pas sérieux [1] ».

Pouvaient-ils l'être, avec un pareil récidiviste ? Bossuet connaissait trop le chanoine victorin ; il savait, comme il le lui dit plus tard, que Santeul avait « dans le fond autant d'estime pour la vérité que de mépris pour les Fables en elles-mêmes ». Santeul, rassuré pleinement sur les dispositions de M. de Meaux à son endroit, se donna libre carrière. Quelques semaines après la lettre citée tout à l'heure, il adressait une élégie aux divinités champêtres de Germiny, villa épiscopale de Bossuet, leur disant adieu, pour tout le temps où Bossuet séjournerait à la campagne :

> Je ne vous connois plus pour des Divinitez ;
> Dans le fond des forêts il n'est plus de Dryades,
> Dans le cristal des eaux il n'est plus de Naïades [2]...

Mais au prochain voyage que Bossuet fera à Versailles, le poète se promet bien de célébrer sans bruit toutes ces nymphes solitaires. Après quoi, Santeul réitère son serment de ne plus retomber dans son péché poétique ; sachant bien que les Jésuites, même ses meilleurs amis, les de la Rue, les Jouvency, les Fraguier, le traiteraient de parjure. Il rougit, dit-il, d'avoir dû être absous deux fois par M. de Meaux. Enfin il jure ses grands dieux que, s'il s'oublie de nouveau, il

---

pu rendre parfait, en prenant la peine de le châtier ; mais il n'y travaillera plus.

« Adieu, mon cher Santeul ; je m'en vais préparer les voyes à notre illustre Boyleau. »   BÉNIGNE, év. de Meaux.

1. *OEuv. prof.*, t. II, page 214. — M. J. Duchesne, dans son intéressante *Histoire des Poëmes épiques*, nous semble avoir quelque peu exagéré les *rigueurs* de Bossuet à l'égard de Santeul. Les expressions : « Bossuet... s'arma de rigueur..., ses reproches prirent un accent plus sévère (pages 296-297) ; après avoir terrifié le coupable... » (page 298) dépassent la vérité. — Bossuet lui-même écrivit à Santeul, lorsque Santeul réunit en volume ses pièces profanes toutes parsemées de mythologie : « Ne craignez donc point, Monsieur, que je vous fasse un procès sur votre livre. Je n'ai au contraire que des actions de grâces à vous rendre... » Tel fut, croyons-nous, toujours le ton de Bossuet à l'endroit de Santeul ; grave, le ton de Bossuet ne pouvait manquer de l'être ; mais non point terrible.

2. Traduction de Danchet.

veut être condamné au plus épouvantable des supplices, qui serait de ne plus ni voir ni entendre l'éloquent évêque de Meaux.

Ces promesses, le victorin les refit encore dans des lettres adressées à Arnauld, détestant « des Fables et des chansons qui ne sont entendues que sur le Parnasse, azile de toute erreur »; citant saint Paulin qui écrivait à Ausone :

Non patent Apollini
Sacrata Christo pectora;

s'engageant à ne plus « monter sur le Parnasse, après en avoir descendu pour monter sur le Calvaire [1] ».

Serments de poète! A la même époque, il publiait ses « folies de jeunesse »; et bientôt il allait écrire sa fameuse *Nymphe de Chantilly* [2].

---

1. Lettres du 18 mai et du 19 juin 1694.
2. En 1696.

CHAPITRE III

QUERELLES AVEC BOILEAU

Linière et Boileau. — Bussy-Rabutin et Boileau. — Desmarets et Boileau. — Carel de Sainte-Garde, Pradon, Bonnecorse et Boileau. — Charles Perrault et Boileau. — Frain du Tremblay et Boileau.

Les démêlés du moine de Saint-Victor avec son frère et avec ses illustres amis ne furent qu'un échange de procédés courtois, et l'occasion de plusieurs petits chefs-d'œuvre latins ou français. A part cette satire, dont nous devons quelques lambeaux à l'excellente mémoire de Bossuet, rien d'offensant ou d'amer. Les querelles qui vont suivre ont un caractère moins pacifique.

Personne ne se prononça plus hautement que Boileau en faveur de la mythologie ; personne aussi ne fut davantage en butte aux attaques des adversaires du vieil Olympe. Les ennemis personnels de Boileau cherchaient dans ses œuvres une matière à leurs censures vindicatives. Ainsi fit Linière. Maltraité par Boileau dans l'*Épître II*, Linière riposta par une vigoureuse censure du *Passage du Rhin*, de cette histoire mythologique du « Fleuve en colère », que Boileau disait avoir « apprise d'une de ses Naïades, qui s'est réfugiée dans la Seine[1] ». Boileau défendit son fragment épique et se vengea par une grosse injure, traitant Linière de « poète idiot[2] » ; puis par une assez pauvre épigramme ; enfin par une mention peu honorable du chansonnier libertin, au second chant de *l'Art poétique*.

Bussy-Rabutin, alors disgracié, et qui eût grandement souhaité, avec sa rentrée en faveur, la charge d'historiographe du roi, attaqua aussi vertement ce poème, cette « fable » que Despréaux fait *des actions de la Campagne du Roi*. Il commença par s'en plaindre dans une lettre à Corbi-

---

1. Épître IV, 1672; *au Lecteur*. — Voir ci-contre, page 385, note 2.
2. Épître VII.

nelli[1] et il poursuivit sa critique dans une longue et amère épître, en prose, qui se terminait par ce refrain dédaigneux : *Tarare pompon!* Boileau voulait partir en guerre contre Bussy ; mais le gentilhomme et le poète, tous deux malins et habiles, se craignaient mutuellement. Bussy envoya le P. Rapin et le comte de Limoges au satirique, qui alla lui-même au-devant de leurs démarches. L'affaire se termina à l'amiable, par des excuses de Boileau et par des compliments réciproques[2].

Ce fut par une raillerie contre le même « dieu limoneux » du Rhin et ses « Naïades craintives », que Desmarets de Saint-Sorlin entra en campagne contre la mythologie de Despréaux. Jusque-là, Desmarets bataillait contre les dieux et leurs partisans français, sans désigner personne. En 1673, il visa directement Boileau. Boileau lisait alors dans les salons de Paris des fragments choisis de son *Art poétique* à peu près achevé ; et il ne se cachait point d'avoir, en son troisième chant, combattu l'opinion de Desmarets sur le Merveilleux. Desmarets, qui publiait juste alors une thèse tout opposée[3], inséra dans son *Epistre au Roy* une tirade contre le fabuleux *Passage du Rhin* :

---

1. 18 septembre 1672, et 5 octobre 1672.
2. Bussy avait d'abord fait une critique élogieuse du *Passage du Rhin* ; le P. Rapin l'avait montrée à Despréaux qui en avait été flatté. (Lettres de Bussy, 4 sept. 1672, et du P. Rapin, 2 octobre 1672.) Mais depuis, Bussy avait appuyé Linière, et Boileau se fâcha ; Bussy le menaça : « J'ai toujours fort estimé l'action de Vardes qui, sachant qu'un homme comme Despréaux, avoit écrit quelque chose contre lui, lui fit couper le nez. Je suis aussi fin que Vardes... » (Au P. Rapin, 10 avril 1673.) Le même jour, Bussy écrivait dans le même sens au comte de Limoges ; il s'en remettait à ses deux amis de lui « épargner la peine des violences ». — Le 26 avril suivant, le comte de Limoges répondait à Bussy : Boileau me dit... « qu'il étoit votre serviteur... Mille gens lui étoient venus dire que vous aviez écrit une lettre sanglante contre lui, pleine de plaisanteries contre son *Épître* et que cette lettre couroit le monde.

« ... Là dessus il me montra une pièce manuscrite que Linières avoit faite contre son *Épître*, dans laquelle, après avoir dit cent choses offensantes, il ajoute que M. de Bussy en a dit bien d'autres plus fortes dans une lettre qu'il a écrit (*sic*) à un de ses amis. »

Boileau fit ses excuses à Bussy, dans une lettre du 25 mai 1673.

3. Son *Discours pour prouver que les Sujets chrestiens sont seuls propres à la Poësie héroïque.*

> ... Pour tes hauts faits nul ne doit en ses vers
> Produire de ces dieux forgez par les Enfers;
> Et quand du dieu du Rhin l'on feint la fière image,
> S'opposant en fureur à ton fameux Passage,
> On ternit, par le faux, la pure vérité
> De l'effort qui dompta ce grand fleuve indompté.
> Forcer les élémens par un cœur héroïque,
> Est bien plus que lutter contre un dieu chimérique :
> A ta haute valeur c'est estre injurieux
> Que de mesler la Fable à des faits glorieux.....

Sans nommer Desmarets, *l'Art poétique* prenait longuement et ouvertement à partie le *Clovis* et toutes les idées entassées par l'auteur du *Clovis* dans ses préfaces, dans ses épîtres, dans ses écrits didactiques en faveur de la poésie chrétienne. Le vieil académicien sentit de quel coup terrible et écrasant *l'Art poétique* menaçait tout son système. Il touchait à ses quatre-vingts ans, mais cet assaut le rajeunit. En quelques semaines, il composa, fit imprimer et publia sa *Deffense du Poëme héroïque*. Le poème de Boileau était achevé d'imprimer le 10 juillet 1674; dès le 25 juillet, Desmarets obtenait son privilège, et le 18 août suivant, sa *Deffense* sortait des presses[1].

Le poète octogénaire relevait hardiment le gant : « Voicy une guerre d'esprit bien injurieuse dans l'intention de celui qui attaque, bien peu dangereuse pour ceux qui sont attaquez, et assez divertissante pour ceux qui doivent juger du différend[2]. » Les trois groupes ainsi désignés sont représentés dans la *Deffense* par trois personnages, trois interlocuteurs. *Damon* figure un ami de Boileau; *Philène*, Desmarets; *Dorante*, la galerie, favorable à Desmarets. Damon, répétant un à un les décrets de *l'Art poétique*, prétend, comme Boileau, que

> ... Le Dieu des Chrestiens, les démons et les Anges,
> Aux lecteurs enjoüez sont des noms trop estranges;
> Qu'il faut avoir recours aux contes fabuleux,
> Si l'on veut dans les vers mesler le Merveilleux... (page 4);

que

---

1. Achevé d'imprimer le 18 août.
2. Préface, page 1.

> ... Les chants les plus beaux et les plus renommés
> A tous ces noms de Dieux nous ont accoûtumez ;
> Rien ne plaist que la Fable à ceux qui veulent rire... (page 5) ;

enfin que

> ...Toûjours dans les vers la Fable est nécessaire (page 6).

A quoi Philène, c'est-à-dire Desmarets, réplique :

> Pour moy, je ne connois ny Muses ny Phébus,
> Je suis bien détrompé des antiques abus.
> Qui les suit dans l'erreur à tous pas s'embarrasse ;
> Les chemins sont rompus qui menoient au Parnasse.
> Pégaze et les Neuf Sœurs ne sont plus de saison ;
> Je veux pour mon secours Dieu seul et la raison...
> Laissons là des faux dieux toute la bande vaine... (page 4).

Et Dorante appuie Philène, se demandant si, par le fait « d'une insolente plume » (la plume de Boileau), l'on ne pourra plus choisir des sujets de poèmes dans l'Histoire sainte, ni parler en vers de « nos augustes Rois ». Philène accable Damon, au nom de la religion, de la patrie, de la nature :

> Quoy ! vouloir qu'en suivant l'abus éternisé
> L'on invoque un démon sous Phébus déguisé ?
> L'on n'osera donc plus chanter une victoire
> Qu'aux fausses Déitez on n'en rende la gloire ?
> D'un fleuve nul jamais ne franchira les eaux,
> Que le Dieu limoneux ne sorte des roseaux ?... (page 5).

Nouvelle allusion au Rhin limoneux de Boileau. Harcelé et bientôt convaincu par ses amis, Damon se convertit et déclare, après avoir ouï tant de belles raisons, qu'il sort « comme d'un songe et d'un profond sommeil ». (Page 20.)

Mais ce n'était pas assez pour Desmarets ; il lui fallait réfuter, vers par vers, le passage dirigé contre son *Clovis*[1] ; répondre à chacun de ces hémistiches qui battent en brèche toute sa doctrine poétique.

Il le fait avec courage, parfois avec verve, relevant surtout ces termes méprisants de *pieuse erreur*, d'*auteurs déçus*,

---

1. « Nous savons qu'il (Boileau) n'a fait son *Art poëtique* que pour établir ses ridicules regles, par lesquelles il prétend bannir des Poëmes Dieu, les Saints et les Anges et les démons, pour y établir les divinitez payennes et renverser par ce moyen le Poëme de *Clovis*... » (page 100).

de *faux zèle*; riant, à son tour, de ce que Boileau dit « la Guerre » au lieu de « Bellone », et de cette horloge que Boileau met dans la main du Temps qui s'enfuit.

Inutile de citer. Desmarets se répète, et nous avons cueilli la fleur de ses raisons. Un détail ou deux seulement qui intéressent l'histoire de cette querelle. Desmarets nous assure que Despréaux avait été mis en « fureur » par la critique du *Passage du Rhin*, et que, dans les cercles où il lisait son *Art poétique*, il agrémentait sa lecture de commentaires peu flatteurs pour Desmarets. Arrivé au paragraphe : *Un poème excellent*, où Boileau, en vingt-cinq alexandrins, s'attaque directement à l'auteur du *Clovis*, Desmarets s'échauffe : « Voicy enfin, dit-il, comment il (Boileau) dépeint celuy qui est l'objet de son envie et de sa fureur. Car il s'en est assez déclaré après ses lectures de son *Art poétique*, bien qu'il ne le nomme pas ; et il s'est vanté à quelques-uns qu'il avoit ruiné par son *Art poétique* le Poëme de *Clovis* et tous les Poëmes Chrestiens. Il le traite *d'écolier*, *de poëte sans art*, etc...

« Voilà une tirade que sa plume envenimée a mise sur le papier, qu'il a voulu prosner long-temps, et qu'enfin il a renduë publique par l'impression ; mais c'est une fureur qui est plus digne de mépris que de réponse... » (Pages 97 et 98.)

« Plus digne de mépris que de réponse... », ce fut aussi le jugement que Boileau porta sur l'œuvre de l'athlète octogénaire ; il dédaigna de répondre ; ou plutôt, à la veille de la publication de la *Deffense*, Boileau salua ces pages séniles de l'épigramme : *Racine, plains ma destinée !...* Il y traite Desmarets de « prophète », rappelle ironiquement la lutte de Desmarets contre Port-Royal, et juge que sa Muse, soutenue des « judicieux avis » de Racine, a « de quoi le confondre » ; qu'au reste, pour cela, il suffit de « lire *Clovis* ». La réplique, il faut l'avouer, n'est pas accablante ; la *Deffense* et l'auteur de la *Deffense* méritaient mieux. « De tous les pamphlets qui parurent au dix-septième siècle contre Boileau, c'est incontestablement le plus solide et celui dont le satirique dut ressentir le plus vivement les atteintes [1]. »

---

[1]. *Jean Desmaretz, sieur de Saint-Sorlin, Étude sur sa vie et sur ses écrits*, par René Kerviler, 1879, page 128.

Boileau ne se convertit point aux théories de Desmarets, comme le Damon de la *Deffense;* mais il corrigea plus d'un endroit de ses ouvrages sur les indications, je veux dire d'après les critiques du vieux poète, qu'il laissa mourir en paix; il ne le désigna par son nom qu'environ quarante ans après, dans une note de *l'Art poétique* [1]. On sait que Desmarets, avant de mourir, légua à son jeune confrère en Académie, Charles Perrault, le soin de combattre *pro aris et focis* contre l'antiquité et contre la mythologie. — Avant cette fameuse reprise d'hostilités et les escarmouches de Perrault contre les idées de Boileau, l'auteur du *Childebrand*, en 1675, et Pradon, en 1684 et 1685, entreprirent sur les œuvres du satirique de mesquines chicanes, où la question du Merveilleux eut sa place. Boileau avait avancé que la Fable offre « mille agrémens divers », entre autres des noms de héros plus harmonieux, plus poétiques par exemple que *Childebrand*.

Childebrand était le héros du sieur Jacques Carel de Sainte-Garde, poète épique. La prétention plus ou moins fondée de Boileau contre le nom du vieux guerrier, frère de Charles Martel, révolta Carel et lui inspira sa *Deffense des beaux esprits de ce temps contre un Satyrique* [2]. Comment le satirique ose-t-il imposer ses leçons aux poètes épiques, après avoir fait ce ridicule *Passage du Rhin*, où « l'image qu'il forme du Dieu du Fleuve n'a point d'art et ne sert de rien »? (Page 7.) Ce défenseur de la Fable, à qui ressemble-t-il? A « Momus qui estoit le falot des dieux, et qui cherchoit à critiquer sur tout pour les faire rire ». (Page 35.)

Et ce nom de Childebrand, qui l'offusque, vaut tous les noms célébrés par Homère : *Childebrand* n'est pas plus dur qu'*Achille*. Du reste, l'auteur du *Lutrin* peut-il être écouté dans la cause du Merveilleux? Son Merveilleux, il l'a volé. A qui? A l'Arioste d'abord, auquel il prend l'histoire de la Discorde logée en un couvent (page 60). Et ces « Plaisirs » qui broient le vermillon des moines, où les a-t-il trouvés?

---

1. « L'auteur avoit en vue Saint-Sorlin Desmarets qui a écrit contre la Fable » (édit. de 1713). Notes du Chant III.
2. Carel signait *Lérac*, anagramme de son nom, et dédiait sa *Deffense* à Messieurs de *l'Académie françoise*.

Chez Carel de Sainte-Garde lui-même. — Boileau ne se donna pas grand travail pour se venger de Carel. Le nom de *Childebrand* fut par lui de nouveau cloué au pilori, non plus même dans un hémistiche, mais dans une simple note de l'*Épître VIII*; ce fut toute sa vengeance.

Pradon vint à son tour. Dans son impertinent *Triomphe*, il s'attaque au Merveilleux du *Lutrin*,

> Où l'on voit plus de dieux que l'on n'en vit à Troye [1] !

Il plaint Boileau de ne savoir « rien penser ni rien dire » que d'après Virgile et Homère; il n'a pas, comme Boileau, « envie d'abandonner la Religion du bon sens et de la raison, pour se jeter dans l'Idolâtrie de l'Antiquité [2] ». Enfin, dans ses *Nouvelles Remarques*, Pradon transcrit Desmarets pour réfuter les théories de Boileau. *Telum imbelle sine ictu.*

Vers la même date, en 1686, Balthazar de Bonnecorse, autre « favori d'Apollon », comme l'appelait Mlle de Scudéry, entreprenait de confondre Boileau *de toutes les manières*, notamment sur le chapitre du Merveilleux. Boileau, selon Bonnecorse, ne sait pas le premier mot de la question,

> Il mêle le mensonge avec la vérité;

il « suit la Fable et néglige l'histoire » dans son *Passage du Rhin*, où l'on voit vraiment des « merveilles »; par exemple,

> ... « Un dieu cachant sa barbe *limoneuse*,
> Prend soudain d'un guerrier la figure *poudreuse* [3] !

Dans *le Lutrin*, Boileau mêle le sacré et le profane, cite l'Alcoran et la Bible, et façonne maladroitement

> ... A l'aventure
> Tant de divinitez de nouvelle structure [4] !

Bref, pour lui donner une leçon, Bonnecorse imagine une scène *merveilleuse*; il conduit Boileau chez la Voisin « la devineresse », qui conduit le poète

---

1. *Epistre à Alcandre.*
2. Examen de la *Satire* III.
3. Le *Lutrigot*, chant IV. — Bonnecorse composa cette pauvre parodie du *Lutrin*, pour se venger de ce que Boileau, au chant V de son poème, s'était moqué de la *Montre* de Bonnecorse
4. *Ibid.*, ch. X.

> Dans un lieu sous-terrain d'une noirceur extrême;
> Des squelettes rangez et des tas d'ossemens
> De cette salle horrible étoient les ornemens [1].

Là, un spectre, qui semblait sortir du mur, prédit à Boileau que *le Lutrin* sera immortel. Bonnecorse croyait rire ; mais son spectre avait raison.

Au triple « volume d'injures » de Pradon et de Bonnecorse, Boileau n'opposa qu'un médiocre sizain, où il associait dans une mention ignominieuse ces deux « écrivains de même force ».

La guerre prit une autre face lorsque Perrault entra en campagne. De 1687 à 1700, ce fut, entre l'homérique Despréaux et Perrault l'anti-pindarique, une suite d'engagements et de retours offensifs et défensifs, à propos des Anciens et des Modernes, de l'*Ode* sur la prise de Namur, de *la Satire des femmes*, etc. De cette longue série de différends, je ne détache que ce qui a trait au Merveilleux. En décembre 1691, à la réception d'Étienne Pavillon, l'abbé de Lavau lut à l'Académie française le commencement d'un poème biblique de Perrault : *Adam, ou la Création du Monde* ; le *Mercure galant* se mit à chanter le triomphe de ce poème *moderne*, nullement calqué sur le modèle d'Homère, nullement conforme aux préceptes de *l'Art poétique*. Les dieux « enfans d'Homère » rendirent, en cette occurrence, un bon office à la verve de Despréaux. Tous les dieux, dit-il dans une épigramme adressée à *M. P****, Bacchus, Junon, Jupiter, Mars, Apollon, et les Ris et les Jeux et les Grâces, sont contre vous; par bonheur « vous avez pour vous Mercure, mais c'est le *Mercure galant* ».

Juste à ce moment, Perrault écrivait dans le tome III de son *Parallèle* une réfutation du système de *l'Art poétique*, touchant le Merveilleux chrétien et païen. Comme son ancêtre Desmarets, Perrault met en scène trois interlocuteurs, dont le caractère reproduit assez exactement les trois personnages de la *Deffense*. Le *Président*, c'est Damon, mais un Damon très modéré et raisonnable ; l'*Abbé*, c'est Philène, c'est-à-dire Perrault ; le *Chevalier* joue à peu près le rôle de

---

1. *Le Lutrigot*, ch. v.

Dorante. Dans ce dialogue ingénieux et intéressant, ni Boileau ni sa *Poétique* ne sont nommés ; mais dans les objections du Président, dans les réponses de l'Abbé, on retrouve les alexandrins de Boileau accommodés en prose. Perrault les contredit et les combat sans aigreur, fidèle à sa résolution de répondre aux *injures* par des *raisons*.

Le Président croit « que la Fable et les Fictions sont ce qu'il y a de plus beau dans la grande et noble Poësie ».(Page 6.) C'est la définition de Boileau : « La poésie épique

Se soutient par la Fable et vit de Fiction. »

L'Abbé voit là une méprise et démontre que « les Fables du Paganisme ne sont point de l'essence de la Poësie ».(Pages 14 et 15.) Le Président traduit de la sorte le passage de la *Poétique* sur « les Saints et les Prophètes », les « Mystères terribles », la « Pénitence à faire » : « Que si l'on ose en imaginer de nouvelles (fictions), comme quelques Modernes l'ont essayé, en introduisant des Anges et des Démons, qui ne voit et qui ne sent que ces fictions sont insipides, et de plus très indignes de la sévérité de nôtre Religion, qui ne respire que vérité, que mortification et que pénitence? » (Page 7.)

Mais, dit l'Abbé, la religion nous enseigne autre chose. Elle nous apprend que les « Anges et les Démons... se mêlent par l'ordre de Dieu dans les actions des hommes ». Pourquoi le poète ne chanterait-il pas ce qu'il croit? (Page 20.) Si, chez Homère, on est « charmé de voir Minerve aux côtés d'Ulysse, pour le préserver des traits de ses ennemis, pour le conseiller dans ses avantures, quoiqu'effectivement il n'y ait jamais eû de Minerve auprès d'Ulysse, pourquoi n'auroit-on que du dégoût, quand des Anges secourent un Heros combattant pour la Foy, lorsque la même Foy nous assure que les Anges combattoient pour luy » ? (Pages 20 et 21.)

Chapelain a maltraité l'histoire miraculeuse de *la Pucelle* ; mais cette histoire, ce « miracle », cette « assistance du Ciel » pouvaient inspirer une épopée ; Chapelain n'y a pas réussi ; la faute n'en est pas au sujet lui-même. (Pages 21 et 22.) Si le poète a du « génie », les anges et les démons qu'il mettra en scène vaudront bien « Apollon et Minerve, Alecton et Tisiphone ». Au surplus, rien ne touche que le vrai. Nous croyons que « les Anges et les démons sont des êtres effectifs »; donc leur « entremise » bien ménagée fera « plus d'impression sur des esprits Chrestiens, que les divinités fabuleuses sur l'esprit des payens qui, hors le menu peuple, n'y ajoûtoient aucune foy ». (Page 18.)

Mais, réplique le Président, avec ces « personnages », impossible de « vouloir égayer » la poésie. C'est le refrain de Boileau qui souhaite que « le poète s'égaie », qui cherche des « ornemens égayés » et qui félicite le Tasse d'avoir « de son sujet égayé la tristesse ». — Il y a poésie et poésie, reprend l'Abbé; celle des madrigaux n'est point celle de l'épopée, même « de l'*Iliade* et de l'*Énéide* »; celle de l'épigramme n'est point celle d'un psaume de David. Égayez tant qu'il vous plaira ce qui en est susceptible; mais n'égayez point ce qui est « très sérieux », par conséquent les ouvrages où vous parlez en chrétien. (Page 19.)

Entre temps, Perrault fait à Boileau toutes les concessions possibles et plausibles. Boileau prohibe le « mélange coupable » du sacré et du profane, la folie d' « un auteur idolâtre et payen » dans un sujet chrétien.

L'Abbé, de Perrault, est d'avis que « dans des sujets chrestiens les Fables auroient aujourd'huy mauvaise grâce ». (Page 18.) Boileau traite de « faux zèle », de « pieuse erreur », de « vaine terreur », le bannissement de l'allégorie. Perrault autorise l'introduction de ces « personnages moraux... dans toutes sortes de poëmes et chrestiens et profanes ». (Page 12.) Boileau soutient que « sans tous ces ornemens (de la Fable) le vers tombe en langueur »; le Président, de Perrault, avance pareillement que c'est là « l'ornement principal » de la poésie, sans lequel, si elle est encore poësie, c'est une pauvre et languissante poësie ». L'Abbé accorde que « rien n'empêche » de s'en servir, à la condition qu'on les rafraîchisse, qu'on leur « donne un tour nouveau ». (Page 16 et 17.)

Il serait malaisé d'être plus large et plus courtois à l'égard d'un adversaire. Tout est discuté, mais pas une injure. En guise d'envoi, Perrault ajouta à son troisième volume une lettre à Despréaux, où il s'excusait, craignant d'avoir été trop loin; mais, disait-il, « vous aimez la vérité ». Chose assez singulière, Boileau écrivit presque un volume de réfutations contre le *Parallèle*; mais de ses neuf *Réflexions*, où il défend les Anciens, Homère surtout et le Merveilleux homérique, et lui-même, Boileau garda le plus profond silence sur ces vingt pages où Perrault avait passé au crible ses théories sur le Merveilleux. Aurait-il été convaincu par les raisons de Perrault? Sans doute, à quelque temps de là, il décochait encore une épigramme contre le *Saint Paulin* et contre *Peau-d'Ane mis en vers*; dans la *Satire* x (1694), il attaqua de nouveau le *Saint Paulin*[1]; mais ce n'était pas une réplique : cette réplique, Boileau ne l'a point faite. Perrault, de son côté, répondit par une *Ode* aux strophes soi-disant pindariques de Boileau; il y disait, entre autres :

> Loin, Parnasse; loin de nous,
> Faux dieux que le sage abhorre;
> Puisse être semblable à vous
> L'insensé qui vous implore!...

Si par ce nom vague d'*insensé* Perrault entend Despréaux, il s'est une fois départi de sa courtoisie; mais après tout il ne fait que rendre la pareille à un adversaire prodigue de semblables aménités. Quoi qu'il en soit, Boileau laissa passer sans se défendre les attaques discrètes du *Parallèle* contre sa Poétique. Il venait d'admirer les deux chefs-d'œuvre bibliques de son cher Racine, et Bossuet, tout récemment, avait entrepris de démontrer à l'« illustre Boileau » tout le *creux* des fictions fabuleuses[2]. Pour ces causes, ou pour d'autres qui nous échappent, Boileau n'essaya point de justifier à l'encontre de Perrault ses règles du Merveilleux. Ces règles continuèrent d'occuper une large place dans son code, et valurent encore à leur auteur d'autres invectives, auxquelles la mort devait le soustraire.

L'académicien d'Angers, Frain du Tremblay, livrait à l'impression ses *Discours sur l'origine de la Poësie*, au moment où Boileau *cédait à la Parque* : selon toute probabilité, Boileau n'eut point connaissance de la charge impétueuse lancée, dans une académie de province, contre son style mythologique et

---

1. Une fois réconcilié avec Perrault, Boileau fit disparaître ces quatorze vers de la Satire x.
2. Voir plus haut, page 382, la lettre de Bossuet, 15 avril 1690.

contre ses décrets en faveur des dieux. C'était lui personnellement et presque uniquement que Frain du Tremblay visait, en attaquant « Messieurs du Parnasse »; il le nommait; il s'en prenait à ses allusions aux divinités classiques, « poussière du collège »; il citait ces vers du *Discours au Roi*, où Boileau parle de l'Hélicon, des Neuf Sœurs, de Calliope, de Pégase (v. 30-35) : « On a du regret de voir qu'un Poëte de cette qualité, à qui il étoit si facile de trouver une infinité d'autres expressions grandes et nobles,... se soit servi d'expressions si usées et n'ait point eu honte de s'exprimer dans ce style de collège. » Laissons aux Grecs ce qui convient aux Grecs; nos poètes « ont moins de raison de mettre à tout moment dans leurs vers le Parnasse et le Pinde, qu'il n'y en auroit d'y mettre Vaugirard et Montmartre ».

Passe encore si Despréaux se contentait d'emprunter pour son propre usage ces vieilleries du paganisme; il ne serait responsable que de sa propre faute. Mais il s'établit législateur, il impose à autrui ces sottises mythologiques, il promulgue des lois, et il défend ses lois par des satires : voilà qui est intolérable : « A la vérité, si ces Messieurs se tenoient toujours sur le Parnasse, ou s'ils étoient toujours en l'air, montés sur le Cheval volant, sans descendre jamais parmi nous autres habitans de la terre, on pourroit les laisser vivre selon leurs lois et ne se mettre pas en peine de ce qu'ils feroient dans leur société. Mais ils veulent faire la loi à tous les autres écrivains; et si on ne se soumet à leurs décisions, on est aussitôt exposé aux traits piquants de leurs Satires[1]. »

Boileau porte la tyrannie et « l'entêtement pour la Fable » jusqu'à décider souverainement « que d'autres Héros que ceux de la Fable n'étoient pas propres pour les vers »; alors personne ne pourra donc plus célébrer les vrais grands hommes, ceux de l'histoire! « Mais quoi! parce que les premiers Poëtes du paganisme n'ont employé la poësie qu'à chanter des Héros imaginaires, il ne sera plus permis de s'en servir pour en chanter de véritables! Si l'Évangile permettoit la Satire, et si l'exemple des Payens pouvoit nous suffire pour la justifier, on pourroit en faire une belle sur une

---

1. *Discours* Ier, pages 100, 101, 103.

pareille pensée¹. » Et le vaillant angevin pousse droit aux théories de *l'Art poétique* sur les « ornemens reçus » : « On ne sçauroit assez s'étonner que cet arbitre du bon goût, l'auteur de *l'Art poétique*, veuille que les façons de parler qui se tirent du système fabuleux, soient les vrais ornemens de la poësie; et qu'il se moque des auteurs qui ont des scrupules sur ces restes de l'idolâtrie, comme il le fait dans ces vers : *Mais dans une profane et riante peinture*, etc. La simplicité qui naît du seul fonds de la nature plaira toujours infiniment davantage aux personnes de bon goût que ce ridicule assemblage de tant de pièces, qui ne conviennent ni à nos mœurs ni à nôtre Religion. Est-il donc possible que des gens de bon sens aient pensé que l'on ne peut composer des vers excellens sans les bizarres expressions de la Fable² ? »

L'attaque, on le voit, était vive; et il est à regretter que Despréaux n'ait pas assez vécu pour riposter; l'affaire eût été chaude. Mais certes l'académicien d'Anjou y voyait un peu plus clair en cette occasion que la plupart des académiciens de Paris. Où Frain du Tremblay montre surtout sa clairvoyance, c'est vers la fin de son premier *Discours*, lorsqu'il salue, dans un avenir plus ou moins rapproché, le retour des poètes de France au « bon goût » et l'exil des dieux mythologiques : « Il faut espérer que de si faux préjugés se dissiperont un jour et que l'on proscrira la Fable de la Poësie.

« Au moins ce que je dis servira peut-être à interrompre en quelque manière un abus si honteux, et ramener quelque jour les Poëtes aux lumières de la vérité et de la raison. Car il ne faut pas attendre que ceux d'aujourd'huy changent³. »

En effet, ils ne changèrent point; mais l'espoir du gentilhomme d'Angers était presque une prophétie et il est devenu une réalité, sans que les poètes ramenés « aux lumières de la vérité et de la raison » en aient remercié l'obscur savant d'Anjou. Ce nous est une consolation d'avoir déterré son livre et remis au jour quelques-unes de ses réclamations indignées.

---

1. *Discours I*ᵉʳ, pages 68 et 69.
2. *Ibid.*, pages 104 et 105.
3. *Ibid.*, page 108.

CHAPITRE IV

ÉRUDITS ET LETTRÉS

Ménage et Baillet. — Mme Dacier et La Motte. — Faydit et Fénelon.
Rollin et J.-B. Rousseau.

Tandis que des lutteurs plus ou moins fameux et habiles livraient ces assauts successifs aux théories générales du Merveilleux païen, d'autres champions rompaient des lances sur tel ou tel point de détail. Ménage entreprit une escrime de ce genre contre l'auteur des *Jugemens des Savans*; il y consacra le paragraphe ou chapitre CI de son *Anti-Baillet*.

Entre autres griefs formulés par le docte Ménage contre le docte bibliothécaire de Lamoignon, nous relevons ceux-ci : « Il (Baillet) dit dans ses volumes que je suis un Pédan, que ma morale est une morale de Païen... Il m'y traite de Profane... Il donne à entendre que mes poëmes ne sont que du bouillon d'eau claire, que du vin à huit deniers le pot. »

En dépit de ses soixante-treize ans, Ménage appartenait encore au *genus irritabile*. Il avait, selon la coutume, glissé dans ses poèmes latins ou français quelques noms de divinités classiques; il défendit ses poèmes et ses divinités; soutenant, à l'encontre des assertions de Baillet, qu'on pouvait être bon chrétien et se souvenir poétiquement de l'Olympe; en d'autres termes, que « les noms des divinités payennes peuvent être employez dans les vers des poëtes chrétiens ». Baillet ne goûtait point cette idée; il félicitait l'Italien Lorenzo Gambara, auteur d'une poétique, d'avoir imposé comme « obligation indispensable à tout poëte ou à tout versificateur et rimeur se disant poëte, de retrancher (de ses œuvres) tout ce qui sent la Fable et le culte des fausses divinitez ». Ménage semble piqué au vif par ces façons hautaines de définir les faiseurs de vers; il prend juste le contrepied de son rival compilateur, et répond : Vouloir ôter « les Fables de la Poësie, ce seroit, pour me servir de l'expression de Périclès, vouloir ôter le Printemps de l'année ». Évidemment c'est la colère qui dicte ces exagérations au vieil érudit; mais pour confondre Baillet, ou pour l'étonner, Ménage pousse les exagérations à leur comble et se met en devoir d'établir que « l'opinion de ceux qui veulent ôter les fables des Païens à la Poësie chrétienne, n'est pas soutenable ». Ménage en appelle à l'autorité de Guilielmus Cripius, des Pères de l'Église, notamment de Synésius et de Sidoine Apollinaire, qui a fait mention du « dieu des Jardins ». — « Si j'avois, s'écrie-t-il, employé ce mot dans mes vers, que diroit de moi le dévot M. Baillet? » Et, pour écraser son *dévot* adversaire, il ajoute aux auteurs déjà allégués « les Sarbieski, les Jonins, les Vavasseurs, les Vallius, les Hosschius, les Sautels, les Lucas, les Frisons, les le Moine, les Rapins, les Commires et les de la Ruë, de la Compagnie de Jésus »; et après les jésuites, les évêques : « Vide, Altilius, Balthasar de Chastillon, Godeau, Huet, » etc.

Enfin Ménage emprunte un argument curieux à l'histoire contemporaine des arts en Italie. On a tout récemment élevé un tombeau à Ottavio Ferrari, « Professeur de Padouë », et sur ce tombeau l'on voit « l'effigie de la Renommée et celles de Pallas et de Mercure ». Donc, pourvu que l'on ne mélange pas le païen au chrétien, l'on peut « sans impiété » faire figurer même en poésie les divinités mythologiques.

Pour pousser Baillet en ses derniers retranchements, Ménage contredit le savant bibliothécaire au sujet des « épigrammes fabuleuses », ou des épigrammes assaisonnées des réminiscences de la Fable. Selon Baillet, et d'après Lancelot, ces épigrammes sont « défectueuses ». Loin de là, réplique Ménage, en s'appuyant sur un texte du P. Vavasseur; « les plus belles épigrammes sont les fabuleuses »; et sur une montagne de raisons, il empile des textes et des témoignages qu'il juge irréfragables [1].

---

1. « ... Les plus belles Épigrammes sont les fabuleuses : témoin l'Épigramme de Niobé de vivante faite pierre par les Dieux et de pierre faite vivante par Praxitèle; témoin l'Épigramme de Venus armée; témoin l'Épigramme d'Amaltée, *Perspicuo in vitro pulvis qui dividit horas*, et plusieurs autres semblables dont l'énumération seroit ennuieuse. » (*Anti-Baillet*, cxv.)

Ces ripostes de Ménage aux attaques de Baillet « copiste des copistes », se détachent au milieu d'un gros volume d'invectives, de critiques et réfutations, d'apologies personnelles. C'est de même parmi une foule d'autres provocations et représailles littéraires que l'on trouve, par manière d'épisode, les querelles de Mme Dacier et de La Motte, sur le Merveilleux. Homère est leur commun champ de bataille, et le Merveilleux qui les occupe est celui de l'*Iliade* et de l'*Odyssée*. La Motte y découvre et y blâme un Merveilleux trop multiplié, puéril, ridicule, pareil à celui « de nos contes de Fées[1] ». Mme Dacier, dans ses *Causes de la corruption du goût* (1714), prend fait et cause pour son grand poète et pour ses dieux; elle le défend de son mieux, à grands frais d'érudition et d'injures. La Motte était homme d'esprit et il le fit voir à la savante traductrice; il lui répondit par son meilleur ouvrage en prose : *Réflexions sur la critique*; c'est là que nous trouvons le résumé de tout le débat sur les divinités homériques.

A la phalange d'auteurs grecs, latins, français, que Mme Dacier cite pour garants de ses idées touchant l'*Iliade* et le Merveilleux de l'*Iliade*, La Motte oppose une spirituelle fin de non-recevoir : « Tous ces Messieurs ne me feroient pas croire qu'il soit décent à Jupiter de battre sa femme, et j'aimerois mieux en être blessé avec le seul auteur du *Clovis*. »

Mme Dacier l'a comparé aux géants qui tentèrent de chasser les dieux de l'Olympe, géants téméraires qui n'avaient pas « atteint l'âge d'homme ». La Motte se déclare humblement un « pygmée »; mais il ne pense pas avoir besoin d'entasser Pélion sur Ossa, pour vaincre tous ces « dieux qui n'ont point fait l'homme ». Suivent plusieurs pages d'épigrammes contre les dieux d'Homère, surtout contre « le pauvre dieu » Jupiter; attendu que, pour les autres, Mme Dacier en fait elle-même bon marché et qu'elle « abandonne volontiers les dieux inférieurs ».

Mme Dacier avait été soutenue par l'académicien Boivin; La Motte se fait soutenir par « Mr. l'Archevêque de Cambrai »; et Fénelon, tout grand admirateur qu'il soit d'Homère, avoue franchement dans ses lettres à La Motte, comme

---

1. Cf. *Discours sur Homère*, et *Réflexions sur la critique*.

dans la *Lettre à l'Académie*[1], qu'il fait bien peu de cas de l'Olympe homérique, à commencer par le « Père des dieux et des hommes ». Le débat finit, comme celui de Perrault et de Boileau, par un accommodement. « Voilà, s'écrie La Motte à la fin de ses *Réflexions*[2], voilà la dispute finie entre M*me* Dacier, Mr. Boivin et moi ; et le fruit de notre dispute est une amitié sincère et réciproque... Heureuses les querelles littéraires qui se terminent là ! »

En preuve d'amitié, La Motte célébra en pleine Académie la « nouvelle Muse », M*me* Dacier, laquelle mériterait un fauteuil parmi les quarante, s'il y avait des fauteuils pour les dames, et si en cela Richelieu avait été mieux inspiré par les « Oracles du Parnasse ». Fait digne de remarque, La Motte, dans cette *Ode à la louange de Mme Dacier*, jette à profusion les fleurs antiques du Parnasse :

> Téméraire, au moment que j'ose
> Condamner l'oubli d'Apollon,
> Je vois pour ton Apothéose
> S'embellir le Sacré Vallon.
> Déjà pour l'immortelle fête
> Les neuf Sœurs ont paré leur tête
> De fleurs qui bravent les hivers ;
> Et ces filles de Mnémosine,
> Déjà sur la Lyre divine,
> Préludent leurs plus doux concerts.

Homère n'eût pas été plus mythologique.

Fénelon, qui remplit dans ce procès intenté à Homère, l'office de conciliateur, avait été outrageusement défié, à propos du Merveilleux de son *Télémaque*. En nombre d'endroits de son lourd pamphlet *la Télémacomanie*, l'abbé Faydit censurait la mythologie de M. de Cambrai. Il proclamait dangereuses, immorales et fades ces « descriptions fabuleuses[3] » ; il allait jusqu'à traiter le pieux archevêque de faiseur d'idoles, lui appliquant ce mot de Tertullien : « Vous êtes plutost le prêtre des faux Dieux que le Pontife du

---

1. Chap. x. — Il est inutile de compter parmi les combattants des écrivains sans crédit comme Gacon et de citer ici son *Homère vengé*.
2. Édition complète, t. III, page 280.
3. *La Télémacomanie*, édit. de 1700, page 4.

Dieu vivant ; » car c'est un aussi grand crime de conter ces sornettes de la Fable que « de tailler des Idoles et de mettre du blanc et du rouge sur les joues des déesses [1] ».

Ne dites pas à Faydit que Fénelon a écrit ce roman, ou ce poème, pour apprendre aux « Enfans de France... la Fable et l'ancienne théologie et mythologie des Grecs » ; « c'est, vous répondra-t-il dans une langue aussi hautaine que triviale, c'est bien se mocquer du monde ! » Pourquoi, au lieu de ces histoires de Minerve et des « Nymphes et des Naïades », M. de Cambrai n'a-t-il pas composé « la vie de Louis-le-Grand » ? voire un ouvrage comme « le *Discours sur l'Histoire universelle* de Mr. de Meaux » ? où, « toute Théogonie, la Muthologie (*sic*) et la Théologie des Payens entre naturellement [2] ».

Le Merveilleux du *Télémaque* n'est pas seulement immoral et insipide, il est faux ; M. de Cambrai a, par exemple, falsifié la mythologie égyptienne. Il attribue quelque majesté à tous ces dieux grotesques, qui firent « éclater de rire le grave Cambyse [3] ». — Ces indications suffisent à donner une idée des chicanes de Faydit contre le Merveilleux du *Télémaque*, à l'époque où ce livre et son auteur étaient accusés de lèse-majesté royale. Peut-être cette interminable satire de Faydit dut-elle à cette circonstance l'espèce de succès dont elle jouit : car la *Télémacomanie* eut jusqu'à trois éditions, « à la honte de la France », dit Chateaubriand [4]. Fénelon ne défendit point les Fables qu'il avait rajeunies et parfois illuminées de reflets chrétiens ; il ne paraît pas même qu'il se soit grandement ému des invectives de Faydit ; d'autres soucis et de plus importants occupaient alors sa vie. Après la mort de Fénelon, son ami et son « élève » le chevalier de Ramsai prit à tâche de justifier le Merveilleux et la morale du *Télémaque* [5].

Il n'entre pas dans notre plan d'étendre l'histoire de ces querelles au temps de Louis XV. Disons seulement d'un mot comment Rollin attaqua chez J.-B. Rousseau, disciple

---

1. *Télémacomanie*, pages 49 et 50.
2. *Ibid.*, pages 50, 53, 5 et 6, 63, 69.
3. *Ibid.*, page 348.
4. Examen des *Martyrs*.
5. V. *Discours de la Poësie épique*, en tête de l'édition de 1717.

fidèle de *l'Art poétique*, ces « déïtés d'adoption [1] »; Rollin vécut un demi-siècle sous Louis XIV, et Rousseau publia ses *Odes* en 1712; leur polémique, tout amicale du reste, fait donc naturellement suite à celles que nous venons de signaler.

Rollin (il avait alors soixante-quatorze ans) fut choqué de voir le traducteur des Psaumes emprunter des figures et des allusions au Parnasse, et célébrer les « Divinités poétiques », dont il faisait « l'âme » de ses Odes. Assisté de l'abbé d'Asfeld, Rollin reprit, dans l'*Ode à la Paix* (Odes, Liv. IV), l'emploi de ces « divinités payennes qui ne signifient rien ». L'abbé d'Asfeld et lui avaient été « fâchés » de ce paganisme inutile et tous deux regrettaient un tel écart sous la plume d'un poète, auteur d'*Odes sacrées* « composées d'après David [2] ». Par le retour du courrier, Rousseau défendit les pâles fantômes poétiques alignés dans ses strophes.

---

1. Ode sur les *Divinités poétiques*. Rousseau, dans la préface de la première édition de ses Œuvres disait : « M. Despréaux,... de qui je tiens à honneur d'avoir appris le peu que je sçais du métier de Poësie... »

Notons, pour mémoire, que le bon Rollin avait été lui-même ingénieusement harcelé, à propos du Merveilleux, par un jeune professeur du collège d'Harcourt, Bénigne Grenan. C'est du moins à cet habile latiniste (mort en mai 1723) que l'on attribue la pièce *Ad Rollinum fabulas fictitiaque Numina usurpari a Poetis Christianis improbantem*. Il loue d'abord la « bonté » de Rollin :

> Pie quidem tu dicis et scribis pie,
> Oculos pie dejectus incedis pie,
> Et carpis et reprendis et damnas pie,
> Cuncta pie.

Mais d'abord aussi Grenan se plaint de la sévérité grande de Rollin et il écrit ces vers, qu'il répétera sans cesse, en guise de refrain :

> Rolline noster, durus asperquo es nimis.

Pourquoi ce reproche contre le *bon* Rollin? C'est que le bon Rollin condamne les Fables et les proscrit; alors, plus de poésie possible :

> ... Altos nubium
> Tractus secanti tu eripis pennas Equo,
> En ille raptis nudus alis decidit.

Rollin, quand il était jeune, versifiait comme tout le monde, en païen ;

> Nec Di, nec ipsæ semper abjectæ Deæ!

Et après maints jolis ïambes sur ce lieu commun que, sans les dieux et déesses, il n'y aura plus de nature, plus de littérature, Grenan prédit une éternité littéraire au vieil Olympe. (V. *Opuscules de feu M. Rollin*, t. II, fin.)

2. Lettre du 10 septembre 1735.

Il s'autorise : 1° de l'exemple de « tous les Poëtes anciens et modernes qui ont traité des sujets profanes »; 2° du droit que la poésie et la peinture ont toujours eu de « personnifier les idées communes », de donner un corps aux idées abstraites, « aux Passions, aux Vertus », ainsi qu'aux êtres immatériels, « aux Anges et à Dieu même »; 3° du précepte de l' « ancien et illustre ami » de Rollin, M. Despréaux. Il a, dit-il, voulu faire ce qu'Horace aurait fait, à sa place. Argument fort discutable : Horace, chrétien, eût-il poétisé *à la païenne*, comme Rousseau?

Mais, après toutes ces excuses qui ne sont point des raisons, Rousseau donne à sa défense un dénouement très inattendu. Il conclut (non point de ses prémisses) que mieux eût valu pour lui ne s'être « jamais écarté du système de la véritable Religion »; et cela, non pas seulement au point de vue plus élevé où se place Rollin, mais au simple point de vue littéraire; car, « à le bien prendre, toute beauté empruntée d'ailleurs n'est qu'une beauté frivole et sans réalité ». — « C'est, ajoute le poète exilé, ce que je pense aujourd'hui; mais ce que, par malheur pour moi, je n'ai pas pensé d'assez bonne heure [1]. »

Aveu singulier et précieux pour notre thèse. Ainsi quelque soixante ans après la reconnaissance officielle du paganisme poétique, après un règne d'environ deux siècles du vieil Olympe, Rousseau concluait, au nom du vrai et du beau, tout comme Rollin et comme l'auteur du *Clovis*. Était-il parfaitement sincère? Je veux le croire, n'ayant point de motifs pour en douter. Quelques mois plus tard, comme pour rentrer complètement en grâce avec son grave contradicteur, Rousseau écrivit une épître en vers, où il louait Rollin d'avoir été choisi de Dieu, pour écrire l'histoire et de l'avoir écrite comme un prophète inspiré d'en haut [2].

---

1. Lettre du 16 septembre 1735.
2.
    J'admire en toi, plus justement épris,
    L'Auteur divin qui parle en tes écrits,
    Qui par ta main retraçant ses miracles,
    Qui par ta voix expliquant ses oracles,
    T'a librement et pour prix de ta foi,
    Daigné choisir pour ce sublime emploi.

Le poète avait eu soin, ce jour-là, d'oublier les dieux et les formules mythologiques ; Rollin le remercia avec effusion, le félicita, et l'assura que ces sentiments « de Religion et de Piété » l'avaient « touché presque jusqu'aux larmes.[1] ». Après ces compliments de part et d'autre, la querelle en resta là.

Quand même ces disputes, ou acerbes ou amicales, puériles ou sérieuses, n'auraient eu d'autre effet que d'amener le plus fameux lyrique de son temps, l'un des meilleurs élèves de Boileau, à la déclaration de principes qu'on vient de lire, il n'y aurait pas lieu de les regretter.

Au reste, ces tournois où il n'y a point de sang versé et tout au plus un peu de « sang échauffé dans la république des lettres[2] », ont d'autres avantages. Ils occupent les gens d'esprit, et dans une société polie, tout le monde s'y intéresse. Si ces débats n'ont pas toujours un dénouement immédiat, ni une solution qui satisfasse tous les partis (chose impossible), ils font du moins remuer nombre d'idées et préparent le terrain aux solutions plus évidentes ou moins incomplètes.

Nous pourrions donc, par manière de conclusion à ce chapitre, transcrire ces lignes adressées par l'évêque de Vence, Godeau, à deux hommes de lettres qui se querellaient à propos d'une expression poétique : « Je souhaiterois qu'il n'y eût dans l'Europe que des querelles semblables à la vostre. Elles feroient quelque bruit ; mais ce seroit un bruit comme celui des cascades.

« Que sçait-on si la Fontaine d'Hippocrene n'en fait point sur le Mont Parnasse[3] ? »

---

1. Lettre du 10 mars 1736.
2. Goujet, t. IV, page 77, à propos d'Homère.
3. *A M. de Venel et à M. de Chazelles*, qui se disputaient au sujet de l'expression : « L'astre qui peint les jours. »

CHAPITRE V

APPENDICE

Le Merveilleux au dix-huitième siècle et dans les premières années
du dix-neuvième ; simple coup d'œil d'ensemble.

L'histoire du Merveilleux au dix-huitième siècle mériterait bien aussi une étude. Tout en écartant de plus en plus le Merveilleux chrétien de tous les poèmes, on y écrivit des contes de fées et de génies ; et les rimeurs ne cessèrent d'y employer, avec une profusion stérile et une prodigalité croissante, les *ressources* de la Fable. Je ne sais franchement ce que voulait dire le chevalier de Cubières, ennemi acharné de Boileau, quand — il y a cent ans — il félicitait son siècle d'avoir fait « main basse » sur les divinités classiques, d'avoir renoncé à « cet oripeau mythologique », à « ces vieilles et absurdes chimères », d'avoir, à cet égard secoué le joug de *l'Art poétique* [1]. Cubières lui-même était presque aussi mythologique que Ponce Écouchard-Lebrun, lequel fut, ainsi que chacun sait,

Fougueux comme Pindare et plus mythologique.

Dans les premières années du dix-huitième siècle, Rousseau avait été aussi bon païen qu'Horace ; et dans les dernières, au temps d'André Chénier, chantre convaincu de Palès et des Nymphes, tous les poètes, selon le mot de Ducis, étaient nés « sacristains de Flore [2] » ; on voyait dans tous les recueils de vers

Le Parnasse idolâtre adorant de faux dieux [3].

Tout, à la fin du siècle, était à la mythologie ; et, pendant

---

1. *L'Influence de Boileau sur la Littérature française*, Thèse anonyme présentée à l'Académie de Nîmes, 1er mai 1787. — V. La Harpe, *Lycée*, siècle de Louis XIV, *Poésie*.
2. *Épître à Campenon*.
3. Gilbert, *le Dix-huitième siècle*.

la Révolution, Demoustier refaisait sur un vieux moule la sempiternelle histoire des dieux, dans ses *Lettres à Émilie sur la mythologie*[1]. Les réclamations de Rollin et de Duguet avaient été sans écho ; tout comme celles de l'abbé Pluche qui, en 1739, cria de son mieux au scandale, à l'impiété, en se plaignant du paganisme des poètes, du paganisme des tapisseries des Gobelins, du paganisme effréné des Jardins de Versailles[2]. On laissa dire l'abbé Pluche, et les dieux n'en peuplèrent que de plus belle les jardins, les tapisseries, les décors et les hémistiches.

D'autre part les théories continuèrent de se produire. Poètes, critiques, rhéteurs, Rousseau, Louis Racine, Voltaire, Fontenelle, Marmontel, Écouchard-Lebrun, etc., soutinrent en vers ou en prose les droits du paganisme poétique dans la littérature légère[3]. Rousseau, adorateur fervent des Muses,

> Filles du ciel, chastes et doctes fées[4],

chantait ensemble toutes les *Divinités poétiques*, et maudissait quiconque osait attaquer leur culte, ou ne s'y faisait pas initier :

> Vous donc, réformateurs austères
> De nos privilèges sacrés,
> Et vous non encore éclairés
> Sur nos symboliques mystères,
> Éloignez-vous, pâles censeurs,
> De ces retraites solitaires
> Qu'habitent les neuf doctes Sœurs[5].

Voltaire écrivait une *Apologie de la Fable* :

---

1. Ce « luxe de mythologie », comme dit Sainte-Beuve, laissait des traces même dans des travaux graves et scientifiques : « A propos d'un rapport sur la cause physique de l'écho ou sur un travail d'anatomie, Montesquieu fait trop intervenir les nymphes et les déesses. » (*Lundis*, t. VII, page 37.)

2. *Histoire du Ciel*, Paris, 1739, 2 vol.

3. Cependant Gresset refusa pour son *Vert-Vert* le secours de la mythologie :

> On auroit pu des Fables surannées
> Ressusciter les diables et les dieux.

Mais non. (Chant I.)

4. *Épître aux Muses*.

5. Nous avons dit, au chapitre précédent, comment Rousseau fit une sorte d'amende honorable à Rollin, l'un de ces « pâles censeurs ».

> Admirables tableaux ! séduisante magie !
> Qu'Hésiode me plaît dans sa théologie !

Il se réjouissait de voir que les « peuples nouveaux », ceux de son siècle, fussent « païens à l'Opéra » comme ils étaient « chrétiens à la messe »; et que la mythologie eût envahi jusqu'à l'Almanach [1]. Mais aussi Voltaire regrettait les vieux contes « des esprits familiers, des farfadets aux mortels secourables »; se plaignant d'une littérature trop sage, qui a banni ces Fables inoffensives et même « les fées »; car depuis ce bannissement,

> Sous la raison les Grâces étouffées
> Livrent nos cœurs à l'insipidité.

Pour l'épopée, les avis se partagent encore sur certains chefs. Voltaire proscrit d'une épopée française « les dieux de la Fable, les oracles, les héros invulnérables, les monstres, les sortilèges, les métamorphoses, les aventures romanesques », en un mot presque tout le Merveilleux grec, romain et italien « du quinzième et du seizième siècle ». Tout cela, selon lui, n'est « plus de saison »; pour son propre compte, il s'en tient à peu près uniquement aux personnifications allégoriques. « On se moquerait également, dit-il, d'un auteur (épique) qui emploierait les dieux du Paganisme et de celui qui se servirait de nos Saints; » toutefois, ajoute-t-il, « les Italiens s'accommodent assez des Saints, et les Anglais ont donné beaucoup de réputation au diable [2] ».

1.
> L'*Almanach* est païen; nous comptons nos journées
> Par le seul nom des dieux que Rome avait connus :
> C'est *Mars* et *Jupiter*, c'est *Saturne* et *Vénus*,
> Qui président au temps, qui font nos destinées.
> Ce mélange est impur; on a tort, mais enfin
> Nous ressemblons assez à l'abbé Pellegrin
> Le matin catholique et le soir idolâtre.

2. *Essai sur la poésie épique.* Les dernières lignes appartiennent à la conclusion de cette étude, conclusion publiée en 1733. Voltaire critiquait les diables et les anges de Milton, « ses diables qui, de géants qu'ils étaient se transforment en pygmées pour tenir moins de place, dans une grande salle toute d'or bâtie en enfer; les canons qu'on tire dans le ciel, les montagnes qu'on s'y jette à la tête; des Anges à cheval; des Anges qu'on coupe en deux, et dont les parties se rejoignent soudain ». Il en voulait pareillement aux Allégories du Péché et de la Mort dans le *Paradis perdu;* se moquant

Batteux va un peu plus loin et admet une épopée chrétienne, à la condition pourtant qu'elle soit l'œuvre d'un « second Homère »; le Merveilleux en serait acceptable, fondé qu'il serait sur « la persuasion commune des peuples pour qui on écrit[1] ».

Marmontel est plus large ; ou plus exactement, il se place à un autre point de vue, d'où il considère les différents aspects de la question. Marmontel classifie le Merveilleux suivant les époques ; aux « temps fabuleux de l'Égypte, de la Grèce et de l'Italie », il accorde la mythologie ; mais non pas aux temps historiques de ces mêmes peuples ; après « Ænée, Jule, Romulus », c'est l'histoire, et l'histoire « n'admet que la vérité ». Marmontel autorise la magie pour « les sujets pris dans les temps où l'on croyoit aux Enchanteurs »; mais ce serait peine perdue que d'essayer de semblables prodiges poétiques en plein dix-huitième siècle. Comme Voltaire, il estimerait parfaitement ridicule « aujourd'huy de mettre en scène les dieux d'Homère dans les révolutions d'Angleterre et de Suède ».

Mais le Merveilleux chrétien ? Marmontel veut bien l'agréer, en principe : « Avec de l'art, du goût et du génie, nos Prophètes, nos Anges, nos Démons et nos Saints, peuvent agir décemment et dignement dans un poème[2] »; pourtant, comme l'art, le goût et le génie ne se rencontrent point à chaque pas, la pratique de ce Merveilleux lui paraît d'une difficulté qui touche à l'impossible[3].

Restent les Allégories. Marmontel les tolère dans l'épopée, mais non dans la tragédie. Dans la tragédie Marmontel permet les « spectres », pourvu qu' « ils ne disent que quelques mots et disparaissent à l'instant », comme le spectre

---

de la Mort « qui lève le nez pour renifler à travers l'immensité du chaos le changement arrivé à la terre, comme un corbeau qui sent les cadavres ». (*Siècle de Louis XIV*, chap. xxxiv, *Des beaux-arts*.)

1. *Principes de littérature*, t. II.
2. V. Encyclopédie, Art. *Merveilleux*.
3. De l'avis de Chateaubriand, « tout ce qu'on a dit de plus fort contre le Merveilleux chrétien se trouve dans Marmontel ». (Préface des *Martyrs*.) Néanmoins pour Marmontel c'est le seul « Merveilleux absolu pour les sujets modernes ». (*Poétique*, chap. x.)

de Banquo disant à Macbeth : « Tu ne dormiras plus[1]. »

En somme, la théorie de Marmontel s'éloigne passablement de celle de Boileau ; il semble même qu'on y voie percer une idée de couleur locale, lorsqu'il réclame une forme spéciale de Merveilleux en rapport avec les croyances et avec l'histoire de chaque nation. Cette manière d'envisager l'emploi du Merveilleux est une nouveauté.

La Harpe a aussi ses vues à lui, qui ne s'accordent point avec *l'Art poétique*. Tout en admirant le Merveilleux, tel qu'il est, chez Homère, La Harpe déclare qu' « il serait absurde d'exiger dans un sujet moderne l'intervention des dieux de l'antiquité ». Il croit parfaitement justifiable la magie à la façon du Tasse. Malgré ses critiques outrées du Merveilleux de Milton, La Harpe ébaucha une épopée chrétienne avec des Anges, des Saints et des Prophètes[2]. Il goûtait le Merveilleux des poèmes d'Ossian que Le Tourneur venait de traduire (1776) ; enfin il jugeait les Génies bons et mauvais, les Dives, les Péris, des Orientaux, dignes de nos romanciers, de nos conteurs, de nos poètes[3].

Marmontel et Voltaire estimaient assez le Merveilleux cabalistique, mis en œuvre par Pope, pour s'exercer à traduire *The Rape of the Lock*, en notre langue.

Les auteurs dramatiques avaient, jusqu'à Voltaire, comme s'exprime La Harpe, renvoyé le Merveilleux à l'Opéra, sans oser en faire un ressort tragique. A partir de *Sémiramis* (1748), on commença d'entrevoir et d'admettre que « le Merveilleux, appuyé sur les idées religieuses, reçues chez toutes les nations, ne blesse par lui-même ni la raison ni les bienséances théâtrales[4] ».

En dépit de cette marche en avant théorique vers des idées plus saines ou moins étroites, « tous les poètes et tous les gens de lettres » du dix-huitième siècle célébraient « d'une commune voix », le charme et la nécessité des « images fabuleuses ». C'est une remarque de Fontenelle, qui écrivait, vers 1750, une sorte de réquisitoire des plus piquants contre

---

1. *Poétique*, édition de 1763, t. Ier, page 354, et pages 363-366.
2. Cf. Chateaubriand, Préface des *Martyrs*.
3. *Cours de Littérature* ; Littérature étrangère.
4. *Ibid.*, *XVIIIe Siècle* ; De la Tragédie.

cette habitude invétérée. Nous en faisons mention à part, en raison du crédit qu'avait alors le paradoxal et spirituel nonagénaire et en raison d'une expérience vieille de tant de lustres. Au gré de Fontenelle sur son déclin, rien de plus inutile que les allusions mythologiques en poésie. Voici par exemple une « tempête décrite en très beaux vers »; le poète n'y a rien oublié de ce qu'ont pu voir et ressentir matelots, passagers, spectateurs, victimes ; soit, diront les lettrés, mais « il y manque Neptune en courroux avec son Trident ». « De bonne foi », leur demande Fontenelle, qu'est-ce que vient faire là votre Neptune ? Cette manie est ridicule, vu l'incrédulité du siècle à l'égard de la « Mithologie »; elle est déplorable pour la poésie, attendu qu'un « grand défaut des images fabuleuses..., c'est d'être extrêmement usées ».

Au surplus, quels sont les poètes qui continuent d'en charger davantage leurs vers ? Les *médiocres*. « Ils croyent quasi que c'est leur imagination échauffée d'un feu divin, qui enfante Jupiter lançant la foudre et Neptune bouleversant les éléments »; se figurant que la poésie n'existe point sans ces colifichets et que l'enthousiasme consiste à s'écrier : *Que vois-je ? où suis-je ? qu'entends-je ?* Serait-ce donc vraiment que l'on ne peut avoir un style « noble et élevé », sans le secours de « ces divinités qui tombent de vieillesse ?... Notre sublime consistera-t-il toujours à rentrer dans les idées des plus anciens Grecs encore sauvages » ?

Rien de plus sensé, ni de plus concluant contre la Fable; mais Fontenelle avoue à la fin qu'il ne veut point enlever les dieux à la poésie « badine et enjouée »; comptant bien qu'elle « saura faire usage de tout et un usage neuf ». Fontenelle se rallie de la sorte à l'opinion de ses contemporains; comme eux aussi, il revendique le droit des « images demi-fabuleuses », c'est-à-dire allégoriques, telles que la Gloire, la Renommée, la Mort. Après quoi, il souhaite de voir nos poètes versifier les sujets philosophiques et métaphysiques, matières beaucoup plus substantielles que les inspirations ordinaires des rimeurs [1].

---

1. *Sur la Poésie en général*, Œuvres de Fontenelle, 1751; tome VIII, pages 292-300.

Vers la fin du même siècle, un jeune poète, grandi par son génie au-dessus de tous ces « médiocres » que censurait Fontenelle, redonna, comme Fénelon l'avait fait cent ans auparavant, un peu de vie et un souffle de printemps aux vieilles déités champêtres ; il fit vraiment des vers nouveaux sur ces pensers antiques.

Ce fut comme un dernier rayon, comme un dernier sourire de ces mythes rêvés, créés, dessinés, illuminés par les poètes grecs. Chénier était leur frère par la naissance, leur héritier par l'éducation, il fut leur émule en gloire.

Après lui, ou avec lui, les dieux s'en vont.

Mais le Parnasse ne se dépeupla point sans bataille. Au dix-neuvième siècle, l'histoire de ces luttes sur le Merveilleux appartient à la querelle des romantiques et des classiques, comme il appartenait, il y a deux cents ans, à la querelle des Anciens et des Modernes. Nous laissons de côté les détails de cette lutte qui fut vive ; on a tant écrit là-dessus, que tout est dit.

La question du Merveilleux chrétien et du Merveilleux païen, posée de nouveau en 1802 par le *Génie du Christianisme*, fut surtout reprise et agitée sept ans plus tard, à l'apparition des *Martyrs*. Vers le temps de la bataille de Wagram, les lettrés de France guerroyaient pour ou contre les dieux de l'Olympe[1]. Deux partis se trouvèrent immédiatement en présence ; on peut lire dans la préface de la troisième édition des *Martyrs* les raisons alléguées de part et d'autre, et un résumé des chicanes intentées contre le Merveilleux chrétien.

C'était, presque uniquement, la répétition de ce que nous avons vu sur ce même sujet, à l'époque de Boileau et de Saint-Sorlin ; irrévérence à l'égard des choses saintes, mélange du sacré et du profane, et le reste.

Probablement l'objection la plus forte contre Chateau-

---

1. Vers cette même date, en Écosse, Walter Scott rendait la vie à la mythologie du moyen âge, chantant « la fée, le géant, l'écuyer et le nain » ; en Allemagne, La Motte-Fouqué créait la légende cabalistique de l'esprit des eaux, *Undine* ; en France, Lemercier inventait les dieux scientifiques de l'*Atlantiade*, ou *théogonie newtonienne*.

briand, et certainement la plus spécieuse, c'était l'exemple du siècle de Louis XIV ; l'élite des écrivains de ce temps-là ayant donné tort à ces tentatives de Merveilleux chrétien, il était inutile et téméraire de vouloir tenter à nouveau ce qu'ils avaient condamné [1].

Aussi bien les littérateurs qui se croyaient les continuateurs de la tradition classique, se firent-ils partisans des vieilles *Machines* et du langage de la mythologie.

Les romantiques s'insurgèrent contre cette routine étroite et insipide, au nom de la religion, du goût, d'une liberté très raisonnable ; c'est-à-dire, au fond, pour tous les motifs mis en avant jadis par nos infortunés poètes épiques du dix-septième siècle.

Peu à peu, et après avoir encore chanté un hymne du Pinde aux échos du Carmel, ils chassèrent les Tritons de l'empire des eaux et Caron de sa barque stygienne, ôtèrent à Pan sa flûte et aux Parques leurs ciseaux ; et enfin le Parnasse poétique devint aussi désert que l'est aujourd'hui le mont Liakoura.

Lorsque, en 1843, un académicien quasi octogénaire, Charles de Lacretelle, redemanda aux immortels de l'Institut de conserver en poésie le culte des Faunes, des Sylvains et de Flore,

> En vieillard obstiné, je viens, sans sacrilège,
> Prendre un souffle de vie à nos dieux de collège [2]...,

sa harangue poétique fit l'effet des *Novissima verba*, que les Anciens adressaient aux cadavres.

Désormais si les mythes grecs inspirent nos poètes, ce n'est plus qu'à titre d'études philologiques ; ils s'essayent à

---

1. « Un critique, qui m'a traité d'ailleurs avec une rare politesse, prétend que les François ne s'accoutumeront jamais à l'emploi du Merveilleux chrétien, parce que notre école n'a pas pris cette direction dans le siècle de Louis XIV... Cet aperçu est très délicat, très ingénieux ; mais qu'un nouveau Racine paroisse, et j'ose assurer qu'il n'est pas trop tard pour avoir une épopée chrétienne. » (Chateaubriand, *Préface* de la 3e édition, ou *Examen des Martyrs*.).

2. *Discours en vers sur l'emploi de la Mythologie*, lu dans la séance publique du 5 janvier 1843 ; *Recueil des Discours*, etc., *de l'Académie française*, 1840-1849, 2e partie.

reconstruire les rêves d'autrefois avec les couleurs, les images, les sentiments et les idées d'autrefois.

Personne ne se croit plus obligé d'emprunter les « ornements égayés » de la Fable; tout le monde sait que la poésie est indépendante de ces réminiscences ; et les périphrases soi-disant poétiques, prises dans cette langue surannée, suffiraient à décréditer et à rendre ridicule un poème moderne.

La prophétie de l'honnête Frain du Tremblay[1] est réalisée, pour le plus grand honneur du bon sens, et le plus grand bien de la littérature.

---

1. V. plus haut, page 396.

CHAPITRE VI

CONCLUSIONS

Nous bornons là cette esquisse d'histoire contemporaine. Nous ne l'avons entreprise que pour donner, à grands traits, une suite à notre étude du *Merveilleux pendant le règne de Louis XIV*, et pour montrer sommairement quelles révolutions les idées de cette époque ont subies en venant de là jusqu'à nous.

A la distance où nous sommes des faits que nous avons étudiés, nous pouvons mieux saisir l'ensemble de cette question, des théories qu'elle occasionna et des polémiques qui s'ensuivirent. Un point qui se dégage, à première vue, c'est que, en fait de Merveilleux, le siècle de Louis XIV n'a rien inventé et n'a mis en œuvre que des conceptions antérieures.

Des différents genres de Merveilleux alors employés dans notre littérature, ceux dont on fit un usage plus original, plus vivant, et si j'ose dire plus indigène, ce furent les genres les plus populaires ou les plus grotesques, celui des fées, des génies élémentaires et du burlesque, de *Peau-d'Ane*, du *Comte de Gabalis* et du *Typhon*; en un mot le Merveilleux plaisant.

Le Merveilleux dit *païen* n'est, au dix-septième siècle, qu'une affaire de style pastiche, hérité du seizième siècle. Ses dieux ne sont que des « Machines », des décors de convention, ou, comme dit Boileau, des « ornements ». Ils ne prennent une figure plus fraîche que sous la plume d'un ou deux écrivains de génie, et dans des sujets moins graves et nullement solennels. Partout ailleurs, ils ne sont là que pour la forme, pour prêter des rimes ou des images et des idées aux auteurs qui n'en ont point.

Et ces auteurs n'avaient plus l'excuse de leurs devanciers de la Renaissance, qui, en quelque sorte, découvrirent la mythologie et pour lesquels la mythologie fut « comme une foi de l'imagination[1] »; car enfin les poètes de la Pléiade croyaient presque aux divinités classiques, un peu comme nos paysans croient presque aux fées; et Balzac avait raison d'écrire : « Si Ronsard et du Bellay revenoient au monde, ils vous jureroient qu'ils les ont veuës (les Muses) en juppe et en leur déshabillé danser dans les bois aux rais de la Lune[2]. »

Au dix-septième siècle, on admit et l'on copia servilement sur ce point les Anciens du siècle d'Auguste et ceux du temps de Ronsard. On parut ne pas se douter que l'imitation n'est pas toujours un esclavage; et de cette erreur pratique, il en découla logiquement plusieurs autres. On s'imagina que, pour ennoblir la langue littéraire, pour relever les idées et les expressions poétiques, pour rendre présentables les objets de la poésie, il fallait nécessairement leur donner une parure et, qui plus est, une parure antique.

De même qu'un personnage de cour ou de ville ne pouvait se produire dans une société choisie, sans canons et rubans, sans perruque, en montrant ses oreilles, ainsi les sujets que recevait la poésie devaient-ils *s'orner, s'élever, s'embellir, s'agrandir*[3], *s'égayer* d'une parure mythologique, d'une allusion aux divinités classiques. Comment parler de la plume du chapeau de Louis XIV dans une ode, sans en faire un « astre redoutable », attirant à ses rayons Mars et la Victoire[4]?

Les gens de lettres auraient berné celui de leurs contemporains qui fût entré dans un salon avec une fraise ou avec la barbe en pointe; et ils ne sentaient point que l'accoutrement mythologique de leurs pensées n'était pas moins ridicule; et, ce qui n'est pas moins regrettable, cet accoutrement était usé. Par la mythologie ainsi entendue, « la littérature devient un *symbolisme*, auquel il est facile de s'initier, et que Boileau prétend conserver comme utile aux poètes. Boileau n'a pas vu que ce langage facile à tous devient vite banal; ce qui supprime de la poésie l'invention originale et mysté-

---

1. M. Petit de Julleville, *Littérature française*, t. Ier.
2. *Discours* VIe.
3. Cf. Boileau, *Art poétique*, chant III, vers 175.
4. *Ode sur la prise de Namur*.

rieuse, la liberté, le *mens divinior* qui lui est nécessaire. Il n'a pas vu davantage que ce symbolisme n'anime la poésie, que si les lecteurs entrent dans ce jeu. Du jour où ils ne veulent plus s'abandonner à l'illusion des mots, la mythologie leur paraît un procédé de développement d'une simplicité candide et insipide [1] ».

Aberration malaisément explicable dans un temps où l'on affiche comme première condition du beau, que « le vrai seul est aimable », c'est-à-dire acceptable des gens de goût ; incroyable méprise chez des hommes doués du plus fier bon sens et du plus haut génie. Comment un Corneille et après lui un Boileau, ont-ils pu se persuader que

> Des roses et des lis le plus superbe éclat
> Sans la Fable, en nos vers, n'aura rien que de plat?

Comment, pour regarder la nature vivante, ont-ils toujours pris ce bandeau mythologique, semblable à celui que, selon la formule ancienne, ils nouaient au front de la Justice, — de *Thémis?* Comment ces ennemis du parler grec et latin de Ronsard ont-ils adopté bénévolement cette poétique hybride inaugurée par le même Ronsard et par ses disciples? C'était vraiment porter jusqu'au scrupule le respect de l'antiquité et de l'usage. Et c'était mal comprendre l'antiquité. On n'osait, en littérature, voir le ciel, la nature et même l'histoire, les événements de tous les jours, qu'avec des yeux accoutumés à lire l'*Énéide*. On oubliait que Virgile, s'il eût été chrétien et Français, eût, selon toute vraisemblance, laissé là son Olympe. Du Bos le disait, en 1719 : « Avec quelle noblesse et quel pathétique, Virgile auroit-il traité une apparition de S. Louis à Henri IV, la veille de la bataille d'Yvri [2]... »

Mais c'eût été une révolution que de rompre avec la mythologie ; et, du moins après la Fronde, le dix-septième siècle était un siècle d'ordre ; un bouleversement même littéraire eût effrayé les sages et les puissants ; et voilà pourquoi l'on

---

1. *Chateaubriand. — La Poétique du Christianisme.* (*L'Instruction publique*, 18 décembre 1886, page 578.) Résumé d'une leçon de M. L. Crouslé. — La rédaction de ce résumé n'appartient pas au professeur, qui ne l'a pas signée.

2. *Réflexions critiques sur la Poésie et la Peinture*, 2ᵉ partie, sect. XXXVIII.

n'eut pas « la force de quitter les dieux ». Saint-Évremond, à qui nous empruntons cette phrase, avait bien saisi et dit, en 1685, la crainte qui arrêta l'élite des esprits, la crainte d'une *nouveauté ;* car n'aurait-il pas fallu « un *nouvel* art et un *nouvel* esprit, pour passer des faux dieux au véritable, pour passer de Jupiter, de Cybèle, de Mercure, de Mars, d'Apollon, à Jésus-Christ, à la Vierge, à nos Anges et à nos Saints[1] » ?

C'eût été abandonner le connu pour l'incertain, pour le *nouveau*. On n'avait point de modèles, et l'on n'osa en essayer.

Après ces écarts chez les défenseurs de la routine païenne, faut-il parler des écarts de leurs adversaires ? La révolte de ceux-ci contre un Parnasse faux et stérile fut louable. Nous l'avons louée. Bon nombre de leurs arguments furent justes ; nous les avons notés et fait valoir. Mais, au fond, les tenants du Merveilleux chrétien comprirent-ils bien la question ? Pour eux aussi les êtres surnaturels dont ils surchargent leurs pénibles œuvres, que sont-ils, sinon des *Machines* poétiques ? Les auteurs se croient obligés d'employer celles-là, parce qu'ils sont chrétiens ; mais ils le font, d'abord avec une profusion exubérante, puis par une imitation enfantine des épopées anciennes. Chapelain, qui avait du bon sens en prose et dans le commerce de la vie, se fût-il jamais avisé que le Merveilleux de l'histoire de Jeanne d'Arc est incomparablement supérieur à celui dont Chapelain, « son cerveau tenaillant », a rempli 28 000 alexandrins ? Aurait-il jamais cru faire acte de poésie, s'il n'eût travaillé à reproduire, sous des noms chrétiens, les faits et gestes des divinités virgiliennes ?

De part et d'autre, on ne s'occupe guère du Merveilleux sinon pour se conformer à une tradition, pour obéir à une règle quelconque, à un Aristote quelconque, à un exemple « reçu » des Grecs, des Romains ou des Italiens. Presque toujours les motifs qu'ils mettent en avant sont des motifs d'autorité, des noms propres. Les uns se réclament de Virgile, les autres du Tasse. Certes les noms propres, et de tels

---

1. *Sur les Poèmes des Anciens.*

noms, ne sont pas à mépriser; mais argumenter de la sorte, ce n'est pas aller au fond des choses, ni se placer au point.

Du reste, quand ils raisonnent, les uns et les autres exagèrent. Pour les partisans du système *païen*, hors du paganisme point de poésie. Pour les opposants, le système mythologique est une impiété, un blasphème, presque une apostasie.

Ils ne peuvent se contenter de dire (un mot aurait suffi, sans ce torrent d'injures) : Cette méthode est absurde. Ils croient, ou feignent de croire, que la foi y est intéressée : c'est pour la défendre qu'ils s'attaquent à la Fable et à ses fauteurs. Dès là, ce n'est plus une querelle littéraire, c'est presque une guerre de religion.

Il eût été beaucoup plus simple de se mettre au seul point de vue, celui du vrai. Il eût fallu bien entendre les Anciens, tout en les admirant, avant de les calquer; voir que la poésie, le Merveilleux, ne se fondent pas uniquement sur des formules, se rappeler que l'on vivait dans une société chrétienne, dont la croyance repose sur un Merveilleux réel et divin; sentir que la religion chrétienne n'a nul besoin d'être « égayée », qu'il lui suffit d'être comprise pour qu'elle ait, ou pour qu'elle soit une poésie. Telles pages des *Élévations* et des *Oraisons funèbres* le prouveraient de reste, si nous n'avions *Polyeucte* et *Athalie*.

Les défenseurs de la poésie « à la chrestienne » ont rêvé des anges qui ne sont point des anges, des démons qui sont des charges et des enchanteurs ridicules comme des alchimistes. Leur projet de réforme n'a heureusement pas abouti; il tendait à remplacer un Merveilleux faux par un Merveilleux extravagant. Les bonnes intentions sont assurément quelque chose; elles sont indispensables aux réformateurs, mais elles ne tiennent pas lieu de tout; il faut de plus le seul vrai pour point de départ et pour but; il faut pour moyen le génie.

Desmarets et ses confrères virent clairement les abus et les signalèrent courageusement. Ils auraient dû s'en tenir là pour le triomphe de leur cause et imiter, dans leur adversaire Despréaux, une très sage réserve, dont plusieurs lui firent un crime. Boileau rédigea la législation de certains genres littéraires; mais il ne prétendit pas en donner par lui-même les modèles, sauf pour la satire, où il était, de l'aveu de tous, maître passé, et pour l'ode, où il échoua piteusement. Boileau écrivit les règles de la tragédie et de l'épopée, sans vouloir confirmer ses règles par des exemples, et probablement il eut raison. Les poètes *chrétiens* prétendirent tout ensemble établir des règles infaillibles sur des chefs-d'œuvre impeccables : ils eurent doublement tort.

C'est pourquoi, à toutes ces disputes, à tous ces essais, à toutes ces rédactions nouvelles de codes poétiques, la poésie a bien peu gagné, si toutefois elle y gagna. On a dit que « deux choses, au dix-septième siècle, étaient presque impossibles à un poète : faire des dieux et faire des bêtes[1] » ; ce qui peut se traduire librement par : produire le Merveilleux et peindre la nature visible et matérielle. Ce que le dix-septième siècle littéraire fit de plus beau, de plus grand, de plus parfait et idéal, ce furent des hommes. Caractères d'hommes éternellement vrais, passions humaines éternellement vivantes, grandeurs et petitesses de l'humanité éternellement les mêmes : tout cela se voit, tout cela se verra toujours dans les créations profondes du grand siècle. Mais, on peut le dire d'une façon générale, ses dieux ne sont d'aucun Olympe, ses anges d'aucun ciel. Toutes ces figures sont factices, empruntées, sans vérité, sans couleur, sans vie.

Seules, les fées, au point de vue littéraire, sont *vraies* et le resteront, parce qu'elles répondent au type de ces êtres fantastiques, type créé par l'imagination gauloise et française. Les contes de fées sont bien des contes du *temps passé*, mais d'un temps qui s'est passé en France. Les fées de Perrault, gracieuses, spirituelles, bonnes, généreuses, quelque peu espiègles et passablement capricieuses, sont bien françaises d'origine ; et, à ce titre, elles vivront tant que,

---

1. H. Taine, *La Fontaine et ses fables*, 2ᵉ partie, chap. II. — M. Taine dit un peu plus loin : « On vit alors (au dix-septième siècle) le spectacle le plus extraordinaire et le plus ridicule, la poésie séparée de la religion, dont elle est le fond naturel et l'aliment intime, un ciel païen introduit dans un monde chrétien, l'Olympe restauré non par sympathie sensuelle, comme à la Renaissance, ou par sympathie archéologique comme aujourd'hui, mais par convenance, pour remplir un cadre vide et ajouter une parade de plus à toutes celles dont ce siècle s'était affublé. » (*Ibid.*, chap. III.)

« dans le monde », et en France, il y aura « des enfans, des mères et des mères grand's », et des gens d'esprit.

Pour produire le Merveilleux sérieux, dans une œuvre sérieuse, dans une épopée, il faut une croyance. « Le meilleur Merveilleux, le seul bon, en dernière analyse, est celui qui est d'accord avec la foi du lecteur [1] » et avec la foi de l'auteur ; il faut ensuite un génie qui exprime *naïvement*, comme on disait autrefois, cette croyance. Le Merveilleux *sérieux* n'est point un ornement qu'on applique par dehors à un fait, à une idée : c'est la foi qui essaye de peindre ce qu'elle voit de son propre regard intérieur. Mais d'abord, la peinture des choses que « l'œil (matériel) de l'homme n'a point vues », est malaisée, délicate. La foi du lecteur est choquée du moindre mot peu juste : toute maladresse grave, toute inexactitude considérable est sacrilège.

D'autre part, la foi ne suffit point : il faut de plus, à la littérature, de l'imagination, du génie et la science de sa langue. Pour peindre l'enfer, le purgatoire, le ciel, il est bon de s'appeler Dante; Dante, en qui pourtant la foi découvre des témérités; Dante, qui fut à peu près inconnu au dix-septième siècle, et duquel Chapelain disait : Il ne sait pas même son métier !

Pour réaliser un Merveilleux de fantaisie, légendaire, populaire, il faut entrer du moins par l'imagination dans les mœurs de l'époque où on le place, vivre par la mémoire dans le pays, parmi le peuple où on le prend.

Hors de là, tout système est stérile, et toute merveille est absurde. Or, « une merveille absurde est... sans appas ».

Boileau l'a dit; l'esprit humain le dira toujours comme lui, et un peu contre lui — en ajoutant, avec lui : « Rien n'est beau que le vrai. »

---

1. *Instruction publique*, l. c., 18 décembre 1886, page 579; voir plus haut, page 416. — « On ne peut s'empêcher de louer Lucain d'avoir si heureusement adapté le Merveilleux épique au goût et aux opinions philosophiques de son temps. » *Instruction publique*, 2 avril 1887; résumé d'un cours de M. Cartault. (Même note que ci-dessus, page 416.)

TABLE DES MATIÈRES

CHAPITRE PRÉLIMINAIRE

I. Idée sommaire de la question du Merveilleux, sous le règne de Louis XIV. — Importance de cette question au dix-septième siècle. — Aperçus généraux. — II. Des différents genres de Merveilleux, dans leurs rapports avec la société du dix-septième siècle. — Le paganisme dans l'éducation, dans la vie mondaine, à la cour. — Croyance à certaines semi-divinités de la Fable. — De la foi au Merveilleux chrétien. — Croyance aux ombres ou revenants, loups-garous, etc. — Croyance aux fées. — Des récits féeriques dans l'éducation et les divertissements. — Croyance à la magie, aux sorciers. — Croyance à l'alchimie, à l'astrologie judiciaire. — Des esprits dits élémentaires, ou cabalistiques 1

PREMIÈRE PARTIE

CHAPITRE PREMIER
DES FÉES ET DU MERVEILLEUX FÉERIQUE

I. Fées des Chansons de geste. — Les fées dans la littérature du dix-septième siècle ; Contes de Perrault, Fénelon, Mme d'Aulnoy, Mme de Murat, M. de Lesconvel, M. de Preschac, etc. — Fées françaises et étrangères. — Sources des Contes de fées. — II. Ogres, nains, lutins ou follets, géants, centaures. — III. Enchantements féeriques, pays de Cocagne et Iles fortunées 63

CHAPITRE II
DU MERVEILLEUX DES *GÉNIES ÉLÉMENTAIRES*

Villars et le comte de Gabalis. — Sylphes, Ondins, Gnomes, Salamandres. — Les Esprits élémentaires au théâtre, dans la philosophie, dans les fables 118

DEUXIÈME PARTIE

CHAPITRE UNIQUE
DU MERVEILLEUX MIXTE
MÉTAMORPHOSES, ÊTRES SEMI-FABULEUX

I. Métamorphoses littéraires et grotesques. — II. Génies marin et d'Encausse; ombres; songes. — **III.** Allégories-divinités : le Temps, les événements politiques, Vertus et Vices et autres idées abstraites personnifiées; palais et temples allégoriques. — **IV.** Allégories théologiques, physiques, morales, des épopées anciennes et modernes 129

TROISIÈME PARTIE

SECTION PREMIÈRE
DU MERVEILLEUX PAÏEN

CHAPITRE PREMIER
DE L'EMPLOI SÉRIEUX DU MERVEILLEUX PAÏEN

I. La nature; une journée poétique. — **II.** La guerre et les événements publics; les demi-dieux humains; Jupiter et Louis XIV. — **III.** Galanterie et deuil. — **IV.** La poésie et la littérature en général 175

CHAPITRE II
DU MERVEILLEUX BURLESQUE

Divinités burlesques. — Méthodes et procédés du Burlesque merveilleux, soit plaisant, soit bouffon 205

CHAPITRE III
DU MERVEILLEUX DES FABLES

Divinités classiques et autres dans les fables; — les dieux chez La Fontaine, La Motte, Fénelon 216

CHAPITRE IV
DE LA LANGUE FRANÇAISE
AU SERVICE DE LA MYTHOLOGIE CLASSIQUE

Dictionnaire poétique : articles Muses, Poète, Poésie. — Autres circonlocutions mythologiques; obscurités et stérilité de ce style. 224

SECTION IIe
DU MERVEILLEUX CHRÉTIEN

CHAPITRE PREMIER
EMPLOI DU MERVEILLEUX CHRÉTIEN
DANS LA LITTÉRATURE LÉGÈRE

Anges, démons, dans la poésie légère. — Sorciers et sabbat, en dehors de la poésie épique. 236

CHAPITRE II
DE L'EMPLOI DU MERVEILLEUX CHRÉTIEN
DANS LES POÈMES ÉPIQUES

I. Les Anges et les Saints épiques. — Anges de la prière et des pleurs. — Costumes et fonctions angéliques. — **II.** Du ciel dans les poèmes épiques chrétiens. — Prédictions épiques : histoire rétrospective. — **III.** Du Merveilleux infernal dans les poèmes épiques. — Démons, enchanteurs, magie noire. — Démons et divinités païennes. — Prodiges dans le ciel. . . . 246

SECTION IIIe
THÉORIES ET QUERELLES AU SUJET DU MERVEILLEUX
CHRÉTIEN ET PAÏEN

ARTICLE Ier. — PRÉLIMINAIRES.

CHAPITRE PREMIER
Les défenseurs du Merveilleux chrétien. 279

CHAPITRE II
Desmarets de Saint-Sorlin ; ses livres ; — ses raisons. 290

CHAPITRE III
Les défenseurs du paganisme littéraire. 300

ARTICLE II. — THÉORIES.

CHAPITRE PREMIER
Du Merveilleux dans la poésie légère. 309

CHAPITRE II
Des Dieux. — Quelle idée on s'en faisait au dix-septième siècle. . . 314

CHAPITRE III
Quelques raisons du maintien des dieux mythologiques dans la poésie. 319

CHAPITRE IV
De l'emploi de certaines expressions païennes. 323

CHAPITRE V
De l'alliance du *Sacré* et du *Profane*. 327

CHAPITRE VI
Du Merveilleux au théâtre. 334

TABLE DES MATIÈRES

I. Du Merveilleux dans les tragédies chrétiennes et bibliques. — Tragédies chrétiennes vers 1640 et après 1689. — La *Passion* 334
II. Du Merveilleux païen au théâtre. — Tragédie. — Pièces de *machines*. — Opéra. — Ballets. — Comédie. — Le *Festin de Pierre*. 343

CHAPITRE VII

Du Merveilleux dans le poème épique. — Des *Machines*; de la magie. — Quand et comment user de *Machines*? 357

CHAPITRE VIII

Des sources du Merveilleux épique : Écriture Sainte, Histoire . . . 366

ARTICLE III. — QUERELLES.

CHAPITRE PREMIER
PREMIÈRES HOSTILITÉS

Racine et Ch. Perrault. — Nicole et le P. Rapin. 373

CHAPITRE II
SANTEUL ET SES PALINODIES

Les deux Santeul. — J.-B. Santeul, Bossuet, Pellisson; affaire de la *Pomone*. 377

CHAPITRE III
QUERELLES AVEC BOILEAU

Linière et Boileau. — Bussy-Rabutin et Boileau. — Desmarets et Boileau. — Carel de Sainte-Garde, Pradon, Bonnecorse et Boileau. — Charles Perrault et Boileau. — Frain du Tremblay et Boileau 384

CHAPITRE IV
ÉRUDITS ET LETTRÉS

Ménage et Baillet. — Mme Dacier et La Motte. — Faydit et Fénelon. — Rollin et J.-B. Rousseau 397

CHAPITRE V

APPENDICE. — Le Merveilleux au dix-huitième siècle et dans les premières années du dix-neuvième. — Simple coup d'œil d'ensemble. . . 405

CHAPITRE VI

CONCLUSIONS. 414

FIN

www.ingramcontent.com/pod-product-compliance
Lightning Source LLC
Chambersburg PA
CBHW050916230426
43666CB00010B/2188